agosto '09

Para Martha—

Mil gracias por el apoyo que me
has brindado estos años.

Besitos,
Antonio Carreño-Rodríguez

First published 2009 by Tamesis, Woodbridge

ISBN 978–1–85566–186–8

Tamesis is an imprint of Boydell & Brewer Ltd
PO Box 9, Woodbridge, Suffolk IP12 3DF, UK
and of Boydell & Brewer Inc.
668 Mt Hope Avenue, Rochester, NY 14620, USA
website: www.boydellandbrewer.com

A CIP catalogue record for this book is available
from the British Library

This publication is printed on acid-free paper

Printed in Great Britain by
CPI Antony Rowe, Chippenham and Eastbourne

ANTONIO CARREÑO-RODRÍGUEZ

ALEGORÍAS DEL PODER

CRISIS IMPERIAL Y COMEDIA NUEVA
(1598–1659)

TAMESIS

Tamesis

Colección Támesis

SERIE A: MONOGRAFÍAS, 274

ALEGORÍAS DEL PODER

CRISIS IMPERIAL Y COMEDIA NUEVA (1598–1659)

La presente monografía analiza las obras dramáticas de Lope de Vega, Tirso de Molina y Calderón de la Barca como reacción a la inestabilidad política y social de España en la primera mitad del siglo XVII. En contra de la interpretación que presenta la comedia como un instrumento de propaganda de la monarquía, este estudio propone que muchos de los dramas escritos en este período funcionan a modo de velo que sutilmente revela una crítica metafórica de los reinados de Felipe III y de Felipe IV. Tales dramas, con una función ética y política y dentro del subgénero que definimos como 'alegorías del poder', representan una serie de reflexiones sobre la buena y mala conducta del gobierno. Si bien sus argumentos están tomados de la tradición clásica, bíblica, europea y de la historia de España, o de leyendas antiguas, tal cuerpo dramático hace una severa reflexión sobre el gobierno justo y virtuoso y la puesta en práctica de una moral recta y de unos valores políticos correctos. El discurso dramático que permite que estos dramaturgos, sin riesgo de censura, se hagan portavoces del sentir de un coro de voces, dialogando con otros géneros (tratados políticos, emblemática, poesía tradicional, etc.), reflexionando sobre la personalidad del príncipe ideal y sobre el arte de gobernar, llega a veces a proponer la urgente necesidad de una reforma en la conducta del imperio.

ANTONIO CARREÑO-RODRÍGUEZ es profesor asistente de español, George Mason University.

ÍNDICE

RECONOCIMIENTOS

Permítanme agradecer a los profesores que durante mi estancia en Yale University me formaron como humanista y como estudioso de las letras hispánicas. Tengo en mente los seminarios de las profesoras Rolena Adorno, Josefina Ludmer, María Rosa Menocal, Cristina Moreiras-Menor, y Noël Valis. Van conmigo como modelos de rigor académico y seriedad profesional. Del mismo modo, quiero extender mi agradecimiento a la coordinadora de los programas de lengua en Yale, María Crocetti, quien fue guía y ayuda en mi formación pedagógica. Una mención aparte merece Roberto González Echevarría. Supo con gran maestría hacerme leer de nuevo *el Quijote* y la comedia y descubrir lecturas por mi ignoradas. Pero le agradezco sobre todo su gran orientación en el largo proceso de este libro, sus magníficas correcciones y la humanidad que ha puesto en este empeño; un gran modelo que me sirve como referencia en mi vida académica. A Iván Fernández Peláez y Óscar Martín quiero expresar mi más profundo agradecimiento por las diferentes lecturas del manuscrito y por los consejos aportados en su elaboración. Y no menos a mis colegas de George Mason University, especialmente a Victorio Agüera, Rei Berroa, Martha Paley Francescato, Jeff Chamberlain, y Julie Christensen, su estímulo y amistad. No habría podido llevar a cabo este proyecto sin la oportuna beca de investigación de la Universidad de Yale y el semestre sabático otorgado por la Universidad de George Mason. Tales apoyos facilitaron varias estancias en España y el trabajo de investigación en la Biblioteca Nacional. En Estados Unidos, la mayor parte de la investigación tuvo lugar en la Sterling Memorial Library de la Universidad de Yale, así como en la John D. Rockefeller, Jr. Library de la Universidad de Brown y en la Library of Congress. A Marilyn, agradezco el amparo y afecto que sólo puede regalar una hermana mayor. Este libro va dedicado a Antonio Carreño y a Lilia Rodríguez, mis padres. Sin su sacrificio, su hondo saber y su amor ilimitado, no habría sido posible.

Alexandria, otoño de 2008

The author and publishers are indebted to the Program for Cultural Cooperation between Spain's Ministry of Culture and United States' Universities for assistance with the production costs of this volume.

Tanto el autor como la editorial agradecen el apoyo económico procedente del Programa de Cooperación Cultural entre el Ministerio de Cultura de España y las Universidades de los Estados Unidos de América.

1

Alegorías del poder: textos y contextos

Pero, ¿qué firme Estado,
al paso que otro crece, no declina?

Calderón de la Barca, *La gran Cenobia*

La comedia nueva y las crisis del poder: 1598–1659

La comedia nueva aparece en un momento de extrema inestabilidad política.[1] José Antonio Maravall y Juan Manuel Rozas han señalado cómo los escritores de mediados del siglo XVI y principios del XVII eran conscientes de estar viviendo en una edad de oro literaria y a la vez de ser testigos de una hegemonía político-militar ya entrada en crisis.[2] La muerte de Felipe II en 1598

---

[1] El siglo XVII está marcado por la crisis y la decadencia. Éstas deben ser matizadas para evitar la connotación sombría que conlleva el término Barroco. Sobre este aspecto, véase José Cepeda Adán, 1986. Los historiadores alemanes Heinrich Wölfflin y Werner Weisbach, si bien insistieron, más el primero que el segundo, en los aspectos formales del Barroco, establecieron la conexión con las circunstancias históricas de la época: la Contrarreforma, el fortalecimiento de la autoridad del papado, la expansión de la Compañía de Jesús, etc. También significativa es la contribución de Martin Hume, 1907. Durante la década de 1950 emerge una nueva perspectiva historiográfica que contribuye a enriquecer el debate sobre la decadencia española. Contribuciones importantes fueron los trabajos de Américo Castro, 1976 [1951]; Eric J. Hobsbawm, 1988 [1954]; Roland Mousnier, 1954; Hugh R. Trevor-Roper, 1968; Aleksandra D. Lublinskaya, 1979; entre otros muchos, como los ensayos reunidos en colecciones de Trevor H. Aston, 1965; y Geoffrey Parker y Lesley Smith, 1978. Esta apertura del horizonte historiográfico influyó en el desarrollo de la historiografía sobre la decadencia española y permitió situar sus 'crisis' en un contexto más amplio. Los historiadores han puesto recientemente un mayor énfasis en el descuidado campo de la influencia de la monarquía española en Europa, tras haber dedicado mucho tiempo a su declive interno, destacando el papel de pensadores que, como Diego de Saavedra Fajardo, intentaron detener la decadencia áurea. Véase al respecto Quintín Aldea Vaquero, 1986. También relevantes en este sentido son los estudios de José María Jover Zamora, 1963; Patrick Williams, 1981; Antonio Domínguez Ortiz, 1984; Miguel Avilés Fernández y Siro Villas Tinoco, 1988; John H. Elliott, 1990a; y John Lynch, 1992. Sobre el sentido general de la idea de decadencia, véase M. Clinescu, 1991, pp. 149 y ss.; y, sobre la crisis, J. Ortega y Gasset, 1942.

[2] Véanse los respectivos estudios de J. A. Maravall, 1983, pp. 55–128, y 1986a; y Juan Manuel Rozas, 1990, pp. 73–131. En los aledaños mismos del siglo XVII se utiliza con un

deja a España carente de una fuerza política que programara su acontecer a escala continental. Su heredero, Felipe III, se desentiende del gobierno; y el valido de éste, Francisco Gómez de Sandoval y Rojas, cuarto conde de Lerma (elevado al rango de duque a partir de 1599), opta por la paz. Esta paz, tan necesaria para el país, se convierte en un marco de celebraciones y de festejos cortesanos, abandonándose la consolidación de la monarquía. Ésta, de la mano del duque de Lerma, renuncia al ejercicio hegemónico e incurre en la frívola e irresponsable despreocupación de los negocios políticos: ni se mejora la hacienda, ni se emprenden reformas. Se da paso, sí, al libertinaje y se fomenta la corrupción. Un lujo desbordado y antojadizo obliga a recurrir a extremos tales como a la venta de privilegios y tierras de realengo, y a la alteración del valor de la moneda de vellón.[3]

Los negocios de la Corte llegan a tal extremo de abandono que el rey deja los asuntos de Estado en manos de su valido, y éste a su vez los delega a otros favoritos, entre los que destaca el famoso marqués de Siete Iglesias, Rodrigo Calderón. El duque de Lerma, ambicioso y cosechador de un gran número de enemigos, es depuesto en 1618, retirándose a Valladolid. Se refugia en el capelo cardenalicio evitando, dada su corrupta y fraudulenta actuación gubernamental, la persecución y la justicia. Le sustituye su ambicioso hijo, el duque de Uceda, quien consolida su poder, mostrando gran animosidad contra su padre. El nuevo valido tan sólo gobierna tres años, influido y presionado por don Baltasar de Zúñiga. Preparaba éste, de un modo coherente y programático, el lugar que ocuparía su sobrino, don Gaspar de Guzmán y Pimentel, tercer conde de Olivares y primer duque de San Lúcar la Mayor.[4]

La monarquía de Felipe IV (1621–65) abarca todo un período crítico. La decadencia de España, el declive de la Casa de Austria y las arcas del tesoro vacías son un reflejo de su larga y crítica etapa gubernamental. Como su padre, se desentiende de las obligaciones de su gobierno: bailes de máscaras, comedias, corridas de toros, desfiles carnavalescos, cacerías (Velázquez nos ofrece varios testimonios), y aventuras de alcoba —se acusa al Conde-Duque

sentido análogo el término 'declinación', equivalente a 'caída' o 'descenso'. Es éste el término que utiliza, en 1600, el arbitrista Martín González de Cellorigo en su diagnóstico de la situación española cuando describe la monarquía 'dispuesta a la *declinación* en que suelen venir todas las repúblicas'.

[3] Quien pronto alzó la voz manifestando su gran disconformidad ante esta situación fue el jesuita Juan de Mariana; concretamente en *De rege et regis institutione*, 1599; y *De monetae mutatione* (*Sobre la alteración de la moneda*, 1609). Esta segunda obra resaltó el envilecimiento de los poderosos ante la ansiada codicia de riquezas, así como la nefasta decisión económica de emitir la moneda de vellón (plata adulterada). Dicha devaluación, sostiene Mariana, origina la inflación de precios y la ruina del país. Sobre la crisis monetaria del vellón en documentos de la época, véase Alva E. Ebersole, 1966, pp. 155–65.

[4] Sobre el conde-duque de Olivares, véanse al respecto los clásicos estudios de John H. Elliott, 1984, 1986, y también 1990b.

de haberle proporcionado sus amantes— son el ocio favorito del rey y de sus cortesanos.[5] El inicio de su regencia fue sangriento y su valido, el conde-duque de Olivares, desplegó un afán de venganza y de recta justicia con el fin de poner e imponer su orden. Persiguió al duque de Lerma e incluso le confiscó sus bienes. Sin embargo, con Olivares entra en la Corte un nuevo aire, muy diferente al que se respiraba durante la etapa de su predecesor. El Conde-Duque se rodea de expertos, siendo por éstos asesorado en todos los asuntos de Estado.

No obstante, la falta de una intervención directa por parte del monarca exaspera a los partidarios de una monarquía férrea, y origina un complejo sistema de intrigas en contra del valido. La circulación de pasquines, panfletos, sátiras, memoriales anónimos, así como los abundantes escritos procedentes de imaginativos arbitristas, insisten sobre lo consabido: la calamitosa política económica y exterior del Conde-Duque, el carácter arbitrario de su gobierno y la usurpación de las funciones del rey.[6] Ante tales críticas, Olivares intentó afianzar el alcance de su poder recurriendo a pomposas ceremonias, a la propaganda encomiástica y a una programada elaboración de imágenes favorables a su gobierno. Moviliza a predicadores, dramaturgos y artistas de la Corte en favor de su política. Genera a través de las artes y de las representaciones teatrales una elaborada imagen del Poder. Pese a todo, en el verano de 1629, en un momento de amplio descontento político, social y económico, tras decidir involucrar a España en la guerra de sucesión de Mantua, la oposición llega a un punto máximo de descontento. Se llevan a cabo serios intentos de apartar al rey de su favorito. Era el deseo general de la época el que los reyes ejercieran personalmente el gobierno, no delegando el poder en validos. Francisco de Quevedo, como tantos tratadistas políticos, reclamaba obsesivamente que Felipe IV gobernara directamente.

---

5   Véanse al respecto los estudios de José Deleito y Piñuela, 1987 y 1988.
6   Los arbitristas constituyen un grupo procedente fundamentalmente de la sociedad castellana entre los que se contaban clérigos, abogados, mercaderes, funcionarios de la corona, etc. Formaron un grupo importante que intenta descifrar y analizar los males económicos y sociales con el fin de aportar soluciones concretas a los problemas que estaban seriamente minando el poder de la monarquía. Apoyados en el casuismo político y económico, ignoraron los aspectos doctrinales y las cuestiones de filosofía política. Como arbitristas cabe calificar a Martín González de Cellorigo (*Memorial de la política y útil restauración de la república de España y estados de ella y desempeño universal de estos reinos*, 1600), Sancho de Moncada (*Restauración política de España*, 1619), Pedro Fernández Navarrete (*Conservación de monarquías y discursos políticos sobre la gran consulta que el Consejo hizo al Señor Rey Don Felipe Tercero al Presidente y Consejo Supremo de Castilla*, 1626), Benito de Peñalosa (*Libro de las cinco Excelencias del Español que despueblan a España para su mayor potencia y dilatación*, 1629) y Mateo de Lisón y Biedma (*Desengaño del rey y Apuntamientos para su gobierno*, 1623). Entre los estudios dedicados a los arbitristas figuran M. Colmeiro, 1857; J. Vilar, 1973; E. Correa Calderón, 1981; J. I. Gutiérrez Nieto, 1986; y J. L. Abellán, 1991, vol. 3, pp. 312–30.

Arguye en su *Política de Dios, gobierno de Cristo y tiranía de Satanás*, que tal potestad conlleva un mandato divino.[7] Un manifiesto anónimo inspirado por la nobleza expuso, sin tapujos, que: 'V. M. no es un rey, es una persona por cuya conservación mira el conde para usar del oficio de rey; y es V. M. un rey por ceremonia'.

La década de 1640 a 1650 adquiere los tintes más sombríos, tanto por los acontecimientos internos que apuntaban a la desmembración efectiva de los territorios de la Corona, como por la evolución de la política bélica externa. En 1640 se produce la crisis de la unidad ibérica. Los levantamientos de Portugal y Cataluña suponen la apertura de nuevos frentes, nuevas preocupaciones y nuevos gastos. Tres años más tarde, Olivares fuerza al rey a que prescinda de sus servicios, trocándolo por otro nuevo privado: su sobrino Luis de Haro, más dócil y más inclinado a los deseos de la nobleza. El mismo año de su relevo (1643), se origina la crisis de la infantería española. Rocroi no es tan sólo la victoria de las armas francesas, sino también la constatación de la debilidad hispana y la confirmación de la nueva hegemonía gala. La paz de Westfalia (1648) marca el final de la contienda europea con el triunfo de los protestantes en Alemania y el reconocimiento de la independencia de las Provincias Unidas. A pesar de la desaparición del gran cardenal Richelieu y de los problemas internos de la Fronda, Francia continuó la lucha contra España. Franceses e ingleses unidos ganan la batalla de las Dunas (1658), y al año siguiente se firma la paz de los Pirineos donde se concierta el matrimonio de Luis XIV con la hija de Felipe IV, María Teresa de Austria. Los territorios de Artois, Luxemburgo, Rosellón, Cerdeña, y varias plazas de Flandes pasan a dominio francés.

Es éste, pues, el cuadro sociopolítico e histórico en que se sitúan y se configuran los límites cronológicos de nuestro estudio. Las comedias estudiadas ofrecen, como veremos, una visión de los problemas políticos y de las tensiones sociales de su tiempo. Asombra que algunos dramas se pudieran representar bajo la oligarquía nobiliaria que inaugura el duque de Lerma. Otras, al representarse sólo una vez (*El castigo sin venganza*), obligan a especular sobre las causas de su silenciamiento. Existe la posibilidad de que ante otras representaciones de la misma índole, el poder no se percatase de las críticas a éste dirigidas. Éstas, en forma velada, bajo claves metafóricas e incluso alegóricas, colocaban la acción en épocas lejanas o en países extranjeros. De este modo, tal cuerpo de textos se pueden leer como *alegorías de una crisis del poder*. Lo que no implica que en todo momento existan correspondencias exactas entre el discurso literal y el discurso alegórico. Tal

---

[7]   Escrito probablemente en 1619, Quevedo dedica en 1626 este tratado político dirigido a Felipe IV. La obra traza la imagen del gobernante ideal, justo, cristiano, sin intrigas y ajeno a las malas influencias. Es clásica la edición de James O. Crosby, 1966. Para las relaciones entre el conde-duque de Olivares y Quevedo, véase el estudio de J. H. Elliott, 1982a.

fenómeno nunca se da, y es inútil buscar una perfecta correspondencia entre ambos niveles de significación.

Hacia una hermenéutica de la alegoría: teorías y conceptos

> Deux erreurs: 1ᵉ prendre tout littéralement;
> 2ᵉ prendre tout spirituellement.
>
> Blaise Pascal, *Pensées*

La etimología del vocablo griego αλληγορία (*allegoria*) revela el por qué de su naturaleza proteica.[8] Compuesta de *allos* ('otro') y *agoreuien* (en su origen, 'hablar en asamblea abierta, en público, en el *agora*'), el primer término invierte su derivación etimológica.[9] Así, el resultado compuesto (*allegoria*) connota tanto aquello que se decía en secreto, como aquello que era indigno de la plebe.[10] Ambas connotaciones —lenguaje cifrado, lenguaje de élite— se constituyen en partes fundamentales de la teoría y práctica alegórica. El sentido de un lenguaje secreto, críptico, cobra una importancia especial en la alegoría política. Quien se expresa en este discurso es capaz de articular veladamente propuestas que difícilmente capta la asamblea pública. Como lenguaje de élite o superior, adquiere nueva expresión, sobre todo, en el contexto religioso o filosófico.

La composición del vocablo *allegoria* también ayuda a explicar las dos tradiciones del término, inversas en su procedimiento. Al combinarse *allos* con *agoreuien* (al desprenderse el sufijo *os*) la nueva palabra compuesta adquiere el significado de 'decir otras cosas'; 'decir algo diferente de aquello que significa'. Al dar énfasis sobre la técnica de su composición, —el *decir* en detrimento de aquello que significa—, la teoría y práctica alegórica se convierten en un procedimiento gramatical o retórico.[11] En cuanto se enfatiza

---

[8] La etimología de alegoría que se ofrece a continuación está tomada en parte del primer apéndice incluído en Jon Whitman, 1987, pp. 263–8. La discusión sobre si la alegoría es una modalidad, un género o una estructura nos parece menos interesante y esclarecedora que el análisis de su evolución y tradición etimológica.

[9] La palabra *agora* estableció tempranamente dos connotaciones bien diferentes. Por un lado, se asocia con el discurso político, oficial, de la asamblea. Así la forma simple del verbo *agoreuien* se encuentra sobre todo en contextos políticos y legales. En la asamblea legislativa ateniense, la frase '*Tis agoreuein bouletai*?' significaba '¿Quién quiere dirigirse a la asamblea?' Por otro lado, la palabra *agora* se refería al habla coloquial, de todos los días, del mercado. De esta manera sus derivados conllevan a veces el sentido de 'común', 'bajo', como en el adjetivo *agoraios*.

[10] Dada esta etimología no sorprende que muchos hayan visto la alegoría como la anti-retórica, lo inverso al discurso público.

[11] La tradición de la alegoría tiene una posición flexible aunque circunscrita al desarrollo de

la técnica interpretativa de un texto alegórico, el *significar* en detrimento del decir, la teoría y práctica alegórica se convierten en materia de discusión filosófica y exegética.

Tanto el sustantivo *allegoria* como sus derivados aparecen por primera vez en el período helenístico con referencia a la tradición gramatical o retórica. Con Demetrio (*De Elocutione*) adquiere el estatus retórico de tropo. Aristóteles en su *Poética* (XXI) definió la breve figura de dicción de la siguiente manera: 'significar distinto a lo que uno dice' (*to me ho phesi legein*), si bien no utilizó el término 'alegoría'.[12] Su primera aparición se encuentra en un tratado griego de Filodemo, hacia 60 a. C., donde se asocia, a modo de *tropos* familiar, con la metáfora. Ya antes, el anónimo autor de la *Rhetorica ad Herennium* había traducido este término al latín como *permutatio*, clasificándolo dentro de las figuras de dicción —*exornationes verborum*— diferente de las de pensamiento —*exornationes sententiarum*—. Cicerón es el primero en utilizar el vocablo griego *allegoria* en un tratado latino; y es quien le otorga un significado más extenso que una simple figura de dicción. Lo define como una serie continua de metáforas: *cum fluxerunt continuae plures tra[ns]lationes*.[13]

Este es precisamente el significado que consagra Quintiliano en su *Institutio Oratoria*: *allegorian facit continua metaphora*.[14] La incluye a su vez entre los tropos ornamentales, junto al epíteto, la ironía, la perífrasis, el

la expresión literaria. En torno a las variadas posibilidades que ofrece, véanse Walter Benjamin, 1928, sobre la fragmentación alegórica del mundo; Northrop Frye, 1957, pp. 89–92 y 341–2; así como su artículo más reciente, 1974, sobre la borrosa frontera entre la expresión alegórica y anti-alegórica. Es seminal el libro de Angus Fletcher, 1964. Véanse también Michael Murrin, 1969, pp. 54–74 y 98–166, especialmente sobre los juicios de valor en la teoría y práctica alegórica en el Renacimiento; y Pamela Gradon, 1971, pp. 32–92, sobre las diversas tradiciones de la alegoría hasta el medievo; Clifford Gay, 1974, pp. 1–35 y 94–129, sobre la coherencia del discurso alegórico y las tendencias subversivas desde el Renacimiento. Sobre la alegoría tipológica y de reificación, véase Stephen A. Barney, 1979. La narración polisémica como un comentario progresivo de su propia ambigüedad, así como de ciertos impedimentos de la expresión alegórica desde el siglo XVII, la estudia Maureen Quilligan, 1979. Paul de Man, 1979, analiza textos posteriores al siglo XVIII como enunciaciones alegóricas, caracterizadas por contradicciones internas (*aporías*) a su articulación retórica. La colección de ensayos editado por Morton W. Bloomfield, 1981, examina las diferencias estratégicas desde la Edad Media hasta la Modernidad.

12   La primera aparición del vocablo la analiza Demetrio con el estoico Cleantes (siglo III a. C.) quien parece haber utilizado su forma adverbial *allegorikos*, aunque dicha presencia es discutida, ya que podría ser obra de un editor posterior.

13   Cicerón, *De Oratore*, III, xli, p. 166; y en *Orator ad M. Brutum*, xxvii, p. 94.

14   Quintiliano, *Institutio Oratoria*, IX, ii, p. 46. Fernando de Herrera al estudiar la metáfora define la alegoría como perpetua metáfora, ya que 'no está puesta con sola una palabra, sino en toda la oración'. La consideración formal y analítica de la alegoría como una metáfora continuada es la más extendida en las teorías retóricas. Contra este planteamiento, Henri Morier, 1989, p. 160, objeta que 'l'allégorie n'est pas faite de métaphores, mais d'une *conjonction de*

hipérbaton y la hipérbole, y la define como inversión que muestra una cosa en las palabras y otra en el sentido: *Allegoria quam inversionem interpretantur, aut aliud verbis aliud sensu ostendit.*[15] Quintiliano distingue entre la alegoría total, perfecta, *tota allegoria*, carente de elementos comparativos, y la alegoría mixta —*per mixta apertis allegoria*— en la que se mezclan distintos niveles de representación. En su tradición interpretativa, el término *allegoria* no aparece hasta mediados del siglo primero.[16] Sin embargo, como práctica exegética ya se establece de manera sistemática en el siglo VI a. C., con la interpretación filosófica de Homero. En el siglo IV Isidoro de Sevilla emplea la palabra *alieniloquium*, equivalente latino del compuesto griego *allos + agoreuien*, para describir cómo bajo la expresión real de un concepto se esconde figuradamente otro: *Allegoria est alieniloquium, aliud enim sonat, aliud intelligitur.*[17] De acuerdo con san Agustín, hay signos trasladados, *signa translata*, que además de poseer un significado propio también tienen un sentido secundario.[18]

Dada su naturaleza velada y su carácter de *traslatio* entre un significante y un significado, la alegoría comparte características con otras técnicas retóricas. Tal es el caso de la definición amplia que dan de la ironía, tanto Cicerón como Quintiliano: 'decir una cosa y significar otra'.[19] Entre sus variaciones, la alegoría oscura se denomina desde Quintiliano enigma (*aenigma*).[20] El término *allegoria* también puede referirse a una de las cuatro transferencias que forman parte de la exégesis cristiana: desde el sentido literal e histórico de la Sagrada Escritura al alegórico, tropológico o moral, y anagógico; niveles cuyas fronteras son permeables, borrosas, transferibles.[21] Es difícil saber dónde un nivel predomina sobre otro, dónde uno comienza y otro termina. La alegoría se relaciona a su vez con el dogma de la doble revelación divina según el cual Dios se comunica a través de sus creaciones, en

symboles [. Elle] est composée des symboles qui gravitent dans une commune force associative: c'est une constellation de signes'.

[15] Quintiliano, *Institutio Oratoria*, VIII, vi, p. 44.

[16] Una posible excepción sería Cleantes. Véase nota 12.

[17] Isidoro de Sevilla, *Etymologiae*, I, xxxvii, p. 22.

[18] San Agustín, *De doctrina christiana*, I, ii, p. 2.

[19] Cicerón, *De Oratore*, III, liii, p. 203; Quintiliano, *Institutio Oratoria*, IX, i, p. 3. Véase también la distinción que establece Quintiliano en su *Institutio Oratoria*, VIII, vi, 58.

[20] *Institutio Oratoria*, VIII, vi, p. 52; san Agustín, *De Trinitate*, XV, 9; *Patrologia Latinae*, 42, pp. 1068–9; y san Isidoro, *Etimologiae*, I, xxxvii, p. 26.

[21] En la epístola octava de *La Circe*, dirigida 'Al Reverendo Padre fray Leonardo del Carpio', Lope de Vega asegura haber traducido cuatro psalmos 'por el sentido literal contra enemigos, murmuradores y testigos falsos, y así no he querido tomar alegoría ninguna, ni parafrasearlos, pues tiene más dificultades ceñirlos a lo que suenan' (Lope de Vega, *Obras completas. Poesía*, vol. IV, p. 705); ejemplo por otra parte que demuestra la interrelación entre la enunciación retórica, y el proceso de composición de la alegoría, y su vertiente hermenéutica.

sus dos textos: la Biblia y el universo.[22] La posibilidad de la *translatio* alegórica puede resultar, pues, de una semejanza de origen conceptual o natural.[23] Lo visible también puede significar lo invisible.

La distinción problemática entre alegoría y símbolo varía entre los teóricos. En muchos sentidos es fruto del período romántico. En sus principios, el vocablo símbolo (*symbolon*) fue utilizado por la crítica neoplatónica y neopitagórica para sugerir una misteriosa transferencia de significados, confundiéndose con frecuencia con la palabra icono (*eikon*). Éste designa una correlación más llana, menos misteriosa que el símbolo, aunque ambos se confunden entre sí. La *figura* es una forma especial de alegoría cuya interpretación consiste en establecer una analogía entre dos sucesos separados por el tiempo. Si la mayoría de las formas alegóricas que encontramos en la literatura y en el arte representan una virtud, una pasión, una institución (la Prudencia, los Celos, la Monarquía, etc.), o como máximo son una síntesis general de un fenómeno histórico (la Paz, la Patria, etc.), nunca se basan en un suceso realmente histórico, tal y como sucede con la figura.[24] También se confunde la alegoría con la prosopopeya, la práctica retórica de otorgar a

---

[22] El concepto de la doble revelación divina ya existe en san Agustín y en Beda el Venerable. No obstante, santo Tomás es el primero que la establece como sistema teológico. Distingue entre la *allegoria in verbis* y la *allegoria in factis* (*Quaestiones quod libetales*, VII, vi, 1). Sobre tal diferencia, véase Armand Strubel, 1975. Lope de Vega en la epístola cuarta dirigida 'A Don Diego Félix Quijada y Riquelme' (Lope de Vega, *La Filomena*, en *Obras completas. Poesía*, vol. IV, pp. 222–3) expresa: 'Dice Agustín que es el amor en balde / de lo que no se ve ni se conoce; / el alma no se ve, respuesta dalde. / El filósofo quiere que se goce / por lo que vemos lo que nunca vimos, / aforismo que nadie desconoce. / Así por lo visible conocimos / lo invisible de Dios, cuya grandeza / en la naturaleza percibimos. / ¿Quién mira de las flores la belleza, / libro abierto en sus hojas? ¿quién, sacando / el sol por el oriente la cabeza, / que no conozca que su Autor, mostrando / su divino poder en las criaturas, / es principio sin fin, sin cómo y cuándo?' (vv. 250–64). Observa al respecto Sebastian Neumeister, 1996, p. 204, que la teoría tomista de la alegoría 'presupone un equilibrio entre el signo (significante) y el significado. Es un equilibrio que se explica por el orden de la creación, de una creación que tiene un sentido. El hombre puede reconocer este orden y este sentido. Y aunque no los reconozca, no obstante éstos existen. Quien tiene capacidad de ver, puede reconocer sus vestigios en las figuras tipológicas que vinculan el Viejo y el Nuevo Testamento, ambos radicados en la historia de la salvación y capaces de producir no sólo un sentido histórico sino también, como lo confirma la teoría de los cuatro sentidos alegóricos, una significación moral'. Véase además E. Auerbach, 1973 [1939].

[23] Baltasar Gracián observa en su *Agudeza y arte de ingenio* que: 'La semejanza es el fundamento de toda invención fingida, y la translación de lo mentido a lo verdadero es el alma desta agudeza; propónese la fábula, emblema o alegoría, y aplícase por la ajustada conveniencia' (1969 [1648], II, p. 197).

[24] Así en Auerbach: 'Since in figural interpretation one thing stands for another, since one thing represents and signifies the other, figural representation is allegorical in the widest sense. But it differs from most of the allegorical forms known to us by the historicity both of the sign and what it signifies' (1984, p. 54). Esta distinción también la formula R. P. C. Hanson, 1959, donde la figura cobra el mismo significado que el de la tipología.

un ausente una presencia, o de atribuir a una abstracción una forma y una voz.[25]

En la modernidad ambas tradiciones de la alegoría, tanto la de composición como la interpretativa, arriesgan el cuestionamiento de la propia praxis de la escritura y de la crítica. En un sentido amplio, se puede argüir que toda composición, como toda interpretación o lectura crítica es, en alguna medida, alegórica.[26] En un provocativo ensayo, Joel Fineman (1981) estudia la estructura de la alegoría tanto en su nivel narrativo, temporal, como en su nivel simbólico, espacial. Existen, de acuerdo con Fineman, alegorías que son principalmente perpendiculares, cuyo énfasis es más en la estructura vertical que en la extensión temporal. Así, por ejemplo, la rueda de la Fortuna o el emblema como género literario, que escasamente aspiran hacia una extensa progresión narrativa. A su vez, existe la alegoría que es principalmente horizontal. Se desarrolla lateralmente a través del tiempo de la narración, tal como sucede en el género de aventuras, donde la estructura figurativa es ancilar, secundaria al conjunto de aventuras en el tiempo. Finalmente, hay alegorías que mezclan ambos ejes en proporciones relativamente iguales. Tal sería el caso en *Los cuentos de Canterbury* donde cada narración figurativa avanza la narración global del peregrinaje. Siguiendo la fórmula lingüística de Roman Jakobson la alegoría vendría a ser la proyección poética del eje metafórico sobre el metonímico, donde la metáfora se entiende por el sistema sincrónico de diferencias que constituye el orden de la lengua (*langue*), y la metonimia por el principio diacrónico de combinación y conexión. A través de estas figuras la estructura se actualiza en el tiempo del habla (*parole*).[27]

Joel Fineman cuestiona dicha fórmula lingüística y sus premisas diacríticas; es decir, la diferencia entre supuestas oposiciones binarias. Muestra una cierta *aporía* al mostrar la mutua interdependencia (no oposición) entre metonimia y metáfora: 'Every metaphor is always a little metonymic because in order to have a metaphor there must be a structure, and where there is a structure there is always piety and nostalgia for the lost origin through which the structure is thought'.[28] Concluye que la alegoría es un eterno desplazamiento metonímico de signos. Manifiesta un deseo continuo, insaciable, de buscar discursos analógicos para erigirse como tal. En este sentido, define la

---

[25] Jon Whitman distingue entre alegoría personificada y no-personificada: 'While personification is the most striking kind of compositional allegory, it is not the only kind. Allegorical composition need not employ abstract characters at all' (1987, pp. 6–7). Y añade: 'We might express a wise course of action, for example, not by exhibiting the prudent behavior of 'Wisdom', but by describing the judicious navigation of a ship'.

[26] Dicha postura le otorga al término, ya en sí problemático, una aplicación tan extensa que puede llegar a comprometer tanto su sentido histórico como su utilidad analítica. Véanse los estudios citados en la nota 11; sobre todo el correspondiente a Paul de Man, 1979.

[27] Roman Jakobson, 1981 [1960],

[28] Fineman, 1981, p. 44.

alegoría Jon Whitman: 'Allegory is always pointing toward a goal that lies beyond it, […] forever having to come to terms with its own provisionality'.[29] De la misma manera, Angus Fletcher afirma que la alegoría por naturaleza es siempre incompleta: nunca llega a cumplir su gran diseño.[30]

Alegoría, discurso político y la comedia nueva

La peregrinación de signos que busca su realización plena entre la textura verbal y su nivel externo, como discurso simbólico o alegórico, alude a una serie de contenidos perfilados como más significativos. De ahí que desde sus inicios la alegoría se establezca como un vehículo de instrucción y de persuasión moral, psicológica o teológica. J. C. Escalígero la relacionó con la parábola y el proverbio. De acuerdo con Alonso López Pinciano, *Filosofía antigua poética* (1596), la alegoría cumple, fundamentalmente, una función didáctica. Puede formar parte del género epidíctico, de la retórica de la *laudatio* (discurso panegírico o encomiástico) y de la *amonestatio* ya que con frecuencia apoya, incita o condena ciertas líneas de conducta o de posiciones filosóficas. En las consideraciones retóricas de Baltasar de Gracián, éste la asocia con la prosopopeya: 'Consiste también en la semejanza, con que las virtudes y los vicios se introducen en metáfora de personas, y que hablan según el sujeto competente. Las cosas espirituales se pintan en figura de cosas materiales y visibles, con innovación y traza de empeños y desempeños en el suceso'.[31] Gracián alude también a la necesidad de vestir la verdad con el ingenio, lo que unido a una cierta dificultad de intelección, se logra que la obra sea más educativa y obtenga más valor.

Paradójicamente, la alegoría es capaz de subvertir o de alentar e imponer valores contrarios al poder, es decir, de funcionar a modo de sátira. De acuerdo con Angus Fletcher, 'We cannot then condemn allegory as an instrument of universal conformity, until we have admitted that it is also the chief weapon of satire'.[32] En tiempos de revolución política puede proponer una nueva ética o, en épocas conservadoras, una ética ya olvidada, sin vigencia. En este sentido, Fletcher observa que la alegoría es el espejo natural de la ideología ('natural mirror of ideologies').[33] Por esto, como lenguaje críptico, velado, tiende a florecer en épocas de crisis, de censura; cuando no se puede expresarse con libertad. Observa Joel Fineman: 'More historically, we can

---

[29] Whitman, 1987, p. 13.

[30] Fletcher, 1964, pp. 174–80.

[31] Gracián, *Agudeza y arte de ingenio*, II, p. 201.

[32] Fletcher, 1964, p. 325. Gracián en su *Agudeza y arte de ingenio* afirma que la alegoría es un 'afectado disfraz de la malicia, ordinaria capa del satirizar' (II, p. 201).

[33] Fletcher, 1964, p. 368.

note that allegory seems regularly to surface in critical or polemical atmospheres, when for political or metaphysical reasons there is something that cannot be said'.[34] Antes de fugarse de Italia y contemplar la destrucción de su casa del Palatino, Cicerón le escribió a su amigo Ático advirtiéndole: 'De la situación política diré poco. Temo que el mismo papel nos descubra. Así de ahora en adelante si tengo la ocasión de escribirle, velaré mis significados con alegorías' ('*allegoriais obscurabo*').[35] Ejemplo que apunta a una nueva característica de la alegoría. Presupone que el escritor y su público (lector) comparten una serie de expectaciones genéricas, basada en una familiaridad con modelos y/o subtextos paralelos, sean éstos históricos, míticos, bíblicos o hagiográficos.

Frente a la postura del insigne estudioso José Antonio Maravall, para quien el teatro barroco carece de ejemplaridad y de valor pedagógico, los dramaturgos del Siglo de Oro, amparados por la sutil definición de Cicerón, son conscientes de que la mimesis dramática combina dos objetivos, ya fijados por Horacio en la *Epístola a los Pisones*: enseñar y deleitar (*prodesse et delectare*).[36] Ignacio Arellano ha destacado que en el siglo XVI el teatro se consideraba como un medio privilegiado, pedagógico, de las normas de los

34 Fineman, 1981, p. 28. Sobre la relación entre alegoría y política en el Renacimiento, véase Michael Murrin, 1969.

35 Cicerón, *Cartas a Ático*, II, 20.3. En la epístola anterior Cicerón (II, 19) dice que escribirá el resto en lenguaje velado, en enigmas: *cetera erunt aenigmas*. Tanto aquí como cuando utiliza el término alegoría, emplea la grafía griega. Cuando el poeta intenta ocultar su *sententia* tras un velo de signos, llámase también con los nombres de *integumentum, involucrum, velum*, y *cortex*. Véase al respecto D. W. Robertson, 1951.

36 Ver Maravall, 1990a, p. 17. Desde antiguo circulaba una definición de comedia que Diomedes atribuyó a Cicerón: la comedia como un espejo, como un reflejo de las costumbres pasadas y presentes; *imitatio vitae speculum consuetudinis et imago veritatis (Familiaria in Terentium praemotamenta por Publii Terentii Aphri [...] comedia [...]*, Roma: Claudio Mani y Stephanus Balan, 1502, fol. VIIr. La imagen es consagrada también por Elio Donato (*Comentum Terentii*, V, i). Se recoge, además, en abundantes reflexiones sobre preceptiva teatral en el Siglo de Oro. Así Juan de la Cueva, *El viaje de Sannio* (1585), dirá que la comedia es 'espejo, luz y guía, / de la verdad' cual 'pintura soberana', que representa 'delante de los ojos presentes' los 'males de los mortales miserables / en héroes, reyes, príncipes notables'. El cura de *El Quijote* (I, 48) critica, como buen inquisidor, las comedias 'que agora se usan' y sostiene que han dejado de ser lo que Cicerón quería: 'espejo de la vida humana, ejemplo de las costumbres e imagen de la vida'. Y continúa: 'las que ahora se representan son espejos de disparates, ejemplos de necedades e imágenes de lascivia'. La idea de la comedia como espejo la recoge Lope en el *Arte nuevo de hacer comedias* (1609): 'Por eso Tulio las llamaba espejo / de las costumbres y una viva imagen / de la verdad' (vv. 123–5); y de nuevo en *El castigo sin venganza* por boca del duque de Ferrara: 'Agora sabes, Ricardo, / que es la comedia un espejo, / en que el necio, el sabio, el viejo, / el mozo, el fuerte, el gallardo, / el rey, el gobernador, / la doncella, la casada, / siendo al ejemplo escuchada / de la vida y del honor, / retrata nuestras costumbres, / o livianas o severas, / mezclando burlas y veras, / donaires y pesadumbres' (I, vv. 214–25). En la *Justa poética* [...] *a la Beatificación* [...] *de San Isidro* (1620), Lope afirma: '[l]a poesía de esta edad / a mi intento se acomoda / que es jeroglíficas toda' (*Obras completas. Poesía*, vol. VI, p. 464).

planes de estudio jesuitas (*ratio studiorum*).[37] Tal intención ejemplarizante se observa a su vez en los dramaturgos que seguían los modelos de la comedia, especialmente de Terencio y Plauto, y los de la tragedia clásica, Séneca en concreto.[38] Cristóbal de Virués, en el epílogo a la tragedia *Atila furioso*, pone en boca de la figura alegórica *Tragedia* su intención pedagógica y moral:

> Con estos casos dolorosos, vuestra
> vida mortal humana os represento,
> así os doy verdadera y clara muestra
> del humano contento y descontento;
> pues la prudencia ilustre que os adiestra,
> demás del gusto y entretenimiento,
> procure en cada cual sacar doctrina
> con que despierte en sí virtud divina.[39]

Años más tarde, el destacado comentarista José Pellicer de Tovar, en su *Idea de la comedia de Castilla* (1635), la caracteriza de 'maestro público del pueblo que le está oyendo, de cuyos avisos depende la enseñanza de todo aquel concurso'. Finalizando ya el siglo XVII, Bances Candamo, en su *Teatro de los teatros de los pasados y presentes siglos*, al trazar las características de las comedias que denomina *historiales*, señala que 'por la mayor parte, suelen ser ejemplares que enseñen con el suceso eficacísimo en los números, para el alivio'.

La tragedia, protagonizada principalmente por reyes, príncipes y nobles, ofrece como argumento la historia y sirve de vehículo para la educación del

---

[37] Arellano, 1995a, p. 25. En el prólogo a la comedia *Philautus*, Pedro Pablo Acevedo, uno de los dramaturgos más significativos del género teatral jesuítico, escribe: 'Contaros he una historia en breve suma / la cual veréis después representada, / porque lo que se ve a los ojos mueve / mucho más que lo que al oído damos'. De temática fundamentalmente religiosa, configuraba dicho fenómeno docente, representaciones alegóricas (en la tradición de los misterios y las moralidades), dramas teológicos (auto sacramentales vinculados a las celebraciones del Corpus) y comedias hagiográficas. Véase Arellano, 1995a pp. 24–8.

[38] En *Filosofía antigua poética* (1596), Alonso López Pinciano afirma: 'Morata se dice la que contiene y enseña costumbres, como aquella que de Peleo fue dicha, éste fue un varón de mucha virtud, o cual de Séneca, llamado *Hipólito*, el cual fue insigne en la castidad'.

[39] Sobre la *Tragedia de la gran Semíramis*, Arellano, 1995a, p. 36, sostiene que 'la explotación del patetismo con recurrencia constante al 'objeto patético' (elemento visual que concentra, como señalaba el Pinciano, la excitación lacrimosa del espectador) se alía a la explicitación docente, desde la intervención del 'prólogo', que explica cómo el poeta, sea cómico o trágico, escribe 'para ejemplo con que el alma / se despierte del sueño torpe y vano / en que la tienen los sentidos flacos / y mire y siga la virtud divina; / con este fin, con este justo intento / hoy en su traje trágico se ofrece / la vida y muerte de la gran Semíramis''. Igualmente en *La cruel Casandra*, Cristóbal de Virués tiene por objetivo declarado la finalidad didáctica de 'dar ejemplos de virtud, aunque mostrados / tal vez por su contrario'.

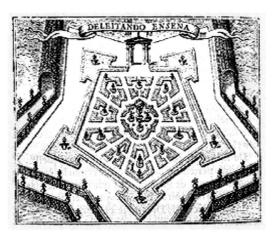

Empresa 5. Diego de Saavedra Fajardo, *Idea de un príncipe político cristiano (Empresas políticas)*, Milán, 1642

príncipe.[40] Ya lo indicaba al salir en su defensa el jesuita José Alcázar: 'son las comedias espejo de la vida humana, en que hallarán muchos avisos morales y políticos los que lo quisieren considerar con los ojos del entendimiento'. La estudiosa británica Melveena McKendrick (2000) señala que uno de los argumentos de los defensores del teatro era que al mostrar ejemplos del bien y del mal gobernante, la comedia podía actuar como un espejo de príncipes.[41] Francisco de la Barreda, en su 'Invectiva a las comedias que prohibió Trajano y apología por las nuestras' (h. 1618), señala la misma función moral dentro de la tradición del *consilium*. Ya Francisco de Cascales exhortaba con ánimo: 'Vamos, vamos al teatro escénico, que allí hallará el rey un rey que representa el oficio real; adónde se extiende su potestad; cómo se ha de haber con los vasallos; cómo ha de negar la puerta a los lisonjeros; cómo ha de usar la libertad para que no sea avaro ni pródigo; cómo ha de guardar equidad

---

[40] La comedia, siguiendo la exégesis de Robertelio Utinense a la *Poética* de Aristóteles, 'imita las humildes acciones de los hombres', frente a la tragedia, *at vero tragedia praestatiores imitator*. 'Tragedia es aquélla que contiene', explica el Marqués de Santillana, 'en sy caída de grandes rreyes e príncipes'. Badío en *Familiaria in Terentium Praenotamenta por Publii Terentii Aphi...Comedia* (1502), y en cita de Alberto Blecua (1988, pp. 8 y 47, n. 3*a*), la definía del siguiente modo: *Tragedia semper est de altissimis personis et in altisono stilo conscripta.*

[41] La consideración de que el príncipe tenía que ser instruido y formado para que tuviera un adecuado conocimiento de sus obligaciones y profesara bien su tarea gubernativa suscitó, desde tiempos atrás, en diversos lugares, un género específico: los libros para la educación de príncipes. Véase al respecto Mª A. Galino Carrillo, 1948.

para no ser blando ni cruel'.[42] Y Melchor Cabrera y Guzmán declara que: 'el Príncipe, viendo representar acciones heroicas de otro, templa las que más le apasionan y halla quien se nota le acusa de error o descuido, y toma modelo para adelante. El señor mira como en un espejo lo imperfecto de su proceder y como buen pintor borra el defecto y fealdad para quedar sin la mancha que le desdora'. Lo que muestra una vez más la función instructiva y pedagógica de la representación escénica con fines políticos.

La representación de la historia y la educación del príncipe

> Las letras tienen amargas las raíces, si bien son dulces sus frutos. [E]s menester la industria y arte del maestro, procurando que en ellos y en los juegos pueriles vaya tan disfrazada la enseñanza, que la beba el príncipe sin sentir, como se podría hacer para que aprendieses a leer […] Aprenda la fortificación, fabricando con alguna masa fortalezas y plazas con todas sus entradas encubiertas, fosos, baluartes, medias lunas y tijeras, que después bata con pecezuelas de artillería. Y para que más se le fijen en la memoria aquellas figuras, se formarán de mirtos y otras yerbas en los jardines, como se ven en la presente empresa.
>
> Diego de Saavedra Fajardo, *Idea de un príncipe político cristiano*

La utilidad de la historia como medio de instrucción empieza a reconocerse en el Renacimiento. Surge a partir del tópico ciceroniano que define la historia como: *testis temporum, lux veritatis, vita memoriae, magistra vitae, nuntia vetustatis*.[43] Sobre tal definición insistieron los humanistas en distintas épocas. Emana de una visión analógica del mundo, que presupone una propedéutica del quehacer humano: la continuidad del pasado en el presente. La *Historia general de España* (1592) de Juan de Mariana recoge de forma sintética esta misma tesis: 'Los tiempos pasados y los presentes semejables son y, como dice la Escritura, lo que fuere eso será'. En este sentido José Antonio Maravall destaca numerosos testimonios para concluir que la historia se constituye 'en un saber del curso constante de los hechos', convirtiéndola, paradójicamente, en ahistórica, es decir, en arquetipo. De ahí que su estudio sea útil para conocer y guiarse en el presente, a manera de discurso ejemplar, sobre todo en lo relativo al arte de gobernar. Según el historiador Jerónimo de San José, es en la escuela de la historia donde 'se aprende la política

---

[42] Citado en McKendrick, 2000, p. 30.
[43] *De Oratore*, ii, 36.

del gobierno'.[44] En el mismo sentido, Luís Cabrera de Córdoba concibe la historia como una 'preparación importante para los actos públicos'.

Entre los libros dedicados a tal empresa destaca *El príncipe* (escrito en 1505 y publicado diez años después) de Nicolás Maquiavelo. Crea toda una ciencia política a partir de las lecciones extraídas de los *viri illustribus* de la Antigüedad y del Medioevo cuya praxis se dirige a su tiempo. La indiferencia del secretario florentino frente a la moralidad de los medios empleados por el gobernante para conseguir sus fines políticos —la conservación y aumento del poder, la razón de Estado[45]— fue considerado como algo inadmisible por los pensadores políticos que sostenían que las consideraciones morales y jurídicas de la religión cristiana no debían subordinarse a la política. Por tales motivos, el libro apareció incluido en el *Índice romano* de Paulo IV en 1559. No se incorporó de manera explícita al *Índice español* hasta 1583.[46] Dado el rechazo con que fue recibido el pensamiento de Maquiavelo, su triunfo en la práctica, y la necesidad de proponer medios acordes con las exigencias reales de la política, hizo que los teóricos políticos del Barroco trataran de hallar un procedimiento mediante el cual se podía atender a las necesidades del Estado, sin comprometer los principios morales de la religión cristiana. Lo que produjo una amplia literatura de este género entre los siglos XVI y XVII con notorias variantes como el *Tratado de la religión y virtudes que debe tener el príncipe cristiano para gobernar y conservar sus Estados, contra lo que Nicolás Maquiavelo y los políticos de este tiempo enseñan* (1595) de Pedro de Rivadeneira, *De rege et regis institutione* (1599) de Juan de Mariana, *El Gobernador cristiano. Deducido de las vidas de Moisés y Josué, príncipes del pueblo de Dios* (1612) de Juan Márquez, y el *Tratado de la república y policía cristiana para reyes y príncipes, y para los que en el gobierno tienen sus veces* (1615) de Juan de Santa María.[47]

---

[44] Véase Alan K. Paterson, 2001, p. 150.

[45] Sobre el concepto de razón de Estado, su artífice Giovanni Botero (*Della ragion di stato*, 1589) y su influencia sobre los tratadistas españoles del Barroco, véase José A. Fernández Santamaría, 1992.

[46] Sobre la difusión, la influencia y la recepción de Maquiavelo en España, véanse D. W. Bleznick, 1958; H. Puigdomènech, 1988; y J. A. Maravall, 1983–84.

[47] En este sentido se orientan también las obras de Juan de la Puente (*Tomo primero de la conveniencia de las dos monarquías católicas, la de la Iglesia Romana y la del imperio español, y defensa de la precedencia de los Reyes Católicos de España a todos los reyes del Mundo*, 1612), de Gregorio López Madera (*Excelencias de la monarquía y reino de España*, 1617), Juan de Salazar (*Política española. Contiene un discurso cerca de su monarquía, materias de estado, aumento y perpetuidad. Al príncipe nuestro señor*, 1619), Francisco de Quevedo (*Política de Dios, gobierno de Cristo y tiranía de Satanás*, 1626), Pedro Barbosa Homen (*Discursos de la jurídica y verdadera razón de estado, formados sobre la vida y acciones del Rey don Juan el II, de buena memoria, rey de Portugal llamado vulgarmente el Príncipe perfecto. Contra Maquiavelo y Bodino, y los demás políticos de nuestros tiempos, sus secuaces*, c. 1627), Juan

La *Idea de un príncipe político cristiano representada en cien empresas* de Diego de Saavedra Fajardo es un tratado dedicado a la educación del príncipe Baltasar Carlos, publicado en Múnich (1640), y ampliado en la edición de Milán (1642). Saavedra Fajardo propone que el príncipe tenga por norte la piedad, la razón y la justicia. No ha de gobernar según sus afectos, sino guiado por la razón de Estado. Considera a su vez que las *artes de reinar* requieren gran industria y por tanto instrucción y estudio. Mientras que en los hombres corrientes disimular las pasiones es doblez, en el príncipe es razón de Estado (empresa 7).[48] En este sentido, Saavedra Fajardo avisa de los peligros de aprenderlas de maestros que induzcan a la impiedad, al engaño y a la malicia. Afirma Saavedra Fajardo en la empresa 2:

> Apenas tiene el príncipe discurso, cuando, o le lisonjean con las desenvolturas de sus padres y antepasados, o le representan aquellas acciones generosas que están como vinculadas en las familias. De donde nace el continuarse en ellas de padres a hijos ciertas costumbres particulares, no tanto por fuerza de la sangre, pues ni el tiempo ni la mezcla de los matrimonios las muda, cuanto por el corriente estilo de los palacios donde la infancia las bebe y convierte en naturaleza.[49]

El mismo Saavedra Fajardo declara que la historia es la 'maestra de la verdadera política y quien mejor enseñará a reinar al príncipe, porque en ella está presente la experiencia de todos los gobiernos pasados y la prudencia y juicio

---

Blázquez Mayoralgo (*Perfecta razón de Estado. Deducida de los Hechos del Señor Rey don Fernando el Católico, quinto de este nombre en Castilla y segundo en Aragón. Contra los políticos ateístas*, 1646), Claudio Clemente (*El maquiavelismo degollado por la cristiana sabiduría de España y Austria. Discurso cristiano-político a la católica majestad de Felipe IV, rey de las Españas*, 1628), Diego Saavedra Fajardo (*Introducción a la política y razón de Estado del rey Católico don Fernando*, 1631; *Idea de un príncipe político cristiano representada en cien empresas*, 1640) y finalmente Baltasar Gracián (*El político don Fernando el Católico*, 1646). Influidos por las modalidades narrativas de Tácito, algunos de estos autores suelen adscribirse dentro de la corriente denominada 'tacitismo'. Entre los más destacados fueron Baltasar Álamos de Barrientos (*Norte de príncipes, virreyes, consejeros, embajadores, con advertencias políticas muy importantes sobre lo particular y público de una Monarquía, fundadas para el Gobierno de Estado y Guerra*, 1603); Juan Pablo Mártir Rizo (*Norte de príncipes*, 1616, y *Vida de Rómulo*, 1633), Joaquín Setanti, Benito Arias Montano, Diego de Saavedra Fajardo y Fadrique Furió Ceriol (*El concejo y consejeros del príncipe*, 1559). Véase al respecto B. Antón Martínez, 1992. La gran importancia que cobró la figura del valido en los reinados del siglo XVII, estimuló también el desarrollo de un subgénero que trató de instruir a los privados sobre sus obligaciones y los límites a que estaba sometida su gestión.

48 Diego Saavedra Fajardo, *Empresas políticas*, ed. Sagrario López Poza, 1999, p. 247.
49 Diego Saavedra Fajardo, *Empresas políticas*, p. 206.

de los que fueron'.[50] Añade al respecto Alan K. Paterson: 'The nature of history is to confirm that among its purposes were seen that of forming and maintaining a national identity by giving the present nation-state an ancestry in a past that was its own possession, that of providing a frame of reference for the contemporary governance of a composite state with complex origins, and that of inculcating lessons on behaviour through the historical record of virtuous and vicious actions'.[51]

En su dedicatoria al jovencísimo príncipe Baltasar Carlos, Saavedra Fajardo en su *Idea de un príncipe* expresa: 'porque ninguna libertad más importante a los reyes y a los reinos que la que sin malicia y pasión refiere cómo fueron las acciones de los gobiernos pasados, para enmienda de los presentes'. Y de nuevo insiste: 'Gran maestro de príncipes es el tiempo. Hospitales son los siglos pasados, donde la política hace anatomía de los cadáveres de las repúblicas y monarquías que florecieron, para curar mejor las presentes. Cartas son de marear, en que con ajenas borrascas o prósperas navegaciones están reconocidas las riberas, sondeados los golfos, descubiertas las secas, advertidos los escollos, y señalados los rumbos de remar' (empresa 28).[52] En su 'Autosemblanza' Felipe IV le da cuenta a sor María de Ágreda de todas las historias que había leído, 'pues ellas son la verdadera escuela en que el Príncipe y Rey hallarán ejemplares que seguir, casos que notar, y medios por donde encaminar a buenos fines los negocios de su Monarquía'.

---

[50] Véanse al respecto F. Maldonado de Guevara, 1949; J. A. Maravall, 1975; S. Neumeister, 1996; y la introducción de S. López Poza a su edición de las *Empresas políticas*, 1999.

[51] Paterson, 2001, pp. 150–1. Tal idea concuerda con la empresa 17 de la *Idea de un príncipe político cristiano (Empresas políticas)* de Diego de Saavedra Fajardo. Tiene por lema *'Alienis spoliis'* ['Con los despojos ajenos'] y representa la imagen de un trofeo de armas, armadura y estandartes colgados sobre un tronco. Al respecto, comenta Saavedra Fajardo: 'El árbol cargado de trofeos no queda menos tronco que antes. Los que a otros fueron gloria, a él son peso. Así las hazañas de los antepasados son confusión y infamia al sucesor que no las imita. En ellas no hereda la gloria, sino una acción de alcanzalla con la emulación. Como la luz hace reflejos en el diamante, porque tiene fondos, y pasa ligeramente por el vidrio, que no los tiene, así como el sucesor es valeroso le ilustran las glorias de sus pasados. Pero, si fuese vidrio vil, no se detendrán en él, antes descubrirán más su poco valor. Las cosas que a otros son ejemplo, a él son obligación. En esto se fundó el privilegio y estimación de la nobleza, porque presuponemos que emularán los nietos las acciones de sus agüelos. El que las blasona y no las imita, señala la diferencia que hay dellos a él. [...] Si bien en la guerra, donde el valor es lo que más se estima, tiene conveniencias el levantar a los mayores grados a quien los merece por sus hazañas, aunque falte el lustre de la nobleza, suele ser peligroso en la paz entregar el gobierno de las cosas a personas bajas y humildes; porque el desprecio provoca la ira de los nobles y varones ilustres contra el príncipe', ed. López Poza, pp. 322–6. Véase también la *Enciclopedia de emblemas españoles ilustrados*, p. 786b.

[52] Diego Saavedra Fajardo, *Empresas políticas*, p. 414. La imagen del piloto y el mapa también están presentes en Juan de Mariana. La historia ayuda al rey quien, 'a guisa de buen piloto' lleva la nave (el Estado) a buen puerto, figura tomada de Horacio quien a su vez la recoge de Alceo.

En su respuesta al encargo de don Francisco de Aragón para que escribiera la *Historia alfonsina*, Lope de Vega propone acompañar la segunda comedia con una segunda loa, que versaría sobre 'la utilidad de las comedias historiadas'.

En el excelente estudio preliminar a la edición crítica de Donald McGrady de *Peribáñez y el Comendador de Ocaña*, Juan Oleza establece paralelismos entre la concepción historiográfica de Juan de Mariana y el concepto de historia que maneja Lope de Vega en las comedias de este género.[53] De acuerdo con Oleza, Mariana fija las posibilidades de la historia como una obra de arte siguiendo los cánones clásicos de Tito Livio, Salustio, Tácito, Polibio, Plutarco y de los humanistas italianos y españoles como Fox Morcillo.[54] Mariana no se propone el diseño de una historia crítica ni se preocupa por consultar las fuentes primarias. Prefiere basarse en las fuentes secundarias, impresas, de sus predecesores. Borra las fronteras entre la historia y la ficción incluyendo, aunque a veces con reservas, leyendas y relatos fabulosos con un afán de embellecer y ennoblecer, 'inventando retratos, descripciones, discursos, epístolas y arengas militares'.[55] Bajo la autoridad del humanista Justo Lipsio, Luis Cabrera de Córdoba sitúa esta mezcla híbrida entre la historia y la poesía definiéndola con un nombre propio: 'Sale bien el mentir al Poeta cuando mezcla lo verdadero con lo verosímil, y llámase Mythistoria, de los Griegos, según Lipsio'.

Observa Oleza de cómo la nueva conciencia de historicidad es inseparable del proyecto de definición de los estados nacionales, iniciado a fines del siglo XV pero consolidado plenamente en España después del paréntesis imperial de Carlos V: '[e]l papel asignado por el Renacimiento a la Antigüedad grecolatina se traslada ahora al pasado nacional, buscando en su mitología propia, sus 'Antigüedades' (palabra que se torna clave, desde Nebrija, para identificar cuanto concierne al pasado propio), unos orígenes fabulosos que sirvan de soporte a la comparación con la Antigüedad clásica tanto como a la fundamentación de la grandeza presente'.[56] De hecho los historiadores se lanzan a rescatar los principios y medios por donde se encaminó España a la grandeza que hoy tiene, en palabras de Juan de Mariana. Es decir, leer historia, apropiarla como un signo de identidad, es establecer un discurso político a través del cual se genera la conciencia de 'quien soy yo' o de 'yo soy quien soy'.[57]

---

[53] Oleza, 1997, pp. ix–lv.
[54] Sobre la relación de Lope con la historia, véanse también Herbert Lindenberger, 1975; Renato Rosaldo, Jr., 1978; W. C. McCrary, 1979; y el estudio de Stephen Gilman, 1981. David Roas, 1995, estudia la relación entre la historia y la fábula en la *Comedia de Bamba* de Lope.
[55] Oleza, 1997, p. xxxiv.
[56] Oleza, 1997, pp. xxxi–xxxii.
[57] En este contexto, comenta Oleza, 1997, 'adquiere su pleno sentido la revalorización de

Paralelo, aunque a contra corriente de la conciencia renacentista de una continuidad histórica existe, de acuerdo con José Antonio Maravall, un gusto por lo individual y singular de cada pueblo. Se desarrolla el sentimiento nacional buscando, a través de la investigación histórica, el proceso de la individualización de cada pueblo, de cada comunidad política.[58] De hecho, y de acuerdo con Juan Oleza, la búsqueda en la práctica historiográfica contribuye a desarrollar el entusiasmo patriótico por la propia comunidad, exaltando sus valores frente a los de las demás.[59] Así, pues, frente a la admiración por la Antigüedad clásica surge y florece, de manera simultánea, la creencia en que cada pueblo posee en sí mismo su propio paradigma. Al respecto, observa Antonio Domínguez Ortíz (1990) cómo la historia de Mariana se deja inscribir en esa marea creciente de la conciencia de una identidad nacional que afirma sus raíces en la historia, pero también en la mentalidad popular, en las costumbres, en la intrahistoria, hasta el punto de convertir en protagonista de su relato al 'pueblo español en cuanto nación predestinada a grandes destinos'.

Lope proclama el derecho de un *Arte nuevo* para los tiempos nuevos. Dicha conciencia histórica, nacional, se manifestaría, a su vez, en la reactivación llevada a cabo por Florián de Ocampo y, posteriormente, por Ambrosio de Morales, de la *Crónica general de España*, cuya investigación había quedado interrumpida en la época de Alfonso X el Sabio y dónde su autor, comenta Juan Oleza, 'no dudó en inventar para España unos orígenes fabulosos'.[60] Fue ésta la crónica más consultada por Lope para su teatro histórico de asunto primitivo o medieval. Entre las historias institucionales, especialmente importantes, son las de las órdenes militares como la *Crónica de las tres órdenes* (1572) de Rades y Andrada, ya que Lope las consultó para algunos de sus dramas históricos como *Fuente Ovejuna*. Al mismo tiempo, se observa una revalorización de las leyendas épicas, del romancero y de las genealogías.[61] Tanto Juan de Mariana como Lope de Vega comparten además un gusto por lo popular, un persistente providencialismo cristiano, militancia anti-islámica

---

la lengua propia, de las leyendas épicas y del romancero viejo, de las genealogías y crónicas medievales. Desde las *Décadas* de Antonio de Nebrija o los *Paralipomenos* del gerundense Juan Margarit, desde el *De rebus Hispaniae memorabilibus* de Lucio Marineo, la *Crónica* de Hernando del Pulgar, o las *Memorias* de Andrés Bernáldez, en el reinado de los Reyes Católicos, pasando en la época del emperador por las direcciones alternativas que marcan Pedro Mejía y Florián de Ocampo (tan leídos ambos por Lope), hasta la edad de oro de la historia española, que se alcanza con el reinado de Felipe II, se forja la doble conciencia de la historicidad de la naturaleza humana y de la plenitud de la condición nacional de los españoles, alcanzada con la unidad pero engrandecida con los Austrias' (pp. xxxi–xxxii).

[58] J. A. Maravall, 1986c [1966], p. 423.

[59] Oleza, 1997, p. xxx.

[60] Oleza, 1997, p. xxxii.

[61] Véase al respeto R. B. Tate, 1970.

y anti-protestante, alineamiento con buena parte de las actitudes étnicas del casticismo, y en especial del anti-judaísmo.

Para Lope de Vega, admirador, lector y buen amigo de Juan de Mariana, hacer historia es representarla.[62] En su reflexión sobre el teatro y sobre la historia que incluye en la dedicatoria a *La campana de Aragón* (1623), el Fénix postula la superioridad de la historia dramatizada sobre la leída, ya que aquélla tiene la facilidad de reproducir el efecto visual, original, del hecho histórico: 'La fuerza de la historia representada es tanto mayor que la leída, cuanta diferencia se advierte de la verdad a la pintura y del original al retrato; porque en un cuadro están las figuras mudas, y en una sola acción las personas, y en la comedia hablando y discurriendo y en diversos afectos por instantes cuales son los sucesos, guerras, paces, consejos, diferentes estados de la fortuna, mudanzas, prosperidades, declamaciones de reinos y períodos de imperios y monarquías grandes'.[63] En el mismo parecer coincide Cabrera de Córdoba al aludir a las posibilidades retóricas y eidéticas de la historia: 'Si las figuras y simulacros hechos por mano de artífices despiertan para imitar lo representado en ellas (causa porque hizo Augusto César el teatro de las estatuas de los héroes de su República) cuanto mejor moverá la historia que muestra la compostura y delineamiento del cuerpo, facciones del rostro, virtudes y pasiones del ánimo, que hizieron a los claros varones dignos de inmortal memoria'. Para establecer dicho efecto cabe, pues, el hacer uso de licencias poéticas. Las fuentes y datos históricos son solamente un punto de partida, un cimiento moldeable y maleable en manos del dramaturgo.

La historia de España supuso un verdadero filón argumental para la comedia nueva. Lope combina, por ejemplo, elementos de su propia invención con acontecimientos históricos extraídos de las crónicas y de la materia legendaria.[64] Stephen Gilman postula que para Lope, dramaturgo 'anti-arqueológico', la historia reside en una intuición oral, directa, herencia de la tradición del romancero, según la cual el poeta es libre de manipular o inventar el pasado histórico a su gusto. Gilman sostiene que 'cada comedia de Lope es un romance amplificado'.[65] La historia dramatizada no es de ningún modo un fenómeno aislado. Ya está presente en los dramas de Juan de la Cueva (1550–1610?) con frecuencia documentados en el romancero, tales

---

[62] Es un precepto que ya está presente en el Renacimiento italiano, en Maquiavelo y Guicciardini, y que Lope encuentra practicado por Mariana, observa Oleza, 1997, p. xxxviii.

[63] *Ac.*, vol., VIII.

[64] David Roas señala que 'no todas las obras que hacen referencia a ese pasado real pueden ser denominadas comedias históricas, puesto que muchas veces lo representado en éstas está más cerca de la ficción que de la realidad: entonces, el elemento histórico funciona simplemente como marco de la ficción, como fondo de verdad autentificador de los hechos narrados (piénsese, por ejemplo, en *Peribáñez*)', 1995, p. 189. 'Son comedias', concluye Roas, cuyo asunto es 'más novelesco que histórico'.

[65] Gilman, 1981, p. 26.

como la *Comedia de la muerte del rey don Sancho y reto de Zamora* y *Los infantes de Lara*, o el mismo Cervantes en *El cerco de Numancia*, o también Guillén de Castro o Luis Vélez de Guevara. El desarrollo del drama histórico en el Renacimiento inglés produjo tales obras como *Tamburlaine the Great* (1587) y *Edward II* (1594) de Marlowe o las famosas *History Plays* de Shakespeare.

Dada la orientación didáctica, y la presencia de un lector que es espectador, la comedia comparte algunos de los rasgos característicos de la literatura alegórica y emblemática.[66] Ambos géneros unen palabra e imagen. Su fin es captar los sentidos y mover la voluntad de unos receptores: el teatro de manera dinámica, la emblemática de manera estática. Gracián, en el discurso LV de su *Agudeza y arte de ingenio* ('De la agudeza compuesta, fingida en común'), relaciona ambos géneros bajo la rúbrica de agudeza: 'Es, pues, la agudeza compuesta fingida un cuerpo, un todo artificioso fingido, que por la translación y semejanza pinta y propone los humanos acontecimientos. Comprehende debajo de sí este universal género toda manera de ficciones, como son epopeyas, metamorfosis, alegorías, apólogos, comedias, cuentos, novelas, emblemas, jeroglíficos, empresas, diálogos'.[67] Sus respectivos auges y momentos de difusión coinciden históricamente con la etapa barroca.[68]

---

[66] De acuerdo con Sebastian Neumeister, 1996, p. 204, la escritura de los emblemas se inicia en 1531 con el *Emblematum libellus* de Andrea Alciato y persiste hasta finales del siglo XVII. Tiene sus raíces no sólo en el cultivo de los jeroglíficos y de las empresas del Renacimiento sino también en la Edad Media, en el *Physiologus* y en el pensamiento alegórico. Observa Neumeister sobre tal género: '[m]ientras que los jeroglíficos y las empresas se relacionan con el *ars combinatoria* de sus inventores y lectores, el mundo como creación divina ordenada y dotada de significación sigue siendo la condición indispensable del segundo modelo semiótico. El método que aplican los autores de la literatura emblemática para su escrutinio del mundo se podría llamar, en un sentido pre-científico, empírico: hay que buscar relaciones significantes en la naturaleza y en la historia real y ficticia (mitología, literatura), es decir, en el mundo de lo humano y no humano. Es un método acumulativo en lo que se refiere a los objetos, pero especulativo en lo que se refiere a la interpretación de los fenómenos reunidos'. Es común la confusión de términos entre escritores del XVI y XVII que no distinguen entre *empresa* y *emblema*. Para nuestros propósitos, el *emblema*, a diferencia de la *empresa*, se compone de imagen y palabra con un propósito moral. En este sentido, Sánchez Romeralo, 1989b, p. 316, relaciona la cena alegórica-simbólica de la tercera escena de *El villano en su rincón* de Lope con las lecciones políticas del género emblemático. Dicha escena se lee, de acuerdo con el crítico, como una lección política donde el súbdito aprende que 'no puede existir en ordenada libertad, ni ser, propiamente, hombre, sino prestando obediencia activa, no meramente pasiva, al Rey, que, armado de la Ley, es cabeza del orden político, fuera del cual no es posible la vida en orden y concierto'.

[67] Gracián,1969, II, p. 197 ss.

[68] Sebastian Neumeister, 1996, p. 206, observa que entre 1580 y 1650 una profusión enorme de libros de emblemas invade Europa y la envuelve en una red de correspondencias y analogías. Es, según Francisco Maldonado de Guevara, 1949, p. 53, la etapa barroca de la emblemática, la época de la *Declaración magistral sobre los Emblemas de Alciato* de Diego López (1615) y la de los libros de emblemas de Juan de Borja, de Juan de Horozco y Cova-

Así, pues, tanto el teatro como la emblemática disfrutan de la posibilidad de constituirse en espejo de príncipes: el teatro a través de la ejemplaridad que ofrece la historia; la emblemática a través de los ejemplos sacados de la naturaleza, de la mitología, de la tradición simbólica y jeroglífica y, más tarde, del mundo de la ciencia y de la técnica.[69]

En esta línea, la obra de Diego Saavedra Fajardo, diplomático de Felipe IV, viene a ser modelo ejemplar del discurso emblemático con fines políticos y pedagógicos. En una colección de ciento dos empresas, Saavedra Fajardo describe la vida del príncipe y de sus oficios, desde la infancia hasta la vejez, con el propósito de evitar la decadencia de los Habsburgo.[70] Es, pues, un

rrubias, de Sebastián de Covarrubias Horozco, su hermano, de Hernando de Soto y de Juan Francisco de Villava. Sobre la emblemática en general véanse Aquilino Sánchez Pérez (1977); la *Enciclopedia de emblemas españoles ilustrados*, editado por Antonio Bernat Vistarini y John T. Cull (1999); y la colección de ensayos editados por López Poza, 2000b. Véase la excelente bibliografía comentada de Pedro F. Campa (1990). Sobre Lope y la emblemática véase C. Brito Díaz (1996).

[69] La última etapa de la emblemática española y también europea la constituyen, junto a libros de emblemas de inspiración religiosa (católicos, protestantes y otros), los libros de emblemas políticos de Diego de Saavedra Fajardo (*Idea de un príncipe político cristiano*, representada en cien empresas, 1640) y Juan de Solórzano y Pereira (*Emblemata centum, regio política*, 1651). De acuerdo con Sebastian Neumeister, ya no se trata en estos libros de un aviso general como regla que pueda convenir a todos, como reza la definición de Juan Horozco y Covarrubias de la emblemática, sino de la educación del príncipe, del Príncipe perfecto, título que da Andrés Mendo a su versión abreviada en castellano (*Príncipe perfecto y ministro ajustados, documentos políticos, y morales; en emblemas*, 1662) de los *Emblematum centum*. Recordemos que Lope escribe una comedia en dos partes con el título de *El príncipe perfecto*. Observa Neumeister, 1996, p. 206: 'El príncipe ya no es un héroe que alcanza la dignidad por sus obras sino que es un príncipe por nacimiento. Necesita, por lo tanto, una educación especial'. Es, de acuerdo con Maldonado de Guevara, 1949, p. 61, 'la educación de la Majestad, no la de la Humanidad del príncipe'. En este sentido, el libro de emblemas se convierte en espejo de príncipes. Ya la emblemática humanística y barroca había investigado el mundo para obtener modelos de un comportamiento moral e ideal. La nueva emblemática política y también eclesiástica, dentro del modelo de Núñez de Cepeda y de sus *Empresas sacras*, escoge sus ejemplos según criterios mucho más precisos. 'No describe el mundo como es, o al menos cómo se presenta desde una perspectiva analógica, sino como debería ser según modelos históricos y filosóficos prefijados. Ya no es la naturaleza la que nos enseña cómo debemos comportarnos, sino el preceptor del príncipe quien decide cuáles son los ejemplos que valen como modelos para él y cuáles no. El descifrar un mundo pleno de analogías cede el paso al cifrar: existe una voluntad identificativa que sujeta la lengua didáctica de los emblemas al fin pedagógico del espejo de príncipes', concluye Neumeister.

[70] La *Idea de un Príncipe político cristiano* de Saavedra Fajardo tiene un carácter sistemático con una estructura ordenada. La segunda edición de Milán (1642) ofrece un 'Sumario de la obra y orden de las Empresas' en ocho partes: I, Educación del príncipe; II, Cómo se ha de haber el príncipe en sus acciones; III, Cómo se ha de haber el príncipe con sus súbditos y extranjeros; IV, Cómo se ha de haber el príncipe con sus ministros; V, Cómo se ha de haber el príncipe en el gobierno de sus estados; VI, Cómo se ha de haber el príncipe en los males internos y externos de sus estados; VII, Cómo se ha de haber el príncipe en las victorias y

tratado de ciencia política, didáctico, cuyo recurso básico es mnemotécnico y gráfico.[71] Así lo declara su autor en la 'Dedicatoria' dirigida al príncipe Baltasar Carlos: 'Propongo a Vuestra Alteza la *Idea de un Príncipe Político Cristiano*, representada con el buril y con la pluma, para que por los ojos y por los oídos (instrumentos del saber) quede más informado el ánimo de Vuestra Alteza en la ciencia de reinar, y sirvan las figuras de memoria artificiosa'.

El texto dramático es, pues, un múltiple referente que, como representación, actuado, visto y oído, se proyecta en el tiempo actual del espectador pero a la vez se expande como referente lineal e histórico; como un prisma convexo, con una miríada de reflejos, tanto en el tiempo vertical del espectador como en el horizontal de la representación. Uno de ellos es el doctrinal, otro el lúdico y entre ambos cabe la sutil referencia a una historia, o bien representada o bien aludida. En esa cadena entre lo que el espectador ve e imagina al ser la palabra enunciada y actuada, cabe la sutileza alegórica, la opaca referencia al mal gobernante, las sofocantes crisis que imponen los vaivenes económicos, los fracasos militares, la arrogante prepotencia del valido, la fatídica caída del imperio que también se resiente en las tablas de un corral. La dramaturgia de la comedia nueva con frecuencia alía discurso político (*latu sensu*) con el dramático, incardinando alegoría, arte de buen gobierno, educación de príncipe, historia y *poesis*. La dramaturgia de la comedia histórica es, pues, evocación nostálgica y, sobre todo, vivencia idealizada.

Los dilemas del Poder y de su crítica

La presente generación de hispanistas sigue endeudada con la gran labor de investigación llevada a cabo por los estudiosos de los años cuarenta a los setenta del pasado siglo, tales como Alexander A. Parker, S. Griswold Morley y Courtney Bruerton, Edward M. Wilson y Bruce W. Wardropper. No sólo desentrañaron las múltiples complejidades que ofrece la comedia en sí, sino que aportaron también una gran cantidad de documentos históricos sobre la

---

tratados de paz; VIII, Cómo se ha de haber el príncipe en la vejez. Sobre Saavedra Fajardo pueden consultarse, entre otras, las obras ya clásicas de J. C. Dowling, 1957; J. A. Maravall, 1975; A. Joucla-Ruau, 1977; M. Segura Ortega, 1984; y F. Murillo Ferrol, 1989 reimpr.

[71] José Antonio Maravall, 1975, ha calificado los libros políticos españoles del siglo XVII de *Ejercicios políticos* pues, al igual que los *Ejercicios espirituales* de san Ignacio de Loyola, se valen de medios sensibles, con la pretensión de ejercer una acción directiva sobre el ánimo del lector. Para el aspecto mnemotécnico de los emblemas, véase Fernando Rodríguez de la Flor, 1996. Sobre la gramaticalidad gráfica y semiótica de los *Ejercicios espirituales*, véase Roland Barthes, 1971.

sociología del género y los espacios de la representación. Destacan en este sentido los trabajos de N. D. Shergold y John Varey. Sin embargo, durante las dos últimas décadas se ha experimentado un cambio radical de enfoque. Nuevas teorías amplían los espacios críticos de los tratados previos. El post-modernismo cuestionó las diferencias entre la alta y la baja cultura; es decir, entre la cultura élite y la popular, dando énfasis a la naturaleza plural de la expresión artística. A su vez, la tensión entre centro y margen dominó el pensamiento intelectual de finales de siglo. Estimulados por las teorías literarias, la nueva generación de críticos cuestionan los presupuestos previos: la validez del canon, la autenticidad de los conocimientos históricos, y la relación dinámica y dialógica entre texto y contexto. Una nueva terminología define los actuales enfoques epistemológicos y críticos.

En el mundo académico anglosajón se percibe un cambio de nomenclatura en cuanto a la designación del período denominado 'Siglo de Oro'. El nuevo término *Early Modern* conlleva un nuevo concepto de hombre (moderno), ya que en el siglo XVI, y posteriormente con Descartes, se genera un nuevo concepto del sujeto, del 'yo' que, hasta nuestros días, caracteriza el pensamiento occidental. Estudiar tal período a través de este nuevo prisma teórico implica a su vez una nueva configuración conceptual. El nuevo término evita, de acuerdo con el pensamiento actual, la jerarquía de valores estéticos presente en el llamado Siglo de Oro, y en referencia a otros períodos de la historia literaria. Para Leah Marcus también implica 'an emphasis on textual indeterminacy as opposed to textual closure and stability, and an interest in intertextuality instead of filiation'.[72] Al igual que el término *New Medievalism*, los estudios sobre el llamado *Early Modern Period* muestran un claro eclecticismo que va más allá de la mera investigación literaria. El nuevo enfoque es inter-y multidisciplinario. Comprehende una variedad de campos de estudio: sociología, economía, antropología cultural, historia, ciencias naturales, etnografía, religión, etc. Frente al estudio literario de los textos canónicos, las últimas monografías proponen una consideración del concepto de canon con el propósito de cuestionarlo, revisarlo, alterarlo y ampliarlo.[73]

Tales críticos anulan las barreras que separan el estudio literario, tradicional, de la historia social. De hecho, el texto puede independizarse de su propio autor, reflejando los valores de un pueblo, de una élite, o del poder que lo ha canonizado. Así, en un sugerente estudio sobre la recepción crítica y la formación del teatro de Lope de Vega, Enrique García Santo-Tomás (2001)

---

[72] L. Marcus, 1992, p. 43.

[73] Sobre el debate en torno al canon literario, su formación y el cuestionamiento de sus postulados, así como sobre el concepto de la canonicidad, véase la compilación de textos y la bibliografía, incluidas en AA. VV, *El canon literario*, 1998. Véase a su vez la clásica y polémica construcción del canon de Harold Bloom, 1994.

propone que todo estudio debe ir más allá de una mera fenomenología de la lectura. Debe asumir, afirma, un acercamiento interdisciplinario, diacrítico, a partir de una teoría cultural que englobe la estética de la recepción, la historia literaria, las teorías semióticas de la representación, la hermenéutica (literatura frente a legislación, por ejemplo), la oralidad y el género sexual y literario.[74] Se contrasta en este sentido la comedia frente a la tragedia, los autos sacramentales frente al teatro breve. También se han de tener en cuenta las teorías culturales sobre la diferenciación de género.

Estudiosos como Alan K. Paterson y Harry Sieber abren los textos canónicos para hacerlos dialogar con su contexto. Paterson (2001) propone un proyecto hermenéutico que sirva de puente entre los exégetas literarios y los historiadores de antaño que separaban el texto del contexto. El crítico británico sitúa, pues, el teatro 'within the coordinates of its own Seventeenth Century and the vision of the past the *comedia* placed before the community it entertained'.[75] Al asociar estas tres comedias de Lope, *El mejor alcalde, el rey*, *Fuente Ovejuna* y *Peribáñez y el Comendador de Ocaña*, con la historiografía contemporánea (Juan de Mariana) y con su recepción (Tamayo de Vargas, Pedro de Rivadeneira, Bernardo Aldrete, Luis de Góngora, González de Salas y Francisco de Quevedo), Paterson establece los puntos de contacto entre la construcción del concepto de nación y de identidad nacional. Para dicho crítico, estos dramas, situados en un pasado remoto (re)presentan la historia como un proceso evolutivo; como un movimiento hacia un fin teleológico. Es éste el nuevo orden centralista, monárquico y castellano. Observa Paterson: 'These various glosses on the nature of history confirm that among its purposes were seen that of forming and maintaining a national identity by giving the present nation-state an ancestry in a past that was its own possession'.[76] El deseo de alcanzar el estado de plenitud moral y política del presente es expresado tanto por el pueblo, como un anhelo común, como por la monarquía. Ésta lo construye como una misión ya afincada en el pasado histórico. Las tres obras teatrales son, pues, ejemplos, como lo es la *Historia* de Juan de Mariana, de la formación histórica de una España cuya evolución hacia el estado unitario y soberano es sancionada por la justicia universal. Y donde las lecciones morales y políticas de hoy se ven prefiguradas por los hechos del pasado.

Estimulados por influyentes teóricos de los años sesenta y ochenta, como J. L. Styan, Peter Brook y Martin Esslin y, a raíz de la fundación, en 1976, del Chamizal Golden Age Theater Festival (El Paso, Texas), varios críticos comenzaron a analizar los aspectos performativos de la comedia. La publicación de la monografía *The Semiotics of Theatre and Drama* (1980) de Keir

---

[74] García Santo-Tomás, 2001, p. 28.
[75] Paterson, 2001, p. 148.
[76] Paterson, 2001, p. 150.

Elam, y los estudios como *Performance Theory* (1988) de Richard Schechner, que combina la semiótica teatral con los estudios culturales, establecieron nuevos métodos y aportaron instrumentos para el análisis de la representación escénica. Tales tratados se suelen agrupar en dos campos: la representación de la comedia en los siglos XVI y XVII y sus refundiciones modernas.

Ya Stephen Gilman (1981), al relacionar las comedias históricas de Lope de Vega con las de Shakespeare, aludía a la interpretación humanística de la historia de España en la obra de Lope. En las comedias históricas de *Richard II*, *Henry IV* (Partes I y II), *Henry V*, *Henry VI* (Partes I, II, III) y *Richard III*, Shakespeare recoge las luchas dinásticas y fratricidas, tal como se relatan en las crónicas medievales. Presenta la política, el poder, la familia, la guerra y la monarquía. Tales dramas se suelen agrupar en dos ciclos conocidos como la primera y segunda tetralogía (de *Richard II* a *Henry V*; de *Henry VI* a *Richard III*). Aunque *Henry VIII* no forma parte del ciclo de comedias históricas, narra sin embargo lo acontecido posteriormente al reinado de Ricardo III, terminando con el nacimiento de Isabel y con la profecía de la grandeza de su reino. Dichos dramas han sido tratados individualmente como ciclos épicos, o como un conjunto que expone el gran relato de la historia inglesa: el mito de los Tudor.[77] Se ha estudiado cómo las obras apoyan el poder estatal, isabelino, desde la noción anglicana de la divina Providencia. La visión pragmática, maquiavélica, del Poder, presente en el teatro isabelino, ha movido a que algunos estudiosos hayan establecido analogías entre tales textos y el contexto histórico y social en el que se sitúan. De ser así, las comedias históricas de Shakespeare vendrían a constituirse en elementos importantes de subversión.

Catherine Connor, a través de sus estudios sobre la audiencia, ha profundizado sobre el límite de los enfoques performativos en torno a la comedia española del siglo XVII. En su ensayo 'Hacia una teoría sociocultural del espectador aurisecular' (2000), señala el enorme cambio que ha experimentado el estudio de la comedia española en los últimos años. Aporta como ejemplo la monografía de Ignacio Arellano, *Historia del teatro español del siglo XVII*, publicada en 1995. Resalta Connor el hecho de que la comedia se escribe para las tablas, consideración que siempre debe tenerse en cuenta en cualquier aproximación o estudio del texto dramático y de su receptor: el espectador. Ante la escasez de modelos críticos fundados en la recepción de la comedia, Connor repasa al respecto las contribuciones de Wolfgang Iser y Stanley Fish, las teorías de Umberto Eco y Roland Barthes, el estudio de la semiótica y del mito, y la teoría sociológica en relación con la literatura, tal y como estudian José Antonio Maravall y Mijaíl Bajtín.

---

[77] Para un acercamiento a las *History Plays*, así como a las nuevas lecturas críticas, véase *Cambridge Companion to Shakespeare's History Plays*, editado por M. Hattaway, 2001.

Considera a su vez la aportación de los preceptistas del Siglo de Oro, desde Lope de Vega a José Pellicer y Tovar. Ante los pocos modelos críticos que intentan explicar la participación del espectador en la producción teatral, propone Connor un modelo que se articula bajo el binomio *Spectator-response*. Propone la percepción y la participación del espectador, sustituyendo de este modo el previo sistema crítico denominado *Reader-response*. Mantiene que las causas de la respuesta del espectador pueden ser leídas en el texto mismo, y que el crítico debería resaltar las inscripciones de dichas enunciaciones. Connor propone, pues, un complicado proyecto que consiste en articular la manera en que el dramaturgo se comunica con el espectador. De este modo, deberían considerarse las experiencias de los espectadores como parte global del espectáculo y de sus dimensiones ideológicas.

La interpretación de Catherine Connor es inseparable del concepto de sociedad y de la noción que ésta tiene del espectador. De ahí el problema fundamental de la teoría de José Antonio Maravall sobre la recepción teatral. El público de teatro es, de acuerdo con Maravall, un público de masas, pasivo, manipulado; que percibe y responde unívocamente, situado en un espacio en donde se acalla o malogra toda evidencia de tensiones, de mediación y de resistencia ante el Poder. En efecto, para Maravall la experiencia dramática refleja la intención del dramaturgo como un claro representante de la auto-ridad y del Poder. Tal opinión es cuestionable desde el punto de vista de la semiótica teatral, ya que la teoría propagandística insinúa que el código discursivo del corral de comedias era monológico y monolítico. Resulta igualmente lógico para Connor que la formación de múltiples significados socioculturales sean inseparables de la multitud de los códigos discursivos. Prefiere, pues, hablar en términos bajtinianos, de dialogismo, heteroglosia, polifonía y carnavalización. El significado de la comedia va más allá de la propaganda y de las intenciones de un autor. Representa también un sujeto que participa y está familiarizado con los códigos socioculturales, discursivos y teatrales, de su tiempo. Una teoría de la textualidad postula la compleja participación de múltiples y variados factores. Representan intereses y posi-ciones socioeconómicas, políticas e intelectuales, de variada índole. Tales pueden funcionar en oposición o en concierto.

En su monografía sobre la figura del rey en el teatro de Lope de Vega, Melveena McKendrick (2000) hábilmente desarma y desarticula el mito de una sociedad monolítica y homogénea. Para McKendrick, la comedia nueva y el arte barroco en general no se constituyen en un instrumento del Estado o de una élite cuyo fin es asegurar y reforzar la ideología dominante. Ésta la constituyen las estructuras religiosas y sociales, tal y como lo constatan los estudios fruto de lecturas marxistas, y los extensos trabajos de José Antonio Maravall, José María Díez Borque y los Nuevos Historicistas. La comedia es más bien un proceso de propagación natural, una simbiosis espontánea entre teatro y audiencia donde ambos elementos se nutren, reflejan y afectan mutuamente. Es decir, no es de ningún modo el producto de una propaganda estatal preestablecida o de un programa político impuesto. Al contrario, es fruto de una voluntad colectiva y socialmente variada.

Tal es la identidad del teatro español, múltiple y dispersa. Y es reflejo de una sociedad que asume y debate un amplio abanico de problemas sociales, políticos, económicos y literarios. Éste incluye el concepto de Estado presente en la España imperial; el de monarquía, absolutismo, maquiavelismo, razón de Estado, gobierno de los validos, pureza racial, movilidad social, honor, tradición literaria (lo clásico y apolíneo frente a la expresión popular, dionisíaca), y la legitimidad del teatro, sobre el que prevalecían diferentes y contrarias opiniones de la Iglesia. Si el teatro era un elemento de propaganda del *status quo*, se pregunta McKendrick, ¿por qué el Consejo de Castilla lo prohibió más de una vez? Para McKendrick, la reapertura en varias ocasiones de los corrales de comedia se debía fundamentalmente a causas económicas, no políticas. De ser así, se altera la propuesta inicial de algunos estudios previos: el teatro no servía de refuerzo o de apoyo del *status quo* inamovible, estático. Es más, podía servir como espacio para airear algunas de las preocupaciones contemporáneas con respeto a la figura del monarca y de su gobierno. Contra la tesis de un Lope que promulga o propone un absolutismo monárquico, se enfrenta la provocativa propuesta de McKendrick. La figura del rey no es siempre positiva; ni es monolítica, ni es estática.

Sin embargo, las lecturas de McKendrick resultan a veces un tanto problemáticas, ya que presentan una aproximación que, a nuestro juicio y como veremos en las páginas que siguen, es incompleta y cuestionable. Se trata tal vez de un problema de metodología. En buena parte su estudio se centra en el reflejo del pensamiento del autor, y en matices cualificativos de su ideología, apreciados en las obras analizadas. En esta línea, la estudiosa británica afirma una y otra vez (al igual que Maravall, Díez Borque y otros críticos que comparten el concepto decimonónico del autor como sujeto referencial, y que ella misma refuta) que Lope expone tal o cual posición ideológica. Se ignora, pues, la dimensión artística de las obras y su coherencia dramática. A veces da la impresión de que los textos analizados son más bien tratados de ciencia política que representaciones teatrales.[78] Es también sintomático de esta tendencia hermenéutica la casi total ausencia de crítica secundaria relativa a los dramas.

Por su parte, Alberto Blecua (1988) encuadra *Fuente Ovejuna* en el marco de un arte de la prudencia, de un didactismo dirigido hacia la conservación de

---

[78] A veces la intención del crítico de trasladar las palabras del personaje como aseveraciones del propio dramaturgo, ocasiona que las sitúe fuera de su contexto dramático y ajenas a la relación dinámica entre los personajes, ignorando procedimientos retóricos tan evidentes como la ironía, el sarcasmo, la anfibología, etc. Así, por ejemplo, en R. A. Young, 1979.

la monarquía, advirtiendo sobre los peligros que conlleva la revuelta popular que puede provocar la injusticia tiránica:

> La figura de Fernán Gómez, caso histórico, individual, se eleva a categoría y sirve de prototipo del tirano. Y la tiranía es, sobre todo, la degeneración de la monarquía. La revuelta de Fuente Obejuna se presenta, pues, como ejemplo y aviso para curarse en salud, o en el principio de la enfermedad, como parece diagnosticar el poeta. Lope barrunta que en cualquier momento el caso de Fuente Obejuna podría repetirse y, como se deduce de la acción de la obra, la culpabilidad recaería en el tirano y no en el pueblo. *Fuente Ovejuna* pertenece al género deliberativo, al arte de la prudencia. Es, paradójicamente, una obra anti-revolucionaria en la que justifica y aplaude moralmente una revuelta popular y se presenta a sus protagonistas como héroes, personajes ejemplares y, por consiguiente, dignos de imitación. Los gobernantes deberán ver en *Fuente Ovejuna* un ejemplo *ex contrario*, porque se puede llegar al drama inconscientemente, como le sucede a Fernán Gómez.[79]

Si el Comendador se constituye, como veremos en el siguiente capítulo, en ejemplo *ex contrario*, la figura del rey Fernando, postula Alberto Blecua, supone un cambio en la ejemplaridad, constituyéndose en modelo digno de imitación: el monarca ejemplar, antítesis del tirano. 'Hay en *Fuente Ovejuna*, en efecto, una apología del monarca —del buen monarca, entiéndase', observa Blecua.[80] Juan Oleza afirma que otra parte de la respuesta podría encontrarse en la propia sensibilidad del Lope de estos años, y en la de su público.[81] Cierto. Ambos críticos tienen a nuestro modo de ver un grano de razón. Hoy se está de acuerdo en que narrar históricamente, escribir historia, es siempre producirla. Jamás se puede representar la verdad objetiva de unos hechos acontecidos. Michel de Certeau asegura que la ficción histórica, producida por un análisis y una manipulación del pasado, es a la vez ficción del presente; construcción, por otra parte, que provee al historiador de un aparato crítico desde el cual puede analizar el presente y manipularlo.[82] De manera similar, Herbert Lindenberger sostiene que los dramas históricos son tanto un comentario de la época en que se escribe como del período en el cual se desarrolla la acción.[83] Y mucho antes Frederick Nietzsche afirmó que toda historia es historia del presente. Siguiendo a dichos teóricos, cabe

---

[79] Blecua, 1988, p. 24.
[80] Blecua, 1988, p. 25
[81] Oleza, 1997, p. liv.
[82] Certeau, 1975, pp. 68–9. Según de Certeau en los siglos XVI–XVII la articulación del pasado tenía dos finalidades: legitimar el poder e intentar manipular la realidad presente.
[83] Lindenberger, 1975, p. 5.

también preguntarse, ¿cuáles son las analogías que existen entre las historias representadas y el momento histórico en que se escriben y representan? En el caso de las dramatizaciones del pasado español, ¿qué podían ofrecer a los espectadores españoles del XVII?

Además de situar las comedias en un contexto sociopolítico, es necesario tener en cuenta la tradición literaria de la que emergen, así como los presupuestos retóricos que las rigen. La función de la alegoría encadena, *latu sensu*, los múltiples elementos de la representación. Dicho término nos permite, además, casar nuestro estudio con la concepción temática que presenta Alexander A. Parker sobre la comedia: 'The theme of a play is some analysis of human nature and conduct that is universal in its application, independent of space and time [...] An historical theme for Spanish dramatists was exactly the same as a contemporary one – a medium for expressing a universal truth, not for painting an historical picture'.[84] Establece de este modo una conexión con el sustrato de la comedia histórica. Gilman asegura que 'cada don Pedro es un nuevo don Pedro' y se asombra hasta qué punto en obras como *Lo cierto por lo dudoso* o *La niña de plata* el rey don Pedro y su hermano Enrique carecen de carácter histórico.[85] Son, afirma, 'galanes jóvenes, enamoradizos, fogosos: personajes típicos de cualquier pieza de capa y espada'. Si bien es cierto que la función y caracterización de dicho personaje puede variar de una comedia a otra, es igualmente cierto que el rey don Pedro siempre arrastra la herencia de su configuración historiográfica que funciona a manera de arquetipo: Cruel y/o Justiciero. Más aún, su destino histórico, la muerte a manos de su hermano Enrique de Trastámara, se transmite dramáticamente, prefigurándose ante el acoso constante de unas voces y sombras agoreras, trágicas.

Mi propósito será, pues, leer los dramas desde su concepción literaria, estableciendo múltiples referencias entre el léxico, las imágenes poéticas, el espacio y el tiempo histórico en el que se sitúan y se representan. Nuestro eje de lectura se articula a través del concepto de *alegoría* y la pregunta que nos formulamos es, ¿cómo se elabora en la comedia nueva un espacio crítico sobre el poder político que se expresa mediante ese tropo? Con tal propósito analizaremos cuáles son los temas, motivos, convenciones de género y procesos retóricos y hermenéuticos que dan voz a dicho *corpus* teatral. Para ello examinaremos la jerarquía de valores desde la cual un personaje puede erigirse o no en ejemplar e intentaremos fijar los orígenes sociales e históricos de tales postulados, proponiendo una definición más amplia del personaje que rige o manipula el poder. El *corpus* de textos dramáticos que exploran

---

[84] A. A. Parker, 1959, p. 55.
[85] S. Gilman, 1981, p. 22.

tales relaciones, y que se proyectan sobre universos temáticos, de trascendencia política y social, es muy amplio. Abarca a autores que se incluyen en el periodo que va de Lope de Vega y Tirso de Molina a Calderón de la Barca y Bances Candamo.[86] En su construcción seguiremos la definición de subgénero establecida por Ignacio Arellano al definir y situar la comedia de Tirso de Molina, *La república al revés*: 'la comedia seria o drama de moralidad política, que presenta, con argumento adaptado o de la historia o leyenda antigua, una serie de doctrinas sobre el modo de gobernar la sociedad, con reflexiones sobre el buen y mal gobernante, o sobre la relación entre el orden del reino y los valores de la recta política. En su ámbito (de arte teatral) se sitúa en paralelo con otras muchas obras que tratan del ideal del príncipe y del *ars gubernandi*, preocupaciones sumamente típicas de una época en crisis que busca reorganizar el desorden que advierte en muchos aspectos de la vida individual y social'.[87]

Leída la comedia nueva a partir del concepto de una crisis del Poder, destacaremos cómo se revela una sutil censura de los regímenes de su tiempo. Tal lectura, alegórica, esclarece la variada articulación discursiva de dicho corpus dramático. Éste se constituye a partir de la configuración de personajes emblemáticos, tipológicos, que representan, a modo de *exemplum*, el Poder ideal.[88] También se lleva a cabo a través de la manipulación teleológica de la acción. El rey impone la justicia y condena a un personaje erigido como tirano para ejemplificar las acciones dignas de imitación. En otros casos estos personajes se constituyen a modo de *exemplum ex-contrario*. Representan un orden al subvertirlo y al ser consecuentemente castigados. Finalmente, el discurso dramático cuestiona las conductas arbitrarias del Poder al representarlas como una alteración de unos valores afincados en un pasado glorioso, militante y heroico.[89] La decadencia se explicaría así a partir de una desviación de los valores constituidos durante los siglos de la Reconquista, que permitieron a España construirse en un Estado y en una nación moderna. De

---

[86]   Sobre la ejemplaridad y el poder en el teatro palaciego de Bances Candamo, véanse los estudios de María Cristina Quintero, 1986 y 1998.

[87]   Arellano, 2001a, p. 77.

[88]   'Se ha repetido hasta la saciedad', comenta Alberto Blecua, 1988, p. 19, 'que el teatro español del Siglo de Oro apenas se detiene en el análisis de los caracteres. Y, en efecto, salvo casos excepcionales, no hay en él individuos sino tipos. No hay que olvidar, sin embargo, que para una mente clásica, la Poesía era más universal que la Historia. La Poesía tiende al paradigma, al modelo digno de imitación o de rechazo. Los personajes se convierten en funciones literarias o en funciones ideológicas'.

[89]   En su explicación de la carencia de un espíritu capitalista, John H. Elliott, 1990c [1963], p. 232, observa sobre la Castilla del siglo XVI que era 'a militant society, imbued with the crusading ideal, accustomed by the reconquista and the conquest of America to the quest for glory and booty'.

este modo, la comedia vendría a ser un reflejo de una obsesión colectiva que rechaza normas de conducta imperantes y que, simbólicamente, escenifica las fallas que auguran un declive, político, social y económico; también la búsqueda de una identidad que realza y cuestiona tal obsesión.

2

Lope de Vega o los inicios de la crisis del poder

> Aun Dios las [verdades] manifestó con recato a los Prín-
> cipes, pues aunque pudo por José, y por Daniel notificar
> a Faraón, y a Nabucodonosor algunas verdades de calami-
> dades futuras, se las representó por sueños, cuando estaban
> enajenados los sentidos, y dormida la Majestad, y aun
> entonces no claramente, sino en figuras, y jeroglíficos, para
> que interpusiese tiempo en la interpretación […] Contén-
> tese el Ministro, conque las llegue a conocer el Príncipe, y
> si pudiere por señas, no use de palabras.
>
> Saavedra Fajardo, *Idea de un príncipe político cristiano*

La comedia nueva era un género plenamente establecido cuando, en 1609,
sale a la luz el *Arte nuevo de hacer comedias en este tiempo* de Lope de
Vega.[1] Dirigido a la Academia de Madrid, con una extensión de sólo tres-
cientos ochenta y nueve versos, contiene numerosas reflexiones acerca de la
estrecha, a veces tensa, relación entre el teatro y el Poder. Aconseja Lope
al poeta dramático que escribe con intenciones satíricas, que 'no sea / claro
ni descubierto' (vv. 341–2), y que 'pique siempre sin odio' (v. 345), pues lo
contrario significaría no sólo la ausencia de 'aplauso' y de 'fama', sino que
podría ocasionar la prohibición del arte dramático, tal y como aconteció en la
Grecia y Roma de la Antigüedad.[2] Lope advierte cómo el rey Felipe II había
mostrado su contrariedad al ver la figura regia representada sobre las tablas:
'fuese el ver que al arte contradice / o que la autoridad real no debe / andar
fingida entre la humilde plebe' (vv. 162–4).

De hecho, la obra dramática como género mimético, y como discurso
directo y a veces velado, con una rica tradición didáctica y ejemplar, forma
parte, al igual que la alegoría, de la oratoria epidíctica; es decir, de la retó-

---

[1]   Hugo A. Rennert y Américo Castro, 1968, p. 127, observan al respecto: '[a]l comenzar
el siglo XVII llevaba Lope [escritas] unas ciento cincuenta comedias: la comedia nueva era ya
un hecho; el drama en España había recibido una dirección definida, una forma fija, que había
de conservar durante siglo y medio'.

[2]   Las referencias al *Arte nuevo de hacer comedias* provienen de la edición de E. García
Santo-Tomás, 2006, pp. 131–52. Sobre el *Arte nuevo*, véase además, J. M. Rozas, 1976.

rica de la *laudatio* (tal es el caso de los autos sacramentales, que suponen una elaborada ceremonia) y de la *amonestatio*. Ésta llega a relacionarse en su forma más extremada con la sátira. Incita o condena ciertas formas de conducta o de posturas filosóficas. Observa Lope en el *Arte nuevo*: 'Mas cuando la persona que introduce / persuade, aconseja o disuade, / allí ha de haber sentencias y conceptos, / porque se imita la verdad sin duda, / persuade o aparta alguna cosa' (vv. 250–5). Si la enunciación de la *laudatio* es explícita, directa, la satírica puede expresarse de forma velada ('no sea / claro ni descubierto'); más aún, incluso de manera alegórica situando la trama lejos del espacio y del tiempo del dramaturgo.

Dentro de estas dos vertientes, proponemos cinco modalidades retóricas que caracterizan *lato sensu* el corpus dramático de Lope de Vega, y que articulan variadas conductas en torno al Poder. Éstas son: (a) los *specula principis*, donde la figura del poderoso se dibuja con una perspectiva explícitamente encomiástica y ejemplar;[3] (b) los dramas que representan el castigo del tirano, y donde el abuso del poder se configura como ejemplo *ex contrario*; (c) los que desarrollan la relación inestable, precaria, entre el poderoso y su privado; (d) los que enfrentan al poderoso ejemplar con la figura antagónica del tirano, y que se cierran con la final victoria del primero sobre el segundo; y finalmente (e) los dramas que representan el desgobierno del poderoso. Asume éste una grave amenaza para el bien público y para la integridad de la nación.

---

[3]   Stephen Greenblatt, 1988, p. 3, sostiene que inclusive aquellos textos literarios de clara intención panegírica y que respaldan el poder monolítico pueden constituirse en espacios de 'institutional and ideological contestation'. En lugar de denominar esta sección bajo el rótulo de su figura más representativa y representada (el rey), mejor le vendría el calificativo de poderoso, tal y como postula Arellano, 1995b, pp. 126–7, quien a su vez sigue el clásico esquema de personajes desarrollado por Juana de José Prades, 1963, en su *Teoría de los personajes de la comedia nueva*. De esta manera, aludimos no sólo a aquellos personajes que encarnan la figura del rey sino también a príncipes, duques, condes, cuyos roles equivalen a los de jefe de estado. Así, el duque de Ferrara vendría a encarnar la figura del poderoso en *El castigo sin venganza*, lo mismo que Diana en *El perro del hortelano*. Tanto el Comendador como los Reyes Católicos en *Fuente Ovejuna* encarnan el Poder, aunque, claro está, con diferente función y jerarquía. La diferencia, aunque a primera vista insignificante, implica una aproximación metodológica distinta a la de Melveena McKendrick, 2000. Si para la estudiosa británica, *El castigo sin venganza* 'lies for the most part outside the parameters of this discussion', para nosotros goza de una importancia central en cuanto alegoría de una autoridad. Desde una perspectiva monárquica, R. A. Young, 1979, estudia la formación, desarrollo, representación y finalidad del tema monárquico en las comedias de Lope. Juan Antonio Hormigón, 1988, analiza, bajo el símbolo del espejo cóncavo, las transgresiones de la norma en el personaje del rey. Véanse también Francisco Ruiz Ramón y César Oliva, 1988.

Presto tomastes consejo / con el cristal del espejo: *Las intrigas del Poder*

> Pues el príncipe, viendo representar acciones heroicas de
> otro, templa las que más le apasionan y halla quien se nota le
> acusa de error o descuido, y toma modelo para adelante. El
> señor mira como en un espejo lo imperfecto de su proceder
> y como buen pintor borra el defecto y fealdad para quedar
> sin la mancha que le desdora

Melchor Cabrera Núñez de Guzmán, Idea de un abogado perfecto

El príncipe perfecto (1614)[4] constituye un buen punto de partida para nuestro
análisis de la primera modalidad de Lope, la *laudatio*, ya que se sitúa en las
coordenadas topológicas del género del *speculum principis*; es decir, instruye
sobre cómo debe reinar el buen monarca.[5] Así, la primera parte representa
la transformación del joven príncipe, galán, Juan II de Portugal, en figura
regia, ideal, prudente en su calidad de salomónico mediador, misericordioso
y generoso. Premia a los letrados y a los militares y es capaz de devolver el
trono a su padre Alfonso, quien se lo había otorgado.[6] El discurso dramático
expone, con perspectiva encomiástica, la intención didáctica de la obra cuyo

---

[4]   De no indicarse lo contrario, las fechas de composición de las obras citadas están
tomadas de la clásica monografía de S. Griswold Morley y Courtney Bruerton, 1968.

[5]   Menéndez Pelayo postula que *El príncipe perfecto* va dirigido al futuro Felipe IV. La
clásica recopilación de apólogos de origen budista conocida bajo el título de *Calila y Dimna*,
dado su contenido —preceptos morales, deberes administrativos y políticos del príncipe, arte
de gobernar— se divulgó en la Edad Media bajo el título de *Espejo de príncipe*. En esta línea,
el *Speculum regum* de Álvaro Pelayo, escrito hacia 1341–44, fue también obra de preceptística
regia ampliamente difundida. Dedicada al monarca de Castilla, presenta a un príncipe ilustre,
defensor de la Iglesia y con pleno derecho a la conquista de África. Es fundamentalmente un
espejo de lo que debe ser el rey. Los consejeros ocupan un lugar importante en esta obra. Se
pide que el rey debe recibir consejos y que hombres sabios y sobrios deben ser sus consejeros. Otra obra que pertenece al mismo género es el *Speculum principum* de Pere Belluga,
dedicado a Alfonso el Magnánimo, escrita en latín entre 1437 y 1441. Más que un espejo de
príncipes, es un verdadero tratado de materia política ya que ofrece toda una teoría sobre la
Monarquía. El rey es un semidiós con poderes imperiales. Ha de ser liberal, ha de cuidar del
bienestar público, ha de oír las quejas del pueblo, celebrar cortes, mantener la paz, impedir la
opresión, etc. En 1515, Erasmo es nombrado consejero y asesor del futuro Carlos V y, con esta
ocasión, redacta la *Educación del príncipe cristiano* (*Institutio principis christiani*), un tratado
de doctrina moral y político, dirigido a los príncipes. Bajo el tópico *Espejo de príncipes y
caballeros* se establece un género en la segunda mitad del siglo XVI. Destacan como tratadistas
Diego Ortúñez de Calahorra, Pedro de la Sierra Infanzón, Marcos Martínez, *et alii*. Sobre los
libros del XVI y del XVII dedicados a la educación de príncipes, véase Mª A. Galino Carrillo,
1948.

[6]   La metamorfosis del personaje Juan II sigue la línea establecida por Arellano, 1995a,
p. 127, con respeto a las convenciones teatrales del joven monarca, galán. '[El rey joven]
comparte rasgos de galán, y suele ser soberbio y violento, aunque casi siempre se vence a sí
mismo'.

propósito textual y político es patente a partir de la dedicatoria de la segunda parte. Se presenta al rey Juan II como 'espejo verdaderamente de toda perfección'.[7] El símbolo del espejo, presente a modo de *leitmotiv* en varias comedias del Poder, es clave, reiterativo.[8] Consecuentemente, la primera escena presenta a un paje portando un espejo ante la faz del monarca. Se muestra, a modo de metáfora desdoblada, la imagen que el mismo texto produce y re-produce: el reflejo de un reflejo. Es decir, se trata de un ejemplar *mise en abîme*.[9] Más adelante, el joven príncipe Alfonso aludirá a su padre, el rey Juan II, como modelo a imitar en su comportamiento: 'Vos sois, claro señor, mi espejo en todo'.[10] Otro desdoblamiento se produce a través del personaje de Lope de Sosa, un obvio *alter ego* del Fénix. Hombre de letras y maestro del príncipe, recibe un diamante tras glosarle al Rey una canción popular.[11] La obra, además de ser 'política en acción y en ejemplos', según afirma

---

[7]   Melveena McKendrick, 2000, pp. 55–56, da más importancia a la primera parte de *El príncipe perfecto* que, a nuestro parecer, es menos interesante. 'Lope's characterization of the King [John II] in part I is unashamedly didactic. Ruthlessness and arrogance usually associated with the historical figure are omitted from his picture of the ideal prince who overcomes foibles of youth to become perfect man and leader – the very incarnation of Rivadeneyra and Mariana's model king. Much is made of his piety (which established a direct link with Philip III) and of the Godlike nature of a king, all wise'. Según esta estudiosa, el rey portugués idealizado en su devoción religiosa, su generosidad y su prodigalidad, es un medio a través del cual el poeta aconseja al soberano: 'Lope reproduced a portrait which, with the careful diplomacy which was the guiding principle of his dramatic engagement with power, said to his king, "Look this is you, but you as you ought to be, not as you are"'.

[8]   La imagen del espejo es un símbolo de consejo; un modelo o dechado digno de estudio e imitación. La expresión 'mírate en ese espejo' equivale a 'que te sirva de escarmiento ese ejemplo'. Así la empleará el personaje de Laura en *La quinta de Florencia* (*El primer Médicis*): 'Sirviéndome de espejos mil historias' (*Ac.*, XV, p. 376a). *Autoridades* anota, p. 598b, que 'enseña, que así como el espejo mirándonos en él, nos representa lo que realmente somos; así consultado el buen y verdadero amigo, nos responde con verdad lo que debemos obrar'. Con dicho significado lo emplea el rey Alfonso al dirigirse a su privado, el conde Garcerán, en *Las paces de los reyes*: 'Su rostro un hombre trae siempre consigo, / y no lo puede ver sin un espejo; / y así, llaman espejo a un hombre amigo. / Mi pensamiento miro en tu consejo, / que verle sin tu espejo es imposible, / y por eso contigo me aconsejo' (*Ac.*, VIII, p. 538a). Con sentido análogo aparece la imagen en comedias como *La estrella de Sevilla*, *La corona merecida* y *El villano en su rincón*. Sobre el retrato como motivo literario en Lope, véase M. Peyton, 1961–62.

[9]   Múltiples son las concomitancias entre el símbolo del espejo y el consejo. Así, Tristán le expresa a Leonor en *El príncipe perfecto*: 'Presto tomastes consejo / con el cristal del espejo' (*Ac.*, X, p. 497a), aludiendo a continuación al mito de Narciso quien, enamorado de su reflejo en el agua, se ahoga. El espejo es también reflejo de igual a igual, y por tanto puede expresar la visión platónica del amor. *Autoridades*, p. 598b, documenta el 'mirarse en uno como en su espejo'.

[10]   *Ac.*, X., p. 499a.

[11]   En la segunda parte de *El príncipe perfecto*, el príncipe Alfonso nombra a Lope de Sosa su camarero mayor con título de marqués de Marialva. Conocido es el deseo que mantuvo Lope de Vega por obtener la posición de Cronista real y su eterna frustración al recibir escasas

Menéndez Pelayo, dialoga desde una posición teocéntrica de que disfruta la monarquía sobre el abuso tiránico de los nobles y de los soldados, sobre los límites del poder real, los malos consejeros y sobre la intriga cortesana.

El príncipe perfecto establece ciertas semejanzas con El poder en el discreto (1623). Esta comedia, además de ser una parábola de la obligación regia (de regimine principum[12]), de anteponer el deber a los deseos, tal y como constata Melveena McKendrick, presenta, por medio del personaje de Celio, al privado ideal.[13] Así, ante la amenaza de perder el amor de Serafina, tras el interés mostrado por el rey Teodoro de Sicilia, el privado decide ocultar sus sentimientos, afirmando que 'con el rey / no puede haber competencia'.[14] Sus pensamientos en torno al sacrificio y lealtad al monarca se manifiesta bajo el lema 'El Rey es rey; yo soy yo. / Servir, morir y callar'.[15] El privado afirma que prefiere morir con el secreto de su amor a vivir con el disgusto del Rey. Al final, el Rey, que se mostró dispuesto a perder el reino para gozar de su amor, opta por la discreción, aprobando el casamiento de Celio y Serafina.

En el polo opuesto, como modalidad satírica, se podría situar La mayor virtud de un rey.[16] En esta obra el Fénix alude a uno de los grandes sucesos que ocurren al final de su vida: el rapto y consiguiente abandono de su hija tenida con Marta de Nevares, Antonia Clara, a manos de Cristóbal Tenorio, un cortesano supuestamente protegido por el conde-duque de Olivares.[17] Viudo, caballero de la Orden de Santiago y ayuda de cámara de Felipe IV, Tenorio

mercedes de la Corte. Véanse al respecto H. Bershas, 1963; J. Weiner, 1986; J. M. Rozas, 1990, pp. 73–132.

[12] De regimine principum es el título de un tratado político de santo Tomás de Aquino. Con el mismo título, su discípulo, el teólogo agustino Egidio Romano, escribió y dedicó al futuro monarca francés, Felipe IV, hacia 1280, un tratado para su educación. Obra basada en el concepto aristotélico de ciencia política, será traducida al castellano por fray Juan García de Castrojeriz hacia 1344. En la segunda mitad del siglo XV, Francesco Patrizi dedicó al papa Sixto IV su obra El reino y la educación del rey. Y en 1471 Bartolomé Sacchi dirige el tratado de El príncipe a los duques Gonzaga en Mantua. En España, Diego de Valera escribe para el rey Fernando II de Aragón su Doctrinal de príncipes (1476), y Gómez Manrique dedica a la reina Isabel de Castilla su Regimiento de príncipes, obra que trata de las virtudes teologales y morales que ha de ejercitar el monarca. Entre tales virtudes se aconseja el ejercitar la justicia, la equidad, la clemencia, la liberalidad, el respecto a la verdad y el desdén por las cosas transitorias.

[13] McKendrick, 2000, p. 82. La estudiosa, más adelante, observa que 'Lope is using the camouflage provided by the love plot tactfully to address the problems posed by a young [Philip IV] who had recently ascended the throne and was being escorted round the streets of Madrid at night in search of adventure by his mentor Olivares' (p. 84).

[14] Ac. N., II., p. 462b.

[15] Ac. N., II., p. 467a.

[16] Bruerton y Morley, 1968, p. 358, fechan la comedia entre 1625 y 1635. McKendrick, 2000, p. 96, prefiere fecharla en los últimos dos años de la vida de Lope, es decir, entre 1634 y 1635.

[17] Véanse al respeto J. H. Silverman, 1963; y A. Castro y H. A. Rennert, 1968, p. 549.

se casó en segundas nupcias al poco de abandonar a Antonia, quedando su delito totalmente impune gracias a la protección regia.[18] En la comedia, don Juan, el favorito del rey de Portugal, se enamora de la hija del castellano don Sancho de Mendoza, a pesar de haberle dado su palabra al Rey de casarse con la condesa Teodora. Tras el rapto de la joven, el Rey muestra su *mayor virtud* —la justicia— quitándole la espada al favorito a quien aprecia como si fuera su propio hijo. Arrepentido, don Juan reconoce que se había 'fiado en el favor / del Rey' para que no le castigara.[19] Como vemos, autobiografía y representación dramática van en este caso por derroteros distintos.

Del abuso del Poder al castigo del tirano

La comedia *El príncipe despeñado* (*El despeñado*), escrita en 1602, y representada en Madrid al año siguiente, lleva a las tablas la muerte del rey don Sancho Garcés IV de Navarra, que tuvo lugar en Peñalén, en 1076.[20] El conflicto dramático se inicia a partir de la muerte del rey García III que, ignorando el embarazo de su esposa, la reina Elvira, había concedido la herencia del reino a su hermano Sancho. La rivalidad que surge sobre la herencia legí-

---

A. González de Amezúa, 1934: pp. 357–404 y 521–62, fue quien descubrió la identidad del raptor.

[18] A. Castro y H. A. Rennert, 1968, p. 323, estudian las veladas alusiones al rapto contenidas en la égloga *Filis*, al igual que la amargura y resentimiento de Lope, perceptibles en dos poemas incluidos en *La Vega del Parnaso*, 'El Siglo de Oro' y 'Huerto deshecho', donde 'la acusación y la queja contra Felipe IV es transparente'. A raíz del estudio de Eugenio Asensio y de las 'Adiciones' hechas por Lázaro Carreter a la monografía de A. Castro y H. A. Rennert, p. 549, n. 322, ambos críticos niegan tal alusión en el *Huerto deshecho*. Afirman que el poema no alude al rapto de Antonia Clara, ya que fue publicado en 1633, en un pliego suelto, y que es anterior al rapto que tuvo lugar en agosto de 1634. *Huerto deshecho* revela el desencanto de Lope al no poder alcanzar la protección de la Corona y al negársele por tercera vez el puesto de Cronista real. Ignorando dicha revisión, McKendrick, 2000, p. 97, afirma 'In *Huerto desecho* he makes it clear that he held the king directly responsible for the outcome of the disastrous affair. He was extremely bitter that Tenorio escaped scot-free and here, in this poem at the end of his life, the anguish caused by this recent terrible blow and the resentment bred in him over the years by royal neglect twine together into an intricable knot of weary despair'. Véase Juan Manuel Rozas, 1990, pp. 73–131.

[19] *Ac. N.*, XII, p. 647a. McKendrick, 2000, pp. 96–101, lee la comedia como 'a coded address to Philip IV over the issue of Lope's own daughter', aludiendo a la tensión entre favoritismo y justicia, al proceso de distanciamiento que sitúa el drama en Portugal y a la proyección de Lope en el personaje del padre, don Sancho de Mendoza, que cuida de su honra. Concluye que la justicia imparcial del rey 'is the pledge of royal impartiality that Lope wished to see implemented in the affair of Antonia Clara'.

[20] Lope basa la comedia en la *Crónica de los reyes de Navarra* de don Carlos de Viana. Se representa en Valladolid, en 1604, pero no se publica hasta 1617. Todas las citas con respecto a *El príncipe despeñado* (*El despeñado*) están tomadas de Lope de Vega, *Obras de Lope de Vega*, 1890–1913, vol. VIII, que abreviamos con *Ac*.

tima del reino entre los partidarios de Sancho y los partidarios de su sobrino *non-nato*, se manifiesta en la disputa entre los hermanos Guevara, cada uno de éstos aliado con un bando opuesto. A primera vista, los argumentos de ambos hermanos parecen ser igualmente válidos. Remón avala al príncipe *non-nato* como único hijo y como legítimo heredero del rey muerto, mientras que Martín, más pragmático, se niega a apoyar a una promesa futura, y se declara en favor de Sancho. Ante el riesgo que constituye el posible vacío del poder, dada la amenaza que llega desde la frontera mora, los nobles, movidos por el interés de sus bienes, apoyan finalmente a Sancho. La pérdida del argumento sobre la sucesión acarrea la del reino. Sancho será coronado rey y Remón se exilia en Francia. Ante las quejas de la reina Elvira, quien declara a su futuro hijo como rey verdadero y legítimo, Sancho expresa que su hermano, el rey que le precede, le había pedido personalmente, antes de morirse, que heredara la corona. Aunque Elvira niega tal versión, nunca se descubre la verdad.

En un principio, el recién coronado Sancho se muestra generoso y agradecido por el apoyo y por la lealtad incondicional de los nobles, premiándoles debidamente. Y muestra su bondad al permitir que se exilie la reina pese a la amenaza que presenta el nacimiento de su futuro hijo. A estas alturas, no hay motivo alguno para desconfiar de la legalidad del nuevo monarca. Salvando el partido de Elvira, el Rey es admirado y respetado por todos.[21] Sin embargo, todo cambia a partir de los amores de don Sancho con Blanca, esposa ésta de Martín, su mayordomo mayor. La fuerza de la pasión hace que el monarca pierda el dominio sobre sí, cayendo gradualmente en la ineptitud y en la tiranía: 'Si yo soy Rey sin poder, / ¿de qué me sirve reinar? / Reinar es ser sobre todo, / todo debe al Rey servir'.[22]

El nuevo monarca se desentiende de sus obligaciones, exigidas en parte por la novedad de su reinado, y con el objeto de gozar sexualmente de Blanca, inventa la falsa noticia de un ataque inminente de Remón. El rey Sancho pide a Martín que se desplace a la frontera francesa para enfrentarse al ataque de

---

[21] Para Melveena McKendrick la cuestión de la legitimidad del rey Sancho es fundamental. Postula que se convierte en tirano a causa de su ilegitimidad: 'It is not just that a king who behaves like Sancho has forfeited the right to rule; Lope seems to be suggesting that Sancho behaves as he does because he is not the legitimate king', 2000, p. 53. Para nosotros, la cuestión de legitimidad es secundaria a su posterior caracterización como tirano. Al principio Sancho es considerado positivamente por sus vasallos; jamás discuten su legitimidad. Todo cambia a partir de su abuso del poder: la manifestación de su tiranía y su incapacidad de controlar las pasiones le llevarán a la muerte. Es aquí, y no antes, cuando la cuestión de la legitimidad entra en juego. Viene a ser una justificación dramática del regicidio, estableciendo la posibilidad de un final de fiesta con la coronación del sucesor. Al igual que ocurre en *El rey por semejanza*, da la impresión de que el drama aboga por la importancia de desempeñar bien el papel regio más que por su legitimidad.

[22] *Ac.* VIII, p. 139b.

su hermano. Tal conducta se asocia obviamente con la bíblica de David con Urías (Samuel 11), uno de los relatos más aludidos en las letras del Siglo de Oro y presente en las alegorías del Poder.[23] Es tal la lealtad incondicional del mayordomo mayor que, pese a las quejas de Blanca, adelanta su salida dispuesto a ser el nuevo Caín de su hermano. Una vez libre del marido de la amada, el Rey, con la complicidad del privado Arista, amenaza y soborna al portero de la casa de Martín para violar así a doña Blanca.

Tal acto constituye un abuso del poder en múltiples niveles: político, ya que el Rey se desentiende de sus obligaciones estatales; cívico, al traicionar la lealtad del hombre que apoyó su subida al trono; y moral, mostrando una despreocupación total por el honor de los esposos.[24] Así, declara el Rey a la deshonrada esposa de Martín:

> Mira, y no te cause enfado
> mi pensamiento amoroso,
> que soy un rey poderoso
> y un hombre determinado.
> Calla, y no des a entender
> tu deshonra ni mi furia;
> que la injuria no es injuria
> mientras calla la mujer.
> La honra del Conde está
> en tu lengua: esto es sin duda.[25]

La casa enlutada con que se encuentra Martín a su vuelta de la frontera francesa refleja, no la muerte suicida de Blanca —a manera de la de Lucrecia— como parece a primera vista, sino la trágica pérdida de su honor. Rompe de este modo con el esquema arquetípico de la violación de Lucrecia a manos del etrusco Sexto Tarquino.[26] Del mismo modo se lleva a cabo la

---

[23] La figura bíblica del rey David se establece en las letras y artes áureas como arquetipo del rey pecador y arrepentido. Así, por ejemplo, en el gran monólogo del duque de Ferrara en *El castigo sin venganza* (vv. 2508–21) de Lope de Vega y, claro está, en *La venganza de Tamar* de Tirso de Molina y *Los cabellos de Absalón* de Calderón de la Barca, donde aparece como personaje principal. Véase AA.VV, 1980.

[24] Sobre el concepto de honor en los siglos XVI y XVII es clásico el estudio de A. Castro, 1916. Gustavo Correa, 1958, analiza el tema de la honra en la comedia nueva. Sobre el concepto de honor desde una perspectiva antropológica véanse al respecto: J. G. Peristiany *et alii*, 1968; J. A. Maravall, 1979; J. Pitt-Rivers, 1979; C. Chauchadis, 1984; y la monografía editada por J. Pitt-Rivers y J. G. Peristiany, 1992.

[25] *Ac.* VIII, p. 145b.

[26] Sobre el tratamiento de la violación de Lucrecia, véase el estudio de MacCurdy, 1984. El motivo de la violación de Lucrecia fue ampliamente difundido en las letras áureas en variedad de géneros y obras. Francisco Rojas Zorrilla lleva la historia a las tablas en *Lucrecia y Tarquino*.

futura venganza de Martín: 'No quiera el cielo que seas / nueva Lucrecia de España; / que yo tengo honra que puede / tomar más venganza'.[27] La alusión a este episodio clásico revela a su vez un trasfondo político: la sublevación del pueblo romano contra la monarquía despótica de los Tarquinos, que es causa directa de la caída de la monarquía romana y de la institución de la república. Tras la violación de doña Blanca, el inconstante rey Sancho aborrece a la mujer que le hizo perder la cabeza. La asociación que se establece con el relato bíblico de Amnón y Tamar es patente.[28] Al igual que en esta comedia, Amnón termina aborreciendo a su hermana una vez satisfechos sus deseos. En la comedia de Lope, consciente el Rey de su severa transgresión, culpa a su privado de haberle inducido a tal acto cuando estaba loco de amor: 'estoy en mí. / Andas a sólo agradarme; / tú no miras mi provecho'.[29] Pese a todo, el Rey se obstina en ocultar su culpabilidad ante Martín.

El regicidio de Peñalén a manos del esposo deshonrado, cuando éste va de caza con el Rey, desarrolla el motivo de la caza del cazador. El 'lobo tirano' muere a manos del pastor de la 'cordera', Blanca.[30] Desconocida la causa de la muerte por todos los personajes, a excepción de los casados y de Remón, en ningún momento se cuestiona el honor de Blanca. No obstante, la violada insiste en que su esposo le quite la vida, restituyéndose de este modo el honor perdido. Los hermanos ratifican la virtud de doña Blanca y reafirman que no habrá otra Lucrecia en España. El cuerpo yaciente de don Sancho sobre el lecho de doña Blanca, que le sirve de ataúd, restituye el honor sobre el mismo espacio en que se perdió: 'Y es bien / que allí sepulcro le den, / pues vuelve allí por mi fama', declara Blanca.[31] La venganza y placer que siente Martín al dar sepultura al Rey, abre el camino a la coronación del nuevo monarca: el hijo recién nacido de Elvira. La ritual muerte del tirano ('traidor lobo cruel'[32]) posibilita la legalización de un nuevo reinado y de un nuevo Rómulo, también criado entre 'rústicos salvajes'. Un Sancho, pues, desplaza a otro y al igual en que la mitología romana, se establece una nueva legitimidad. Y así lo declaran todos: '¡Navarros, éste es el Rey / por justo derecho y ley!'.[33]

---

[27] *Ac*. VIII, p. 150a.

[28] La violación de Tamar por Amnón se narra en 2 Samuel 13 y 2 Samuel 19–36.

[29] *Ac*. VIII, p. 151b. La crítica sobre el privado también se manifiesta en las siguientes palabras de Remón: 'Están las cosas en tan triste estado, / que no hay hidalgo ya que corresponda / a sus obligaciones ni a sus leyes: / ¡Tanta codicia es ya tratar con reyes!' (138b). De acuerdo con Menéndez Pelayo, *Ac*. VIII, p. 138, n. 2, Lope escribió en un principio 'privar con reyes' en vez de 'tratar con reyes'.

[30] Sobre la caza como alegoría amorosa, véase E. Gerli, 1979, y una bibliografía adicional en J. Silverman y S. Armistead, 1982, pp. 204–5, n. 3.

[31] *Ac*. VIII, p. 158a.

[32] *Ac*. VIII, p. 150b.

[33] *Ac*. VIII, p. 159a.

Empresa 16, 'Cotejando sus acciones con las de sus
antecesores', Diego de Saavedra Fajardo, *Idea de
un príncipe político cristiano (Empresas políticas)*,
Milán, 1642

En la comedia de *La inocente sangre* (*Los Carvajales*) se representa la
injusticia del rey Fernando IV hacia los dos hermanos Carvajales, acusados
y culpados de la muerte del privado Gómez de Benavides. Ignorando que los
nobles García y Ramiro levantaron el testimonio contra los dos hermanos al
ser vencidos por éstos en la guerra de sucesión, el Rey rechaza las advertencias del discreto conde de Benavente: no culpar a los hermanos sin pruebas
ni testigos y sin informar previamente a los alcaldes o al Consejo de Estado.
Antes bien, el manipulado y cegado Rey prefiere vengar la muerte de su
querido privado, afirmando 'Que no quiero más información / mayor que
mi corazón'.[34] Su juicio, irreflexivo y precipitado, tendrá su castigo: el Rey
morirá ajusticiado por Dios mientras duerme la siesta. La alegoría del Poder
en crisis es evidente: un monarca injusto condena irracionalmente a inocentes
que le ganaron batallas contra el enemigo moro; muere por intervención
divina, dejando el futuro de la nación insegura. La amenaza a la integridad
de la nación lo anuncia el Conde ante la llegada de los moros que vienen a
vengar la pérdida de Gibraltar:

> Calla,
> para que el moro no llegue
> atrevido en tal desgracia.
> ¡Oh Rey santo! ¡Oh Rey valiente,

---

[34] *Ac.*, IX, p. 196b.

que en solos veinticuatro años
venciste al moro mil veces!
¡Oh, cuánto pierde Castilla,
Rey soberano, en perderte!
Mas son juicios de Dios.[35]

En la comedia de *El tirano castigado* la crisis del Poder ocurre a partir del enamoramiento de Teodoro, hijo natural del duque Anselmo de Cerdeña, con su madrastra Laudomia. Para llevar a cabo su desposorio con ésta, se apodera del reino de su padre encerrándolo en una torre y arrojando al mar al legítimo heredero, el conde Floriseo. El tirano Teodoro concierta con los nobles Liberio y Rufino, amenazados por el deseo centralizador del hijo legítimo, apoderarse del reino y entregarles el mando del gobierno: 'Floriseo os persigue y aborrece; / con él seréis esclavos, y conmigo / tendréis el reino, porque al fin es cierto / que más ha de ser vuestro que no mío, / pues que le tengo yo por vuestras manos, / en que tendréis el corazón del Príncipe, / la llave de su vida y de su reino'.[36] Con la supuesta muerte de Floriseo, Teodoro se nombra duque y reparte sus bienes y mercedes entre los nobles. La ambición de éstos, y acaso la ilegitimidad del nuevo duque, hace que cada uno conjure en secreto, tal como lo muestran las didascalias, la caída de Teodoro.

Reynaldo:	(Yo espero hacerle pedazos).
Ludovico:	(Yo reinar).
Fabio:	(Y yo mejor).
Rufino:	(Yo pienso ser su homicida).
Doroteo:	(Un reino, ¿a quien no convida?).
Liberio:	(Esta corona es mi empresa).[37]

Rufino, embajador de Teodoro (ya rey de Cerdeña), miente al rey de Biserta al hacerle falsamente saber que Anselmo, movido por un loco amor hacia Laudomia, había dado muerte a su hijo Floriseo. El embajador añade además que Anselmo se ha desentendido de sus obligaciones gubernamentales, otorgando todo el poder a un favorito suyo: 'de su gobierno / van las cosas de manera / que a un capitán quiere hacer / duque y señor de Cerdeña'.[38]

Al escuchar tales pronunciamientos Floriseo, cautivo en la corte del rey moro, espera encontrar a su padre con vida, aunque es consciente del peligro que acarrearía a la patria una potencial pasión desenfrenada, pues: 'a España

---

[35] *Ac.*, IX, p. 203b.
[36] *Ac.*, IX, p. 736a.
[37] *Ac.*, IX, p. 739a.
[38] *Ac.*, IX, p. 744b.

acabó la Cava / y a Troya deshizo Helena'.[39] A raíz de la falsa noticia que le da el embajador, el rey de Biserta ataca a los ministros de Laudomia. Floriseo se alista con el ejército árabe vestido de moro y termina liberando a su padre Anselmo. Tras la guerra civil Teodoro, consciente de su tiranía, se arrepiente afirmando: 'soy un tirano … un Nerón, … un Luzbel … un caballo desbocado / que sin antojos corrió, / con antojos engañado'.[40] Una vez perdonado el tirano Teodoro es condenado al destierro. El motivo del 'caballo desbocado' es recurrente en los dramas que presentan las crisis del Poder, como veremos, por ejemplo, en Calderón.

Indigno de su puesto es el rey Felisardo de Arcadia en la comedia *La fe rompida* (1599–1603). Personaje ambiguo, parece seguir el arquetipo del galán tiránico que, disfrazado, goza de una ingenua villana para luego abandonarla con falsas palabras de fidelidad: 'Rey engañoso y cruel / un día amante fiel / y una noche falso amante'.[41] La pusilanimidad femenil del rey contrasta, a grandes rasgos, con la virilidad de la serrana Lucinda, motivo también presente en *La hija del aire* de Calderón.[42] De hecho, Lucinda intervendrá en dos ocasiones para salvar al monarca de una muerte segura a manos de los nobles aliados con su rival, el duque Floriberto. Éste pretende vengar la deshonra de su hermana, a quien el Rey ha ignorado tras darle su palabra de casamiento. Temeroso de encontrarse con la 'mujer fuerte', o con los tres hombres cuyas voces dice que bastan para darle muerte, el cobarde Felisardo se esconde bajo un árbol.

Mientras tanto, Lucinda, deseosa de recobrar el honor perdido, se dirige disfrazada de hombre a la corte donde criticará la falsedad de los tratos y de las apariencias cortesanas.[43] Allí tendrá noticia de que quien la burló no era el secretario sino el mismo rey. Ante la nueva de que el Duque conspira contra su persona, el rey Felisardo le ruega hable personalmente con él sin necesidad de averiguar los hechos, declarando que 'lo que es mi gusto solamente es justo'.[44] Una vez ante la figura regia, Lucinda, bajo la máscara varonil, le pide la restitución de su honra. Amenaza incluso con hacerle guerra, y tras descubrir su identidad, le lanza una serie de epítetos insultantes y despectivos: 'fiero / enemigo, cruel, loco, villano, / infame, desleal, vil caballero'.[45]

---

[39]   *Ac.*, IX, p. 744b.

[40]   *Ac.*, IX, p. 760b.

[41]   *Ac. N.*, V, p. 557b.

[42]   Cuando más tarde el Rey en un monólogo le pide a Lisarda perdón por haber gozado de ella, afirma que en dicha acción 'Parezco en esto mujer / que con galán se disculpa', *Ac. N.*, V, p. 548a.

[43]   Sobre el tópico del menosprecio de corte y alabanza de aldea, véase G. Agrait, 1971.

[44]   *Ac. N.*, V, p. 567a. Para McKendrick, 2000, p. 52, dicha frase constituye la filosofía personal del Rey. Sin embargo, como hemos visto, se trata de un rey que abusa de su poder además de ser pusilánime.

[45]   *Ac. N.*, V, p. 568a.

Acto seguido la serrana reúne una tropa de dos mil hombres bajo un pendón negro que lleva por divisa a 'un lobo que están mordiendo / tres leones inhumanos / a quien defiende un cordero. / Después parece que el lobo / le paga mal el bien hecho, / con una letra que dice: 'Ingrato, de ti me quejo".[46] Quien quiera pasar el estrecho guardado por su ejército ha de afirmar que el Rey es infame y villano. Extranjeros y propios firmarán tal declaración, incluso aquellos labradores que no sepan hacerlo, testificando sin embargo sobre la vileza del Rey.

> *Lucinda*: Decid
>   que es el Rey vil caballero.
> *Floripa*: Es un bellaco.
> *Arcano*: Es un cuero.
> *Floripa*: Es un perro.
> *Arcano*: Es un cegrí.
> *Floripa*: Es un bellaco insolente.
> *Arcano*: Es un salteador.

El mismo rey Felisardo, que ha reunido una gran armada para atacar las milicias de la villana Lucinda, firmará un documento declarando su culpabilidad. Tras esta confesión escrita y tras la vuelta de Felisardo, se restituye el orden y la legitimidad de la nación, pues durante la larga ausencia del Rey, el duque Floriberto se había apoderado del reino. El nuevo orden instituido es político y moral: Lucinda será la nueva reina.

De reyes y de privados

Llamativo es el personaje de don Egas en la comedia del *Duque de Viseo*, escrita probablemente entre 1608 y 1609. Éste se establece como paradigma del privado falsificador e interesado.[47] A raíz del ultraje que le causa la pérdida de su pretendida Inés, al ser ésta informada por el Condestable de que el privado desciende de un moro, don Egas aprovecha la frustración de los nobles, dada la tacañería y rectitud de Juan II de Portugal, para elaborar un progresivo mecanismo de destrucción contra los hermanos Braganza. Se basa éste en la inexistente aspiración de los Braganza al trono de Portugal. Una vez plantada la semilla de la conspiración, la imprudencia del Rey, unida a una serie de malos entendidos y decisiones desafortunadas, desemboca en un trágico desenlace.

Desde el inicio de la comedia, el Rey muestra un injustificable desinterés

---

[46] *Ac. N.*, V, p. 571b.
[47] Sobre la comedia de privanza véase el estudio de MacCurdy, 1978.

por cumplir con la obligación de premiar los servicios prestados en beneficio y en aumento de la gloria nacional. Mientras la corte se dedica a las galas y a las fiestas, las dignas empresas bélicas de los nobles lusitanos en tierras africanas apenas reciben un reconocimiento oficial. Aunque se sienten menospreciados, los hermanos Braganza muestran una lealtad absoluta hacia el monarca. Revindican su papel divino sobre la tierra aun cuando sus decisiones les perjudican y les hacen caer en desgracia.[48] Su adhesión al código de fidelidad, heredado del padre (bajo el lema de 'Al Rey servirle, y no más'), es innegable.[49]

La ingratitud del Rey hacia los hermanos Braganza contrasta con el excesivo amor mostrado al privado. Confiado en el monopolio que ejerce sobre el amor regio, el privado fomenta la inseguridad del monarca con falsas insinuaciones bajo el pretexto de aconsejar prudencia y justicia:

> *Egas*: he sido tan venturoso
> en que me mire amoroso
> un rey con todos airado;
> pues sus secretos me fía,
> pues hallé gracia en sus enojos,
> templa, deshace y desvía,
> pues no hay hombre con quien hable
> de la suerte que conmigo,
> hoy tendrá justo castigo
> la crueldad del Condestable.
> Con la lengua he de matarle.[50]

Pero el monarca tampoco es inmune a la censura. Su imprudente decisión de casar a la ofendida Inés con el duque Guimaráns, en contra del deseo de éste, no sólo ofende al Duque sino que motiva una nueva venganza por parte del privado. De manera similar, el monarca querrá casar a Elvira, en contra de su voluntad, con don Egas. El objetivo del Rey es, sobre todo, enojar a la Reina, ya que ésta pretendía casar a Elvira con su hermano, el duque de Viseo. La falla trágica del monarca radica en hacerse sordo a las quejas de sus vasallos, escuchando en su lugar los viles consejos del privado. Ante tal conducta

---

[48] Según la tradición ético-cristiana fijada en *De regimine principum* de santo Tomás de Aquino y apoyada en la línea del pensar platónico, aristotélico y ciceroniano, el monarca debe imitar a Cristo, pues es el modelo de conducta y de virtud para su pueblo. Durante el Sacro Imperio Romano, el emperador fue calificado de *vicarius Christi*. En los siglos XV y XVI los reyes de los estados modernos reivindican el origen divino de su función y se apropian de la condición de *imperator* —calificativo de Cristo durante el Medievo—: son emperadores de sus reinos. Diego de Valera, Juan de Lucena, Hernando del Pulgar, y otros, mantienen esta visión del poder político.

[49] *Ac.*, X., p. 407b.

[50] *Ac.*, X., p. 410b.

desacertada le aconsejará el duque de Viseo: 'Cuando el rey es prudente, no se informa / de alguno que transforma las verdades / en otras cualidades diferentes; / que hay muchos pretendientes de esa gracia, / que estriba en la desgracia de los otros'.[51] Tal consejo, y la tremenda inseguridad ante el poder de los cuatro hermanos, fomenta en el monarca una cierta paranoia que llega a convencerle de una conjuración inexistente.

> *Rey*: Pensar que estoy engañado
>   en lo que éstos han tratado,
>   me mueve el pecho a clemencia.
>   Pero, ¿cómo puede ser
>   que si don Egas lo oyó,
>   me engañe? Y sabiendo yo
>   que hay en el Duque poder,
>   y en sus hermanos graves,
>   para derribar mi imperio;
>   que no tienen sin misterio
>   el mar cubierto de naves,
>   grande amistad con Castilla,
>   con Francia y con Aragón,
>   que todos indicios son
>   que han de derribar mi silla.[52]

Su enajenación llega a tal estado que empieza a interpretar situaciones del todo inocuas como muestras de un complot en su contra. Así, las palabras 'generales' referidas a las relaciones amorosas entre el duque de Viseo y doña Elvira, o el papel regio que interpreta el duque de Viseo en su destierro, se transforman en indicios de una intención de destronarlo.

El límite de dicha tendencia maníaca la constituye la lectura que hace el Rey, incitado por el privado, de la figura trazada sobre un papel por un necio estudiante de astrología:

> *Rey*: Rey dice que ha de ser el Duque presto,
>   y aquí lo funda en el que alumbra el día.
>   No tiene estrella ni planeta opuesto,
>   Saturno de su daño se desvía;
>   en la parte mejor de su fortuna,
>   le mira bien el sol, mejor la luna.
>   No tiene aspecto menos que de trino,
>   en todas las figuras de importancia.[53]

---

[51] *Ac.*, X., p. 428b.

[52] *Ac.*, X., p. 419a.

[53] *Ac.*, X., p. 441a. Similar es la lectura que hace el rey Basilio de los astros en *La vida es sueño* de Calderón de la Barca. Ésta le obliga a condenar al legítimo heredero Segismundo

La palabra 'trino' incluye una doble asociación. Como término astrológico, denota una distancia de ciento veinte grados (un tercio del círculo) entre dos puntos o cuerpos celestes, pero alude también al talante divino que le otorga el Rey a la procedencia del papel:

> *Egas*:   Mas ¿cómo a tu poder el papel vino?
> *Rey*:   Porque lo quiso el cielo.[54]

El premiar injustamente con títulos y bienes al privado y a sus favoritos, el fiarse de uno con ascendencia mora y el condenar en secreto a unos nobles ilustres, basado el Rey en meros 'papeles' e 'indicios', originados en una falsa ciencia (astrología), señalan una verdadera crisis del Poder.[55] La reina tilda al Rey de severo y cruel y asegura que el poder divino está de lado de los hermanos Braganza. Lo evidencian las palabras que dirige el duque de Viseo al privado don Egas ('Mirad que hay Dios'[56]), y la aparición ante éste del difunto duque de Guimaráns portando la cruz de la Orden de Cristo. La muerte del privado a manos del escudero del duque de Viseo no restituye el orden ni puede calificarse de justicia poética. Tanto la muerte de los hermanos Braganza, la del duque de Guimaráns y la del duque de Viseo, así como la de doña Elvira, aquejada de pena, arrojan una sombra nefasta sobre el reinado de Juan II de Portugal. El castigo de su privado y el reconocimiento de sus grandes desdichas no mueven al Rey a arrepentirse, de acuerdo con su propia afirmación sobre lo acontecido: ya 'no tienen remedio'.[57] El final de la comedia, presentando a los dos amantes, el duque de Viseo y doña Elvira, en un mismo sepulcro, y al igual que los amantes de Teruel, 'para que se gocen de muertos', anuncia el final trágico de la obra. Tales signos enmarcan, a modo de sinécdoque, el sino trágico (*fatum*) que la envuelve.[58]

Lope recrea en *La fortuna merecida* parte de la historia de la privanza

---

a su prisión en la torre ocasionando el enfrentamiento con el Poder. Esta obra será objeto de estudio en el último capítulo de esta monografía.

[54]   *Ac.*, X., p. 441a.

[55]   Matar en secreto constituye una afrenta al honor de los vasallos y suele ser indicio de injusticia. Así, por ejemplo, en *La estrella de Sevilla*, atribuida últimamente a Andrés de Claramonte. Tras el consejo del privado Arias, el Rey pretende dar muerte a Busto Tavera 'en secreto' (v. 1201), causando dudas en Sancho: 'Pues, ¿cómo muerte en secreto / a un culpado se le da? / Poner su muerte en efeto / públicamente podrá / vuestra justicia, sin darle / muerte en secreto, que así / vos os culpáis en culparle, / pues dais a entender que aquí / sin culpa mandáis matarle. Y darle muerte, Señor, / sin culpa no es justa ley, / sino bárbaro rigor' (vv. 1463–74).

[56]   *Ac.*, X., p. 427b.

[57]   *Ac.*, X., p. 444a.

[58]   El motivo de los amantes determinados por su sino trágico está presente también en las comedias *Los amantes de Teruel* de Lope de Vega, *Romeo y Julieta* de Shakespeare y en las versiones de *Tristán e Isolda*.

de Álvar Núñez de Osorio (aquí de Sarria),[59] favorito de Alfonso XI de Castilla.[60] Virtuoso y humilde, el personaje Álvaro Núñez de la comedia es un dechado modelo de conducta.[61] De hecho, es el Rey quien recibe la mayor parte de la crítica. Regala a capricho villas, fortalezas y títulos al privado y a sus favoritos causando la ira del resto de los nobles y poniendo en peligro la seguridad y libertad de la nación. El nombramiento de don Álvaro como Gran Maestre de Santiago origina la censura del Almirante quien, arguye que 'pudiera haber alguno de más nombre, / que hubiera en las fronteras con los moros / merecido esa cruz; y no te asombre / que quien gastó su sangre y sus tesoros, / sienta que premies …'.[62] Tal es el nepotismo del Rey, que desea casar a su hermana Leonor con don Álvaro, ofendiendo de este modo a la Reina, ya que ésta pretendía casar al privado con su dama de cámara. Ante la intensa presión de los nobles, y teniendo en cuenta el bien de la nación, don Álvaro devuelve voluntariamente al Rey su maestrazgo. Melveena McKendrick considera la obra como un mensaje velado dirigido hacia Felipe III y a su relación con el duque de Lerma: 'The play unequivocally showed that however deserving a *privado*, the monarch must realise that there had to be a proper balance in such matters, that the *privanza* system, breeding as it did jealousy and divisiveness, created problems even if the *privado* himself did not'.[63]

El personaje César de la comedia *La quinta de Florencia* (*El primer*

---

[59] Muchos han sido los críticos que confunden Sarriá por Sarria. Tal es el caso de Melveena McKendrick, 2000, p. 69, que piensa que Lope no acentúa dicho topónimo por cuestiones de rima: 'Historically the name was Sarriá. That Lope, however, thought of it as Sarria is clear from the assonance scheme used at one point where the name appears in the text'; o Elizabeth R. Wright, 2001, que utiliza el nombre 'Sarriá' a lo largo de su monografía. Pero el marqués de Sarria, futuro duque de Lemos, era oriundo de la villa lucense del mismo nombre, y no tiene nada que ver con el Sarriá catalán.

[60] Al final de esta comedia se promete una segunda parte que ignoramos si Lope llegó a escribir. Las dos partes debían contener la historia de la privanza y caída de don Álvar Núñez de Osorio, mayordomo y favorito de Alfonso XI de Castilla (1311–50), *el Justiciero*.

[61] Menéndez Pelayo, *Ac,* 1890–1913, vol. IX, critica 'los desafueros' cometidos contra la historia, y cómo Lope transforma, en un proceso de rehabilitación genealógica, la 'negra historia' del insolente y codicioso Álvar Núñez de Osorio, haciéndole pariente ilustre de las poderosas familias del duque de Lemos y del marqués de Astorga.

[62] *Ac.*, IX, p. 280b.

[63] McKendrick, 2000, p. 66. Aunque existe una cierta discrepancia entre el experto Rey y el inmaduro Álvaro con respeto a sus referentes históricos, el joven Felipe III y el de más edad, el duque de Lerma, McKendrick, 2000, p. 66, lo analiza como una estrategia intencionada para ocultar la crítica de su reinado. 'The reversal of ages and the changes in characterization have two effects. They deflect any implied reference in the play to new or youthful kings, they deflect what would otherwise have been obvious connections between a historical greedy favourite (Núñez) and a contemporary one (Lerma), and, more crucially in terms of the play's exploration of the relationship between king and favourite, they focus responsibility for what happens firmly on the King himself'.

Médicis) es un privado que también abusa del poder. Es el hombre más querido y más estimado en la corte del duque Alejandro. Enamorado de Laura, labradora, al verla mientras él va de caza, intenta en un principio 'vencerla con sus regalos, / moverla con sus razones'.[64] Al fracaso inicial le sigue la violación ayudado por unos amigos armados. El motivo de la caza, de nuevo presente en las alegorías del Poder, se fija como *leitmotiv* en esta comedia. Tras la visita a la Corte del labrador Lucindo, padre de Laura, para quejarse de la violación de su hija, el duque Alejandro, deseoso de guardar el secreto y el honor del labrador, le manifiesta a Celio, caballero de la Corte, que el viejo labrador sólo vino para quejarse de que un gran jabalí (léase alegóricamente) le destruía la hacienda. Cuando más tarde aparecen el Duque y su gente de guarda, vestidos de caza, en busca del 'jabalí', el labrador Lucindo de nuevo les informa bajo la misma clave metafórica. El jabalí, dice, se llevó a una 'cierva', 'del bosque [...] la mejor: blanda, tierna, humilde y mansa' para luego devorarla en un instante.[65] El discurso alegórico revela obviamente la función del poderoso: amparar, a manera de buen pastor, a los débiles y ajusticiar a los tiranos: 'Dios puso por pastores a los príncipes / para que guarden, velen y reparen / la más ínfima plebe, no sufriendo / que el poderoso y rico los agravie'.[66]

La rigurosa sentencia de dar muerte al privado y a sus cómplices, con que el Duque pretende dar fin a la tragedia, adquiere un nuevo giro al averiguarse el consentimiento de Laura en casarse con su violador. Tal hecho trueca la potencial tragedia en comedia. Obligado el valido a casarse con una labradora, cuya única nobleza reside en el hecho de que su padre haya almorzado con el Rey, su castigo es además de social, económico. La dote con que antes pretendía sobornar al padre procede ahora de su propio bolsillo. Además tendrá que otorgarle a Lucindo quinientos ducados. Las quejas y la defensa de Lucindo ante el intento de soborno del privado introducen el motivo de la dignidad villana y el conflicto entre ésta y la del noble, ampliamente estudiados por el erudito francés Noël Salomon.[67] Sin embargo, a diferencia de los villanos de *Fuente Ovejuna* o de *Peribáñez y el Comendador de Ocaña*, el honor no reside en esta comedia en manos de un labrador rico, sino pobre. Comentan los personajes de la comedia:

> *César*:   Andad, buen viejo, que ésta es honra vuestra:
> yo daré buen marido a vuestra hija,
> y a vos muy buena renta, de manera
> que dejéis esa vida trabajosa.

---

[64] *Ac.*, XV, p. 385b.
[65] *Ac.*, XV, p. 389a.
[66] *Ac.*, XV, p. 385a.
[67] Véase Salomon, 1985 [1965].

> *Lucindo*: No soy traidor, aunque *villano pobre*,
> tan vil que venda yo mi propia sangre,
> ni padre tan avaro, que mi hija
> te dé por la codicia de tu hacienda;
> que en aqueste molino derribado
> soy más bueno que tú cuarenta veces
> en tu quinta pintada y llena de armas;
> que esta harina que cubren estas puertas
> es más limpia que el oro de las tuyas.[68]

Tal hecho pone en entredicho la tesis, fundamentalmente marxista, de Salomon.

El favorito que pierde el poder por envidia es, en la comedia *Lo que hay que fiar del mundo* (1619), Leandro Espínola. Este noble genovés cae cautivo del emperador turco Selín; cambia de traje y de nombre (Brahín), aunque nunca de fe. Sirviendo al Emperador de general a raíz de su victoria frente a los persas es nombrado Gran Bajá, y adquiere el derecho de juzgar pleitos en la corte. Dicha concesión despierta el odio y la envidia de los nobles turcos, y en particular de Mustafá, quien prepara ocultamente la caída del nuevo favorito. Antes, el buen gobierno y las justas sentencias de éste en varias disputas son premiadas por el Emperador, quien le otorga plenos poderes: 'Rige mi imperio, mi casa, / rige el mar, rige la tierra, / y no haya en tierra y mar / cosa que no te obedezca'.[69] Las haciendas y regalos que le concede el emperador Selín para obtener su favor llegan a tal extremo que proclama ser capaz de traicionar su propia fe por mantener el amor del privado:

> *Selín*: daréte, por mi Alcorán,
> hasta la plata en que están
> las cenizas de Mahoma.
> Si llega la caravana
> de mis caramuzalíes,
> te daré cien mil cequíes
> y treinta piezas de grana.
> No tendrá la Persia tela
> que no sirva a tus marlotas,
> ni airones, plumas, garrotas,
> ave que en el mundo vuela,
> que no adorne el tulimán
> que cubriera tu cabeza,
> aunque estén por más grandeza
> en la frente del Soldán.[70]

---

[68] *Ac.*, XV, p. 383a, el énfasis es nuestro.
[69] *Ac. N.*, VII, p. 275a.
[70] *Ac. N.*, VII, pp. 275b–276a.

Pero en el cenit de su poder se oculta la semilla de la destrucción: el poder del valido ha sido creación del Emperador. El enfado de la turca Marbelia, provocado por el tono desafiante con que el privado le asegura que es amado por todos en tanto que el Emperador es aborrecido, planta la semilla de la caída del favorito. Insinúa Marbelia que el emperador Selín está enamorado de Blanca, la esposa del privado. Ignorante de la trama que se urde contra su favorito, el Emperador se humilla ante quien fue su esclavo. Proclama arrodillado ante quien ahora controla su imperio asiático: 'tu vida deseo / con más veras que la mía'.[71]

El deseo erótico cambia el orden establecido y el desarrollo de la trama. Engañado Selín, acude a los baños con la intención de ver las mujeres del reino para luego encontrarse con Blanca, de quien se enamora locamente. Tras el posterior rechazo, el Emperador, incitado por Mustafá, reclama su poder absoluto, aludiendo al poderoso privado como un simple producto de su creación. La confrontación entre el privado y el Emperador implica el enfrentamiento de dos mundos opuestos: el código moral del infiel frente al del cristiano. Así, al emperador turco le parece justo que el privado le deje gozar de su mujer como recompensa por las mercedes recibidas: 'honra, hacienda, vida y ser'.[72] Igualmente Leandro apela a la costumbre cristiana de no 'pagar con mujeres propias / […] las mercedes', y a las obligaciones reales de honrar a sus vasallos, a Dios, y de cumplir con la palabra dada:

> te suplico que te acuerdes
> de que un rey en años verdes
> está obligado a las canas,
> que el más vil deleite ganas
> y el mejor amigo pierdes.
> Juraste a Alá y al Profeta
> no hacerme mal en mis días;
> si a Blanca ofender porfías
> y una mujer te sujeta,
> ¿qué importa que un rey prometa
> ni que jure a todo Alá,
> o qué diferencia habrá
> de un gran señor a un villano,
> si al mismo Dios soberano
> perdiendo el respeto está?[73]

La palabra cumplida por Leandro quien promete, como el moro Abindarráez en la novela morisca de *El Abencerraje*, volver a la cautividad tras irse a Italia

---

[71] *Ac. N.*, VII, p. 278b.
[72] *Ac. N.*, VII, p. 284b.
[73] *Ac. N.*, VII, pp. 284b–285a.

y casarse con su amada, es testimonio de su honra y su humildad. Ratifica también los valores de la Cristiandad, que exhortan a los creyentes a cumplir 'lo que dicen, porque es ley, / desde el que gobierna el buey / hasta el que el reino gobierna; / porque quede por eterna / cualquier palabra de un rey'.[74] La moraleja se establece como un ejemplo para los demás. La fortuna mudable del privado está siempre sujeta a la voluntad del rey. Así lo explica el privado a modo de alegórico *exemplum*:

> *Leandro*: Ved lo que duran las humanas glorias
> y lo que puede confiar del mundo
> quien ayer del Gran señor segundo
> y de Persia le dio tantas victorias.
> Añádase la mía a las historias,
> aunque en tirano príncipe la fundo,
> que trasladaron montes al profundo
> en romanas y bárbaras memorias.
> Del día el alba, y el rigor pasado
> del medio y de la tarde, ¿qué podía
> temer sino la noche un desdichado?
> Esto merece quien del mundo fía;
> porque, ¿qué puede dar si no es prestado
> quien muda cuatro tiempos en un día?[75]

La muerte violenta del privado mientras duerme se constituye en ejemplo del poder tiránico, absoluto, del jerarca. Es también una amenaza dirigida a sus cortesanos. De este modo se dirige el Emperador a su corte:

> *Selín*: Porque agradaros procuro,
> y sé que os tengo quejosos,
> o a lo menos lo presumo,
> de que a un esclavo cristiano
> que ayer Amurates trujo
> con una cadena al pie
> le diese el gobierno sumo
> de los imperios del Asia,
> quiero que veáis que mudo
> consejo, porque es de sabios,
> y que soy rey absoluto,
> que puedo bajar al suelo
> las mismas cosas que subo;
> corred ese pabellón.
> *(Descúbrase en el estrado Leandro).*

---

[74] *Ac. N.*, VII, p. 285a.
[75] *Ac. N.*, VII, p. 286a.

De qué tiemblo? ¿Qué me turbo?
(Llega y córtale la cabeza).
Véisle aquí sin la cabeza
que por el persiano triunfo
coronó palma y laurel,
y por Alá santo juro
que si alguno de vosotros
se atreve a darme disgusto,
que ha de ser el mismo alfanje
de su garganta verdugo.
Tomad ejemplo.[76]

La huída de Blanca, perseguida hasta los muros de Génova por los soldados del Turco, da fin a la comedia, proyectando el abuso del Poder más allá de su cierre.

La envidia y la mentira también causan la caída del privado en la comedia *Porfiando vence amor*, incluida en *La Vega de Parnaso*, un conjunto misceláneo de textos de Lope, que sale póstumamente en 1637. Según Cotarelo y Mori pertenece al periodo de madurez de Lope ya que, de acuerdo con este estudio, 'su perfección lo acredita', si bien el desenlace es feliz.[77] El duque Alejandro, envidioso del amor que tiene el Rey hacia su privado Carlos, causa la deshonra de éste. Falsamente le revela al monarca que el privado, con la complicidad del conde Otavio, pretende derrocarle del poder. Al final, las mentiras salen al descubierto y Carlos se casará con Lucinda quien, durante el destierro del privado, 'porfió en su amor'.

Como podemos observar, las crisis del Poder en estas comedias que representan y definen las complejas relaciones entre reyes y privados están determinadas por la mentira, el engaño, el nepotismo, la intriga palaciega, el abuso sexual y los desmanes del Poder. Las variaciones de la violencia también incluyen enfrentamientos de rivales, castigos, violaciones, venganzas, muertes y raptos. El primitivismo de estas comedias revelan el estado incipiente, experimental, de una manera de gobernar. El privado, a la sombra del rey, mueve los hilos de la intriga y otorga sus favores a quien más le conviene. Los impulsos primarios, que mueven el amor o el desdén, los celos o la venganza, son los móviles que exponen una conducta vulnerable a la crítica y al rechazo por quien, desde el corral de comedias, las ve representadas. La conducta reprochable, lujuriosa, se asienta también como *exemplum ex contrario*. Establece un puente sutil entre lo representado y las efemérides de la vida cotidiana de la España del siglo XVII. Las representaciones del Poder tienen un punto de mira concreto: la nefanda conducta de algunas de

[76] *Ac. N.*, VII, p. 287a–b.
[77] *Ac. N.*, XIII, p. xviii.

sus figuras más preeminentes, que se extiende desde la figura más alta de la escala social (el rey) a sus validos, cortesanos y vasallos. El prisma social que ofrecen estas comedias es reincidente. Refleja una conducta cuyas acciones reprobables son previsibles. Estas se acomodan al marco social e histórico en que se proyectan.

El poderoso ejemplar versus el cruel tirano

El discurso prepotente y soberbio del Comendador de *Fuente Ovejuna*, escrita probablemente entre 1611 y 1618, es patente ya a partir de los primeros versos.[78] Al aludir a la falta de respeto que le muestra el Maestre, el Comendador pregunta: '¿Y sabe también que soy / Fernán Gómez de Guzmán?' (vv. 4–5).[79] Resulta irónico que sea precisamente el Comendador el que aluda a la pérdida de lealtad de quien es jerárquicamente su superior (vv. 13–16). Su concepto de cortesía y de honor tiene un fundamento ético-moral, que cambia de acuerdo con su posición estamental: 'Llaman la descortesía / "necedad" en los iguales, / porque es entre desiguales / linaje de tiranía' (vv. 25–28). Pero al enfrentarse con los valores de sus vasallos, la anacrónica mentalidad del Comendador muestra ser la propia de un jerarca medieval. Y es que el Comendador desconoce los límites de su poder; confunde la autoridad social con una superioridad moral, inexistente. Así, ante las protestas de sus vasallos a raíz de sus afrentas violentas, se pregunta: 'Éstos ¿se igualan conmigo?', a lo que su criado Flores, consciente de la diferencia de clase, le responde: 'Que no es aqueso igualarse' (vv. 1029–30).

Sexo y poder son inseparables en la mentalidad del Comendador. A diferencia de su homólogo don Tello, personaje en *Peribáñez y el Comendador de Ocaña*, Fernán Gómez no muestra ningún sentimiento amoroso por la mujer violada. Su deseo, además de carnal, está ligado al total control de

---

[78] La fecha de composición de *Fuente Ovejuna* es incierta. Vio la luz por vez primera en la *Docena Parte* de las comedias de Lope (1619). Morley y Bruerton, 1968 [1940], la sitúan entre 1611 y 1618, con la probabilidad de que fuera escrita entre 1612 y 1614. Más verosímil resulta la hipótesis de J. Robles Pazos, 1935, quien observa posibles influencias de *Fuente Ovejuna* en la *Santa Juana* de Tirso de Molina, cuyas tres partes fueron compuestas con seguridad entre mayo de 1613 y agosto de 1614. Dado que los estudios sobre la métrica de *Fuente Ovejuna* la sitúan probablemente entre 1612 y 1614, y que del mismo modo parece ser probable el influjo de la comedia de Tirso sobre la de Lope, su carácter político se corresponde con una situación histórica específica. En este sentido, no vemos inconveniente en aceptar la hipótesis de Noël Salomon quien, explícitamente, data la obra entre 1610 y 1615 e implícitamente entre 1611 y 1613. Véase al respecto la edición de A. Blecua, 1988 [1981], p. 32.

[79] Para el tema del Comendador como *tirano* y como exponente de la *tiranía*, véanse los estudios de A. Gómez Moriana, 1968; Carlos Serrano, 1971; Robert Fiore, 1975; Robin Carter, 1977; y Teresa J. Kirschner, 1979. El libro de José A. Fernández Santamaría, 1992, sitúa el tema dentro del pensamiento político español del Barroco.

las villanas, manifestado a través de un discurso erótico y metafórico que tiene la caza nuevamente como motivo. El animal perseguido, atrapado y logrado, es la mujer deseada; el cazador es desplazado por la fiera rapaz.[80] En un principio el pueblo no le niega al Comendador su superioridad social ni rechaza su autoridad. Sin embargo, su actitud injusta y tiránica, rompe el lazo que le une con los villanos de Fuente Ovejuna. Las protestas se centran en el abuso moral: en la deshonra de las villanas. Ante la pregunta, '¿Mías no sois?', Pascuala le responde en nombre de las mujeres de forma afirmativa, 'Sí, señor', aunque especifica, 'mas no para cosas tales' (vv. 603–5). Le niega su tiranía sexual. El desinterés por el bien del conjunto manifiesta una clara contradicción entre su supuesta función social y su conducta individual. El Comendador es capaz incluso de violar la sagrada ley del matrimonio.

Los villanos apelan a un orden superior: a la justicia divina para librarse de la tiranía que padecen (vv. 1148, 1253–54, 1278–79, 1643, 1659). Llega por medio de su representación terrena. La guerra civil que se inicia tras la muerte de Enrique IV de Castilla, y la posterior victoria de la reina Isabel contra los partidarios de La Beltraneja, motiva a que el pueblo se pueda acoger bajo el amparo de los Reyes Católicos. En este contexto, el grito de '¡Mueran los tiranos traidores!' (v. 1815) confiere un doble sentido. Fernán Gómez, al enfrentarse a los Reyes Católicos, traiciona políticamente a la nación y, en su función como representante de la ley, a Fuente Ovejuna. La incorporación de la villa bajo la jurisdicción de los Reyes Católicos refleja dramáticamente el proceso histórico que se establece a partir del siglo XV: la centralización del poder a expensas de las órdenes militares. Así lo declara el rey: 'la villa es bien se quede / en mí, pues de mí se vale' (vv. 2449–50). Tal centralización antifeudal restituye a Fuente Ovejuna el equilibrio social y el bienestar a modo éste de metonimia de la nación: 'Reyes hay en Castilla, / que nuevas órdenes hacen, / con que desórdenes quitan' (vv. 1622–4).[81] El espacio periférico del campo contrasta con el urbano al oponer la tiranía frente al orden: 'En las ciudades hay Dios / y más presto quien castiga' (v. 1010).

La victoria de los Reyes Católicos concedida por gracia divina, —'Católico rey Fernando, / a quien el Cielo concede / la corona de Castilla' (vv. 1950–52)— impulsa la nueva estrategia del pueblo, decidida en la Junta: 'Mas pues ya se publica y manifiesta / que en paz tienen los Reyes a Castilla /

---

[80]   Sobre el motivo de la caza como alegoría amorosa, véanse los estudios citados en la nota 30. Algunas de las mujeres en *Fuente Ovejuna* son caracterizadas como: 'corcillo temeroso' (v. 780), 'bella gama' (v. 781), 'hermosa fiera' (v. 601) y 'liebre' (v. 961). Recuérdese que en *El príncipe despeñado* el rey Sancho es descrito como 'tirano fiero' y como 'traidor lobo cruel'; Blanca lo es como 'cordera blanca'.

[81]   Las órdenes militares se incorporan a la Corona por decisión de los Reyes Católicos en 1523.

y su venida a Córdoba se apresta, / vayan dos regidores a la villa / y echándose a sus pies pidan remedio' (vv. 1677–81). Si previamente el pueblo reconocía la señoría del Comendador, ahora sólo el Rey 'es señor después del Cielo, / y no bárbaros hombres inhumanos' (vv. 1702–3). La histórica victoria de los Reyes Católicos coincide, pues, con la dramática de Fuente Ovejuna.[82] El pueblo como espacio metonímico de la nación (se habla de *patria* y de *república*) pasa del desorden al orden con la victoria sobre los partidarios de La Beltraneja. Una fuerza señorial, antinatural y demoníaca (v. 1145) desplaza la natural y cristiana: 'Señor, tuyos ser queremos. / Rey nuestro eres natural' (vv. 2437–8). El nuevo orden se proyecta más allá del cierre de la comedia, pues los Reyes Católicos simbolizan también la unidad histórica de la nación que se lleva a cabo con la conquista de Granada.[83] Tal diseño convierte en realidad dramática el amor platónico, la causa fundamental de la armonía del universo a la que alude Barrildo: 'El mundo de acá y de allá, / Mengo, todo es armonía. / Armonía es puro amor, / porque el amor es concierto' (vv. 379).[84]

Siguiendo el patrón de la comedia, del desorden al orden, la dimensión ética, social y política de Fuente Ovejuna queda restituida con la destrucción de la tiranía.[85] La humilde disculpa del Maestre, dispuesto a servir a los Reyes Católicos, y el consiguiente perdón real, simbolizan la reconciliación nacional y auguran la unidad de la nación. Sin embargo, no se trata

---

[82]   La fecha histórica del suceso de *Fuente Ovejuna* es 1476. Véase al respeto el prólogo a la edición de Donald McGrady, 1993, pp. 8–9.

[83]   En *El mejor mozo de España* se representan 'novelescas circunstancias que intervinieron en los desposorios de los Reyes Católicos', explica Menéndez Pelayo, *Ac.*, X, p. cxii. La boda simboliza la unidad y anuncia la futura creación del estado español y de una identidad nacional erigida a expensas del Otro: el moro, el judío. En un sueño que tiene la reina Isabel se le aparece la figura alegórica España pidiéndole que cambie la rueca por la espada para combatir de este modo al moro y al hebreo. La exaltación de dicha monarquía se aprecia sobre todo en el final alegórico de la comedia, en la didascalia y en los versos en boca de la figura personificada de Castilla: 'Tocan, y descúbrese España (o Castilla) en el caballo en que estaba el moro que la tenía a sus pies, y están a los de ella moros y hebreos; tiene una tarjeta en la mano con la *F* y la *I* coronadas. *Castilla*: Fernando heroico, Isabel / divina, Castilla os llama: / para bien sea, y por bien / mío, el lazo que os enlaza, / en que os espera ya el mundo / con las mayores hazañas / que se hayan escrito en él. / Aquí se ven coronadas / la *F* y la *I* que os dijo / en aquel papel Sultana. / Esta granada mirad, / que habéis de poner por armas / entre castillo y león / y la aragonesa banda. / Yo, que oprimida me vi, / y que al pie del moro estaba / y del incrédulo hebreo, / estoy en grandeza tanta, / que espero poder tener / hasta los fines de Arabia / con Fernando e Isabel, / que vivan edades largas' (*Ac.*, X, p. 365b).

[84]   Según Leo Spitzer, 1955, el tema central de *Fuente Ovejuna* es precisamente la relación entre el amor y la armonía del cosmos, recogida a raíz de una concepción neoplatónica.

[85]   Joaquín Casalduero, 1943, p. 27, expone: 'Contra el instinto individualizador y destructor se levanta el acorde total de la sociedad. El señor no puede ser, no debe ser, el instinto; el hombre, la sociedad, tiene la voluntad de vencer a ese mal señor y reemplazarlo por el verdadero, por el Rey, por la augusta razón católica'.

de una exaltación de la monarquía de forma genérica, tal y como propone
Javier Herrero, y mucho menos la aclamación de una monarquía absoluta,
tal como pretenden otros estudiosos.[86] Es más bien, como afirma correctamente Alberto Blecua, la propuesta de una monarquía ideal.[87] Así, los Reyes
Católicos son parangonados por el vencido Maestre con la bíblica Ester y
el Jerjes persa.[88] Tampoco puede calificarse de democrática la muerte de un
noble a manos de un grupo que sigue siendo socialmente inferior, si bien es
cierto que la decisión de romper el lazo que unía al pueblo con el tirano es
unánime y colectiva. La muerte del tirano es a modo de ritual sacrificio y de
renovación carnavalesca. El acto en que las mujeres violan el cuerpo yacente
del Comendador con sus agudas lanzas, un obvio símbolo fálico, llega al
paroxismo con el grito entusiasta de '¡Vivan!' los Reyes (vv. 1813–14).

En su introducción al drama, Alberto Blecua afirma que es de 'clara
intencionalidad política', donde la revuelta se justifica para alertar a los
gobernantes.[89] Sitúa la obra dentro del género deliberativo, o del arte de la
prudencia, ya que la figura histórica de Fernán Gómez, 'se eleva a categoría
y sirve de prototipo del tirano'. La dimensión paradigmática, arquetípica, del
personaje, debe ser vista por los gobernantes como ya observamos, como

---

[86] J. Herrero, 1970–71.

[87] A. Blecua, 1988. En este sentido, nuestra lectura, al igual que la de Alberto Blecua,
contrasta con las que ofrecen Robert Fiore, 1997; y William Blue, 1991. De acuerdo con estos
críticos la ausencia de los Reyes Católicos en las primeras jornadas del drama es motivo de
censura y reproche.

[88] El Maestre compara a los Reyes Católicos con la famosa pareja bíblica del rey persa
Jerjes I, conocido en la Biblia por Asuero, y la judía Ester. Según cuenta Heródoto (*Historias*,
pp. vii–ix), Jerjes I era hijo de Darío I y Atosa. Sucedió a su padre en el año 485 a. C. y dos
años después se enfrentó con los rebeldes de los egipcios, obteniendo una contundente victoria.
Una vez sofocadas las revueltas de la provincia egipcia, Jerjes continuó la lucha contra los
griegos. Darío le había dejado a su hijo el deber de castigar a éstos tras su participación en la
rebelión jónica y en la victoria de Maratón. Invadió Grecia y tras las victorias de Artemesio y
las Termópilas ante Leónidas de Esparta, entró en la Acrópolis ateniense cuyos templos fueron
saqueados e incendiados. Tras empujar a los griegos hasta el istmo de Corintia, las tropas de
Jerjes fueron vencidas contundentemente en las batallas de Salamina, Platea y Eurimedonte.
Esta situación provocó que Jerjes renunciara a sus colonias griegas en el Asia Menor y a sus
deseos de entrometerse en su política. Volvió a Asia, donde dejó su ejercicio a las órdenes de
Mardonio. Jerjes fue asesinado por Artabano, un capitán de su guardia, en el año 465 a. C.
dejando a su hijo Artajerjes I como sucesor. Según el relato bíblico del *Libro de Ester*, incluido
en la *Vulgata*, la bella judía, de la tribu de Benjamín, es elegida reina por el persa Asuero (Jerjes
I o Jerjes II) tras repudiar éste a su esposa Vasti y pedir que trajeran ante él a las doncellas
más bellas del reino para elegir a la futura reina. Ester salvó, junto con su tío Mordecai, a los
israelitas de una matanza ordenada por su esposo, quien había sido instigado por su favorito
Amán. Los Padres de la Iglesia la consideraron como pre-figura de la Virgen María. Por su
belleza y por su condición de heroína, dio motivo a numerosos relatos. En 1610, Lope escribe
La hermosa Ester donde dramatiza esta historia sacada del Antiguo Testamento.

[89] A. Blecua, 1988, p. 25. Para la recepción crítica de *Fuente Ovejuna* véase Teresa J.
Kirschner, 1989, pp. 77–97.

un ejemplo *ex contrario*, ya que la tiranía es una degeneración del gobierno monárquico. Sin embargo, problemática nos parece la aserción de Blecua de que 'Lope barrunta que en cualquier momento el caso de Fuente Obejuna podría repetirse y, como se deduce de la acción de la obra, la culpabilidad recaería en el tirano y no en el pueblo'.[90] No asumimos que Lope presenta a los villanos como héroes, personajes ejemplares, dignos de imitación, tal y como propone Alberto Blecua. Si bien es cierto que éstos jamás son castigados, sancionados ni recriminados por la autoridad real, tampoco se aplaude moralmente sus acciones. El Rey Católico declara abiertamente que 'tan grande atrevimiento / castigo ejemplar requiere' (vv. 2026–27). Son, pues, culpables, y por lo tanto merecen un castigo para ejemplo de las gentes. En ningún momento son perdonados, aun reconociendo que se rebelaron contra un enemigo de los Reyes Católicos. Sí reciben la censura: 'fue grave el delito', expresa el Rey. Los villanos, pues, se libran del castigo tan sólo porque no se pudieron averiguar los nombres de los culpables y castigar a todo el pueblo supondría un acto extremadamente riguroso. Oscurecería la imagen noble y ejemplar de los Reyes Católicos. En mente el emblema de Andrés Mendo que representa la imagen de un rey coronado sobre una nube y con rayos jupiterinos en la mano. Reza el lema '*Plus terrendum, quam torrendum*' [Espantar, más que abrasar], y el comentario alude directamente a la historia de Fuente Ovejuna. Constituye un valioso ejemplo que realza la superioridad del miedo sobre el castigo, reflejado en la imagen del trueno, frente al hecho de ser castigado (la fuerza del rayo). Tal fin lo dictamina también la tradición histórica e historiográfica, fijada en las crónicas y en la voz popular.

Al igual que Alberto Blecua, sostenemos que la figura del Rey supone un cambio en la ejemplaridad del poderoso. Escribe al respecto: 'El rey aparece como un modelo digno de imitación: el monarca ejemplar, antítesis del tirano. Hay en *Fuente Ovejuna*, en efecto, una apología del monarca —del buen monarca, entiéndase'.[91] Pero no de la monarquía absoluta, tal y como observa Javier Herrero.[92] Tanto la reina Isabel, como el rey Fernando, se constituyen en modelos ideales de los monarcas justos y de la pareja real perfecta. Simbolizan a su vez el orden físico, la unidad nacional, social y moral. Contrastan, pues, con Fernán Gómez, quien representa el abuso del poder. De este modo, la posición social del Comendador es secundaria a su función tipológica. De ahí que no extrañe que Barrildo le califica a él y a sus consortes con el término genérico de *marquesotes* (v. 1903, el énfasis es

---

[90] A. Blecua, 1988, p. 25.
[91] A. Blecua, 1988, p. 25.
[92] Javier Herrero, 1970–71, pp. 137–85, ve en el drama de Lope la exaltación de la monarquía absoluta, vencedora sobre las fuerzas feudales, sobre la aristocracia anárquica. La lectura de Herrero ya había sido adelantada por D. H. Roaten y F. Sánchez Escribano, 1952; y por Elias L. Rivers, 1967.

nuestro). Además, el personaje de Fernán Gómez es repetidamente comparado con otras figuras arquetípicas de la tiranía. Por sus vicios es a modo de Heliogábalo (v. 1177);[93] por su impía inhumanidad es un Nerón (v. 2425).[94]

Las palabras pronunciadas por Laurencia tras ser violada, dirigidas a los hombres del pueblo ('la oveja al lobo dejáis / como cobardes pastores', vv. 1744–1745), se establecen, a modo de sinécdoque, como una importante referencia a nuestra lectura crítica. Fuente Ovejuna, pueblo de ovejas,[95] 'bien lo dice / de Fuenteovejuna el nombre' queda, tras la muerte del alegórico lobo, bajo el amparo del buen pastor: los Reyes Católicos.[96] La mezcla de un

[93] Heliogábalo, emperador romano del siglo III, fue notorio por su locura, glotonería y crueldad. Corrió la misma suerte que Fernán Gómez: ambos fueron asesinados por sus súbditos movidos por los muchos excesos de ambos tiranos.

[94] Nerón se estableció extensamente como paradigma de la crueldad.

[95] En sentido figurado, la oveja representa al animal poco inteligente, bondadoso, sumiso (Mt 7, 15 y 10, 16); sin defensa y desamparado (Mt 9, 36). En el Nuevo Testamento el rebaño de ovejas es imagen del pueblo de Dios (Mt 10, 6 y 15, 24; Jn 10, 1–16 y 21, 15–17). El amor solícito del pastor por cada una de las ovejas es imagen alegórica del amor de Dios hacia el hombre, sobre todo hacia el pecador. La tarea del pastor es buscar pastos y abrevaderos (Sal 23, 2), cuidar el rebaño y protegerlo (I Sam 17, 34; Jn 10, 12). Por eso el pastor está armado con una vara de palo (Sal 23, 4; Miq 7, 14), con un palo y una honda (I Sam 17, 40). Su responsabilidad era grande. David alude a sus súbditos como ovejas durante la plaga (II Samuel 24, 17.

[96] Sobre la imagen bíblica del Buen Pastor véase J. M. Bover, 1955. En un interesante ensayo, Manuel Ariza Canales, 1996, analiza cómo Erasmo en su *Educación del príncipe cristiano* (*Institutio principis christiani*) se sirve de imágenes alegóricas, que este crítico califica como metáforas del poder, para exponer su doctrina sobre el buen monarca. Destaca las del buen pastor ya presente en Homero, recogido más tarde por Erasmo y posteriormente por Francisco Quevedo en su *Política de Dios, gobierno de Cristo y tiranía de Satanás*. El objetivo de tal imagen en Quevedo es el de caracterizar al buen monarca cristiano. Tal concepción patriarcalista, arquetípica y utópica, emana de la conjunción bíblica. El rey David, líder militar y político del pueblo judío, fue pastor así como su descendiente Cristo, quien declara *ego sum pastor bonus*. No solamente porque guarda sus ovejas, sino también da su vida por ellas. La imagen está también presente en la literatura clásica de tendencia estoica. En ésta el ejercicio pastoril es exaltado como un modelo de convivencia pacífica y sencilla. La figura del príncipe, dueño y señor del Estado, se opone a la del tirano. Erasmo describe a éste como una bestia infame que tiene algo de lobo, algo de dragón y algo de víbora. Quevedo añade también la figura del perro fiel refiriéndose a ministros, consejeros, privados y validos desinteresados que, al lado del monarca, cuidan de las ovejas; es decir del pueblo. Sin embargo, añade Quevedo, los mastines si no son controlados pueden trocarse en lobos: 'El pastor ha de tener perros que guarden el ganado; más él ha de velar sobre el ganado y los perros; que si deja al solo albedrío de los mastines los rebaños, como son guarda no menos armada de dientes que los lobos, ni de más bien inclinada hambre, ellos los guardarán de los lobos; mas, como lobos, para sí'. El discurso alegórico late, cuando no de forma explícita, en los tratados del Humanismo. Es difundida en particular por aquellos autores que, a partir de posiciones contrarreformistas, intentan rebatir las doctrinas de Maquiavelo. Véase al respecto la nota de José Luís Abellán, 1991 [1979], II, p. 75, n. 34. Fray Luis de León, en su *De los nombres de Cristo*, emplea la misma metáfora al definir las normas cristianas del perfecto príncipe. El fraile agustino se alzó contra la dureza política del monarca reinante en España, quien no imitaba al buen pastor Cristo en

discurso alegórico, tradicional y bíblico —la imagen del lobo persiguiendo a su oveja— y el discurso y contexto históricos, apoyan tal lectura. 'El buen pastor da su vida por las ovejas; el asalariado, el que no es pastor dueño de las ovejas, ve venir al lobo y deja las ovejas y huye, y el lobo arrebata y dispersa las ovejas', narra san Juan (10, 11–12). Se sitúan los Reyes Católicos de *Fuente Ovejuna*, pues, en el polo opuesto del tiránico 'lobo' de *El príncipe despeñado* (*El despeñado*): el rey don Sancho.

Emblema 46, '*Hominem regimen Deos poscit*' ['El gobierno de los hombres exige dioses']. Andrés Mendo, *Príncipe perfecto y ministros ajustados ...* [1642], 1662

Mientras que Fernán Gómez no busca el amor sino simplemente el gozo sexual y el dominio físico sobre sus vasallos, el Comendador de Ocaña, en *Peribáñez y el Comendador de Ocaña*, realmente siente amor por Casilda. Es más, a diferencia de su homólogo, nunca llega a gozar de la mujer que pretende. La estrategia de este comendador se asocia con la historia del rey David quien sedujo a Betsabé mientras su marido Urías se hallaba en la guerra (2 Samuel 11).[97] Peribáñez, un rico labrador, cristiano viejo, que con

---

su forma de gobernar. Sobre este aspecto del pensamiento de fray Luis véase A. Hermenegildo, 1983a. La imagen del rey pastor la recoge también Andrés Mendo en el emblema 46 [*Hominem regimen Deos poscit*, 'El gobierno de los hombres exige dioses'] de su *Príncipe perfecto y ministros ajustados, documentos políticos, y morales*. Aparece el pastor bajo la máscara del dios Mercurio. El comentario dice: 'Frecuentemente en las divinas Letras, los que goviernan, son llamados Dioses, y pastores. [...] Tiene mucha semejanza, y parentesco el Oficio de Rey, y de Pastor con el de Padre', citado en la *Enciclopedia de emblemas españoles ilustrados* (see pp. 138, 140).

[97] Sobre la figura del rey David en las letras áureas, véase la nota 23 de este capítulo. El

esmero cuida su honra, es nombrado capitán de una escuadra de cien labradores. Con dicho nombramiento, asciende al estado social de hidalgo y caballero, jurando servir a Dios y al rey. Es enviado a la guerra, dejando bajo el amparo del Comendador el cuidado de su mujer. Desconfía de las intenciones de éste y, pese a la fidelidad de Casilda, teme por la pérdida de su honor. Un retrato de su mujer, encargado por el Comendador, y una breve canción, confirman su desconfianza:

> La mujer de Peribáñez
> hermosa es a maravilla;
> el Comendador de Ocaña
> de amores la requería.
> La mujer es virtuosa
> cuanto hermosa y cuanto linda;
> mientras Pedro está en Toledo
> desta suerte respondía:
> *más quiero yo a Peribáñez*
> *con su capa de pardilla,*
> *que no a vos, Comendador,*
> *con la vuesa guarnecida.* (vv. 1917–28)

Peribáñez vuelve para dar muerte al Comendador y a sus cómplices. El arrepentimiento del Comendador antes de morir, así como el perdón de los reyes tras oír el motivo de tal acto, justifican la insurrección. Más aún, los reyes nombran a Peribáñez capitán y le aseguran una plaza dentro de la jerarquía nobiliaria.

La metáfora de la caza y la imagen de la oveja agredida por el lobo son motivos reincidentes en *Peribáñez y el Comendador de Ocaña*.[98] Así el protagonista, a su vuelta de la guerra, expresa que halló sus 'puertas rompidas / y mi mujer destocada, / como corderilla simple / que está del lobo en las garras' (vv. 3082–5). Tal referencia asegura su venganza a modo de pastor que rescata su corderilla: 'paséle el pecho, y entonces / dejó la cordera blanca, / porque yo, como pastor, / supe del lobo quitarla' (vv. 3090–3), imagen que,

ejemplo L ('De lo que contesçió a Saladín con una dueña, muger de un su vasallo') que narra Patronio en *El Conde Lucanor* de don Juan Manuel, al igual que el 'enxemplo de un rrey e de una su muger', narrada en el *Libro de los engaños e los asayamientos de las mujeres*, establecen un paralelo con el tratamiento de esta trama. En ambas historias, un señor poderoso (Saladín en *El Conde Lucanor*; un rey en el *Libro de los engaños*) se enamora de la esposa del hombre en cuya casa está alojado. Los dos señores encuentran un pretexto para que el marido se aleje de su casa y declare su amor a las mujeres, tratando de seducirlas. La trama de las dos historias se diferencian a partir de este hecho y convergen más adelante en el arrepentimiento del señor. En *El Conde Lucanor* un mal consejero sugiere a Saladín que envíe al esposo lejos de casa para que pueda libremente gozar de su mujer.

[98] Sobre tal motivo véase la nota 30 de este capítulo, así como nuestras lecturas de *El príncipe despeñado* (*El despeñado*) y *Fuente Ovejuna*.

a su vez, recuerda las ya citadas palabras del Evangelio: 'el buen pastor da su vida por las ovejas' (Juan 10, 11–12). Este lenguaje alegórico, así como la contraposición que establecen los varios objetos señoriales descritos (paños, timbre, plumas) y campesinos (arado, pala, bieldo, trillo y azadón), dentro de la tradición del tópico del menosprecio de corte y alabanza de aldea, muestran una clara superioridad moral del espacio habitado por Peribáñez y su mujer. También Casilda contrapone objetos típicos rurales —sayuelo de grana, saya de palmilla, cofia de pinos, carro de estacas, tomillo, etc.— a los cortesanos: copete, gorguera, toca de argentería, coche, silla de manos, guantes de ámbar, perfumes, pastillas.

Al igual que ocurre en *Fuente Ovejuna*, la posición social del Comendador es secundaria a su función dramática. Representa el poder tiránico. Así como vimos en *Fuente Ovejuna* ('marquesotes', v. 1903), un villano (Inés en este caso) caracteriza al tirano con el título simbólico, genérico, de '*príncipe*' (v. 2829, el énfasis es nuestro), sin darle importancia a la posición que realmente ocupa en la sociedad. De nuevo, en contraposición al ejercicio tiránico, los reyes, al igual que los monarcas de *Fuente Ovejuna*, comparten el poder y se aúnen con el consejo. La llegada de Peribáñez a la Corte para exponer su causa y ser juzgado muestra dicha particularidad. Expone a la vez una lección de ejemplaridad sobre el buen gobierno. Si la primera intención del Rey fue dar muerte al labrador, la intercesión de la Reina, de que Peribáñez exponga las causas de su insubordinación, es un ejemplo del buen gobernar. Si la aplicación de la justicia es el principal deber de los reyes en la comedia, aquí el Rey, Enrique *el Justiciero*, lema que se muestra en su estandarte, se hace digno de su apodo: 'Con razón todos te llaman / don Enrique el Justiciero', de acuerdo con lo observado por Peribáñez tras la sentencia (vv. 3123–4).

La metáfora del espejo, símbolo de la ejemplaridad, aparece una vez más en este género de comedias; en ésta con referencia al príncipe heredero, el futuro Juan II de Castilla.[99] El rey ruega: 'Guárdele Dios; que es un divino espejo / donde se ven agora retratados, / mejor que los presentes, los pasados' (vv. 2938–43). Del mismo modo, la reina desea que el príncipe imite las acciones honorables del padre: 'Hágale el Cielo en imitaros diestro; / que con esto no más que le conceda, / le ha dado todo el bien que le deseo' (vv. 2944–6). Pero la lección va también dirigida a quien violó la ley. A punto de morir, el Comendador reconoce su culpabilidad y la justicia de su castigo. Declara antes de expirar que 'el que ofende merece' la muerte (v. 2867). Dichas alusiones a la ejemplaridad de los personajes, a manera de lección dictada y aprendida, tanto por parte del tirano como del futuro príncipe, establece una vez más un *mise en abîme*. *Peribáñez y el Comendador de Ocaña* se sitúa como un discurso en que una de sus funciones es didáctica;

---

[99] Remitimos a la nota 8 de este capítulo y a nuestra lectura de *El príncipe perfecto*.

un modelo del bien gobernar, a modo de representación *ex-contrario* del desmesurado poder que ejerce el tirano.

En *El mejor alcalde, el rey*, el infanzón don Tello, un poderoso mancebo gallego, desea gozar de una villana antes de casarse ésta con Sancho.[100] Una vez logrado su deseo, Elvira se podrá casar con su labrador. Tello rapta a la pretendida rompiendo las puertas de su casa con la ayuda de un escuadrón de hombres armados. De nuevo, el lenguaje alegórico de la caza se utiliza, aunque con un ligero matiz diferente. El tirano es descrito como un 'fiero león' y la amada como una 'cándida cordera' (vv. 842–3). Tales imágenes convierten la elocución pronunciada por Sancho en el primer monólogo, 'fieras que andáis sin gobierno', en reflejo no sólo de 'las aves que cantáis amores', sino también del hombre cegado por el amor, 'fuera de sí' (v. 1134), capaz incluso de matar a Elvira con el fin de poseerla.

Si al comienzo Sancho no ve la posibilidad de hallar un poder terrenal mayor que el de Tello, capaz de hacer justicia tras el consejo de Nuño, él mismo decide pedírsela al Rey: 'que rey tienen estos reinos, / o en grado de apelación / la podrás pedir al cielo' (vv. 1150–2). La inferioridad social de Sancho le hace dudar de ser escuchado en palacio. Sin embargo una vez allí el Rey se muestra digno de su reputación: valeroso, recto y justiciero; en suma un 'príncipe perfecto' (v. 1180). El rey castellano, virtuoso, piadoso y clemente es, como buen observador de las santas leyes, ejemplo de los reyes (vv. 1321–4). Ampara a los pobres proclamando que 'quien al pobre ofende, nunca es sabio' (v. 1354). Tal conducta refleja una obvia concepción cristocéntrica de la función del monarca. Confiado Sancho en su bondad, le cuenta cómo el soberbio Infanzón desobedece toda razón y autoridad ya que le asegura que está 'fuera de vos y el cielo' (v. 1383). Reina en sus tierras gallegas como un rey que 'pone y quita leyes', afirmando que 'aquí reino en lo que mando, / como el rey en su Castilla'. Pero, como demostrará el monarca, el poder real, delegación del divino, no conoce barreras a la hora de castigar a los transgresores.

La dicotomía entre el rey ejemplar y el tirano se establece a base de acciones dramáticas y de relaciones tipológicas. El rey Alfonso es comparado con los arquetipos clásicos del buen gobierno: 'Aquel piadoso Trajano, / aquel Alcides cristiano / y aquel César español', y actúa como tales (vv. 1630–2). En contraposición, la falta de respeto a quien representa el poder divino sobre la tierra se revela en la negación que hace el Infanzón a seguir las propuestas que el monarca le transmite por escrito, equiparadas con la anulación de un mandamiento: 'Leyóla y no la rompió. / Mas, miento, que fue rompella /

---

100 El infanzón es el hijodalgo o hijadalgo que por su herencia tenía potestad y señorío limitados. En la Edad Media equivalía a un noble de segunda categoría. Aunque privativo del reino de Aragón, el término se introdujo en Castilla, cuyos hidalgos equivalían a los infanzones aragoneses.

leella y no hacer por ella / lo que su rey le mandó. / En una tabla su ley / escribió Dios: ¿no es quebrar / la tabla el no la guardar?' (vv. 1705–11). Tal actitud, desafiante y soberbia, se resume en el lema que define su poder: 'soy quien soy' (v. 1581), frase bíblica con la que Jehová se da a conocer y que disfruta de una amplia difusión en las letras del Siglo de Oro.[101]

Afirma el Infanzón que quiere ser nuevo Tarquino y que desea gozar de Elvira para que de este modo cesen 'sus porfías'.[102] No debe olvidar, le avisa Celio, el desenlace trágico que dio fin a dicho ejemplo clásico: la muerte del tirano etrusco. Y le observa que 'tomar ejemplo del mal / No es justo, sino del bien' (vv. 1919–20). También el tapiz que cuelga en la casa del Infanzón y que representa, según la descripción de Pelayo, al rey Saúl vestido 'como turco o moro', se establece a modo de sinécdoque tipológica, como una caracterización del tirano. Al igual que la figura bíblica, don Tello es retador de la autoridad divina en su representación terrena.[103]

Tras el rechazo de su primera petición, el rey decide ir a Galicia en persona, ignorando la alternativa sugerida por Sancho de enviar un secretario *in loco regis*; así se lo pide el Cielo por ser *el mejor alcalde*. Encubriendo su posición social, el Rey quiere pasar por un simple hidalgo castellano para demostrar de este modo su superioridad física y moral sobre el Infanzón. Haciéndose eco de las palabras divinas, Celio le hace ver a don Tello que quien viene a ajusticiarle es *Yo*, símbolo, claro está, del poder divino, supremo. Ignorando la verdadera identidad del Rey, el Infanzón niega tal soberanía. Así lo afirma Celio: 'A don Tello, mi señor, / dije cómo Yo os llamáis, / y me dice que os volváis, / que él sólo es Yo por rigor; / que quien dijo Yo, por ley / justa del

---

101 Véase al respecto el artículo de Leo Spitzer, 1947.

102 Sobre la violación de Lucrecia a manos de Sexto Tarquino véase la nota 26 de este capítulo.

103 Según se narra en 1 Reyes, Saúl fue el primer rey de Israel. En las dos versiones bíblicas sobre su reinado cae en desgracia con Jehová al no destruir por completo la tribu de Amalec. A raíz de esto, Jehová pide al profeta Samuel que bendiga al joven pastor, David. La envidia y persecución que provoca esto en Saúl se narra en 1 Reyes 18–22. Samuel reprocha a Saúl su infidelidad y anuncia su muerte cuando éste recurre a una bruja durante una nueva invasión de los filisteos. Su muerte y la de sus descendientes hace posible la ascensión del rey David al trono. Tras una prolongada guerra civil y la eliminación del sucesor de Saúl, los israelitas reconocen a David como rey de Hebrón. A pesar de los esfuerzos de David por la unidad de la nación israelita, tuvo que sofocar rebeliones en el norte. Finalmente logra forjar una conciliación entre las tribus del norte y las del sur y establece los preparativos para la construcción de un santuario central. Con tal motivo, ordena el servicio de sacerdotes y levitas y establece un censo y un ejército permanente. Aunque este estado no sobrevivió mucho a su fundador y a su hijo, a David se le reconoce como el fundador de la nación israelita, unida e independiente. Tanto su persona como su época han sido idealizados por la posteridad. Es el módulo que se aplica a los reyes siguientes: el monarca ideal de los israelitas. De ahí la estrecha unión entre David y el rey mesiánico, el salvador y restaurador del pueblo de Israel, que aparece como descendiente de David.

cielo y del suelo, / es sólo Dios en el cielo, / y en el suelo sólo el Rey' (vv. 2213–20).

En el extenso diálogo entre Elvira y el Rey, ésta describe su violación y le pide justicia ya que él es el *mejor alcalde*. La labradora asocia el hacer justicia con el bien del estado, con su unidad física, étnica y moral, y con la gloria póstuma del Rey (vv. 2346–54). El castigo del tirano es consecuente con la libertad de sus vasallos. El Rey casa a Elvira con Tello para a continuación cortarle la cabeza y casar a ésta con Sancho. De este modo se restituye el honor de la mujer violada. Tal acción muestra cómo la ofensa a Dios y a la nación conlleva siempre un precio justo, lección por otra parte también aprendida por el Infanzón, quien pronuncia antes de expirar: 'Mi justa muerte ha llegado. / A Dios y al Rey ofendí' (vv. 2279–80). El cierre final de la comedia es emblemático. Representa sobre las tablas del corral ejemplos del buen gobierno y del mal gobernante. Los versos en boca del Rey, 'Divinas y humanas letras / dan ejemplos; es traidor / todo hombre que no respeta / a su rey, y que habla mal / de su persona en ausencia' (vv. 2390–4), sitúan dicha comedia dentro del corpus de las crisis del Poder y de las alegorías que las representan. Éstas se articulan a partir de los deseos eróticos de un personaje y de la sustitución del deseo por la prudencia. Los motivos una vez más se repiten: las referencias a las figuras bíblicas y clásicas —la de la caza y del cazador—, la representación del reino divino por el humano, y el castigo justo y ejemplar. Forman parte del discurso dramático de estos dramas.

En *El rey por semejanza*, escrita probablemente entre 1597 y 1603, atribuida a Grajales en el frontispicio de la obra, se presenta una evidente crisis del Poder a través de la figura del rey Antíoco.[104] Locamente enamorado de

[104]   La atribución de esta comedia a Lope es dudosa. Observa al respecto Melveena McKendrick, 2000, pp. 87–8, n. 13, que los posibles autores del primer acto son todos contemporáneos a Lope: 'the Graxales mentioned by Agustín de Rojas as being an actor who wrote plays; the *licenciado* Juan Grajales, author of a play called *El bastardo de Ceuta*, printed in 1615; and another *licenciado*, Juan de Grajal, author of the two-part play *La próspera y la adversa fortuna del Caballero del Espíritu Santo*'. Véase al respecto el prólogo a la comedia en *Ac. N.*, II, pp. xii–xiii. Continúa la estudiosa británica: 'The seventeenth-century manuscript of *El rey por semejanza* attributes the first act to one Grajales, though which one of several possible Grajales this might have been is not known. At the beginning of Act II the play is attributed to Lope. Morley and Bruerton categorize the play as being of doubtful authenticity but ascribe it tentatively to the period 1599–1603'. McKendrick postula que el primer acto puede que no sea de Lope, aunque el segundo y el tercero 'are more convincingly his'. Tiene razón en señalar que 'since aristocrats are tax-exempt they regard it as an illegal affront to honor and rank'. Bajo la intención del rey Anselmo de dar una lección a los Grandes, en el uso desmedido del dinero y en las mercedes excesivas durante el previo reinado de Antíoco, Melveena McKendrick, pp. 88–9, asume una alusión a las extravagancias del duque de Lerma y de sus favoritos, ya que en los primeros años del reinado de Felipe III los arbitristas recomendaron reformas fiscales y el cese de gastos innecesarios: 'The target here is Lerma's government's ongoing failure to spread Castile's tax burden more equitably by introducing fiscal measures to reduce the huge

la dama de la Reina, Antíoco abofetea a la Reina ante la presencia de los nobles cortesanos. Los Grandes del reino planean juntarse en secreto para remediar el agravio cometido, volviendo por la honra de la ofendida. Mientras tanto, la Reina, colérica por naturaleza y celosa ante el desprecio del Rey, conspira con el pretendiente Roberto para darle muerte al monarca. La muerte del Rey a manos de Roberto mientras van de caza —es despeñado desde un risco y sumergido en un río— cumple el previo aviso, a modo de prolepsis, del monarca: 'Yo moriré contra ley'.[105] Aunque consciente de la vileza de su acto, la palabra cumplida de Roberto ante la reina contrasta con el arrepentimiento inmediato de ésta.

La ausencia del Rey y el rumor de su muerte causan que el vulgo sospeche de Roberto y de la Reina dado el amor de éste y el deseo de la Reina de vengar la ofensa pública. Mientras Roberto averigua la opinión de la Corte, la Reina se topa con Altemio, un labrador con aspiraciones a hidalgo y que envidia la vida de los reyes. Ignorando que está ante un doble por su parecido, la Reina piensa que es el rey Antíoco vestido de labrador y deseoso de inquirir sobre el atentado contra su persona. De este modo, la Reina le pregunta cómo ha cambiado el cetro por el cayado y la montera por la corona. Dudando de la verdadera identidad del personaje, le inquiere si quiere ser rey por un día, oferta que éste acepta. Desde un principio las razones prudentes del labrador sorprenden a la Reina. Observa que prefiere ser temido como rey a castigar, ya que así podrá obtener más provecho de sus vasallos.[106] También imputa a los jueces 'de ahora' su pusilanimidad y codicia, pues no se atreven a envainar la espada justiciera porque 'es de oro'.[107] Las deficiencias intelectuales de Anselmo no le privan el desempeñar su papel y el construir una realidad aparente. Lo que también apunta a la desidia y falta de iniciativa del gobierno anterior. Ni siquiera su incapacidad de leer le obstaculizará para las tareas de gobierno pues, según la Reina, el secretario le podrá leer los memoriales como solía 'hacer el rey de ordinario, / porque acostumbraba a hacerlo'.[108] Tampoco ha de preocuparse por no saber escribir, ya que el rey Antíoco 'no acostumbraba firmar sino con su sello; / y ansí tú podrás

---

imbalance between the nobility, who were exempt from most taxes, and the commoners who, in greatly reduced numbers since the plague of 1599, bore the brunt of the Crown's money-raising activities'. McKendrick también asume la alusión a la nefasta política de Felipe III y de su valido de optar por soluciones más simples, tales como la venta de privilegios de abolengo, la devaluación de la moneda de vellón y la carga fiscal de impuestos sobre las ganancias de los judíos portugueses. Sobre este aspecto, véase también John H. Elliott, 1990c [1963], pp. 295–9. Sobre la moneda de vellón, véase el ya citado artículo de A. E. Ebersole, 1966.

[105] *Ac. N.*, II, p. 494a.

[106] Tal aserción remite al emblema de Andrés Mendo que citamos en nuestra lectura de *Fuente Ovejuna*: '*Plus terrendum, quam torrendum*' [Espantar, más que abrasar].

[107] *Ac. N.*, II, p. 501a.

[108] *Ac. N.*, II, p. 501a.

firmar con él, porque estando ya / en costumbre, como está, / no tendrán que sospechar'.[109]

Una vez situado sobre el trono, los contrastes entre el buen gobierno de Anselmo con el de su predecesor son notables e inmediatos. Convencidos todos de que se trata del mismo rey, las diferencias causan la admiración de la Corte. Así, según, Alberto: 'Trocado está su mal pecho, / pues vi que para mandarle / dos mil ducados ayer / a San Gil, fue menester / dos mil memoriales darle'.[110] El monarca, que antes se negaba a pagar una 'obra que a Dios satisface', ahora distribuye el dinero sin poner objeciones. Si en un momento prestó a su privado, el conde Arnesto, y al sucesor del mismo, dos mil ducados tomados de sus rentas reales, ahora le cobra el préstamo al Conde, declarando que 'Justo es que mi hacienda cobre; / que no es justo esté un Rey pobre / por hacer a un Conde rico'.[111] El privado había duplicado su renta con ayuda de Antíoco, superando en ganancias al mismo Rey. Preocupados los nobles ante el quebramiento de la palabra real, el asumido rey Altemio responde que no está obligado a mantenerla, sobre todo cuando va en contra de la ley y perjudica la corona, 'más llegado a la ley, / si os parece, Aurelio hallo / que pida al Rey el vasallo, / y no al vasallo su Rey'.[112] A un soldado que participó en una batalla le dobla el sueldo, concediéndole cuatrocientos escudos de ayuda de costa. Ante la exagerada cantidad que el rey anterior concedió a su truján, Altemio apela a la justicia equitativa:

> ¿Mil doblas? ¿Mil a un truján,
> de renta? Pues, ¿qué he de darle
> que baste, Aurelio, a premiarle,
> a un soldado o capitán
> que, después de haberme hecho
> de mil estados señor,
> sin que pudiese el temor
> hallar entrada en su pecho,
> escapa, casi en pedazos,
> y de roto, sin pellejo,
> pobre, desvalido y viejo,
> si con piernas, no con brazos?
> Será, Aurelio, menester
> empeñar en caso tal
> mi patrimonio real
> para le satisfacer.
> Haz, Aurelio, se le den

---

[109] *Ac. N.*, II, p. 501[a]–b.
[110] *Ac. N.*, II, p. 504b.
[111] *Ac. N.*, II, p. 504b.
[112] *Ac. N.*, II, p. 505a.

cien escudos a ese hombre
de renta, que con su nombre
es renta que suena bien.[113]

El trato con el privado es donde con más evidencia se contrasta el gobierno
de Anselmo con el de su antecesor. Cuando pide al monarca que fije su sello
real sobre un papel en blanco, tal como se acostumbra, Altemio se niega,
afirmando que es hecho 'muy perjudicial' para la Corona el otorgar tanto
poder a otra persona. Tal acto acarrea el destierro del Conde tras una larga
diatriba del rey Altemio contra la privanza:

> ¿Bien es, si en él no hay lealtad,
> que el Rey fíe de un vasallo
> su reino, y por sólo honrallo
> arriesgue su majestad?
> ¿No sabrá mejor juzgar
> un Rey, vedlo, Conde vos,
> que es inspirado de Dios,
> que un hombre particular?
> Pariente, el vulgo comienza
> a murmurar con espanto
> de nuestra amistad, que a tanto
> llega ya su desvergüenza.
> Estaos, Conde, en vuestra casa,
> y excusaos desde este día
> de no venir a la mía,
> entre tanto que esto pasa.[114]

También aludirá a la envidia y al odio que vienen con el desempeño de ser
favorito del rey, lo que provoca el desengaño del Conde:

> *Altemio*:   Haced lo que os digo
> y creed, no dudéis de ello,
> que soy, en no querer sello,
> más que nunca vuestro amigo.
> Pues, si hoy perdéis en mí uno,
> mil por uno granjearéis;
> que aunque pensáis que tenéis
> muchos, no tenéis ninguno.
> *Conde*:   ¿Yo, yo, señor, enemigos?
> *Altemio*:   ¿Veis como estáis engañado?
> ¿Cuándo, Conde, hubo privado

---

113 *Ac. N.*, II, p. 505b.
114 *Ac. N.*, II, pp. 505b–506a.

	de monarca con amigos?
Conde:	Yo los tengo.
Altemio:	No creáis tal,
	que aunque os honran y acompañan,
	Conde, todos os engañan
	y todos os quieren mal.
	Aquél, porque en su locura
	fundaba su pretensión,
	sin justicia ni razón,
	no tuvo con vos ventura.
	Aquéste, porque le distéis
	todo lo que pretendía,
	que allí la envidia se cría
	en la merced que le hicistéis.
	Porque está ya el mundo tal,
	Conde amigo, que también
	se ofende el hombre del bien
	como se ofende del mal.[115]

La nueva actitud real, pragmática y disciplinada, causa la admiración de Filipo, quien afirma 'Este sí es Rey verdadero'.[116] Tal cambio también afecta a la relación del rey con los nobles de la nación. Tras leer en un memorial en el que unos vasallos se quejan de los excesivos tributos impuestos por los nobles, así como de sus agravios y vejaciones, y viendo que no temen la justicia real, el monarca decide darles una lección.[117] Ésta servirá, a modo de espejo de príncipes, de ejemplo del buen gobierno (*ars gubernandi*) para el príncipe heredero: 'Quiero que aprendáis, / para cuando lo seáis, de mí, Príncipe'. Altemio demanda a los Grandes del reino que distribuyan las rentas que les sobren arguyendo que 'no es razón, teniendo / tan poderosos vasallos, / que esté un rey, por no enojallos, / necesidad padeciendo'.[118] El Duque, ofendido, responde que aunque es justo tal acto, infama el honor de los Grandes del reino.[119] Sin embargo el nuevo rey, deseoso de consolidar y centralizar su poder ('yo solo reino', 'el cetro en mi mano está') lo ha de hacer con fuerza y miedo. De este modo manda construir un escenario colocando un cadalso enlutado en medio de la plaza donde se representa (*play within a play*) la muerte de los cuatro Grandes. Un verdugo y dos frailes confesores aparecen

[115]   *Ac. N.*, II, p. 506a.
[116]   *Ac. N.*, II, p. 506b.
[117]   Sobre los tributos excesivos que los nobles imponían a sus villanos, véanse A. Domínguez Ortiz, 1985.
[118]   *Ac. N.*, II, p. 509b.
[119]   El título de Grande de España es el grado máximo que puede adquirir un noble. Antiguamente un Grande podía cubrirse delante del rey si era caballero, o tomar asiento delante de la reina si era dama.

como personajes de la representación. Ante tal imagen del poder real, los Grandes deciden obedecer la voluntad del monarca. Las quejas del Marqués ante el trato irrespetuoso e injusto del monarca acentúan la ira de éste, quien afirma tratarles del mismo modo que ellos hacen con sus vasallos.

Además de ser político, el trueque de rey vicioso —un Nerón, un Heliogábalo— en monarca virtuoso —'un segundo Trajano'— es ético y moral. Se establece a base de una serie de oposiciones que fijan un antes y un después. Quien previamente fue 'Sardanápalo, pródigo y vicioso', dirá Filipo, es 'hoy Trajano virtuoso. ¿Hoy tan bueno, ayer tan malo?'.[120] Cuando el monarca pregunta al Marqués qué se comenta sobre él, éste le responde que el reino ahora está honrado, aunque sorprendido ante su cambio radical: '¿Qué se ha de decir de un hombre, / perdóname, que era ayer / niebla oscura de su nombre, / y hoy, como el sol le da el ser, / hecho que es razón que asombre?'.[121] Si el anterior rey humilló a la Reina en público, el nuevo monarca (Altemio) alaba su belleza, describiendo su amor dentro de la tradición literaria del amor cortés. Si Antíoco salía de noche en busca de doncellas —éstas 'eran sus ídolos'—, ahora le parecen a Altemio 'harpías y demonios'.[122] Si el previo monarca se perdía por Julia, ahora el nuevo la aborrece y se pronuncia por el honor de las mujeres. Da veinte mil ducados como dote a la hija de la viuda de Teodoro, que fue violada por Antíoco; y al soldado que éste mandó viajar a Italia para dar muerte al capitán Teodoredo, a cambio de dos mil ducados, con el fin de poder gozar el Rey de su mujer, Altemio en secreto le dará garrote. Incluso los dones superfluos que sin fundamento otorgaba en un pasado, se tornan ahora en limosnas para los pobres. Y los grandes banquetes costosos se convierten en ayunos, oraciones y plegarias. Las casas de placer se donan para el uso religioso. Cuando Altemio desea oír misa en San Juan tiene conocimiento de que está anatematizado, ya que Antíoco

---

[120] *Ac. N.*, II, p. 505a. A. Robert Lauer, 1987, p. 116, observa sobre la tiranía de Antíoco: 'He cannot control his passions, he dishonors the queen in public, he has given charge of the realm to a *privado* named Arnesto, and he usually spends his nights raising havoc in the kingdom, like Heliogabalus. Y continúa, 1987, p. 132, n. 63: 'It seems evident that authors like Mira and the uncertain playwright of *El rey por semejanza*, among others, are consciously attacking contemporary royal abuse in their works. This, in part, explains the inverisimilitude and anachronisms in their productions. The action of *El rey por semejanza* occurs in ancient Assyria, even though the personages are Christians'. Sardanápalo, en efecto, es un personaje ficticio procedente de Asiria. Según algunos estudiosos se identifica con Asurbanipal. De acuerdo con los historiadores Ctesias, Diodoro y otros, fue soberano afeminado y disoluto que reinó en el siglo IX a. C. Trajano, como es sabido, fue emperador romano nacido en la provincia romana de *Hispania*. De acuerdo con las historias sobre su reinado, conservó la afabilidad y la bondad que había mostrado en la vida privada. Mejoró la administración y reestableció la paz interior en el Imperio Romano.

[121] *Ac. N.*, II, pp. 517b–518a.

[122] *Ac. N.*, II, p. 509a.

había eliminado los diezmos que pertenecían a la Iglesia durante dos años. El nuevo monarca, Altemio, los devuelve doblados.

Dudando de la verdadera identidad del rey —el que fue labrador dice ser Antíoco enmascarado bajo el nombre de Altemio, con la intención de conocer lo ocurrido— la Reina sale en busca del padre de Altemio. El juego de identidades provoca la caída de la Reina, 'pues si es el Rey, por mi error / no está segura mi vida; / si Altemio, seré querida, / pero a riesgo de mi honor'.[123] Tras averiguar lo que ésta pretende, Altemio disimula no conocer a su padre. Éste piensa que se trata de su hijo pero, ante la negativa de Altemio, duda. El fingimiento de Altemio hace que la Reina crea que sí es Antíoco. A pesar de identificarse ante su padre, la Reina persiste en la opinión que más le conviene: 'A mí importa esforzar / que éste es el Rey, y no Altemio, / aunque lo niegue'.[124] La duda de la Reina ante la verdadera identidad del rey se refleja en la ambigüedad y en el sentido anfibológico de la siguiente frase. Expresa la Reina: 'Advierte que el que has tenido / por tu hijo, contra ley, / y por Altemio, es el rey / Antíoco, mi marido'.[125] La frase puede leerse de dos maneras. Por una parte, parece indicar la Reina que el hecho de que el padre piense que el rey es Altemio 'va en contra ley' ya que, en realidad, se trata de su 'marido', Antíoco. Por otra parte, Altemio *es* ahora el rey Antíoco, aunque vaya en contra de la ley.

Su concepto de justicia es igual para todos. Cuando tiene conocimiento de que el príncipe ha gozado de la noble y casta Leonora, lo hace prender, haciendo caso omiso de las quejas de la Reina. Ante la ofensa de la monarca, quien aparte le llama 'villano' y le amenaza con descubrir su verdadera identidad, el astuto Altemio se ofrece a revelarla, consciente de que de este modo descubriría la verdad del atentado contra el rey Antíoco. Por otra parte, Altemio asegura que hace lo que le corresponde con su nuevo oficio: 'Yo he de hacer lo que los reyes, / pues lo soy, deben hacer / en ejecutar las leyes, / o me tengo de volver a regir cabras y bueyes'.[126] Es rey, declara 'entre tanto / que tenga el cetro en la mano'.[127] Además, 'Si el reino me conociera, / yo sé que no se espantara / por mucho que hacer me viera, / cuando a Trajano imitara / y aun Nerón aborreciera'.[128] De nuevo y una vez más, la ejemplaridad se basa en reconocidos arquetipos clásicos.

La llegada del embajador de Egipto revela un nuevo defecto del antiguo regente: la pusilanimidad ante el infiel. Cuando la Reina informa a Anselmo que Antíoco, tras la guerra con los egipcios, se vio obligado a aceptar unas

---

[123]   *Ac. N.*, II, p. 512a.
[124]   *Ac. N.*, II, p. 516b.
[125]   *Ac. N.*, II, p. 516b.
[126]   *Ac. N.*, II, p. 519b.
[127]   *Ac. N.*, II, p. 519a.
[128]   *Ac. N.*, II, p. 518a.

condiciones humillantes, el nuevo rey rompe el papel que establece la tregua y promete, en defensa de la ley de Cristo, atemorizar al Soldán con una nueva guerra. Éste, ofendido y sorprendido del atrevimiento de quien antes era un cobarde, responde con todo su poder contra las costas del país. Anunciando que lo vencerá y desbaratará, el osado Altemio se sorprende ante la temeridad de sus soldados quienes, conscientes de su pasado, se niegan a apoyar un ataque. Ante tal dilema, Altemio decide otorgarle una nueva oportunidad al príncipe, liberándolo de su prisión. Su decisión de enfrentarse al enemigo confirma su valía como futuro gobernante y cuando sus vasallos ven que ambos están dispuestos a morir en guerra santa, acudirán en su defensa. Deseosa de seguir el ejemplo de este Nuevo Alejandro, Ulises prudente y Ciro dichoso, la Reina convoca a las mujeres del reino para alistarse también en la batalla.

El águila que espanta a más de mil pájaros negros se interpreta como augurio de la victoria, o como un prodigioso agüero 'con que nos muestra / el Cielo feliz suceso'.[129] El apoyo divino otorga a Anselmo una fuerza sobrenatural: arranca el tronco de un árbol mientras persigue a los moros. La victoria cristiana coincide también con el triunfo del amor entre los reyes. La Reina, ya consciente de que el rey es Anselmo, le declara su fidelidad: 'Advertid que sois mi esposo'. Mientras, éste, dudoso de las intenciones de la Reina, le advierte que es Altemio. La Reina le contesta: 'Muy bien sé que eres Altemio / pero [a] Altemio es [a] quien quiero'. La moraleja es obvia. La expone la Reina: 'mejor es, caso llano, / un villano, si es de ley, / con pensamientos de rey, / que un rey con los de villano'.[130] De esta forma, el drama parece seguir la posición de Juan de Mariana: el ser rey no es una herencia sino un papel.[131] Además, su desarrollo y conclusión apoyan la tesis maquiavélica del saber con astucia y el disimular con enredos. Sin embargo, las referencias sociales, —guerras entre moros y cristianos, conjuras de los Grandes del reino— y los problemas políticos del privado, al igual que los económicos, lo mismo que el contexto histórico-espacial, señalan una clara alegoría de un Poder en crisis. En este sentido, *El rey por semejanza* también parece sugerir que para salvar a la nación de su precaria situación, el monarca ha de regir según el modelo dramático —Altemio— y bíblico: Cristo. Es decir, a manera de buen Buen Pastor.

---

[129] *Ac. N.*, II, p. 524a.

[130] *Ac. N.*, II, p. 523ª–b.

[131] Ya Juan de Mariana en *De rege et regis institutione* (1599) había formulado una doctrina del poder donde al rey le era delegado el poder por el pueblo. Frente al concepto medieval, el monarca, según Mariana, puede llegar a ser desposeído, incluso con el asesinato, en caso de convertirse en tirano.

La máscara del poder: *El rey don Pedro en Madrid*

En la comedia atribuida a Lope, *El rey don Pedro en Madrid y el Infanzón de Illescas*, aunque probablemente refundida por Andrés de Claramonte, las características de la figura del poderoso se enmascaran bajo la de dos personajes: el rey don Pedro y el infanzón de Illescas. Representan ambas la ambivalente figura histórica del rey don Pedro, *Cruel* y a la vez *Justiciero*.[132] En este sentido observa Ruiz Ramón:

> Desde las Crónicas, el Romancero, las leyendas y consejas populares de la tradición oral, el rey Don Pedro, envuelto en sus ropajes de mito histórico, llega al teatro y cruza la escena áurea, desde Lope a Calderón, perseguido por los fantasmas de la culpa o de la imaginación y acosado por las voces y las sombras agoreras, nuncios de un destino trágico, del que el Rey es, a la vez, agente y víctima. Como personaje dramático y como figura del Poder es, quizá, el mejor emblema teatral de la dualidad de la realeza, signo de la división y la contradicción intrínsecas y esenciales a la naturaleza simbólica del Rey.[133]

Establece Ruiz Ramón cuatro dualidades en la representación escénica de la figura del Poder, que se concentran en el personaje del rey don Pedro: (1) la dualidad de su imagen histórica, Pedro el Cruel frente a Pedro el Justiciero; (2) la dualidad de los dos 'cuerpos', el místico y el físico, o de las dos 'personas', una pública y otra privada, consustancial a la naturaleza dual del Rey y de la realeza; (3) la dualidad oximorónica del Rey / Tirano, a la que José Antonio Maravall calificaba de *contradictio in adyecto*, pues —escribía— que 'si se es Tirano no se es Rey'.[134] Y finalmente, (4) la dualidad estructural propia de la figura del rey en el sistema de las *dramatis personae* de la comedia nueva. La primera dualidad, única, específicamente particular al rey don Pedro, continúa Ruiz Ramón, forma parte de una historiografía, dividida ya en sus fuentes, históricas o legendarias, en las que se enfrentaban perspectivas ideológicas competitivas y fuerzas políticas contradictorias actuantes en la sociedad, en el imaginario colectivo, en función y al servicio de intereses divergentes reflejados en la doble e irreconciliable imagen histórica de Pedro el Cruel o Pedro el Justiciero. Lo que el teatro del XVII va a hacer con este rey, a partir de sus dos máscaras contrarias, concluye Ruiz Ramón, es crear en él

---

[132] Sobre la figura ambivalente del rey don Pedro, que aparece como protagonista en una veintena de comedias, véase Francisco Ruiz Ramón, 1997; y Frances Exum, 1974. Lomba y Pedraja, 1899, p. 278, observa que 'el teatro del siglo XVIII reflejó de un modo constante la contradicción que existía entre el [don] Pedro de la *Crónica* de Ayala y el de la tradición popular'. Menéndez Pelayo, 1944–5, VIII, pp. 182–95, recoge algunos de los romances en torno a este rey y analiza dicho ciclo, 1944–5, VII, pp. 34–76.

[133] Ruiz Ramón, 1997, pp. 27–30.

[134] Maravall, 1997 [1944], p. 405.

una nueva imagen dramática mediante la unión contradictoria de los opuestos discursos historiográficos fundidos en una misma figura escénica.

En la comedia, la caída del Rey mientras vuelve a caballo a Madrid, y el posterior diálogo que entabla con unos villanos de Leganés, señalan el intercambio de *personae*. El Rey pasa de *Cruel* a *Justiciero*, asociándose tal cambio con la caída bíblica de san Pablo camino de Damasco. El episodio funciona a manera de prolepsis, pues la muerte que da el Rey a su caballo de un tajo es símbolo de la de su instinto pasional.[135] Ignorando los villanos que están ante el monarca, éstos le informan de su mala fama entre el vulgo, considerado como galán cruel, así como de la tiranía ejercida por el infanzón de Illescas, don Tello García.[136] A partir de esta escena, el monarca se configura como un ejemplo de ecuanimidad y de justicia:

> *Rey*: ¡Que esté llena Castilla
> de reyes, cuando al propio no se humilla!
> ¡Que profanen sus leyes,
> viviendo en la opresión de tantos reyes,
> y en su Rey verdadero
> confundan en cruel lo justiciero,
> siendo por varios modos
> él el piadoso, y los crueles todos![137]

El anhelo de don Pedro por eliminar la cara cruel de su imagen pública coincide, a la vez, con un deseo, paralelo y simultáneo, de centralizar el poder en torno a su persona:

> *Rey*: ¿Quién infanzones son?
> ¿Quién ricoshombres?
> Caiga tanta cabeza;
> sólo un cetro ha de haber, sólo una alteza;
> que en los reinos del día,
> sólo gobierna un Sol la monarquía.[138]

---

[135] La caída de su sombrero prefigura también la de su corona, en el acto tercero, proyectándose más allá del cierre de la obra.

[136] Así lo describe Elvira: '[...] en Illescas soberano, / deidad se hace de los montes / y majestad de los campos; / dueño en las vidas y haciendas, / poderoso, despreciando / con atrevimiento loco / los soberanos mandatos, / no haciendo caso del Rey, / ni haciendo del cielo caso, / soberbio a lo poderoso, / y sacrílego a lo sacro, / al fin tirano, a quien tiemblan, / por lo altivo y por lo ingrato, / el decoro de las doncellas / y el honor de los casados' (*Ac.*, IX, p. 481a).

[137] *Ac.*, IX, p. 483a.

[138] *Ac.*, IX, p. 483a. La imagen del rey como Sol es, como veremos, recurrente en la poética de las alegorías del Poder.

Así, el desafío y el castigo de don Tello cumple una función doble. Sirve de ejemplo para amenazar y controlar los intereses de los nobles castellanos que pretenden compartir el poder con la realeza: 'los tiranos de Castilla, / [...] han de temblar en su ejemplo'.[139] Y ha de servir para limpiar la pobre imagen regia a expensas de su *otro*: del también *cruel* infanzón, quien muestra un total desdén hacia la autoridad.

Durante la visita que el Rey hace de incógnito a la casa de Tello, éste declara desafiante y en tono arrogante que: 'Los infanzones del reino, / apenas dan silla al Rey / en sus casas'.[140] Cuando los alcaldes solicitan prenderle tras una disputa con una villana, el Infanzón quiebra sus varas sobre sus cabezas. Son éstos símbolos de la autoridad. Al igual que en *El burlador de Sevilla*, comedia atribuida a Tirso de Molina, don Tello abusa del poder porque éste se lo permite. Es un producto de la degradación socio-política que emana desde la cumbre del monarca. Éste ha dependido en exceso de sus favoritos para conocer la opinión popular sobre su gobierno: '¡Que haya esta gente en Castilla / y no me dan cuenta dello! / Todos me engañan, y ansí / me llama el Cruel el pueblo'.[141] Tan alejado ha estado el Rey de sus súbditos, que éstos sólo le conocen por su firma y sello.

Como vemos, la crisis del Poder se manifiesta tanto en la esfera social como en la personal. El Infanzón asegura imitar las acciones del Rey cuando deshonra a las mujeres casadas. Así lo confirma la villana Ginesa: 'Hoy se casa; hoy con nueva tiranía / elige poderoso / la que, cruel, del tálamo a su esposo / a su pesar le quita; / que en esto dice que a su Rey imita'.[142] El mal gobierno del monarca ha influido también de manera nefasta sobre las instituciones cívicas, establecidas específicamente para la protección y amparo de sus vasallos. A raíz de ciertas transgresiones violentas por parte del Infanzón, los alcaldes de Illescas buscan la justicia en Toledo pero 'no hallaron; / que dicen que se ha perdido / después que este Rey ganamos'.[143] El monarca, consciente de su culpabilidad en las transgresiones de su *otro* desea, bajo su nueva faz de Justiciero, darle una lección de ejemplaridad.[144] Decididos todos a dirigirse a la Corte para pedir justicia, el Infanzón, confiado en la

---

[139] *Ac.*, IX, p. 486a.

[140] *Ac.*, IX, p. 487a.

[141] *Ac.*, IX, p. 486b. En el cuadro I del primer acto de *El castigo sin venganza*, Febo le aconseja al duque de Ferrara que salga disfrazado de noche, en traje humilde o en coche, e inquiera sobre la opinión que el vulgo tiene sobre su gobernante, concluyendo 'que algunos emperadores / se valieron deste engaño' (vv. 145–6).

[142] *Ac.*, IX, p. 483b.

[143] *Ac.*, IX, p. 483a.

[144] El rey se expresa de esta forma: 'Vos sois allá el Infanzón, / que es como ser reyecillo; / vos, como sabéis decillo, / hacéis al gusto razón; / vos la fama y la opinión / de cuantas mujeres veis, / en las manos las tenéis; / pero disculpado estáis / si decís que me imitáis, / y que de mí lo aprendéis' (*Ac.*, IX, p. 499a).

ejemplaridad negativa del monarca, asegura que 'Verá que aprendo / el Rey dél'. Mientras tanto éste pretende por su parte 'ilustrar con este loco / el blasón de justiciero'.[145]

Las metamorfosis del Rey ocurren, pues, tanto en el espacio privado, como Pedro, como en el público, como rey. En la comedia este cambio se señala a través de la separación temporal y moral de un pasado pleno de galanteos ilícitos, de violentas disputas, y en contraste con un presente caracterizado por el orden y la prudencia. Si durante el pasado *cruel* del Rey éste le había dado muerte a un músico y a un clérigo que le privó de poder raptar a una monja de clausura, profesa en el convento de San Clemente de Sevilla, ahora el *Justiciero* será el defensor de las violadas. Y si en su mocedad rondaba las calles acompañado de sus favoritos en busca de deleites —'en los reyes son aforismo las rondas'— ahora, jerarca discreto, prefiere leer sobre las grandes figuras clásicas de gobernantes ejemplares (Quinto Curcio, Alejandro, los *Comentarios* de Julio César) y cultivar el noble arte de la esgrima.[146] El convertido Rey por primera vez despacha y premia a sus soldados; promociona al rango de capitán a un alférez quien le sirvió honradamente en la resistencia contra los moros en Algeciras, y despide a quien, encargado de asegurar la paga de los soldados, lo hace de forma incompetente. A su vez, se muestra favorable a los intereses del pueblo: justifica el despido de su arbitrista declarando 'que no hay arbitrio que sea / en favor de los vasallos'.[147]

El Rey encarcela al tirano en la torre del palacio para luego, disfrazado, librarle y subyugarlo con su espada. Demuestra así no sólo su autoridad en tanto rey sino también su superioridad física y moral sobre el tirano.[148] Asegura además su valor personal como hombre: 'Pues ya / que has visto que reñir puedo / contigo en campaña, y sabes / que por mí mismo te venzo, / y no por la majestad / ni el soberano respeto; / y sabes que te vencí / en tu casa por modesto, / y en mi palacio por rey; / y en estos tres vencimientos / me has admirado piadoso, / témeme por justiciero'.[149] El Rey termina exiliando al Infanzón mostrando así su dominio absoluto:

> Vete, pues estás libre,
> de Castilla y destos reinos,
> porque si en ellos te hallo

---

[145] *Ac.*, IX, p. 488b.
[146] *Ac.*, IX, p. 507a. Según Menéndez Pelayo, 1944–5, II, p. 252, el rey Alfonso V el Magnánimo convierte en breviario suyo los *Comentarios* de Julio César, y declara deber el restablecimiento de su salud a la lectura de Quinto Curcio.
[147] *Ac.*, IX, p. 491b.
[148] Dicha acción es semejante a la anteriormente citada en *El mejor alcalde el rey*: un rey que no quiere revelar su verdadera identidad subyuga al tirano a través de una superioridad física y moral, y no a través de su superioridad social.
[149] *Ac.*, IX, p. 491b.

has de morir sin remedio;
que aquí la espada te libra,
y allí te amenaza el cetro.
Aquí soy tu amigo; allí
soy tu rey: aquí te absuelvo
de los delitos, y allí
te he de castigar por ellos:
allí ha de obrar la justicia;
y la piedad que te muestro
obra aquí: aquí soy piadoso,
y allí he de ser rey severo.
Y pues soy tu amigo aquí
y ser tu enemigo puedo,
calla, sin probarme más:
vete, y toma mi consejo'.[150]

Castigando a su *otro*, el cruel Infanzón, el Rey se redime a sí mismo pero no se salva. No se lo permite el *fatum* de la Historia. En la comedia, las transgresiones pasadas del Rey se hacen presentes acarreándole, ya en el ápice de su gloria, el justo castigo. La sombra del clérigo que mató y que le persigue a lo largo de la comedia, le advierte que Dios le pide que funde un convento exonerando así su pasado pecaminoso. Ha de edificarse, declara, junto al, pozo de la ermita donde el Rey hallará el puñal con que le dio muerte. Pero Enrique, su hermano, lo encuentra antes, negándole tal absolución. Cuando va a entregarle el puñal a Pedro, a éste se le cae la corona, oscuro presagio que anticipa y anuncia su destino fatal más allá del cierre de la comedia: el fratricidio a manos de don Enrique de Trastámara.

En esta sección de comedias analizadas se perciben al menos dos modalidades representativas que, a través de sus protagonistas, postulan una conducta ejemplar. Tales modalidades se establecen unas veces por medio de dos personajes antagónicos, representativos cada uno de diferentes niveles sociales y caracterizados de modo diferente en sus espacios socio-morales. La final victoria de un monarca ejemplar sobre el poder rural y tiránico es una de sus características más representativas. Así lo demuestran los personajes de los infanzones en las comedias *El mejor alcalde, el rey*, *El rey don Pedro en Madrid y el Infanzón de Illescas*, y la de los comendadores en *Fuente Ovejuna* y *Peribáñez y el Comendador de Ocaña*. En la segunda modalidad dramática, es el rey quien establece el cambio de ejemplaridad. Tal es el caso de *El rey por semejanza* donde, por medio del artificio del doble, un personaje de humilde origen se erige como monarca ideal en contraposición con su predecesor, legítimo, aunque tirano. Si tales modalidades existen, como

---

[150] *Ac.*, IX, p. 512b.

tratamos de mostrar, *El rey don Pedro en Madrid y el Infanzón de Illescas* vendría a ser una fusión de ambas modalidades. El rey castigando a su *otro*, el tiránico infanzón don Tello, trueca su pasado nefasto por un presente ejemplar.

La alegoría del Poder que se representa en estas comedias queda finalmente desplazada por una armonía social y dramática que supone el triunfo de la justicia y de la equidad que muestra el soberano hacia sus vasallos. Una vez más, el orden se impone sobre el caos y el cierre de la comedia se constituye en ciertos casos en guía ejemplar del buen gobierno, pero también en un intercambio de máscaras sobre las tablas del corral. A modo de una sutil interpolación metateatral, de un personaje que es cruel y a la vez justiciero, se ventila el quiebre monolítico, unitario, de la figura del monarca, y el espectador asume sus tortuosas veleidades. Signos éstas una vez mas de las crisis del Poder.

De la privanza y de la integridad nacional

Las amenazas de adulterio, la negación de la fe católica y la renuncia absoluta a toda obligación real articulan y presentan una obvia crisis del Poder en *Las paces de los reyes*, comedia escrita probablemente entre 1610 y 1612.[151]

---

151   De acuerdo con Menéndez Pelayo, *Ac.* VIII, p. cxiii, la única fuente que utiliza Lope para esta comedia fue la *Crónica General* de Alfonso el Sabio quien, a su vez, registra un hecho recogido de la tradición oral. Afirma el prestigioso erudito que tan arraigada estaba en Castilla la idea de que los posteriores desastres del reinado de Alfonso VIII (especialmente la derrota sufrida en la célebre batalla de Alarcos, en que el ejército del rey fue derrotado por el sultán almohade Anu Yusuf Yacub I Almansur quien destruyó la población), que 'habían sido providencial castigo de aquel pecado, así como la victoria de las Navas recompensa y corona magnífica del arrepentimiento y penitencia del rey, que al amonestar D. Sancho el Bravo a su hijo, en el *Libro de los castigos e documentos*, para que se guardara de *pecados de fornicio*, cita, entre otros ejemplos históricos, y como uno de los más solemnes, el caso de la judía: "Otrosí para mientes, mio fijo, de lo que conteció al rey D. Alfonso de Castiella, que venció la batalla de Úbeda, que por siete años que viscó mala vida con una judía de Toledo, diól Dios gran llaga e gran ajamiento en la batalla de Alarcos, en que fue vencido, e fuyó, e fue mal andante él e todos los de su Reyno, e los que mejor andanza ovieron, fueron aquellos que y murieron; e demás matól los fijos varones, e ovo el Reyno el rey D. Fernando, su nieto, fijo de su fija. E porque el Rey se conoció después a Dios, e se repentió de tan mal pecado, como este que avie fecho, por el qual pecado por emienda fizo después el monesterio de las Huelgas de Burgos de monjas de Cistel, e el hospital, Dios diól despues buena andanza contra los moros en la batalla de Úbeda" ' (citado de *Castigos e documentos*, cap. XX, edición de Gayangos). También menciona Menéndez Pelayo al poeta y moralista estoico don Luis de Ulloa y Pereyra, caballero de Toro, quien tomó el asunto de Raquel desde el punto de vista político, como una lección dirigida a los reyes viciosos y negligentes. Ulloa, amigo fidelísimo del conde-duque de Olivares, a quien acompañó en su destierro, compuso un poema, tras el destierro del privado, para dirigir duras verdades a los reyes y a los poderosos. Según Menéndez Pelayo, *Ac.* VIII,

La primera jornada de la comedia se desarrolla diez años después de morir
Sancho III de Castilla, cuando Fernando II de León, siguiendo el deseo de su
fallecido hermano, controla el reino de Castilla a espera de que el hijo legítimo
del fallecido, el futuro Alfonso VIII, cumpla los quince años. Los partidarios
de los dos bandos discuten la posibilidad y la legitimidad de que Alfonso se
apodere de Toledo antes de cumplir los años requeridos. Sus simpatizantes
insinúan que Fernando trata de arrebatar el reino a su sobrino. La súbita
aparición del joven príncipe dentro de la ciudad amurallada da esperanzas a
sus seguidores, deseosos de ver sobre el trono al legítimo heredero. El gran
valor y entereza que Alfonso muestra a tan corta edad causa la admiración de
los nobles. Así lo hace saber el Conde en un aparte a don Esteban:

> *Conde*:   ¿Qué os parece del rapaz?
> *Don Esteban*: Que ha de ser para su tierra,
>   un César para la guerra
>   y un Numa para la paz.[152]

Acto seguido tendrá lugar su coronación durante la cual el nuevo rey promete
defender la ley divina, la santa fe y la patria, haciendo temblar al enemigo
árabe. También asegura dar amparo a la justicia y a las leyes del reino. Posteriormente exhibe su gran valor, esta vez capitaneando a los nobles en la
conquista del castillo de Zurita, y mostrando que efectivamente su espada no
'se queda' en batalla. Discreto y generoso, el joven monarca honra a aquéllos que le ayudan en su primera victoria, y muestra su cara de justiciero,
castigando al traidor del alcalde Lope de Arena, pese a que éste le ayudara a
conquistar el castillo. Una vez libre de la disputa con su tío, se tiene conocimiento que Alfonso luchó en la Guerra Santa al lado del legendario rey inglés,
Ricardo Corazón de León, con el objeto de rescatar el sagrado sepulcro de
Cristo, venciendo al Gran Saladino.[153]

Una vez casado con la princesa inglesa Leonor, el Rey pretende la reconquista de Córdoba y Sevilla, pues, como le asegura su privado Garcerán,
cuando el moro 've que cuelgas las espuelas, / se calza el Africano el
acicate'.[154] Pero Alfonso pronto olvida esta digna empresa al enamorarse
locamente de la bella hebrea Raquel mientras ésta se bañaba a orillas del

---

p. cxxi: 'el aliento, más oratorio que poético, que en estas octavas se respira, es de una arenga
tribunicia, vehementísima, inflamada, sincera, y por lo mismo elocuente. El autor piensa menos
en Alfonso VIII y en Raquel, que en Felipe IV y en sus mancebas'.

[152] *Ac.*, VIII, p. 525a.

[153] Éste es precisamente el tema del relato épico de la *Jerusalén conquistada* (1609) de
Lope.

[154] *Ac.*, VIII, p. 538b.

Tajo.[155] El privado, preocupado, fija su temor en el ejemplo del heroico y pecador rey bíblico:

> *Garcerán*: Nunca tal de tus ojos presumiera.
> Así miró David otra hermosura,
> que estaba haciendo cristalina esfera
> las claras aguas de una fuente pura,
> que le costó después fuentes de llanto.[156]

Sin embargo, el amor tiraniza el pensamiento del monarca, quien asegura ser incapaz de 'vencerse a sí mismo'.[157] Constituye no sólo una afrenta a las instituciones sociales (el matrimonio y la monarquía) sino también una traición a la fe y a la sangre. Así se lo declara el hortelano Belardo: 'Porque si

---

[155] *Ac.*, VIII, p. 538b. Otro rey que se niega a cumplir con su obligación conyugal es el joven Alfonso en *La corona merecida*. La comedia fue representada con motivo de la celebración de la boda de Felipe III con Margarita de Austria, en 1599. Basada en la historia de María Coronel y Pedro I de Castilla, Lope ubica la acción en diferente espacio del histórico (en Burgos, no en Sevilla), y tiene como sustrato un contexto histórico distinto: el reinado de Alfonso VIII y no el de Pedro I de Castilla. Cambia también el nombre de la protagonista: la María Coronel histórica es doña Sol. En la comedia, el Rey, auspiciado por un tercero se desentiende de la nueva reina, la bella Leonor de Inglaterra, dejándose gobernar por el deseo erótico que siente hacia la humilde labradora Sol. A modo de nuevo Narciso, el 'enfermo, loco y perdido' monarca se ciega ante Sol, promocionando y condenando a sus súbditos para gozar de la mujer casta. La gloria y renombre de Sol, que se abrasa para guardar su honor, contrasta con la vileza del Rey. La corona 'merecida' que recibe de la Reina en reconocimiento de su castidad contrasta con la 'inmerecida' corona del Rey.

[156] El célebre relato de la usurpación de la atractiva esposa de Urías se contiene en 2 Samuel 11. El rey David ve desde la terraza de su casa real a Betsabé, hija de Elaim, mujer de Urías, mientras ésta se bañaba. David pide que se la traigan, y se acuesta con ella. Tras conocer que Betsabé está encinta, David pide a Joab que invite a Urías para comer con él. El rey escribe una carta a Joab en donde incluye el siguiente mensaje: 'Poned a Urías en el punto donde arrecie el combate, retiraos y dejadle solo para que caiga muerto'. Así lo hace y Urías caerá muerto ante los muros de Rabá. David manda buscar a Betsabé, la introduce en su casa y la toma por mujer. Ella le da un hijo. Lo que había hecho David fue desagradable a Yavé. El profeta Natán le cuenta al rey una parábola sobre su abuso del poder donde el ser tirano equivale a matar la oveja del pobre. También le revela lo que dice Yavé: 'Yo te ungí rey de Israel y te libré de las manos de Saúl. Yo te he dado la casa de tu señor, y he puesto en tu seno las mujeres de tu señor, y te he dado la casa de Israel y de Judá; has menospreciado a Yavé. No se apartará de tu casa la espada por tomar la mujer de Urías como mujer y tomaré antes tus ojos a tus mujeres y si tú has actuado ocultamente yo lo haré público'. Tras el arrepentimiento de David, Natán declara que Yavé le ha perdonado. También le informa que si bien David no morirá por su pecado, sí morirá su hijo recién nacido. Yavé hiere al hijo que había tenido Betsabé con David. Aunque éste ayuna y se recoge, al séptimo día murió el niño.

[157] *Ac.*, VIII, p. 541b. De acuerdo con Menéndez Pelayo, *Ac.* VIII, pp. cxv–cxvii, 'el amor está presentado en este poema dramático como una demencia fatal e irresistible, la cual no cede ni ante los terrores de lo sobrenatural, que amagan a Alfonso en la primera noche en que va a llegar a los brazos de la hermosa judía'.

cristiana fuera, / ya tuviérades disculpa; / mas, en su ley, es bajeza … / ¡Un hidalgo como vos!'.[158] La misma admonición recibe de su privado: 'aquella mujer sin fe, / que así tu fe contradice'.[159]

Más grave aún es la total renuncia a sus obligaciones regias. Cuando el privado Garcerán notifica al Rey que ha logrado introducir a Raquel en el aposento real, el monarca, eufórico, dice preferir esto a la victoria en Guerra Santa:

> Garcerán, mi fe te empeño,
> que si me hubieras traído
> de Granada y de Sevilla
> las llaves, y hasta la silla
> de Orán mi pendón subido,
> no recibiera contento
> como el que en esto me has dado.[160]

La aparición del conde Nuño Pérez —éste crió al joven soberano como padre durante su exilio en Ávila— con más de cuarenta compañías, y en acompañamiento de la nobleza de la Corte con el fin de que el Rey le otorgue su reconocimiento por los servicios prestados, constituye un impedimento para el monarca. Éste se niega a salir al balcón y aplaza la guerra contra el infiel moro, estableciéndose así una clara oposición con el rey guerrero del primer acto. La lucha contra el infiel enemigo es ahora interna. La causa el amor del Rey hacia la judía Raquel:

> Rey: ¡A lindo tiempo guerra (*Aparte*)
> Cuando con mis sentidos,
> ya reinos divididos,
> sobre ganar la tierra,
> la traigo yo en el alma,
> donde siempre el amor lleva la palma!
> Illán, di que me deje.[161]

Ignorando los celos y la tristeza de la reina Leonor, el Rey sale de noche acompañado de su privado para reunirse con Raquel, quien le espera en la huerta de Belardo.[162] El aviso de una sombra y un triste romance le advierten

---

[158] *Ac.*, VIII, p. 541a.
[159] *Ac.*, VIII, p. 541b.
[160] *Ac.*, VIII, p. 541b.
[161] *Ac.*, VIII, p. 544a.
[162] Sobre la figura cómica de Belardo, véase el libro de S. G. Morley, C. Bruerton, y Richard W. Tayler, 1961. Y como figura del romancero nuevo, véase el ciclo de romances en torno a Belardo y Filis, tales como 'Hortelano era Belardo / de las huertas de Valencia'. Véase *Romancero general* (1600, fols. 153v–154r).

del grave pecado que está cometiendo. El romance alude al papel divino de la función del rey y al lejano arquetipo hispano de la pérdida de la patria a causa del adulterio:

> Rey Alfonso, rey Alfonso,
> no digas que no te aviso:
> mira que pierdes la gracia
> de aquel Rey que rey te hizo.[163]

Y, de nuevo:

> Mira, Alfonso, lo que intentas,
> pues desde que fuiste niño,
> te ha sacado libre el cielo
> entre tantos enemigos.
> No des lugar desta suerte,
> cuando hombre, a tus apetitos:
> advierte que por la Cava
> a España perdió Rodrigo.[164]

Pero el Rey, movido por su ciego amor, no puede resistir los hechizos de su amada: 'amor me quita el juicio; / y perdida la razón, / conozco el daño y le sigo, / porque donde está sujeto, / ¿de qué sirven los sentidos?'.[165] El lenguaje blasfemo, denigrante, trastocado de la convencional concepción del amor cortés, señala la degradación política y moral del monarca:

> Más nuevo es hoy mi deseo
> que cuando le puse en vos.
> Sois mi señora y mi reina,
> sois mi diosa, sois por quien
> vivo, sois todo mi bien,
> sois quien en mi alma reina.
> Mayor, señora, sois vos;
> que si yo reino en Castilla,
> vos en mí.[166]

---

[163] Estos primeros versos recogen la dicción del célebre romance histórico en torno al Cerco de Zamora a manos del rey don Sancho con la consiguiente traición de Vellido Dolfos. El inicio de este romance, 'Rey don Sancho, rey don Sancho, no digas que no te aviso', fue ampliamente difundido por la tradición oral. Véase *Romancero,* núm. 9, p. 83.

[164] *Ac.,* VIII, p. 546b.

[165] *Ac.,* VIII, p. 547b.

[166] *Ac.,* VIII, p. 550b.

La aparición de la Reina con el joven príncipe ante los nobles del reino aminora la crisis. Vestidos de luto, piden remedio enumerando los agravios que constituyen una afrenta a la fe y a la nación. Además, el ejemplo del Rey ha influido de manera negativa sobre el Príncipe. Así, cuando el noble Beltrán de Rojas le pide que vuelva la cara, el príncipe Enrique se niega, arguyendo que su oscuro reflejo caería sobre sus vasallos. Ha aprendido de su padre, caracterizado como rey pecador, y a modo de su espejo: '¡La cara! ¡A lindos trofeos! / ¿Para qué, si el Rey aquí / sirve de espejo, y en mí / os habéis de ver tan feos?'.[167] La reina Leonor también asegura que Alfonso *el Bueno*, su marido, pierde el digno nombre que tenía tras vivir siete años encerrado con Raquel, la 'segunda Cava de España'.[168] Reina en su puesto el amor y la desidia:

> No se acuerda de sí mismo,
> ni atiende ni acude a cosa
> de su reino, de su vida,
> de su fama y de su honra.
> Raquel reina, Raquel tiene
> de Castilla la corona;
> de banderas a las armas,
> y a las letras nobles ropas.
> Ella castiga, ella prende.[169]

La prisión del Rey es, a la vez, física y metafórica. Pone en peligro la integridad de la nación. Apelando al orgullo y a la honra de los nobles, a su descendencia goda, la Reina cuestiona la pureza de su sangre y sus intenciones, aludiendo a una posible contaminación conversa. La impetuosa Reina, un breve reflejo de las grandes figuras femeninas de la comedia de Lope (Laurencia en *Fuente Ovejuna*, Diana en *El perro del hortelano*, Casandra en *El castigo sin venganza*), interroga directamente a sus privados, amigos del Rey. El parlamento está lleno de preguntas silenciadas. Se alega a la genealogía, al nombre de la casa, a los hechos heroicos de Garcerán Manrique, y a la mezcla de su sangre goda con judía. La impotencia y el temor de los nobles ante un posible enfrentamiento con el Rey, incita también al Príncipe a cuestionar la pureza de sangre de los mismos. También se cuestiona la importancia de la sangre real, asociada con la genealogía, la memoria histórica y

---

[167] *Ac.*, VIII, p. 549b.
[168] *Ac.*, VIII, p. 548a. La Cava, documenta Covarrubias, 1979 [1611], p. 322a, fue la hija del conde don Julián, 'por cuya causa se perdió España, como es notorio de lo que las historias assí nuestras como de los árabes cuentan. Y su verdadero nombre dizen aver sido Florinda, pero los moros llamáronla Cava, que vale cerca dellos tanto como muger mala de su cuerpo, que se da a todos'. En la comedia de *El último godo* de Lope se presenta como traidora y desleal.
[169] *Ac.*, VIII, p. 548a–b.

los hecho heroicos del pasado, y con el nombre de la familia en contraste con la sangre contaminada y la aceptación del soborno. En el diálogo entre el Príncipe y don Illán, el tener sangre de Constantinopla equivale a tener sangre goda.

> *Enrique*: ¿Tenéis vos por qué volváis
> por esa hebrea?
> *Illán*:   ¡Yo!
> *Enrique*: Vos.
> *Illán*:   Limpio soy, señor, ¡por Dios!
> que puesto que rey seáis,
> de emperadores desciendo
> de Constantinopla yo;
> paleólogo me dio
> esta sangre que defiendo,
> del primero que a Toledo
> vino, el Toledo tomé.[170]

Ante la impotencia de los nobles, la Reina amenaza con irse con el legítimo heredero a Inglaterra 'donde la casa piadosa de Ricardo nos sustente', si los nobles no matan a la 'traidora' y 'hechicera' que tiene 'cautivo' al Rey.[171] El Príncipe califica a los nobles de villanos y cuestiona su valor, declarando que 'no tenéis honra ni manos?', haciendo alusión al famoso caso de ilegitimidad bíblica: 'de aquesta esclava Agar / saldrá algún niño Ismael, / tan bastardo como él, / que me pretenda matar'.[172] La reina también teme que el soberano tenga un hijo con Raquel, lo que podría desencadenar una guerra civil. La amenaza también procede del exterior, haciendo que peligre la integridad de la nación. Los nobles deciden finalmente poner remedio a la crisis. El paso de privar con el Rey a privar 'con la razón' (privar con el sentido de servir) significa que Garcerán se enlista en la ejemplar empresa:

> Al principio no fue tan enojosa
> la perdición del Rey; mas ya en Castilla
> y en toda España es insufrible cosa.
> Ingalaterra, ya con maravilla
> de ver nuestro descuido, armarse intenta;

---

[170] *Ac.*, VIII, p. 549b.
[171] *Ac.*, VIII, p. 549b.
[172] *Ac.*, VIII, p. 549a. Sobre el tener mano, *tener poder*, explica Covarrubias: 'Está en mi mano, *está en mi voluntad*. Echar mano, *es desembainar la espada*' (p. 786a, el énfasis es nuestro). Así en *El castigo sin venganza*, Casandra le dirá al pusilánime conde Federico que las mujeres aunque puedan tener valor son faltas de 'manos' (v. 1431). Ismael, hijo de Abraham y de su esclava egipcia Hagar, fue expulsado con su madre por Abraham y ahuyentado hacia el desierto de Parán. Los árabes lo consideran como el origen de su nación.

no hay en el reino ya ciudad ni villa
que no murmure y sienta aquesta afrenta.[173]

El cuadro simbólico de la pesca prefigura dicho castigo, otorgando a la sacrificada Raquel la calidad de chivo expiatorio. La cabeza de turco, explica René Girard [1977], transfiere el mal de la comunidad sobre una persona o figura, en general un alienado social. La responsabilidad histórica de la pérdida de España pasaría en este sentido del Rey a la judía Raquel, al igual que ocurrió con la Cava, y en otros tiempos con la Malinche mesoamericana. La cabeza de turco, '[b]ecomes the repository of all the community's ills, responsible for the ills that have befallen his people', concluye Girard. Con la muerte de Raquel se asegura la cohesión social.[174]

Belardo —reconocido *alter-ego* del Fénix— evidencia una lectura alegórica de la calavera y del ramo verde sacados del agua por el Rey y su amada: 'La muerte que el Rey sacó / para Raquel, claro está / que muestra su muerte

---

[173] *Ac.*, VIII, p. 550a. La amenaza que constituye la mezcla de sangre real con la judía se relaciona con la creación de una identidad nacional, una ideología y un discurso que proviene de una historiografía que propone los valores de los reinos godos constituyéndose éstos en fundacionales. La eliminación del Otro —la judía Raquel, el pecado del rey— ofrece una lectura feminista y psicoanalítica —la mujer como Otro— y postcolonial —la judía y el moro como Otros— en cuanto a la elaboración de dichos discursos.

[174] Véase René Girard, 1977, p. 77. Jean-Pierre Vernant, en su ensayo 'Ambiguïté et renversement', citado en nota de Girard, pp. 108–9, describe el origen regio de dicho rito de sacrificio: 'The popularity between the king and the scapegoat (a polarity the tragedy situates at the very heart of the figure of Oedipus) was hardly invented by Sophocles. It is ingrained in the religious practices and social theories of the Greeks. The poet has lent it new meaning, however, in making it the symbol of man's fundamental ambiguity. If Sophocles chose the *tyrannos-pharmakos* to illustrate what we have called the 'reversal' theme, it was because these two opposing figures appear symmetrical and to some degree interchangeable. Each regards itself as an *individual* responsible for the *collective* salvation of the group. In the works of Homer and Hesiod, it is the king, an offspring of Zeus, who is responsible for the fertility of the soil, the herds, and the women. As long as he shows himself irreproachable (*amumôn*) in the dispensing of justice, his people prosper; but if he falters, the whole community pays the penalty for the falling of this one individual. The gods then visit misfortune on all–*limos* and *loimos*, "famine" and "plague". The men kill each other, the women cease to bear children, the earth remains sterile and the flocks and herds no longer reproduce. When such a divine calamity descends on a people their natural recourse is to sacrifice their king. For if the king is responsible for the community's fertility and this fertility ceases, that indicates that the power invested in him as sovereign has somehow become inverted; his justice turns to crime, his integrity to corruption, and the best (*aristos*) seems to be replaced by the worst (*kakistos*). The legends of Lycurgus, Athamas, and Oinoclus therefore involve, as a means of putting the *loimos* to rout, the lapidation of the king, his ritual murder, or the sacrifice of his son. But there are also instances where a member of the community is delegated to assume the role of the unworthy king, the antisovereign. The king then unloads on this inverted image of himself all his negative attributes. We now have the true *pharmakos*: the king's double, but in reverse. [...] In short, the throne is yielded only to the basest, ugliest, most ridiculous and criminal of beings'.

ya; / la oliva que ella pescó / para el Rey, muestra que, muerta / esta afición pertinaz, / quedará este reino en paz'.[175] Entran los caballeros a la huerta con las espadas desnudas para dar muerte a quien llaman la Cava, la Circe y la Medea, asumiendo que el Rey está hechizado. Pero poco antes, Raquel se convierte al cristianismo.[176] El Rey, deseoso de vengarse de tal crimen, dando muerte violenta a los nobles desafiantes, cambia de decisión tras la aparición de un ángel que le advierte del poder divino:

> Alfonso, muy ofendido
> está Dios de tus palabras,
> de las blasfemias que dices
> y de que tomes venganza.
> Vuelve a ti, que si no enmiendas
> lo que has dicho y lo que tratas,
> grande castigo te espera,
> notable rigor te aguarda.
> Dios quiere, para que entiendas
> lo que Dios le desagrada
> el sentimiento que has hecho,
> que no te herede en tu casa
> hijo varón; morirán
> sin el reino, por desgracias.
> Vuelve en ti, no digas cosas
> que aun a las piedras espantan,
> cuanto más al cielo a quien
> debes eterna alabanza.[177]

Con la muerte de Raquel se reestablece el orden de la nación, figurada en la reconciliación entre el matrimonio real: *las paces de los reyes*. Admitida su culpabilidad, el Rey pide perdón a Dios y muestra nueva piedad surgida por un deseo de venerar la imagen de la Virgen de la Caridad. Dicha actitud causa la admiración del privado, a quien el rey responde: 'Haz cuenta que a Pablo ves / derribado del caballo'.[178] La conversión del rey tirano a rey ejemplar es innegable.

En *El último godo* (*El postrer godo de España*), comedia escrita entre 1599 y 1603, Lope dramatiza de nuevo la leyenda arquetípica del rey que pierde su reino por el pecado de la lujuria. Como afirma Melveena McKendrick, Lope altera la tradicional representación de la hija del conde Julián, la

175 *Ac.*, VIII, p. 552b.
176 Véase René Girard, 1977, p. 74.
177 *Ac.*, VIII, pp. 556b–557a. Sobre el profeta Natán, que informa al rey David de que Yavé no le castigará con la muerte pero sí le quitará su primer hijo varón (2 Samuel 12, 1), véase la nota 156.
178 *Ac.*, VIII, p. 557a.

Cava, a modo de chivo expiatorio, dando énfasis a la culpa real de la humillante derrota nacional.[179] Por su parte, Belén Atienza (2000) afirma que el drama puede leerse como un espejo de príncipes y de privados, puesto que el tema central es el ejercicio del poder. Asegura, además, que tras la figura anti-heroica de Rodrigo, y tras la conducta modélica y heroica de Pelayo, figuran Felipe II y Felipe III respectivamente. Observa que a finales del siglo XVI algunas voces críticas contra la monarquía del rey Prudente reinterpretaron el mito de Rodrigo e insinuaron paralelismos entre el rey godo y Felipe II. De ser así, *El último godo* se podría incorporar a las lecturas de Francisco Márquez Villanueva (1991; 1996), que establecen tales paralelismos en textos como la 'Profecía del Tajo' de fray Luis de León o la *Historia verdadera del rey don Rodrigo* de Miguel de Luna.

Atienza observa que 'Rodrigo era explícitamente comparado con Felipe II en algunos sueños de la visionaria Lucrecia de León, sueños que eran expresiones del descontento popular contra el rey causado por la pobreza, la peste y las derrotas militares que se sucedieron hacia el fin de su reinado'.[180] Postula además que el personaje de Ilderigo Sandoval es una 'referencia a todos los Sandovales', y en particular al privado de Felipe III, el duque de Lerma.[181] Sin embargo, su excesiva preocupación por mostrar las veladas alusiones a la familia Sandoval, y los escasos paralelismos entre los reyes históricos y los dramáticos, causa el que Atienza analice superficialmente su primera proposición: el drama puede leerse como una lección del buen y del mal gobierno. A mi parecer es ésta la lectura más significativa de la comedia de Lope.

Belén Atienza observa atinadamente que la comedia de *El último godo* está estructurada en torno a un eje que asocia la destrucción con la restauración.[182] Su fuerte contenido providencialista, y el papel fundamental que se le otorga a Dios en el destino de España, mueve a que su destrucción se asocie con el reinado del rey don Rodrigo y, consecuentemente, la restauración con el gobierno de Pelayo. En este sentido, los dos primeros actos 'están dramatizados como una sucesión de abusos de poder de Rodrigo, abusos temerarios que son ofensas contra Dios', observa Atienza.[183] Postula que Rodrigo ofende a Dios en la primera escena al ascender al poder tras arrancarle los ojos a Betisa, su predecesor, desencadenando el posterior desarrollo de la acción.

---

[179] McKendrick, 2000, p. 49, señala que 'With the passage of time she had become a more acceptable scapegoat for a nation's humiliation and defeat than a king seen eventually to represent the idea of Hispano-Christian legitimacy. In the Moslem chronicles and the earliest Christian accounts the Count's daughter is unequivocally raped by Rodrigo'.

[180] Atienza, 2000, p. 40.

[181] Atienza, 2000, p. 43.

[182] Atienza, 2000, p. 43.

[183] Atienza, 2000, pp. 43–4.

Sin embargo, esta relación entre causa y efecto no es del todo evidente en el texto. Y es que dicho acto se describe dentro del amplio relato que el rey Rodrigo presenta sobre la historia de los reyes godos y sobre su propia descendencia legítima.

Describe el Rey cómo su padre Teodofredo fue desheredado a manos de Betisa, y cómo este 'tirano', temeroso de perder el reino ante la legitimidad de Teodoredo, le arrancó los ojos. Tal episodio, más que un resorte dramático, forma parte de una descripción caracterológica que establece el núcleo de la personalidad del Rey godo: un ser impulsivo y apasionado que actúa solo. Jamás se alude a dicha venganza como un acto de crueldad o tiranía. Es más, Leosindo lo describe como un acto de justicia: 'Si los ojos sacaste / a Betisa, bien hiciste, / que en fin tu padre vengaste; / aquí en fin, tus ojos viste, / y con los tuyos lloraste'.[184] Más aún, a estas alturas de la comedia los nobles godos tildan al nuevo rey Rodrigo de 'famoso', 'generoso nieto', y de ser un 'retrato glorioso' de su 'abuelo santo', Recisindo. Se define su reinado como una 'divina elección'. Y al serle otorgada la corona y el cetro, Leosindo le califica de 'legítimo sucesor' y Teodoredo alaba lo bien que le sienta la corona.

La prefiguración de su caída ocurre, acto seguido, tras los consejos esperanzadores de Teodoredo. La esquivez de un rey que comienza a titubear ante sus obligaciones regias y ante los supuestos deseos del Cielo, se señala con su silencioso alejamiento, marcado por las palabras de Fabio —'Tente, señor, ¿dónde vas?'— y con la caída premonitoria de la corona y del cetro. Las palabras del Rey que pronuncia a continuación —'Cayóseme la corona / de la cabeza, sin ver / que me tocase persona: / Cielo, ¿qué pudo esto ser?'— apuntan a su culpabilidad sobre los hechos pasados y premonizan los que van a ocurrir.[185] Rodrigo es un tirano que gobierna en soledad y así él es el único responsable de su caída. Atienza establece una vez más paralelismos entre el personaje de Pelayo y Felipe III y entre Sandoval y el duque de Lerma. Tal es el caso de la reconocida afición de ambos a la caza:

> Pelayo no actúa en solitario sino con sus hombres, y junto a él es constante la presencia de Ilderigo Sandoval. [...] Pelayo y Sandoval aparecen en escena vestidos 'con dardos y monterillas', esto es, vestidos de cazadores. La caza era una de las aficiones comunes a Felipe III y a Lerma, afición que compartían y practicaban juntos ya desde antes de la muerte de Felipe II, cuando en 1598 el entonces marqués de Denia fue nombrado caballerizo mayor. Lerma continuó alimentando en Felipe III dicha afición, como una manera de divertir al rey y de alejarlo de los asuntos de gobierno.[186]

---

[184] *Ac.*, VII, p. 76b.
[185] *Ac.*, VII, p. 76b.
[186] Atienza, 2000, p. 44. Son múltiples las alusiones a la afición y al ejercicio cinegético de reyes y aristócratas en estas décadas. La describen y ensalzan los ingenios de la época. Es

Igualmente, Atienza relaciona las profecías que aparecen en la comedia con las de Lucrecia de León. Y afirma que 'la insistencia de Lope en el tema de la profecía y las visiones premonitorias podría hacer que una parte del público recordara a Felipe II y las profecías sobre la destrucción de España que aparecieron a finales del reinado de éste'.[187]

La piedad de los moros que celebran devotamente la fiesta de san Juan Bautista contrasta a grandes rasgos con la soberbia y con la codicia del rey cristiano. Ignorando la tradición regia, don Rodrigo rompe las cerraduras que guardan las sagradas reliquias de la cueva de Toledo en busca de una 'gran riqueza'. Tilda de cobardes a aquellos antepasados que respetaron el sagrado recinto. Entre ellos se cuenta su abuelo, 'santo entre los reyes santos'.[188] La valentía errada del monarca le fuerza a confundir los tesoros divinos con los terrenales. Es aquí, y no en la venganza de Betisa, como afirma Atienza, donde radica el primer gran pecado del Rey. Y es a partir de esta falla cuando empieza a caer en desgracia con el poder divino. Así lo corrobora Teodoredo: 'estaba su perdición / debajo de aquel candado'. Otra característica que empieza a definir la conducta negativa del Rey es su excesivo rigor. Se manifiesta en el desenfadado deseo de hacer guerra para que la nación no siga 'perezosa paz gozando'. Teodoredo, quien asegura al Rey que la cultura española ha florecido durante esta *pax hispana*, le aconseja casarse, hacer fiestas, dar leyes 'piadosas y honestas', y engrandecer el culto divino, 'de tal modo, / que el Cielo, como a Rey digno, / en ti ensanche el reino godo'.[189]

Pero los amores del rey Rodrigo con la cautiva Lela Zara, hija del rey de Argel, constituyen el trágico abandono de la obligación real. Pronto anuncia el Rey ser capaz de trocar su reino por la amada. Esta gran amenaza, basada en un pacto sanguíneo, pone en peligro, al igual que en la *Las paces de los reyes*, la integridad de la nación. Leosindo le recrimina al respecto: 'Su hermosura / en extremo me agrada; pero advierte / que, aunque los reyes godos se han casado / a su modo, no es justo que tú seas / tan arrojado en esto, porque puedes / de tus vasallos escoger señora / que dará España, de tu misma sangre'.[190] Ni siquiera es una cuestión de fe, puesto que la cautiva ya había manifestado su intención de convertirse al cristianismo antes de conocer al Rey. Traicionando la advertencia de Leosindo, de casarse con alguien 'que te iguale', Rodrigo, basado en el pasado tumultuoso de sus

---

posible que el último cuadro de *El último godo* sea el que contiene las más claras referencias a los monarcas contemporáneos. Mientras Pelayo recita un soneto prometiendo defender y renovar a la España destruida, esta figura teatral y alegórica (España) entra y se corre una cortina 'con muchos retratos de reyes pequeños'.

[187]   Atienza, 2000, p. 44.
[188]   *Ac.*, VII, p. 78b.
[189]   *Ac.*, VII, p. 79a.
[190]   *Ac.*, VII, p. 80b.

predecesores, justifica su decisión de casarse fuera del linaje godo. Asegura que de este modo no arriesga la estabilidad del trono: 'No quiero suegro que me inquiete el reino; / no quiero hijos deudos de vasallos, / que tanta sangre cuestan a los godos'.[191] Y continúa: 'Ésta es hija de Rey; si mi ley toma / aunque es muy desigual, hágase luego / su bautismo'. Tras el bautizo de Zela, ahora con el nombre cristiano de María, se casa con el soberano.

La llegada del conde Julián para dejar a su hija Florinda en compañía de la Reina origina un nuevo abuso del poder regio. El Rey, cautivado de inmediato por la joven, aunque obligado a guardar siempre la honra de las mujeres, más 'que a millares de tesoros', rompe su palabra 'a fe de godo cristiano' para gozar de ella.[192] Dicha agresión constituye un acto de adulterio y una afrenta al honor del vasallo. En la carta escrita a su padre, la hija alude, en clave simbólica, a su violación. Ésta ocasiona la ira y el deseo de venganza del Conde, quien entregará España al rey Miramamolín. En dicha carta, la sortija de lazos, quebrado por el estoque del Rey, una obvia representación fálica, se asocia con el sexo femenino, y metonímicamente con la violación regia de la cueva sagrada. La palabra quebrada del monarca simboliza también su castración: 'Hombre, que ya no lo eres, / pues la palabra quebraste, / en que, por mujer, llegaste / a igualarte a las mujeres'. La tiranía se asocia de nuevo con las figuras tipológicas más representativas y con la destrucción de la nación. De igual modo, la canción que cantan los músicos ante Rodrigo y la reina establece el motivo ya presente en *Las paces de los reyes*. La mujer locamente amada por el rey es quien realmente lleva las riendas de la nación: 'Enamorado Nerón / de la divina Popea, / a Roma pone a sus plantas, / y con ser Rey, se las besa; / que una mujer que reina / en quien la quiere, más que el Rey es reina'.[193]

Tanto el honor individual como la honra colectiva del noble procede de su genealogía.[194] La castidad de la mujer es inseparable de su jerarquía social: legitimiza la paternidad de cualquier descendiente y la legalidad de la herencia. De ahí que según el Conde, la mujer manchada contamina su linaje. Honor, nombre y fama se asocian tradicionalmente con la mujer y, en concreto, con su castidad. 'Quiero venderle su tierra, / pues él me vende mi fama', expresa el conde Julián.[195] El castigo de Dios por los 'pecados enormes' del Rey será a través de la espada de Julián y de los moros, espada justiciera que recobra el honor y que contrasta con la vara real que es utilizada para deshonrar a Florinda. La invasión mora y la consiguiente derrota ocasionan en Rodrigo

---

[191] *Ac.*, VII, p. 80b.
[192] *Ac.*, VII, p. 83b.
[193] *Ac.*, VII, p. 94b.
[194] Sobre el honor y la honra en el teatro del siglo XVII, véase la nota 24 de este capítulo.
[195] *Ac.*, VII, p. 91a.

una reflexión sobre su propio estado. Contrasta el pasado con el presente; el oro y el faisán dan ahora en cebolla y pan, y el vestido de seda en paño. Las iglesias de antaño se tornan en mezquitas. La vida, al igual que la posesión del reino, es fugaz, transitoria: '¡Oh humano desengaño! / ¡Oh vida, juego engañado, / donde es perder el vivir! / ¡Oh reino, prestado el vivir! / ¡Oh reino, prestado estado, / que del reinar al morir / no hay más de volverse el dado!', declara Rodrigo antes de morirse.[196]

La muerte de Rodrigo marca la conquista de España: 'España es África toda'.[197] En contraste con la 'vida regalada', licenciosa, de don Rodrigo y de sus cortesanos, desarmados y ociosos, Pelayo se caracteriza por su valentía y atrevimiento. Es capaz de resistir el avance del moro y se erige en el héroe de la España goda y cristiana. A diferencia de su predecesor, vive entre las duras peñas de Asturias, retirado de las costumbres de la Corte, pues 'las sedas y damascos / le ofenden'.[198] Ahí labra espadas, ballestas, petos y cascos. Devoto, el respeto y la veneración que muestra hacia las sagradas reliquias contrasta con la violación del recinto sagrado a manos de Rodrigo. Vestido de moro, Pelayo defiende la causa de su fe, y con el amparo milagroso de Dios vence a los moros. En batalla las flechas de los moros se vuelven sobre quienes las arrojan.

La vida de Pelayo contrasta asimismo con la del apóstata Orpaz. El ex-obispo de Toledo, que traiciona a Rodrigo tras la pérdida de Tarifa, retira cobardemente a su escuadrón. Tal traición le valió treinta villas de Castilla: 'Estoy rico, contento, honrado, y vivo / a mi modo, a mi ley, sin ley, sin cosa / que impida el bien que de vivir recibo, / vida tan descansada y deleitosa'.[199] Orpaz promete a Pelayo seis ciudades, cincuenta villas, tesoros, pero éste se niega a ser sobornado. La muerte y el cuerpo descuartizado del obispo sirven de ejemplo para sus súbditos. Bajo su cabeza clavada en una peña se inscribe el siguiente lema: 'Ésta fue de un hombre infame, / toda España le maldice; / acabó como vivió, / que mal muere quien mal vive'.[200] Pelayo es descrito como el Fénix de la España goda, auténtica. El poder regenerativo de la mítica ave Fénix, renacida de sus cenizas, se traslada como símbolo de la

---

[196] *Ac.*, VII, p. 101b.

[197] En la comedia *El mejor mozo de España* el personaje de Isabel la Católica alude al rey Rodrigo de la siguiente manera: 'Por Rodrigo, desdichado / en las armas y el amor, / quedó el español valor / al africano postrado' (*Ac.*, X, p. 330b).

[198] *Ac.*, VII, p. 97a.

[199] *Ac.*, VII, p. 107b. La actitud poco religiosa del obispo Orpaz contrasta, a su vez, con la piedad del moro Abembúcar y su prima la reina Zara/María. Deseoso de casarse con la viuda, ésta se niega, ya que casarse con un musulmán constituiría una traición a su fe. Abembúcar declara su deseo de hacerse cristiano argumentando que cualquier religión que le niegue el amor de Zara equivale a su 'perdición' y le 'ofende': 'que lo que me quita a ti, / ¿quien duda que sea muy malo?' (*Ac.*, VII, p. 102a). Los dos morirán como mártires de la fe cristiana.

[200] *Ac.*, VII, p. 109b.

nación renacida: de la destrucción de la España de Rodrigo a su restauración tras la reconquista que se inicia con Pelayo:

> *Pelayo*: España bella, que de Hispán te llamas,
> y del lucero con que nace el día,
> el tronco de los godos fenecía
> si no quedaran estas pobres ramas,
> ves aquí el Fénix de sus muertas llamas,
> que nuevas alas de su incendio cría,
> para que ocupes con la historia mía
> versos y prosas, lengua y plumas, famas:
> yo soy Pelayo, España; yo la piedra
> que te he quedado, sola en ésta vuelve
> a hacer tus torres que no ofenda el rayo,
> las que de sangre vestiré de hiedra,
> que, puesto que Rodrigo se resuelve,
> de sus cenizas nacerá Pelayo.[201]

El símbolo del ave Fénix es recurrente en la lírica de Lope; se asocia incluso con la figura del poeta. Y está presente de manera relevante en el poema 'A la muerte del rey Filipo II el Prudente'. El poeta describe la ascensión al cielo de Felipe II y la aparición de Felipe III quien, acompañado por un Sandoval, aparece suspendido en los cielos sobre un diamante:

> [...] la planta sobre un diamante
> en que estaban estas letras:
> Filipo Tercero soy,
> rey de España y Fénix nueva.
> Un bastón de general
> tiene en la mano derecha,
> con un rótulo que dice:
> 'Soy defensor de la Iglesia'
> En la izquierda tiene el mundo.
> Y como es tierno, y él pesa,
> un gran Sandoval le ayuda
> y arrima en él la cabeza.[202]

De acuerdo con Belén Atienza, el relato de la pérdida de España a manos de Rodrigo, y el comienzo de la Reconquista por Pelayo, se funda en un fuerte

---

[201] *Ac.*, VII, p. 110b.
[202] Lope de Vega, *Obras poéticas*, 1989, p. 289. José Manuel Blecua identifica a este Sandoval con el cardenal Bernardo de Rojas. Atienza (47, nota 37) cree que se trata del duque de Lerma, 'puesto que en la escena ayuda al rey con el gobierno temporal del mundo, y no con el gobierno de la Iglesia'.

sustrato mítico.[203] Los contemporáneos de Felipe II y Felipe III lo proyectaron sobre su presente para cifrar sus miedos y esperanzas.[204] Fue el duque de Lerma quien inició una campaña de desprestigio, sirviéndose de iconos claves y representativos de la Reconquista. Reforzó de este modo su posición como valido. Durante las fiestas celebradas en Denia, del 12 al 18 de febrero de 1599, el futuro Duque comparó la prosapia de Felipe II con la de Rodrigo; la de Felipe III con la de Pelayo, y la de su antepasado Sando Cuervo, consejero de Pelayo, consigo mismo. Estableció así, asegura Atienza, 'una línea continuada de servicios de los Sandovales a los reyes, iniciada ya en la reconquista'.[205] Por otra parte, 'El futuro duque de Lerma necesitaba además justificar públicamente su presencia como valido. El marqués de Denia se dio cuenta de que cuanto más acentuada era la conciencia de crisis, más fácil era justificar la necesidad de un buen consejero para el joven monarca'.[206] En un panfleto (cuya intención era desprestigiar el antiguo régimen) titulado *Las causas de que resultó el ignorante y confuso gobierno que hubo en tiempos del rey nuestro señor, que sea en gloria, escrito por Íñigo Ibáñez, secretario del privado*, continúa Atienza, Felipe II es presentado como un rey 'débil y afeminado, bajo la influencia de Venus como también lo había estado el mujeriego Rodrigo. Felipe III en cambio tenía las dotes para ser un buen rey por estar dominado por el guerrero Marte'.[207] Curiosamente, en la comedia *El servir con mala estrella*, atribuida a Andrés de Claramonte, el rey, al verse sorprendido por Tello mientras visita la hermana de éste, se congela como si fuera una pintura o estatua. Tello, consciente de que es el verdadero rey, hace como que mira una imagen de éste y comenta que hubiera sido más apropiado ver al rey vestido de guerrero que no de galán. Como vemos, la

---

[203] Atienza, 2000, p. 41. Ambrosio de Morales, cronista de Felipe II, en su *Corónica general de España* publicada en tres volúmenes (1574, 1577, y 1586), alaba a Felipe II y lo compara como digno descendiente de Pelayo. Sobre Ambrosio Morales y otros cronistas reales en tiempos de Carlos V y Felipe II, véase R. L. Kagan, 1998, pp. 19–29; y sobre la historiografía durante los Austrias, M. T. Amado, 1994. Los contemporáneos de Lope de Vega conocían la historia de Rodrigo gracias al romancero, crónicas, y a las diversas historias de España que se reeditaron o escribieron en tiempos de Felipe II y Felipe III. Para una historia y compilación de textos en torno a la historia legendaria del rey don Rodrigo, véase R. Menéndez Pidal, 1925–7; y M. Menéndez Pelayo, 1944–5, VIII, pp. 82–92; también las 'Observaciones preliminares' en M. Menéndez Pelayo, 1966, 19–56.

[204] A finales del siglo xvi algunas voces críticas contra la monarquía del rey Prudente reinterpretaron el mito de Rodrigo e insinuaron paralelismos entre el tirano y Felipe II, observa Atienza, p. 40. Siguiendo a Anthony Feros, Atienza concluye: 'Tras la muerte de Felipe II, Felipe III y su privado Francisco Gómez de Sandoval intentaron distanciarse de Felipe II y presentar el nuevo reinado como una nueva esperanza'. Véanse también C. Pérez Bustamante, 1950; F. Benigno, 1992; y A. Feros, 2000.

[205] Atienza, 2000, p. 41.

[206] Atienza, 2000, pp. 40–1.

[207] Atienza, 2000, p. 41.

desidia, el desgobierno y la negligencia por amor es tema frecuente en estos dramas del Poder estableciéndose, a veces, de acuerdo con la dualidad paradigmática de Venus versus Marte.[208]

Lope de Vega, que sirve al marqués de Sarria, sobrino y yerno del valido, el duque de Lerma, se vale también del mito de la Reconquista para proyectar sus esperanzas e ideales sobre el nuevo reinado de Felipe III. En su poema *Fiestas de Denia al rey catholico Felipe III*, interpreta las fiestas como una segunda coronación donde Felipe III y la infanta Isabel Clara Eugenia confirman la privanza del marqués de Denia, futuro duque de Lerma.[209] Al igual que Pelayo, Felipe III es alabado como defensor de las costas contra los moros y de las reliquias sagradas. Para entretener al rey, además de la pesca, el teatro, y las meriendas, Gómez de Sandoval organiza la representación de la toma de un fuerte moro por parte del ejército cristiano. En otra ocasión, Gómez de Sandoval hace a los nobles desfilar y fingir un torneo ante el rey. Al día siguiente, cuando el séquito real sale de Denia, Gómez de Sandoval escenifica una fingida emboscada de moros a las costas de esta villa, con la presunta defensa de la plaza dirigida por el rey, con el posterior rescate del mismo y de su séquito por los cristianos. El mensaje de las fiestas de Denia es claro y repetido: Gómez de Sandoval es el brazo fuerte de Felipe III. De igual manera que Pelayo se vale de la fuerza de sus hombres, y en especial de Sando Cuervo, para obtener la victoria contra el enemigo moro, Felipe III puede valerse de Gómez de Sandoval. Lope resume el significado de las fiestas en dos versos: 'Siempre en España venturoso ha sido, / cualquiera rey de Sandoval servido'. Pero al margen de los elogios que dedica a este noble en el poema, Atienza observa que son 'pocos e imprecisos', hecho que explica el que el Fénix nunca dejara de tener 'una mirada crítica hacia privados y poderosos'.[210] Tal tesis, así como la lectura de textos como la epístola 'A un privado', la comedia *La quinta de Florencia*, el ya citado poema de las *Fiestas de Denia* que trata 'con reservas' la figura del privado, influyen su lectura de *El último godo*.[211]

La fundación de la nueva dinastía iniciada por Pelayo se fija en la comedia con la siguiente acotación: 'España entre, y córrese una cortina en que se vea

---

[208]   La oposición entre las esferas de Venus y Marte también se presenta en *La hija del aire* de Calderón. El rey Nino y su abúlico y afeminado heredero, Ninías, se asocian con la diosa del amor; la mujer guerrera y varonil, Semíramis, con el dios de la guerra. Para un comentario más extenso de dicha caracterización, remitimos al análisis de tal drama en el capítulo sobre Calderón.

[209]   Véase Atienza, 2000, pp. 42–3.

[210]   Véanse Atienza, 2000, pp. 43 y 46 respectivamente.

[211]   De acuerdo con la lectura de Atienza, Lope en *El último godo* 'hacía recordar a Felipe III y a su privado los peligros de la tiranía y la vanalidad del poder temporal ya que del reinar al morir no hay más que volverse el dado'. Según Atienza, al insinuar paralelismos entre Felipe III y Pelayo, Lope presenta un futuro esperanzador para la nación.

un lienzo con muchos retratos de reyes pequeños'.[212] Restaurador del reino, Pelayo respetará las reliquias sagradas y el honor de las mujeres, casando a su hermana con un 'príncipe cristiano' (Ilderigo de Sandoval) y prometiendo casarse él mismo 'con dama de Don'; es decir, de sangre goda. El mito gótico se establece una vez más como una alegoría del Poder, de la sangre, del origen providencialista de la historia y de la fundación mítica del Estado. Las intrigas que imponen la etnia, la religión y el nuevo orden del imperio, tan sólo resquebrajan tenuemente tal orden. *El último godo* logra que el espectador asocie la figura de Felipe III con la de su privado; que observe los peligros de la tiranía y de la vanalidad del poder temporal, ya que 'del reinar al morir no hay más que volverse el dado'. Al insinuar paralelismos entre Felipe III y Pelayo, Lope idealiza la constitución integral de un Estado, su identidad y a la vez, sutilmente, alude a las crisis del Poder que constituyen las truculentas maniobras de los validos.

La falla trágica del duque de Ferrara en *El castigo sin venganza*, obra que tan sólo se representa el 11 de agosto de 1631, es, además de moral —dado su donjuanismo— política y estatal. El desdén hacia su esposa y el abandono de sus obligaciones de estado suponen una grave desviación de sus deberes: 'es, más que esposo, tirano', afirma su mujer, Casandra. En palabras de Ignacio Arellano, tales actos del Duque constituyen 'una traición a su dimensión pública de gobernante', que tendrán como resultado fatales consecuencias, no sólo políticas, sino también personales y familiares.[213] Y es que desde el inicio de la tragedia, el Duque es indigno de la fama de su ilustre linaje: la ilegitimidad de Federico, producto de la vida libidinosa del gobernante, pone en peligro la estabilidad del estado. Le obliga, ya entrado en años, a casarse con la joven Casandra, y lograr así un heredero legítimo para sus vasallos. Este deseo de dar continuidad y de preservar el orden jerárquico a través del sello matrimonial no sólo niega la posibilidad de que el hijo bastardo (Federico) herede el trono del ducado, sino que establece también una desarmonía sexual. Ésta pone en movimiento una cadena de acciones cuyas secuencias y consecuencias el Duque será incapaz de controlar.[214]

Una vez casado con Casandra, el cambio del Duque —'prostitutas' por 'mujer honrada'— es tan sólo aparente. La nueva esposa no ha servido de

[212] *Ac.*, VII, p. 110b.
[213] Arellano, 1995a, p. 206.
[214] Rafael Osuna, 1991, p. 79, explica que 'El hijo bastardo aparece como problemático especialmente en el teatro que retrata a la nobleza o a la alta burguesía, a pesar de que la ilegitimidad ha sido mucho menos frecuente en estas clases que en las bajas. El bastardo de la clase alta pone en riesgo, además de su reputación moral, su prestigio y su nombre, las expectativas acerca de la transmisión de su propiedad, mientras que el padre de clase baja no arriesgaba nada'. Véanse al respecto *Social Deviance*, libro editado por Ronald A. Farrel y Victoria Lynn Swigert, 1975; y Ronald A. Farrel, 1982. También es útil la compilación de Robert A. Dentler y Kai T. Erikson, 1959.

freno a sus pasiones tal y como se esperaba en un principio: poner en olvido su 'proceder vicioso' (v. 256). Visita a la recién desposada sólo una noche en todo un mes y reanuda sus habituales correrías sexuales. Llega a palacio al amanecer, y no sólo no mira a su nueva esposa sino que la desdeña, llegando incluso a arrepentirse de haberse casado. Y es que Casandra es considerada como propiedad exclusiva, a modo de objeto de adorno, de comodín social. Llegó a Ferrara únicamente para darle un hijo legítimo al Duque y vive sujeta a las severas leyes del honor en su función de esposa, duquesa y madrastra. Así lo expresa Casandra: 'Para ser de vuestra Alteza / esclava, gran señor, vengo, / que deste título sólo / recibe mi casa aumento / mi padre honor y mi patria / gloria' (vv. 828–33).

La fuerza matriz del *eros* desencadena el móvil de la acción dramática. Durante la ausencia del Duque —se desplaza a Roma para prestar ayuda militar al Papa— se infringe el tabú: la relación ilícita, adúltera e incestuosa, entre su hijo Federico y Casandra. La conducta del Duque, que pasa de vicioso solterón a marido infiel, funciona negativamente sobre la del hijo quien, como su padre, quebranta el pacto conyugal. 'Un retrato vuestro ha sido' (v. 2656), le hace saber irónicamente Casandra al regreso del Duque de Roma. Éste, consciente del adulterio cometido, le responde con ironía: 'Ya sé que me ha retratado / tan igual en todo estado' (vv. 2657–8). Padre e hijo son, pues, reflejos mutuos; dobles y espejos de sí mismos. La destitución del Duque por su hijo es real y también simbólica: como esposo (familiar), como hombre (personal), y como máximo jerarca de su estado (política). Tal destitución, establecida en múltiples niveles, desata el desorden y establece la violencia. Impone un elemento trágico que desestabiliza la relación de parentesco dentro del sistema patriarcal. El acceso y la posesión, tanto real como simbólica, del cuerpo femenino implica la usurpación del lecho nupcial, imagen que se extiende, metonímicamente, al palacio, a la ciudad e incluso al estado.[215] Por su parte, la adúltera Casandra pierde todo valor al violar el pacto establecido con el Duque y, por extensión, con el estado de Ferrara.

El viaje a Roma para ayudar a las huestes del Papado origina en el Duque una radical transformación, convirtiéndose en prudente jerarca, en un 'español Trajano'.[216] Su triunfo y aclamación como héroe militar a su vuelta

---

[215] El cuerpo de la mujer representa, pues, como en el poema 'Lucrece' de Shakespeare, el poder.

[216] De acuerdo con Batín, el gracioso menos gracioso del teatro de Lope, el Duque está hecho de un solo filón, 'santo fingido' (v. 2800). Vuelto de Roma, cabizbajo y pensativo ante el final trágico que prevé, asume, de acuerdo con el gracioso, una falsa pose moral. Ann L. Mackenzie, 1991, p. 505, no cree que el Duque vuelva arrepentido: 'Some of us, however, might not share their convinced belief that the Duke returns from Italy [*sic*] a converted man'. Prefiere aceptar la escéptica reserva del gracioso Batín y no la afirmación de Ricardo de que el Duque 'es un santo ya' (v. 2363). Por el contrario, A. David Kossoff, ed. 1970, p. 29, indica:

de Roma coincide con un sincero deseo de enmendar su previa conducta. Lo indica Ricardo: 'con que ha sido tal la enmienda, / que traemos otro Duque' (vv. 2356–7). Roma, espacio real y simbólico, es el lugar del nacimiento del hombre nuevo como esposo y como jefe de estado. El Duque se propone aceptar las responsabilidades del matrimonio antes rechazadas. Pasa de mujeriego empedernido a marido arrepentido; de gobernante desocupado a jefe de estado cuidadoso del bien público. De ahí que, vuelto de Roma, su primer acto como gobernante sea el leer las quejas y avisos de sus súbditos, y acceder a sus peticiones y ruegos: 'deben los que gobiernan / esta atención a su oficio', declara (vv. 2460–1). La ironía se articula cuando el militar vencedor es destituido como padre, esposo y como jefe de estado en el mismo momento en que tales posiciones debieran ser confirmadas. El triunfo bélico del Duque contrasta por lo tanto con su derrota moral. Se invierten trágicamente los papeles: el virtuoso y fiel Federico da en adúltero y, contrariamente, el adúltero Duque se torna en virtuoso y esposo fiel.[217] Tal cambio radical lo atribuye el Duque a sus pasados desmanes morales, reflejados una vez más en el modelo bíblico del rey David.[218]

'Las conquistas de un hombre joven pueden hasta suscitar admiración, y las del ya entrado en años, ponerle en ridículo; eso es precisamente lo que le pasa al Duque en la primera escena'. Díez Borque, ed. 1988d, pp. 71–2, corrobora que el Duque 'no sólo vuelve como héroe triunfante … sino también transformado en persona virtuosa'. En el prólogo a la edición *Suelta* de *El castigo sin venganza* se declara que es una tragedia 'al estilo español'. Siendo así, la misma morfología del personaje central conlleva un reverso de fortuna. El castigo final de un duque no arrepentido e irónico socavaría un tanto el título de la obra y el género en el que el mismo Lope quiso encasillar la obra dramática: tragedia. De no ser así llegaría a ser una farsa política y social. Sobre *El castigo sin venganza* y el concepto de tragedia al estilo español, véase D. Ynduráin, 1987.

217   Más explícito es Pring-Mill en su 'Introducción' a la edición de J. Booty, 1961, p. xxxii: 'and part of the irony lies in the fact that he [el duque] has to kill his wife and son for a wrong which is like the wrongs he has done himself'.

218   Las alusiones bíblicas en *El castigo sin venganza* ya están presentes en el relato de Bandello (*Prima Parte de le Novelle del Bandello*, Lucca, 1554, núm. XLIV). Se alude a su vez al 'castigo' y a las causas que lo motivan. También a los amores incestuosos, al deshonor familiar y a la deshonra del linaje. Véase Marc Vitse, 1990, donde analiza este drama. Tanto Manuel Álvar, 1987; como A. David Kossoff en la 'Introducción' a su edición, 1987, pp. 30–1, señalan la historia de David y Absalón como antecedente del gran drama de Lope. Ambos se concentran más en el incesto ocurrido entre Amnón y Tamar que en la figura regia de David. Observa al respecto Manuel Álvar, 1987, pp. 214–15: 'Cuenta el libro segundo de Samuel (XIII, 31–4) que Absalón, hijo de David, tenía una hermana, la virgen Tamar, de la que se enamoró otro hermano suyo, Amnón. Tan fuertes fueron los amores que Amnón enfermó; un amigo, Jonadab, le visitó y fue confidente del enamoramiento. Su consejo fue expedito: Amnón debía llamar a Tamar para que le preparara una comida; la muchacha fue a las habitaciones de su hermano y le amasó unos hojaldres. Cuando Tamar se acercó con los manjares a la cama de Amnón, fue arrastrada y violada. Satisfechos sus deseos, Amnón odió a Tamar y la echó de su cuarto. Tamar rasgó su túnica, cubrió con ceniza la cabeza y lloró por su virginidad. David no castigó a Amnón porque era su hijo preferido, pero Absalón tramó la venganza: en el esquileo

De las iras soberana
debe de ser permisión.
Ésta fue la maldición
que a David le dio Natán;
la misma pena me dan,
y es Federico Absalón.
Pero mayor viene a ser,
cielo, si así me castigas;
que aquéllas eran amigas,
y Casandra es mi mujer.
El vicioso proceder
de las mocedades mías
trujo el castigo, y los días
de mi tormento, aunque fue
sin gozar a Bersabé
ni quitar la vida a Urías. (vv. 2506–21)

Tales paralelos bíblicos (David, Natán, Absalón, Bersabé, Urías) se destacan en esta tragedia como motivos recurrentes. Funcionan, creemos, a modo de *exempla*, símiles o figuras, constituyéndose en modelos de ejemplaridad. Así, el duque de Ferrara sigue el modelo bíblico del rey David en sus cuatro fases: rey pecador, rey arrepentido, rey castigado y, posteriormente, rey restaurado.[219] Y del mismo modo, Federico se establece, *mutatis mutandis*, como figura de Absalón: joven y bello príncipe que, según el Duque, pretendió alzarse con el trono.[220] Dichas figuras bíblicas casan, pues, dentro del arquetipo de la violencia política y familiar en que se acomoda el adulterio y el abuso del Poder. El relato bíblico de David y Bersabé implica la usurpación

de Baalhasor sus criados lo asesinaron'. Tirso en *La venganza de Tamar* y Calderón en *Los cabellos de Absalón* trataron el mismo asunto, aunque de manera diferente. Mientras el primero termina con la muerte de Amnón, el segundo añade, siguiendo el texto bíblico, la muerte de Absalón.

[219] Ya Ricardo había aludido al rey bíblico como emblema de la mejoría moral y política del Duque tras su victoria bélica. Ésta marca un antes y un después en la vida del Duque. Pasa de ser un jerarca a modo de Saúl, quien no estuvo a la altura de su misión, a un reflejo del rey David, el rey heroico y guerrero por excelencia y el sucesor de Saúl. Así lo confirma el texto: 'El Duque ha ganado un nombre / que por toda Italia suena; / que si mil mató Saúl, / cantan por él las doncellas, / que David mató cien mil; / con que ha sido tal la enmienda, / que traemos otro Duque; / ya no hay damas, ya no hay cenas, / ya no hay broqueles ni espadas, / ya solamente se acuerda / de Casandra, ni hay Amor / más que el Conde y la Duquesa: / el Duque es un santo ya' (vv. 2351–63).

[220] Absalón, hijo de David y Maca, era conocido por la extrema belleza de su cabellera y por dar muerte a Amnón, heredero al trono por ser mayor de edad. Se convierte a su vez en arquetipo de la sobrada ambición ya que, restituida su dignidad tras largos años de destierro por su pecado, consigue preparar las mentes de los desafectos e inicia una revuelta contra su padre, el rey David. Morirá a manos del viejo general Joab. La rebelión y la muerte de Absalón se narran en 2 Samuel 15, 1 – 19, 9.

del cuerpo femenino. El incesto entre Tamar y Amnón asocia la conducta depravada de Federico y Casandra, y la revuelta de Absalón, el hijo predilecto de David, se asocia con la tensa relación entre el duque (padre) y Federico (hijo). Asimismo, la intensa relación entre el hijo y el padre, figura ésta del *pater familias* y del juez (*iudex*), queda escindida entre un amor filial y un deber de estado. El castigo final, la muerte de Casandra a manos de Federico, y la de éste a manos de un vasallo del ducado, es en cierto modo ajeno al padre. Quien da muerte a Federico es el marqués de Gonzaga y a Absalón el general Joab.

En el contexto de la reparación del honor, la palabra escrita, pública, según se revela en el memorial que le llega al Duque, tan sólo se podrá borrar con la sangre de los transgresores. En admirados soliloquios, el Duque se debate en cómo reconciliar la ley del honor con su función de juez, jefe de estado y padre. Buscando una justificación, somete el castigo a un proceso que avala el canon jurídico.[221] Su discurso es lógico, racional; reflexiona extensamente sobre las causas del castigo y sobre las consecuencias de la venganza. Trayendo a colación las leyes sagradas, presenta y acepta el papel que le impone el honor a expensas del amor filial: 'Amor y sangre, abogados / le defienden' (vv. 2906–7).[222] Ha de ser, pues, un castigo de la justicia divina —'Cielos, hoy se ha de ver en mi casa / no más de vuestro castigo' (vv. 2834–6)— teniendo al Duque como instrumento, y como símbolo putativo de la ley, del orden y de la autoridad. Las exigencias del estado le obligan a que las causas del castigo se silencien, pues sólo su ocultación evitará que la violencia sea cíclica. Sólo de este modo se podrá conservar el honor público de quien representa la máxima categoría política y social. Y sólo así podrá reestablecerse de nuevo el orden y la honra, y podrá el reino volver a su marco legal. El conflicto que establece el cierre final de la tragedia es la representación de la verdad oficial —Historia—, y la explicación fictiva (*story*). En ésta radica la meta-representación que, a modo de 'obra dentro de la obra', conlleva el desenlace. Una vez más, el derecho de estado triunfa sobre la vida personal, y la razón sobre los impulsos naturales.

La tragedia presenta puntos de vista en conflicto, valores en oposición sin posibilidad alguna de conciliación o reencuentro. En *El castigo sin venganza*, la crisis del Poder se establece con frecuencia en polos opuestos. Los rígidos eslabones que imponen las normas de la cultura (política, religión, honor) doblegan la relación natural, idealizada, de un amor imposible entre Casandra

---

[221] Bruce W. Wardropper, 1987, pp. 191–205, considera que las acciones del Duque se enmascaran como legales, pero se sitúan en la barbarie del instinto vengativo y violento.

[222] Lo sagrado en *El castigo sin venganza*, observa Stroud, 1990, p. 40, es la invocación que hace el duque al honor personal y social, a la autoridad del Estado como entidad legal, al castigo divino que representa la mano justiciera y determinista.

y Federico.[223] El castigo constituye la imposición del orden social sobre el caos individual, la clarividencia judicial frente a la pasión amorosa. Arrepentido el Duque de sus correrías amorosas, la catarsis que implica el final derramamiento de sangre, impuesto por las leyes establecidas por la comunidad, revierte paradójicamente sobre quien ordena la ejecución, y sobre quien administra la justicia. El Duque se queda solo ante la destrucción de su familia y de su herencia. Él mismo irónicamente dicta su propia catástrofe. La disolución del estado y de la casa ducal de Ferrara contrasta con el futuro esperanzador del estado de Mantua, simbolizado por el matrimonio de Aurora con el marqués Gonzaga.

Tras el castigo de Federico, el consejo que el Duque le da a Aurora es que 'con este ejemplo, / parte con Carlos a Mantua' (vv. 3000–1). Tanto Aurora como el Marqués son espectadores de una representación cuya lectura oficial la establece el Duque. El poder determina las lecturas de la Historia e impone su verdad como única. Confundida Aurora ante la gravedad de los hechos —'Estoy, señor, tan turbada' (v. 3003)— y ante su desenlace, el Duque aprovecha tal confusión para imponer sobre ella la aceptación de lo ocurrido: 'Di que sí, que no es sin causa / todo lo que ves, Aurora' (vv. 3005–6). Tal versión es ciegamente aceptada por el marqués Gonzaga, quien describe el desenlace de la acción como un 'castigo sin venganza' (vv. 3012–13). Tanto el Marqués como Aurora creen que la muerte de Federico es consecuente con la retribución de 'la maldad que hizo / por heredarme' (vv. 3016–17). Es éste, pues, un castigo ejemplar, 'siendo en Italia asombro, / hoy es ejemplo en España' (vv. 3020–21). La verdad oficial y pública es que el castigo se ha ejecutado sin prejuicios.[224] Pese a tratarse de un hijo, el padre, como ya hemos observado, cumple el castigo en nombre de la justicia y del bien del estado. Las 'causas' que le obligaron a tal fin constituyen una grave y trágica transgresión política. En privado el Duque lleva a cabo una venganza personal y actúa como padre y como marido; de acuerdo con Aurora y el Marqués, ejerció como juez y como jerarca.[225] De este modo, la versión oficial de los hechos

---

[223] Lucrecia alude al desajuste del casamiento entre el Duque y Casandra, y a lo armonioso que resultaría de ser entre Casandra y Federico (vv. 1098–100).

[224] Recordemos cómo la *novella* dio en la versión francesa en historia trágica, y en la traducción española, que se toma directamente de la versión francesa, en 'historia trágica exemplar'.

[225] Se podría fácilmente apuntar a la presencia de *El príncipe* de Maquiavelo detrás de la constitución ética de la solución final del Duque: que los celos de Federico ante el nuevo heredero le llevaron a causar la muerte de Casandra. Maquiavelo asocia al príncipe prudente con el que da en 'gran simulatore e dissimulatore'. 'Como se ha de haber el príncipe con los súbditos y estranjeros' es el título de la tercera parte de la *Idea de un príncipe político cristiano*, libro de emblemas de Saavedra Fajardo. Uno de los temas centrales de esta parte es la disimulación; es decir, el derecho del príncipe de velar sus verdaderas intenciones delante de sus consejeros, sus súbditos y sus enemigos. Nos deja un tanto perplejos la siguiente afirmación de McKen-

no sólo oculta el deshonor del Duque sino que también anula toda posible reciprocidad.[226] Logra de este modo que la lección ejemplar sea reconocida y aceptada por los futuros gobernantes, el marqués Gonzaga y Aurora.[227]

Leído desde su función didáctica, el trágico ejemplo que se representa sobre las tablas se dirige tanto a los espectadores internos, Aurora y el Marqués, como a aquéllos que se sitúan fuera de las tablas: el monarca, el príncipe, el noble, que presencian la obra a modo de un *mise en abîme*.[228] Las acciones situadas en una lejanía espacial y temporal, la corte de Ferrara de *El castigo sin venganza*, se tornan en alegorías de la España del siglo XVII. Fijan una ideología, unos valores, unos códigos de conducta: los excesos y los límites del Poder.[229] La representación de la vida depravada del duque de Ferrara era reconocible a los espectadores del siglo XVII. Tenemos en escena a un jefe de estado, que es mujeriego e imprudente, que es 'fábula siendo de la gente / su viciosa libertad' (vv. 99–100), y que vive ajeno a sus

drick, 2000, p. 147: 'The Duke reacts to the crisis like a private individual – he behaves like an avenging Calderonian husband – and not like a ruler'.

[226]　De acuerdo con René Girard, 1977, pp. 8–14, paradójicamente, uno de los objetivos del sacrificio es restaurar la paz y armonía a la sociedad.

[227]　Un sentido pedagógico, dentro de la doctrina de cómo educar a un príncipe, adquiere la sugerencia que Febo dirige al Duque, en el cuadro I del primer acto. Le sugiere salir disfrazado de noche, en traje humilde, e inquirir sobre la opinión que el vulgo tiene sobre su gobernante, concluyendo 'que algunos emperadores / se valieron deste engaño' (vv. 145–6). Anteriormente Cintia finge no creer que podría tratarse del Duque ya que va a contraer matrimonio con Casandra el siguiente día y ha enviado a Federico a Mantua para recibirla: 'no es posible que ande haciendo / locuras de noche ya, / cuando esperándola está / y su entrada previniendo' (vv. 113–16). Cintia también recrimina la actitud de Ricardo quien acompaña al Duque en sus correrías nocturnas: 'Y si tú fueras fiel, / aunque él ocasión te diera, / no anduvieras atrevido / desilustrando su valor; / que ya el duque, tu señor, / está acostado y dormido / y así cierro la ventana; / que ya sé que fue invención / para hallar conversación. / Adiós, y vuelve mañana' (vv. 119–28). Algo parecido ocurre en la comedia de *El servir con mala estrella*, donde el rey Alfonso finge ser un retrato ante la presencia de Tello, el hermano de la pretendida. En ambos dramas, un personaje expresa, de manera irónica, las acciones de un rey que actúa indigno de su posición.

[228]　Recordemos que al escuchar a una actriz, que representa las protestas de una dama, el Duque viéndose a sí mismo reflejado en la acción, a modo de mimesis dramática, es decir de metateatro, expresa: '¿Agora sabes, Ricardo, / que es la comedia un espejo, / en que el necio, el sabio, el viejo, / el mozo, el fuerte, el gallardo, / el rey, el gobernador, / la doncella, la casada, / siendo al ejemplo escuchada / de la vida y del honor, / retrata nuestras costumbres, / livianas o severas, / mezclando burlas y veras, / donaires y pesadumbres? / Basta, que oí del papel / de aquella primera dama / el estado de mi fama; / bien claro me hablaba en él. / ¿Que escuche me persüades / la segunda? Pues no ignores / que no quieren los señores / oir tan claras verdades' (vv. 214–33).

[229]　Karl Vossler, 1941, sostenía que 'Por su pluma, los personajes de las épocas más remotas y de los más lejanos países piensan, hablan y se conducen como si fuesen españoles del barroco … y lo mismo daba que se tratase de Teseo, de Ciro y Alejandro o de Fernando el Católico'.

cargos políticos. Acompañado de sus criados, el Duque ronda al inicio de la tragedia las mancebías de su ciudad a modo de frenética despedida de soltero en busca de deleite y placer. Sus desvíos sexuales están en el correr de todo el drama. Envuelven, real y metafóricamente, al estado de Ferrara y a su entorno. La intriga central se encuadra en las amplias salas de un palacio y se desarrolla ante cortesanos, acostumbrados al recinto cerrado, cubierto, de las salas que habitan: un duque y una duquesa, un conde y un marqués, una dama —Aurora—, y un letrado —Ricardo— y un mínimo círculo de vasallos. Lope constató que *El castigo sin venganza* se representó 'sólo un día' y alude a ciertas 'causas' aunque sin especificarlas, que prohibieron una segunda representación.

Se han barajado varias teorías. Una es la posible asociación con el grave problema, tanto político como personal, entre el príncipe don Carlos (1545–68), su padre, Felipe II, y la joven esposa de éste, Isabel de Valois. Otra es la velada alusión al desgobierno y abandono de los estados por parte del rey Felipe IV, que disfrutó, como el duque de Ferrara, de fama de mujeriego. Melveena McKendrick concluye: 'The play's political reach extends well beyond its implied reference through the Duke's whoring activities at the beginning of the work to the young Philip IV's sexual adventures under the tutelage of Olivares in the capital a decade before'.[230] Cervantes ya había avisado sobre el peligro de representar en las tablas casos relativos a la encopetada nobleza, que derivaban en 'cosas de perjuicio de algunos reyes y en deshonra de algunos linajes'.[231] Como ya anotamos previamente, lo mismo había observado Lope hacía ya unos veinte años en el *Arte nuevo*: 'o que la autoridad real no debe / andar fingida entre la humilde plebe' (vv. 162–4). Tal representación, pues, pudo resultar escandalosa ante la aristocracia de la tercera década del siglo XVII. Tal vez injurió su orgullo al verse representada bajo las acciones del duque de Ferrara, que fácilmente pudo captar el bullicioso público del corral.[232] La alegoría que señala la falla en la conducta o el carácter de un jerarca, máximo representante del Poder, revela las graves crisis de un sistema político que apunta a su decadencia.

---

[230] McKendrick, 2000, p. 149. Sobre la vida libertina de Felipe IV, véase el clásico estudio de Deleito y Piñuela, 1988.

[231] *Don Quijote*, I, 48.

[232] A estas alturas, en escritos que salen casi paralelamente con *El castigo sin venganza*, Lope cuestiona los valores políticos y morales de los dirigentes. Recordemos, por ejemplo, el famoso ciclo de romancillos conocidos como las 'Barquillas' y las 'Soledades', que escribe a raíz de la muerte de Marta de Nevares, e incluye a última hora en *La Dorotea* (1632). Estos ciclos aluden alegóricamente al trueque de los antiguos valores: concepto del honor invertido, encumbramiento social debido al favor, nueva nobleza arraigada en el poder del dinero, arrogancia y postura desafiante de la nueva clase social. Tales individuos se consideraban 'de medio arriba romanos, / de medio abajo romeros' (vv. 33–4). Citamos siguiendo la edición E. S. Morby, 1968 [1958], p. 87.

3

Tirso de Molina o la carnavalización del poder

> ¿Qué píldora se atreverá a acometer desnuda la salud del
> enfermo, por más eficaz que sea su medicina, si no viene
> con la máscara del oro que hermosea su amargura? Y las
> verdades que no se visten con metáforas ingeniosas y versos
> deleitables, dan en rostro y son difíciles de digerir.
>
> Tirso de Molina, *Los Cigarrales de Toledo*

> … las verdades de las culpas cometidas en secreto nadie ha
> de ser osado a sacarlas en público, especialmente las de los
> Reyes y príncipes que nos gobiernan.
>
> Miguel de Cervantes, *Persiles y Segismunda*

> … si se consideran bien las caídas de los imperios, las
> mudanzas de los estados y las muertes violentas de los
> príncipes, casi todas han nacido de la inobediencia de los
> afectos y las pasiones a la razón. No tiene el bien público
> mayor enemigo que a ellas y a los fines particulares […] se
> ha de corregir en el príncipe procurando que en sus acciones
> no se gobierne por sus afectos sino por la razón de estado.
>
> Saavedra Fajardo, *Idea de un príncipe político cristiano*

Pese a las múltiples lagunas e imprecisiones existentes en la biografía de
Gabriel Téllez, conocido universalmente como Tirso de Molina, la crítica
desde sus inicios ha erigido al fraile de la Merced como piedra angular dentro
de la trinidad dramática del Siglo de Oro.[1] Ni los problemas de transmisión ni

---

[1] En un estudio sobre el estado de los estudios tirsianos a las puertas del siglo XXI, Blanca
Oteiza, 2003, menciona algunos de los nombres, ya clásicos, para los tirsistas: los editores
de su teatro (Hartzenbusch, Cotarelo y Mori, Blanca de los Ríos y Pilar Palomo); recopila-
dores de su bibliografía (Hesse, Penedo, Placer, Darst, Williamsen); críticos que analizaron
su teatro en su conjunto (Muñoz Peña, Kennedy y Maurel); estudiosos de su prosa (Pendeo y
Nogué); de su métrica (Guastino, Morley, Wade, Williamsen) y de la transmisión textual de sus
textos (Bushee, Moll, Paterson, Cruickshank, Fernández). Para completar esta información y la
bibliografía, véase el previo estudio de Oteiza. Sobre la biografía de Tirso, véase L. Vázquez
Fernández, 2003.

las discusiones acerca de la autoría de piezas maestras como *El burlador de Sevilla* o *El condenado por desconfiado*, así como de otras muchas comedias que se le atribuyen, han podido desplazarle del canon.[2] Su obra dramática nos ha llegado a través de unos pocos manuscritos, de distinta condición y de ediciones que presentan varios formatos: cinco partes de comedias,[3] obras sueltas, y sueltas integradas en volúmenes colectivos a nombre de diferentes ingenios.[4] No obstante, desde 1946 el teatro de Tirso se lee fundamentalmente en la popular edición de Blanca de los Ríos, por una cuestión práctica de acceso y comodidad. Es la única, hasta el momento, que intenta recoger 'toda' la producción dramática del Mercedario, aunque con textos poco fiables.[5] Esta editora agrava aún más la confusión de autoría al incluir

---

[2]   La edición príncipe de *El burlador de Sevilla* apareció integrada en *Doce comedias nuevas de Lope de Vega Carpio y otros autores. Segunda parte* (Barcelona, Gerónimo Margarit, 1630). Su autoría sigue siendo cuestión debatida: desde la atribución a Andrés de Claramonte por Alfredo Rodríguez López-Vázquez, 1987a, 1987b y 1992; a Luis Vázquez Fernández, 1992, que la atribuye sin dudar a Tirso.

[3]   Es, sin duda, la colección más completa de su teatro. Se publicaron entre 1627 y 1636, en Madrid, salvo la primera (Sevilla) y tercera (Tortosa) partes. Para una completa descripción de estas partes véase D. Montero, 1997, pp. 37–51. L. Vázquez Fernández, 2003, p. 9, sostiene que Tirso publicó seis partes de comedias, si bien de la segunda 'sólo 4 son mías', según nos dice Tirso en la dedicatoria a la Congregación de Mercaderes de Libros de Madrid. Y la primera no se conoce, aunque Cotarelo y Mori afirma: 'Debió de salir, al fin, a luz en Madrid, en 1627, según se deduce del privilegio, tasa y erratas de la edición de Valencia de 1631' (1906–07, p. xliv, n. 10).

[4]   Aunque hay ediciones sueltas modernas válidas, todavía falta una buena edición crítica de su obra completa, que atienda por igual a los aspectos de fijación e interpretación textual. Véase al respeto, X. A. Fernández, 1991. Véase también I. Arellano, 2000. Hay que esperar a los años noventa para que la obra dramática de Tirso fuera revisada en el imprescindible trabajo de X. A. Fernández, 1991, del que debe recordarse, no obstante, que no rastrea toda la casuística de cada comedia. Existen dos proyectos de edición de sus obras completas: el de la colección de la Biblioteca Castro y el del Instituto de Estudios Tirsianos (I.E.T.), con objetivos, métodos y resultados diferentes. En 1994, Pilar Palomo e Isabel Prieto inician el proyecto de la edición de la obra completa de Tirso, en la colección Turner-Biblioteca Castro. Y en 1997 se crea el I.E.T., que nace en el marco de los proyectos de investigación integrados en la Línea Prioritaria Siglo de Oro de la Universidad de Navarra, con el apoyo fundamental de la Fundación Universitaria de Navarra, del Banco de Santander Central-Hispano, y la colaboración de la Orden mercedaria al frente del padre Luis Vázquez Fernández. De acuerdo con Vázquez Fernández, 2003, el principal objetivo es la difusión y el estudio de la obra de Tirso, sobre todo a partir de la publicación de sus obras completas en ediciones críticas y anotadas, que han consultado todos los testimonios existentes, que incluyen un apartado con todas las variantes resultantes del cotejo, y un aparato de notas explicativas.

[5]   Blanca Oteiza, 2003, p. 3, señala que de los Ríos publica las ocho comedias dudosas de la *Segunda parte* y también otras comedias sueltas, o integrantes de volúmenes colectivos de diversos ingenios del siglo XVII, atribuidas a Tirso sobre las que tampoco hay autorías seguras. Las ediciones que están manejando los tirsistas, a excepción de algunas sueltas más o menos fiables, son las de J. E. Hartzenbusch, 1839–42, y 1848; E. Cotarelo y Mori, 1906–07; Blanca de los Ríos, 1946–52; y P. Palomo, 1970–71; éstas no son ediciones críticas. 'Las caracterís-

ochenta y ocho títulos, entre ellos comedias, hoy claramente adscritas a otros autores.[6] Del reconocido corpus de dramas tirsianos, se destaca sobre todo la cualidad polifacética de su ingenio creador: villanescas, hagiográficas, bíblicas, históricas, de capa y espada, palatinas. Como asegura Ignacio Arellano, 'la poesía popular, la culta, los matices del amor y de la burla, la reflexión sobre la máquina del poder, la indagación religiosa y la sátira social, todo lo sagrado y lo profano entran torrencialmente en la obra del mercedario'.[7]

En su censura de la *Cuarta parte* de comedias tirsianas, el dramaturgo contemporáneo al fraile, Juan Pérez de Montalbán, declara que en la obra de Tirso 'lo sentencioso de los conceptos admira, lo satírico de las faltas corrige, lo chistoso de los donaires entretiene, lo enmarañado de la disposición deleita, lo gustoso de las cadencias enamora, y lo político de los consejos persuade y avisa'.[8] Sin embargo, el Mercedario no fue bien visto por todos sus contemporáneos, sobre todo por los representantes del Poder, hasta el punto de que tuvo no pocos problemas con sus compañeros de la Orden y con el mismísimo Consejo de Castilla. La Junta de Reformación, creada por el conde-duque de Olivares con el propósito de mejorar las costumbres de la época, presidida por el confesor del rey, por ilustres caballeros de las Órdenes Militares y por un carmelita descalzo, aconsejaron a Felipe IV que sería prudente desterrar al mercedario comediógrafo de la Corte por dedicarse a escribir 'comedias profanas y de malos incentivos'.[9] Dicho aconteci-

---

ticas de las ediciones de Hartzenbusch —que declara seguir 'las ediciones primeras, pero sin copiar su ortografía, sin imitar su desaliño, sin repetir las erratas, o las lecciones, manifiestamente viciosas, que son en ellas tan comunes' (*Teatro escogido*, I, 1839, pp. v–vi)— con sus enmiendas muy certeras a veces, otras no tanto; la adición de versos de su propia musa, de acotaciones aclaratorias, etc., son seguidas por los editores posteriores, prácticamente hasta hoy día. Cotarelo y Mori sigue a Hartzenbusch, de los Ríos a Cotarelo y Hartzenbusch, y Palomo depende fundamentalmente de Cotarelo, directamente o a través de Blanca de los Ríos. De manera que es necesaria una revisión de sus textos dramáticos a partir de los manuscritos y ediciones primeros', afirma Oteiza, 2003, p. 3.

   [6]   Entre las obras que entrarían dentro del marco de nuestro estudio se encuentran *El rey don Pedro en Madrid, La estrella de Sevilla* (atribuidos a Claramonte), *La próspera fortuna de Bernardo de Cabrera* (atribuido a Lope y a Mira de Amescua), *La próspera fortuna de don Álvaro de Luna y Adversa de Ruy López Dávalos* (primera parte) y *Adversa fortuna de don Álvaro de Luna* (*Segunda parte de la próspera fortuna de don Álvaro de Luna*) de Mira de Amescua.

   [7]   Arellano, 2003, p. 2.

   [8]   Tirso de Molina, *Obras completas. I. Cuarta parte de comedias*, ed. I.E.T., 1999, pp. 55–6.

   [9]   Vázquez Fernández, 2003, 10. Véase al respecto Ángel González Palencia, 1946, pp. 43–84. La razón por la pugna entre Tirso y la Junta de Reformación nunca ha sido explicada de manera satisfactoria. Ruth Lee Kennedy, 1948, p. 1186, sostiene que 'royal or ministerial enmity' puede estar detrás del exilio forzado del Mercedario. J. C. J. Metford, 1959, sugiere varias razones por las que Tirso desaprobó el nuevo régimen de Felipe IV y del Conde-Duque,

miento histórico, que se puede fechar —ocurre el 6 de marzo de 1625— ha dado origen a un punto debatido en la crítica tirsiana: la relación de ciertas comedias con sucesos y personajes históricos a los que supuestamente el Mercedeario denuncia y critica. En esta línea, varios críticos han querido deducir, con pruebas textuales, una oposición política y satírica, en varias de las obras dramáticas de Tirso de Molina, inclusive estableciendo fechas probables de acuerdo con la 'evidencia' textual. Blanca de los Ríos dedica toda una sección al 'teatro de oposición' del fraile de la Merced, sugiriendo un orden cronológico con fechas probables.[10]

Dicho corpus se inicia, según Blanca de los Ríos, entre 1619 y 1621, con *Averígüelo Vargas* y con *La próspera fortuna de Don Álvaro de Luna*, comedia ésta que la ilustre especialista incluye en el primer tomo de las *Obras completas de Tirso*, pese a que hoy se atribuya a Mira de Amescua.[11] La estudiosa funda dicha cronología anunciando la resolución del enigma biográfico de Gabriel Téllez. Hallada su partida bautismal, que supuestamente lo empariente con la familia de Osuna, lo considera hijo bastardo de don Pedro Téllez Girón y de la Cueva, primer duque de Osuna y conde de Ureña. Tirso, pues, hermano menor e ilegítimo del segundo duque de Osuna, iniciaría su teatro de oposición para desahogar su justa ira contra el valido Olivares, en el momento del ruidoso encarcelamiento del Duque, el 7 de abril 1621, y tendría fin con la caída del valido, el 23 de enero de 1643.[12] Aun sin

incluyendo la posibilidad de que algunos de sus patrones cayeran del favor real tras el cambio de poder en 1621. Véase además R. L. Kennedy, 1981.

[10] También Ruth Lee Kennedy, 1942 y 1943, intenta establecer fechas de composición a la obra dramática de Tirso.

[11] Según Raymond MacCurdy, 1978, pp. 11–12: la autoría de *Averígüelo Vargas* y de *La próspera fortuna de Don Álvaro de Luna* 'has long been shrouded in doubt since they were first printed in the *Segunda parte de las comedias del Maestre Tirso de Molina* (Madrid, 1635), about which the author says in his *Dedicatoria*: "… dedico, de estas doce comedias, cuatro que son mías, en mi nombre; y en el de los dueños de las otras ocho (que no sé por qué infortunio suyo, siendo hijas de tan ilustres padres, las echaron a mis puertas), las que restan." The fairly recent discovery of an autograph manuscript of Mira de Amescua of the second play, approved for presentation on October 17, 1624, seems to offer incontrovertible evidence that he was the author, at least a joint author, of the second play, and probably of the first. However, the last word has probably not been said about the authorship of the two Don Álvaro de Luna plays, but it is assumed throughout this book that Mira was the author of both'. Cotarelo y Mori, 1906–07, incluye las dos partes de la *Próspera fortuna de don Álvaro de Luna* en la colección de Tirso.

[12] Se trata de don Pedro de Alcántara Girón y Guzmán, general y político, denominado *Osuna el Grande*. Nació en Osuna y murió en Madrid (1574–1624). Llevó en su juventud una vida escandalosa y desordenada. Por sus desmanes estuvo encarcelado en los castillos de Arévalo y Peñafiel; tuvo que refugiarse en Francia, donde continuó su vida disipada. Pasó a Flandes, sentó plaza de soldado y prestó tan importantes servicios que, en 1610, Felipe III le nombró virrey y capitán general de Sicilia, y después de Nápoles, donde dejó recuerdos de su justiciera gestión administradora, en la que tuvo muy buena parte su secretario, el ilustre Francisco de Quevedo y Villegas. Durante su mandato en Sicilia destaca la toma de Larache

el hallazgo de la partida, Blanca de los Ríos afirma hallar una visible manifestación de este parentesco en las obras 'autobiográficas' de Tirso, tanto *El castigo del Penseque*, como en las 'transparentes y repetidísimas alusiones de Cervantes', en *El Licenciado Vidriera*, en el *Quijote*, y en el *Persiles*, a un dramaturgo de familia noble, desterrado por sus sátiras.[13] Afortunadamente, las recientes investigaciones biográficas del también fraile mercedario Luis Vázquez Fernández han corregido algunos de los errores de Blanca de los Ríos empeñada, como hemos visto, en hacer de Tirso el hijo bastardo del duque de Osuna y en examinar su obra desde esta perspectiva.[14]

Ignacio Arellano, en un estudio 'puramente aproximativo al tema' de los mecanismos del Poder en las comedias de Tirso, denuncia las obsesivas exageraciones dogmáticas de Blanca de los Ríos en su intento de relacionar texto con contexto, prácticas a menudo aducidas por otros estudiosos, 'muy difícilmente demostrable en el nivel de concreción que tales críticos defienden'.[15] Coincidimos con dicha postura metodológica; no coincidimos del todo con las conclusiones de Arellano acerca de las críticas sobre el Poder en Tirso. Según el estudioso, tales críticas, dirigidas contra determinados aspectos del

---

(1610) y la defensa de Mesina y Malta contra los turcos. Por defender con celos los intereses de su patria, sus enemigos le relacionaron con la llamada *Conjuración de Venecia*, cuyas falsas acusaciones tuvieron crédito en Madrid, por lo que Felipe III le destituyó del cargo. Al morir Felipe III, ya de nuevo en España, el conde-duque de Olivares lo procesó. Fue encerrado en la fortaleza de la Alameda, trasladado a Madrid, y más tarde murió en la cárcel. Pregonaron sus glorias, entre otros muchos, su antiguo secretario Quevedo y Lope de Vega.

[13] 'El tema de destierro, tan intencionado e insistentemente repetido aquí, como en el *Quijote*, con alusión a Téllez, confirma mi hipótesis, cada vez más comprobada, de que nuestro poeta fue desterrado por *El castigo del Penseque*, de 1614 a 1615 —[L]a alusión de Cervantes a Estercuel en el capítulo LI de la Segunda parte del *Quijote* lo demuestra— y lo había sido antes, y aun con mayor motivo, por *La mujer que manda en casa*, [comedia] agresiva para Felipe III y para la reina Margarita, y por *Tanto es lo de más como lo de menos*, donde el *Rico avariento* es [una] terrible semblanza satírica de Lerma' (Tirso de Molina, *Obras dramáticas completas*, vol. I, p. 672). Ya antes, R. L. Kennedy, 1942 y 1943, había publicado una serie de artículos que pretendían fijar la fecha de algunas de las obras de Tirso al establecer alusiones a ciertos personajes y a los eventos políticos y sociales de los primeros años del reinado de Felipe IV. Aunque Kennedy y Blanca de los Ríos coinciden que Tirso escribió obras en oposición al régimen de Olivares, no coinciden en cuáles se refieren a dicho período. De los Ríos, por ejemplo, pensaba que *La mujer que manda en casa* fue escrita en 1611 o 1612 (Tirso de Molina, *Obras dramáticas*, vol. I, pp. 107–8), mientras que Kennedy, 1974, p. 59, sostiene que la obra es de los años veinte.

[14] Sobre el estado actual del 'enigma biográfico' de Tirso, de nuevo remitimos a Luis Vázquez Fernández, 2003.

[15] Arellano, 2001a, p. 93, n. 2, afirma: 'Me parecen muy problemáticas las alusiones constantes que señala B. de los Ríos a Lerma, Olivares, Osuna, Quevedo, y a determinadas circunstancias políticas del momento en obras como *La mejor espigadera, Tanto es lo de más como lo de menos, La ventura con el nombre, Privar contra su gusto*, etc. Remito a los prólogos de B. de los Ríos en su edición de *ODC* de Tirso'. En este sentido, Arellano también remite a los estudios de Metford, 1959; y de Ruth Lee Kennedy, 1980 y 1981.

poder, se mantienen en un nivel general, con un tono 'suave', moralizante, relacionado en buena parte 'con la visión optimista y fundamentalmente atrágica' que se desprende de toda la obra del Mercedario.[16] Dicha lectura a menudo se basa en un concepto de final feliz, capaz de disolver toda tensión crítica previa y de resolver todo final ambiguo.[17] Arellano analiza el poder en *La república al revés* y observa que:

> [e]n otros personajes tirsianos puede continuarse el examen de los defectos y abusos del poder, que configuran la antítesis del modelo de buen gobernante que comentaba al principio: arrastrados por la ira (*Los lagos de San Vicente, Mari Hernández, la gallega*), o la pasión particular que ponen sobre el bien común (*Los lagos de San Vicente*), la codicia (*Cómo han de ser los amigos*), la crueldad (*Vida y muerte de Herodes, La mujer que manda en casa, La república al revés*), la debilidad culpable de carácter (Acab en *La mujer que manda en casa*), etc. reflejan sus defectos en la sociedad que rigen, o son reflejos de la propia degradación general. En estos universos de injusticia y despotismo encuentran los traidores terreno abonado: surgen personajes prototipos de traidor como don Egas (*Mari Hernández, la gallega*), Ricardo (*Quien habló pagó*) o don Juan (*La prudencia en la mujer*). Aunque se percibe muchos lugares de estas comedias una efectiva crítica —más moral que estrictamente social— de las corrupciones del poder, de nuevo la visión optimista de Tirso permite muy a menudo en los desenlaces el arrepentimiento final de los malos y traidores, que suelen alcanzar el perdón y cierta reconciliación con sus propias culpas.[18]

Pero la crítica, como vimos en *El castigo sin venganza* de Lope, con frecuencia perdura más allá del cierre de la obra. Más aún, dadas las circunstancias políticas e históricas que enumeramos en la introducción de este estudio, difícilmente se puede divorciar el corpus dramático de su contexto socio-histórico. Si bien es cierto que Arellano relaciona las comedias que analiza con otros textos literarios que versan sobre el Poder, como los espejos de príncipes y otras comedias de la época, no forma parte de su objetivo el analizar cómo la precaria situación del país pudo influir sobre el horizonte de expectativas del público del siglo XVII.

---

[16] Arellano, 2001a, p. 93.

[17] Si bien tradicionalmente se ha visto el cierre (*closure*) de una obra dramática como la unificación coherente de sus variados recursos dramáticos, nuevas lecturas críticas y teóricas han cuestionado tal propuesta. Barbara Herrnstein Smith, 1968, establece el término cuyo equivalente en español vendría a ser 'cierre de final'. Philippe Harmon, 1975, equivale tal término a 'fin', 'finalité', 'finition', 'clôture'. Otros teóricos aplican tal término al género de la novela. Tal es el caso de J. Hillis Miller, 1985; D. A. Miller, 1981; y Marianna Torgovnick, 1983. Ya clásico es el estudio de Frank Kermode, 1967, sobre la novela como una forma cerrada y a la vez no concluida.

[18] Arellano, 2001a, p. 105.

Del buen arte de gobernar: *La prudencia en la mujer*

Doña María de Molina representa, en *La prudencia en la mujer*, al regente modelo. Encarna todas las virtudes que ha de poseer el buen monarca, y ofrece una magnífica lección de teoría y práctica sobre el *ars gubernandi*.[19] Es la única historia procedente de las crónicas medievales que Tirso llevará a las tablas.[20] Este drama histórico, sin unidad de lugar ni de tiempo, refleja algunos de los episodios más emblemáticos del reinado de la heroica reina y el de su hijo, Fernando IV (1295–1301), tras la muerte de Sancho IV de Castilla. En su papel múltiple de viuda, monarca, madre, y de asesora del niño rey, el personaje central que da título a la comedia ejemplifica en sus palabras, así como en sus acciones, el recto ejercicio del poder, el orden y la justicia.[21]

La acción se inicia con la reciente viudez de la Reina y su lucha tenaz por preservar a su hijo, tierno príncipe de tres años, de las amenazas y traiciones de unos Grandes que pretenden usurparle el trono. Los principales maquinadores contra Fernando IV son los infantes don Juan, sobrino de don Enrique, caracterizado con el estigma negativo de haber sido, en Tarifa, quien ejecuta al hijo de Guzmán el Bueno, y don Enrique, hermano de Alfonso X el Sabio.[22] Impulsados por la ambición y la pasión de poder, tratarán una y otra vez de desestabilizar el reino recurriendo, de manera maquiavélica, a

---

[19] Se trata de doña María Alfonso de Meneses (¿1265?–1321), hija de don Alfonso de Molina, hermano de san Fernando y por tanto, prima hermana de Alfonso el Sabio. Según Alice Huntington Bushee y Lorna Lavery Stafford, en su edición de la obra, 1948, las fuentes históricas de *La prudencia en la mujer* son la *Crónica de don Fernando Cuarto*, el tercer libro de cinco que forman las *Crónicas de los reyes de Castilla* atribuido a Fernán Sánchez de Tovar en el siglo XIV y publicado en Valladolid en 1554; *Los quarenta libros del compendio historial* de Esteban de Garibay y Zamálloa (Amberes, 1571), *Nobleza de Andaluzia* de Gonzalo Argote de Molina (Sevilla, 1588), la *Historia general de España* de Juan de Mariana (edición latina, Toledo, 1592) y el *Origen de las dignidades seglares de Castilla y León* de Pedro Salazar de Mendoza (Toledo, 1618).

[20] Dado que no existe manuscrito de la versión original difícilmente puede establecerse una fecha concreta de *La prudencia en la mujer*. Kennedy sugiere que la comedia tiene que ser posterior a la coronación de Felipe IV —marzo 31, 1621— y probablemente se compone entre abril 8, 1622, cuando el rey cumple diecisiete años, y mediados de junio del mismo año. Blanca de los Ríos también fecha la obra en los primeros meses del reinado de Felipe IV.

[21] Estableciendo paralelismos entre los personajes y los acontecimientos de los primeros años del reinado de Felipe IV, Ruth Lee Kennedy, 1948 y 1949, sostiene que Tirso, bajo el disfraz de un drama histórico, manifiesta una crítica política, social y moral latente hacia el nuevo régimen y sus ministros.

[22] En un principio, el personaje don Diego López de Aro, primo del fallecido rey, se levantará contra Fernando IV, apoyado por Navarra y Aragón. En la jornada segunda, volverá por la fama de la Reina ante la falsa acusación de don Juan que la regente pretendía envencar a su hijo, acción que le vale el perdón real y el condado de Bermeo. Ante la benevolencia de tal acto, declara don Diego: 'vengo a ver en nuestro siglo apacible, / lo que parece imposible, / que es prudencia en la mujer' (vv. 2290–2).

la mentira, la sedición e incluso al intento de asesinato. Si bien al inicio la Reina defiende sola los intereses de su hijo, encarnando la figura de la mujer guerrera y varonil, mostrará su prudencia al pedir a don Juan de Benavides, y a los hermanos don Alonso y don Pedro Carvajales que pongan a un lado su disputa para defender los intereses del niño rey.[23] Con la ayuda de éstos y de otros mil aliados logran introducir al niño Fernando en el alcázar real y cercarlo, lo que les vale la victoria. Tras mostrar su valor en la guerra, la Reina demuestra dos cualidades del buen monarca: la clemencia y la magnanimidad. Perdona a los infantes, dejándoles libres; les restituye sus estados e incluso les concede nuevas tierras. Además muestra su prudencia al solucionar el posible conflicto entre sus aliados. Hace casar a Teresa de Benavides con uno de los Carvajales. Su actuación le gana el apodo de la 'Semíramis de España' (v. 793).

Siguiendo el proverbio del ambicioso César, 'por reinar / lícita es cualquier traición' (vv. 1177–8), don Juan continúa sus maquiavélicas maquinaciones en la segunda jornada. Si bien en la guerra de sucesión sólo amenazó con pedir la ayuda del moro, ahora conspira con el otro enemigo, el judío, para maquinar contra la Corona. Convence a un médico hebreo, que en nombre de su pueblo desea vengarse de los cristianos, a que envenene al Rey mientras éste padece de viruelas. A cambio pide el amparo de su pueblo y su ley cuando reine don Juan. El plan falla al encontrar la Reina al médico *in flagrante*, en el aposento del Rey. Cuando el médico culpa a don Juan del atentado, y miente sobre el contenido de un vaso, la Reina se lo hace beber, causándole la muerte. Tal muerte, la única en esta comedia, se justifica por haber el médico emprendido un crimen de lesa majestad y por el origen judío de la víctima.[24] Aunque la Reina tiene motivo para sospechar sobre la presunta complicidad de don Juan, de nuevo ejerce la prudencia. Antes de

---

23 Miguel Zugasti, 2004, p. 26, acierta al declarar que 'la insistencia de Tirso en la inquebrantable lealtad de estos nobles aproxima la obra a la subespecie del drama genealógico', lo cual se aprecia con nitidez en los versos finales, cuando se anuncia una continuación (hoy desconocida) que se ocupará de los famosos Carvajales: 'De los Carvajales / con la segunda comedia / Tirso, senado, os convida, / si ha sido a vuestro gusto esta'. Los Carvajales morirán despeñados, por orden de Fernando IV, en Martos, y de ello trataría seguramente esta comedia perdida de Tirso. Sin embargo, sí se conserva la comedia de Lope, analizada en el capítulo anterior, sobre este mismo asunto: *La inocente sangre*.

24 Blanca de los Ríos, 1958, vol. III, p. 903, relaciona una alusión, (vv. 1083–406) al rumor que acusaba a don Rodrigo de Calderón, favorito de Felipe III y del duque de Lerma, de envenenar a la reina doña Margarita, por la que pagó con su vida en octubre 21, 1621. En el proceso de Calderón se le acusaba, por lo menos, de complicidad con el doctor Mercado en el envenenamiento de la reina. Según la estudiosa, *La prudencia en la mujer* se estrena en 1632, en los días en que los adversarios del Conde-Duque, y con ellos Quevedo, atribuían al valido la muerte del infante don Carlos de Austria, envenenado por el cirujano Martínez Ruiz. Dichas sátiras políticas, sugiere de los Ríos, explican por qué fuera Tirso perseguido y desterrado.

acusarle de manera definitiva y de ajusticiarle, será paciente, a la espera de contar con alguna prueba que corrobore el testimonio del judío agonizante.

Cuando finalmente se encuentra a solas con el infante, no le culpa directamente del atentado. Sí, en cambio, le muestra el cadáver del médico como lección del poder real y como antídoto contra la ambición y la traición. La reacción de los nobles ante la noticia de la inmediata invasión árabe, hace todavía más patente la clara oposición entre los aliados a la Corona y los opositores contrarios a la misma. Mientras los infantes don Enrique y don Juan se quejan por la paga concedida a los soldados fronterizos, la Reina vende toda su dote y sus joyas para pagar a los fronteros que defienden el reino de Castilla. Cuando ya no le queda posesión que vender, acude a la ayuda de un mercader segoviano para que le supla la falta de su hacienda. Si bien en un principio éste no se muestra interesado, indica estar dispuesto incluso a darle toda su hacienda sin nada a cambio pues ella, declara el mercader, 'tiene valor cristiano'. Sin embargo, la Reina rechaza tal generosa oferta, dejándole a cambio un símbolo de su autoridad: las tocas.

Don Juan, tras descubrir el cadáver del médico, entiende que la Reina sospecha de sus motivos, y convida a cenar a todos los Grandes del reino para ofrecerles su versión de lo transcurrido en palacio. Asegura que la Reina es ambiciosa y que con 'fingida santidad' (v. 1915) conspira con Juan Carvajal. Éste quiso envenenar a su hijo por medio del médico de cámara, pero fue el mismo don Juan quien le salvó, obligando al médico judío a beber del vaso. Don Diego de Aro, recientemente capturado por los Carvajales, duda de tal versión, lo que señala su cambio hacia el bando de los aliados. La insaciable ambición de don Juan emerge de nuevo cuando los nobles discuten quién de ellos será gobernador y tutor del joven rey. Fingiendo desinteresarse de tales puestos, asegura don Juan no ser nada ambicioso, aunque tampoco acepta a ninguno de los nombrados. Ante la posibilidad de no ser nombrado gobernador y tutor, declara que la elección se debe decidir en las Cortes. Pero la suntuosa cena pronto es interrumpida por doña María de Molina, quien llega armada con su guarda. Tras cercar la quinta del infante, hace quitar las armas a los convidados y fuerza a don Juan, bajo pena de muerte, a admitir su culpabilidad. Cuando éste reconoce haber estado involucrado en el atentado contra Fernando IV, la Reina demuestra una vez más su clemencia: en vez de solicitar la muerte para el infante, le condena a prisión.

El cuadro es importante, pues incluye el impresionante discurso que doña María pronuncia ante los Grandes del reino. Les culpa de vivir como ambiciosos reyes, cobrando tantas rentas reales que han dejado al Rey sin cena, estado y rentas: 'Mal podrá mi hijo reinar / sin rentas y sin poder, / pues por daros de comer / hoy no tiene que cenar. / Un cuerpo no puede estar / con tanto rey y cabeza, / que es contra naturaleza' (vv. 2253–9). Ante la amenaza de cortarles las cabezas, los nobles se disculpan, asegurando que devolverán al Rey todo cuanto le usurparon. La regente les perdonará la vida si le dan en rehenes sus castillos. Sus palabras se erigen a manera de lección política dirigida a sus súbditos:

> Padece el reino mil males,
> si al rey le usurpáis sus bienes.
> A ser vuestra combidada,
> caballeros, he venido.
> No os congojéis; que aunque he sido
> por vosotros agraviada,
> ya yo estoy desenojada.
> Cada cual su estado cobre;
> y para que a todos sobre,
> desustanciad al rey menos;
> que no son vasallos buenos
> los que a su rey tienen pobre (vv. 2273–84)

Las acertadas palabras de la Reina causan la admiración de don Diego de Aro. Ya absuelto por la Reina, tras volver por su fama y no creer la ficción de don Juan, declara: 'vengo a ver en nuestro siglo apacible, / lo que parece imposible, / que es prudencia en la mujer' (vv. 2290–2).[25]

En este punto sobreviene el salto cronológico de catorce años que median entre las jornadas segunda y tercera. El joven Fernando IV, mancebo de diecisiete años, ya tiene edad para reinar solo, sin la tutela de su madre. Ésta, empobrecida por sus denodados esfuerzos en las guerras de sucesión, decide retirarse a la quietud de los campos tras el largo período de regencia. Gracias al incansable y virtuoso sacrificio de su madre, 'de España espejo' (v. 2026), el Rey recibe un reino, por fin en paz, y aliado con los demás reinos de la península. Es, también, pese a su juventud, un regente admirado y respetado por sus súbditos. Lo último que hace la Reina por su hijo es dejarle un buen decálogo del *ars gubernandi* que, si él adopta, sugiere la Reina, 'verá España un Salomón / contra lisonjas y engaños'. Su discurso se

---

[25] Blanca de los Ríos, 1958, vol. III, pp. 893–6, rastrea el origen de dicho episodio, puesto que la *Crónica* de Fernando IV no dice que esto le aconteciera a doña María Molina. Representa un episodio que, según la estudiosa, Tirso adopta a través del relato del padre Mariana sobre el reinado de Enrique III cuando el rey, volviendo de caza, no tenía qué cenar, mientras los señores se juntaban de ordinario en regalados y abundantes convites que se hacían unos a otros. En la historia, como en la comedia, en estos convites los magnates presumían de sus riquezas y abundantes rentas hasta que el rey los rendía, humillándolos para luego perdonarles las vidas. Según de los Ríos, el cuadro dramático reflejaría el hecho de que a la reina doña Isabel de Borbón, esposa de Felipe IV, le faltó la cena no una sola vez, de cuyo hecho acusaron al Conde-Duque, exculpándose éste en su autodefensa, en la comedia de *El Nicandro*, aludiendo al episodio de la cena de Enrique III. Tal alusión, en una obra donde abundan las sátiras contra los gobernantes, postula Blanca de los Ríos, le valió el destierro del valido a Trujillo.

erige a manera de consejo de estado o lección de príncipe, cuyo destinatario se ubica dentro (Fernando IV) y, quizá, fuera de las tablas (Felipe IV). Los principales motivos señalados son la misión religiosa del monarca ('no hay razón de estado / como es el servir a Dios') y los peligros de la privanza: 'Nunca os dejéis gobernar / de privados, de manera / que salgáis de vuestra esfera, / ni les lleguéis tanto a dar / que se arrojen de tal modo / al cebo del interés, / que os fuercen, hijo, después / a que se lo quitéis todo' (vv. 2418–25). Pero también están aludidos la imparcialidad con los Grandes, el dominio de las pasiones particulares, el alegrar y estimar a los vasallos en público, el no aconsejarse con juglares lisonjeros, el estimar la milicia ('recibid médicos sabios, / hidalgos y bien nacidos, / de solares conocidos, / sin raza, nota o resabios / de ajena y contraria ley', vv. 2450–4), el premiar a quienes le fueron fieles —en este caso, a Juan Benavides y a los hermanos Caravajales— y el ejercitar siempre la prudencia pues con ella 'sola gobernarás bien tu gente'.

Pese a tales consejos, Fernando IV sufre nuevos embates de los insidiosos infantes que, con la ayuda de los privados Nuño y Álvaro, tratan de enfrentarlo a su madre a la que levantan falsos testimonios. Alegan que la regenta, usurpado el patrimonio real, conspira para apoderarse de la Corona. La verdad es otra. Doña María de Molina, en su voluntario exilio de la corte, goza del sosiego y de la soledad de la aldea. Allí se siente libre de las traiciones y de las ambiciones de la corte. En un bello monólogo, alaba las virtudes del campo dentro del topos de menosprecio de corte y alabanza de aldea (vv. 3030–57).

Con el objetivo de separar al Rey definitivamente de su madre, Nuño y Álvaro convencen al monarca de que su madre ha ejercido un aplastante control sobre su persona durante un tiempo demasiado largo, y que ya es tiempo de establecerse como persona y como monarca, independiente de los intereses de la reina madre. El Rey, feliz ante la nueva libertad —cree que su madre le ha criado más para religioso que para monarca—, se deshace de quienes representan la influencia materna: Juan de Benavides. Apoyado por sus interesados privados, el Rey abandona la obligación regia de acudir a las Cortes, tal y como le había aconsejado su madre. En su lugar, da rienda suelta a sus aficiones, buscando entretenimiento en su gran afición: la caza.

Pero el inexperto rey lampiño (se le describe como 'mozo sin barbas') no morderá el anzuelo. Su nuevo sentido de la prudencia y de la justicia, aprendido de su madre, le conduce por el camino del recto ejercicio del poder. Antes de culpar a su madre, buscará más pruebas: 'Negocio tan arduo / […] pide / que lo averigüe despacio', queriendo ver con sus ojos la verdad: 'La poca certeza / que tengo, manda que acuda / en persona a averiguar / la verdad de estos sucesos' (vv. 3444–7). Cuando don Juan le recomienda prender a la Reina sin escucharla, el monarca cuerdamente responde que 'esa no es razón ni ley' (v. 3479). Ha aprendido la lección de su madre: ser prudente y

no dejarse influir por la lisonja y el halago. El desenlace supone la reivindi-
cación total de la reina madre y la de sus aliados, así como la definitiva caída
de los infantes, aunque evitando adentrarse por el camino de la tragedia: don
Enrique huye a Aragón y don Juan es desterrado de Castilla. Constituye el
triunfo final de la razón de estado, guiado por los principios del cristianismo,
sobre las leyes del poder y de la ambición fundadas en las propuestas políticas de Maquiavelo. De esta manera, la comedia participa de la tradición *de
regimine principum*. Ruth Lee Kennedy sugiere que el verdadero destinatario
podría ser Felipe IV que ascendió al poder a los dieciséis años.

Los engaños no alcanzan gloria: *La ventura con el nombre*

La oposición conceptual entre el tirano intencionadamente caracterizado
como tal y el monarca ejemplar es el motivo central de *La ventura con el
nombre*.[26] Comienza la acción en Praga cuando Adolfo, nuevo rey de Bohemia,
vuelve de los funerales de su hermano, el rey Primislao II.[27] La repentina y
misteriosa muerte del Rey incita la especulación de los cortesanos sobre su
causa. Su viuda Sibila sugiere la posibilidad de que fuera asesinado por algún
traidor. Con el propósito de mostrar su virtud como justiciero, y su amor
hacia su fallecido hermano (luego sabemos que es falso), el nuevo rey hace
encarcelar a sus cuñados, los infantes don Uberto y don Lotario, ignorando
las protestas de inocencia por parte de los mismos. Acto seguido, el rey
Adolfo hará prender a su esposa, la reina Basilisa, acusándola de envidiar

---

[26] Blanca de los Ríos, 1958, vol. III, p. 954, sostiene que *La ventura con el nombre* es
una de las comedias más autobiográficas de Tirso y 'la más temerariamente satírica'. Según la
estudiosa, Tirso, de nuevo movido por su fidelidad al grande Osuna, muerto el 25 de septiembre
de 1624, se dirige a los altos poderes, por cuya hostilidad había muerto preso y calumniado el
Duque. El fratricidio del Rey demuestra que Tirso, como Quevedo en el *Padre nuestro glosado*,
acusa con temeraria audacia a Felipe IV y al conde-duque de Olivares de la muerte trágica del
Infante don Carlos de Austria, hermano del rey. Esta sensacional acusación, divulgada por la
opinión y difundida por Madrid en papeles que andaban en manos de todos, sostenía que el rey
y el privado se valieron del cirujano Martínez Ruiz, quien al curar al Infante de unos tumores le
introdujo veneno por las heridas. Las palabras de Ventura lo demuestran: '¡Un Caín coronado,
un Abel muerto! / Y luego el homicida, / de un privado, privado de la vida!' A raíz de dicha
lectura, de los Ríos, 1958, III, p. 956, fecha la obra: 'el drama es evidentemente posterior a
julio de 1632, fecha de la muerte de aquel gallardo infante Don Carlos, hermano de Felipe IV'.
De esta acusación terrible exculpa muy documentalmente al Conde-Duque el insigne Gregorio
Marañón en su libro *El Conde Duque de Olivares*. Blanca de los Ríos lee en el episodio del
ataque y del cerco sajón al reino de Bohemia como una referencia convencional al asalto de los
ingleses a Cádiz en 1625. La timidez y cobardía del Rey a salir en campaña es dirigida a Felipe
IV por no acudir en persona a la defensa de su reino en las guerras de Cataluña y de Francia.
[27] El retrato de Primislao II es también el de un monarca ejemplar: piadoso, guerrero y
justiciero. Su reino se describe, a manera de edad de oro, en el diálogo entre el Duque, Matías
y Otón.

a la reina viuda, de ser ambiciosa y de desear apoderarse del reino. Esta actitud tiránica, en los primeros días de su mandato, causa la admiración de los nobles y en particular de Otón y de Matías, los cortesanos encargados de guardar a la Reina. Pero en cuanto el monarca la va a visitar a la reina viuda, retirada en Druma, se aclara el motivo de su extraño comportamiento. Con una lógica basada en tortuosos sofismas, el rey Adolfo, cegado de amor, manifiesta su deseo de heredar a su hermano Primislao no sólo en el trono sino en el lecho nupcial:

> Mi bien os llamo; no os pese
> que heredándole en su amor,
> de mi hermano sucesor,
> herede el blasón que os daba
> cuando su bien os llamaba;
> que el alma que os pone en duda,
> sujetos, no afectos muda,
> mientras por dueño os alaba.
> Depósito sois leal
> de Primislao, esto es cierto:
> sólo el cuerpo llorad muerto,
> no el alma, que es inmortal.
> Viven en vos su original,
> relicario de Himeneo;
> y como en vos le poseo,
> viéndoos hablo con mi hermano;
> perdile, y en vos le veo;
> luego sois mi bien, si en vos
> el bien que apetezco asiste.
> ¡Ay mano, que lazo fuiste. (*Tómasela.*)
> de un alma, anudando dos!
> ¡Pluguiera, Sibila, a Dios
> que lo que en ella intereso…!
> Tiéneme el pesar sin seso:
> donde hay amor, no hay prudencia.
> Fue mi rey, y la obediencia
> le doy, la mano le beso (*Bésasela*)[28]

La negativa de Sibila ('El reino se hereda, / señor, mas no el matrimonio') cae sobre oídos sordos: el Rey alaba su deseo de retirarse a la soledad de los cercanos campos de Belvalle pues así, afirma, podrá visitarla cuando quiera.

Del ambiente palaciego pasamos al campestre donde unos labradores hablan con el sacristán Tirso, *alter ego* del dramaturgo, sobre las virtudes del

---

[28] Tirso de Molina, *Obras dramáticas completas*, ed., vol. III, p. 959b.

pastor Ventura. Pese a su ínfimo estado, este huérfano de nacimiento y de padre desconocido, recibió la educación de un cortesano. Pasa sus días entre libros, discutiendo con el cura de la parroquia. Además, recita poesía culta y compone trovas y sonetos. Esta afición por las letras y por las actividades cortesanas se traduce en un anhelo de 'mudar de vida y de traje'. Cosa que pronto ocurrirá, tras escuchar cómo a distancia los nobles Otón y Adolfo tiran a una laguna el cuerpo inerte de un 'tirano / homicida de su hermano'. Pensando que se trata de un escuadrón de bandoleros, Ventura se esconde y escucha el relato de una sangrienta y trágica historia palaciega.

El diálogo entre los nobles aclara el misterio de las dos muertes: la del virtuoso rey Primislao y la de su tiránico hermano, el rey Adolfo. Éste, con el motivo de heredar el reino y la reina Sibila, ahogó con la ayuda de un cómplice al rey Primislao mientras dormía. Al día siguiente, los ministros del reino hallaron el cadáver del Rey en su cámara sin rasgo ninguno de violencia, y al cómplice muerto en la calle. Con el deseo de encubrir su complicidad en el asesinato, el fratricida monarca hizo grandes muestras de pena, y consultó los médicos del reino para que hallaran la misteriosa causa de la muerte. También consuela a su cuñada y hace cubrir al reino de luto, dedicando grandes ceremonias a la memoria del fallecido Rey. El vulgo, ignorando su culpabilidad, aceptó la versión de los hechos.

Sin embargo, con el pretexto de encontrar a los traidores, el nuevo rey hace prender a los príncipes Lotario y Uberto. Otón nos aclara el por qué: Adolfo temía que se levantaran en su contra una vez que diera muerte a su esposa Basilisa para así poder casarse con la viuda Sibila, 'antes que torne / el sol a alumbrar verdades'.[29] Pide a Otón que envenene a la reina Basilisa, ofreciéndole a cambio mil favores y premios que el privado da muestras de aceptar. Pero el privado, dispuesto a ser el 'nuevo Bruto de Bohemia', da muerte a Adolfo, cuando acompañaba al tirano, camino de Belvalle, para deshonrar a Sibila. Le apuñala seis veces y luego, oculta el cuerpo muerto del monarca, atándole a los pies dos grandes piedras y arrojándolo a una laguna. En su defensa, Otón parece formular la idea del padre Mariana sobre el tiranicidio: 'Si esto, duque, te parece / crimen *laesae majestatis* / y protector de sus vicios / te dispones a vengarle, / armas y esfuerzos me sobran / para mostrarte que quien tiranos castiga, / sabrá castigar parciales'.[30] Pero el duque Matías le cree y se preocupa únicamente de cómo explicar a la plebe la ausencia del monarca. El mañoso Otón, de nuevo encuentra la solución: publicar que Adolfo, tras confesar su participación en la muerte de Primislao, se ha ido a Roma en busca del perdón del Papa. Además, dice Otón, éste tiene el sello real y con él podrá hacer provisiones para que gobiernen las dos reinas

29 Tirso de Molina, *Obras dramáticas completas*, ed., vol. III, p. 967b.
30 Tirso de Molina, *Obras dramáticas completas*, ed., vol. III, p. 968a.

cuñadas, *in loco regis*. Ventura, escondido, oye todo y se admira de esta nueva versión regia, del relato bíblico de Caín y Abel, con la novedad de que aquí el Abel es ajusticiado por su privado: '¡Y que llamen leal a este privado! / ¡Oh bárbara fortuna! / ¡De un rey sepulcro eterno una la[guna! / ¡Oh bárbara fortuna!'.[31] El relato del sangriento episodio hace que Ventura cambie de parecer. Ya no desea cambiar las cabañas campestres por los palacios de la corte. Pero al igual que en *El rey por semejanza* de Lope, el gran parecido del pastor con el fallecido monarca logrará que cambie su fortuna.

Ventura se encuentra con la reina Basilisa mientras ésta, ignorando que el rey Adolfo ha muerto, se esconde en el bosque huyendo de la persecución de Adolfo. Y como le ocurriera a la Reina en *El rey por semejanza*, Basilisa cree ver en el serrano al Rey disfrazado, encubierto, según piensa la Reina, para darle muerte y luego eludir el castigo. Una vez que toma conciencia de que está ante la Reina y que ésta le tiene por el rey Adolfo, Ventura usará la información que escuchó en el diálogo entre los nobles para asumir una nueva identidad. Asumiendo el personaje del rey Adolfo, Ventura desmiente la versión del privado. Le dice a la Reina que Otón quiso despeñarle pero no lo logró, y que él nunca quiso matarla para casarse con Sibila. Ante la llegada de los nobles, Otón y Lotario, que vienen en busca de Basilisa, Ventura se esconde. Los nobles, ignorando lo sucedido entre la Reina y Ventura, informan a Basilisa de que Adolfo ha muerto siendo despeñado y que ella ejercerá como gobernadora del reino. Convencida de que Ventura es en realidad el rey Adolfo, la Reina contradice a Otón, asegurándole que el Rey no ha muerto. El privado, suponiendo que la Reina ha perdido la razón a causa del temor tenido de ser perseguida, le asegura que él le dio seis puñaladas y que, tras atarle las piernas a un risco, le arrojó a una laguna.

La aparición del serrano Ventura provoca la admiración de los nobles y causa que algunos piensen que las palabras de Otón han sido mentira. Puesto que asume el estar ante el verdadero rey Adolfo, disfrazado de villano, Ventura (en un aparte) decide seguir la trama urdida, 'que el romperla es necedad'. Afirma su inocencia en la muerte de Primislao y declara la culpabilidad de aquéllos que lamentan que él heredara el trono. Asegura ser cristiano y estar dispuesto a jurar su inocencia ante la hostia consagrada, del fratricidio y del amor que le imputaron a Sibila, porque 'visibles castigos hace / Dios contra

---

[31]   Blanca de los Ríos, 1958, vol. III, p. 968b, asegura que estas palabras aluden, de manera satírica, al conde-duque de Olivares y su presunta complicidad en la muerte del infante don Carlos de Austria. Sin embargo, no está nada claro cuál es la posición del dramaturgo acerca del tiranicidio. Desde luego, no hay un 'yo' que inculpe de manera directa al privado. Más bien, las tiránicas acciones de Adolfo y la reacción consentidora del duque Matías ante la confesión del privado Otón condiciona nuestra interpretación de lo acontecido: el privado actuó correctamente y es leal de acuerdo con la trama de la comedia. De ser así, como pensamos, difícilmente podía leerse el ataque al Conde-Duque cómo desea mostrar la ilustre estudiosa en este episodio.

un blasfemo rey; / yo me sujeto a esta ley'.[32] Mezclando verdades y perjuros (en efecto, él no mató a su hermano ni quiso casarse con Sibila), Ventura asegura que tras la muerte de Primislao hizo prender a su esposa porque un testigo aleve ofendió su virtud, y para que el reino viera que quien encarcela a su mujer no perdonaría a nadie. Otón, incrédulo ante la presencia del rey, vacila entre creer que está ante el verdadero monarca o ante un retrato suyo, un duplicado de la naturaleza, conocedor de todo lo acontecido. Tras vencer sus pasados defectos, Ventura sugiere que la reina Sibila se quede en el campo hasta que su padre venga por ella. Además, declara que no la irá a visitar jamás por no dar lugar a sospechas maliciosas. Aunque aún sin entender cómo el rey desmiente el asesinato de su hermano y el amor hacia Sibila, su prudencia provoca la admiración del privado Otón: 'Dios le resucita / y en costumbres le mejora'.[33] Mientras, Ventura, que piensa vivir entre sueños, dice que a la medianoche dejará estos peligros y se volverá a su aldea. En este sentido la obra refleja ciertos elementos presentes en *La vida es sueño*.

La decisión de Ventura de fingir ser el rey Adolfo, al menos por un tiempo, da fin al primer acto y anuncia el cambio de espacio. Pasamos de nuevo del campo al palacio de Praga. Ahí el duque Matías y el privado Otón discuten la naturaleza de este nuevo rey Adolfo. O bien Otón se engañó al pensar que mató al Rey, o es algún espíritu que, por intercesión de la Reina, ha sido devuelto al reino por 'divina permisión'. Lo más probable, concluyen los cortesanos, es que se trate de algún doble con ambición de reinar. Confusos sobre cómo Ventura (Adolfo) conoce lo transcurrido entre el Rey y Otón, los nobles se disponen a probar su conocimiento del reino. Ventura sale ileso de la primera prueba: corrige a un falso pretendiente los años del reinado de Primislao. Consciente de que la Corte sospecha de su verdadera identidad, y de que le han puesto a prueba, llama a Otón y al Duque, y ante ellos jura ser el rey Adolfo. Aun así los nobles no le creen. Mientras tanto Ventura, siempre fingiendo ser el rey Adolfo, le cuenta a la reina Basilisa que él fue asesinado por su privado Otón pero que por intercesión de los santos y patrones de la Iglesia, el Cielo milagrosamente le ha resucitado. Ante la perplejidad de la Reina de que no la haya gozado en tan poco tiempo, Ventura le informa que ha estado ocupado en despejar dudas en torno a su identidad. Además, ha prometido a Dios que antes de gozarla se han de casar de nuevo. La Reina se desespera ante la posibilidad de que su marido haya vuelto de la otra vida. Ventura, una vez solo reconoce su gusto por mandar, y 'los grillos del amor' por la reina le han hecho cambiar de parecer: ya no quiere volver a la aldea,

---

32 Tirso de Molina, *Obras dramáticas completas*, ed., vol. III, p. 972b.
33 Tirso de Molina, *Obras dramáticas completas*, ed., vol. III, p. 973a.

antes bien se dispone a reinar a toda ley, 'que vivir siglos pastor, / menos es que instantes rey'.[34]

El privado Otón le pondrá a prueba una vez más, y esta vez Ventura caerá en la trampa. Tras restituirle su antigua privanza, el rey pide a Otón que le prepare un coche para que los dos puedan retirarse de 'la lisonja pretendiente' de la Corte y buscar en el campo las 'recreaciones honestas y la fiesta'. Pero el privado, que piensa que el rey sólo le finge amistad para luego vengarse de él, le prepara una trampa. Le lleva a la quinta real de Belvalle donde se encuentra en retiro campestre la viuda reina. Quiere ver el privado si todavía el monarca la ama. Al llegar, encuentran a Sibila dormida en el jardín con una corona de flores en la mano. Con la idea de ver si el rey intenta gozar de ella, Otón se ausenta, dejando a Ventura solo ante la bella durmiente. Y Ventura responde. Sin temer la desigualdad entre ambos, el fingido rey toma la corona de flores para ceñírsela a Sibila, afirmando que ella reinará y no Basilisa. Al despertarse Sibila, Ventura se da cuenta de que Otón le trajo allí para que cuando hablara con Sibila descubriera su ficción. La ironía es clara: al enamorarse de Sibila el fingido rey ha cometido el mismo pecado que su predecesor, el rey Adolfo. Antes de que Ventura pueda matar a Otón, aparecen la reina Basilisa y el duque Matías para impedírselo. Éstos, sospechando que el rey y Otón venían a Belvalle para ver a Sibila, les habían seguido. Ante tal ofensa, la reina Basilisa amenaza con llamar a su padre para vengarse del monarca. Y el duque Matías ofrece al rey un consejo de estado: que sea más sabio y el reino le será más fiel.[35]

Pensando que el valido Otón conoce la verdad de sus simulaciones, Ventura le recrimina por ponerle en tal trance. Ante la posibilidad de que el privado vaya a informar a la Corte de su enredo, Ventura decide poner fin a su engaño: 'Si salí a representar / reyes y ficciones mías; / porque no pare en tragedia, / acabe aquí la comedia, / larga, pues duró dos días'.[36] Esta vez la transformación será en sentido contrario: la púrpura regia por el 'vestido grosero' de serrano, la corte por el sosiego del campo. Su discurso se sitúa de nuevo dentro del tópico renacentista de menosprecio de corte y alabanza de aldea: '¡Ay amada sierra! / Mejor sois vos que Belvalle. / Adiós, confusos engaños, / lisonjas y cortesías: / que si atormentan dos días / coronas, ¿qué harán veinte años? / Guíe la ambición sin norte / al golfo quien la desea, / y yo en la paz de mi aldea / burle engaños de la corte'.[37]

Mientras, el labrador Corbín cuenta, en la aldea de Ventura, que él y unos aldeanos vieron cómo Ventura, vestido de gala, fue arrojado por unos pasajeros de un monte abajo. Ante la duda del sacristán Tirso, de nuevo el *alter*

---

34 Tirso de Molina, *Obras dramáticas completas*, ed., vol. III, p. 979a.
35 Tirso de Molina, *Obras dramáticas completas*, ed., vol. III, p. 983a.
36 Tirso de Molina, *Obras dramáticas completas*, ed., vol. III, p. 983b.
37 Tirso de Molina, *Obras dramáticas completas*, ed., vol. III, p. 983b.

ego del dramaturgo, Corbín explica cómo después le lavaron el rostro al muerto y le sacaron a la plaza ante todo el pueblo. El sacristán ve en dicha historia una lección contra la ambición desmesurada: 'ánimos soberbios, / que intentan volar sin alas, / vienen a parar en esto'.[38] Ignorando que el pueblo le tiene por muerto, Ventura se admira de que tras sólo tres días de ausencia el pueblo le acuse de venir del infierno y de ser un fantasma o un demonio. '¡Allá rey, aquí difunto!' exclama Ventura.[39]

La jornada tercera se inicia en la explanada delante de la quinta de Druma, donde el privado Otón reconoce ante la reina Basilisa y los caballeros de la Corte haber despeñado al tirano Adolfo. La prisión del privado, encargado de unir y organizar la milicia bohemia ante la amenaza de la invasión sajona (el duque de Sajona viene a vengar la ofensa de su hija, Sibila), deja al reino sin representante. La reina Basilisa, todavía en el campo, se entera a través del rústico Balón de quién es Ventura: un pastor nacido de pastora y de padre desconocido. Asegura el villano que Ventura, ahora resucitado, murió al ser despeñado y que se encuentra enterrado en la fosa de la fuente de Berrueco. Luego, tras su entierro, el pueblo se encontró de nuevo con su espíritu resucitado, ya no vestido de traje garrido sino de serrano. Tras comprobar la Reina que la descripción del despeñado se parece a la de su marido, el rey Adolfo, el villano ofrece a la Reina la sortija que le quitaron antes de enterrarle. El anillo real confirma la identidad del fallecido.

Mientras, los villanos del pueblo están empeñados en hacer nombrar a Ventura, alcalde de la aldea. De nuevo, vestido de pastor y con vara el alcalde, Ventura manda construir un sepulcro majestuoso sobre el lugar donde supuestamente murió. En ese momento llega la reina Basilisa y hace despejar la sala para quedarse a solas con Ventura. La Reina, a pesar de que se parezca tanto a Adolfo, implora saber quién le hizo rey y cómo sabe de tanto secreto. Viendo que la Reina aún no está del todo segura de su verdadera identidad, Ventura decide seguir con su ficción, aunque esta vez con una nueva variante. Su identidad reside no en su propia autoafirmación sino en la opinión de los demás: en la Corte, cuando le llaman rey, es Adolfo, y en el campo, cuando le llaman Ventura, es pastor. Es, pues, la Reina quien ha de elegir con cual de las dos se queda:

> Soy Adolfo, pues acierto
> secretos que ha descubierto,
> y él sólo puede saber:
> soy Ventura, pues aquí
> me tienen todos por tal:
> pastor, pues visto sayal;

---

38 Tirso de Molina, *Obras dramáticas completas*, vol. III, p. 984b.
39 Tirso de Molina, *Obras dramáticas completas*, vol. III, p. 986b.

rey, pues púrpuras vestí.
Si por éste me recibe
quien su esposo me llamó,
ya Ventura se murió:
sólo Adolfo es el que vive.
Mas si tu discurso incierto
con esto no se asegura,
yo no soy pastor, yo Ventura;
que Adolfo descansa muerto.
Uno de los dos está
en ese templo enterrado:
o es Ventura transformado
en rey, o Adolfo será:
al otro tienes presente.
Tu confusión le amenaza:
o Adolfo en mí se disfraza
con este traje indecente,
o Ventura en mí es pastor:
determínate a escoger,
que yo aquel sólo he de ser
que te estuviere mejor.[40]

Ante el discurso majestuoso del rústico, la Reina queda perpleja. ¿Cómo puede ser que sea ella quien ha de decidir la verdadera identidad de este personaje?[41] Ante tal dilema, le propone una solución: si demuestra su valía, liderando a las fuerzas bohemas contra los sajones, le tendrá como rey.

si se ven sin capitán los soldados,
desconformes, serán vencidos;
mas si unidos saldrán
a defender su patria y ley;
si eres su rey fuiste cobarde
en dejarlos, temor infame,
vuelve a reparar tu honor,
sal a amparar tus vasallos,
y si por verte villano,
tu humilde naturaleza
te inclinó a tanta vileza,
el remedio está en la mano.
Desmiente mi sospechosa
duda, sal contra el sajón:
quedarás con la opinión

---

[40] Tirso de Molina, *Obras dramáticas completas*, vol. III, pp. 995b–996a.
[41] Su actuación recuerda un tanto a la esposa del Rey en *El rey por semejanza* de Lope de Vega.

que tu fortuna ambiciosa
pretende. *Ya pastor seas,*
ya rey, la ocasión te llama
para ennoblecer tu fama:
vence, si el reino deseas.
Engaños no alcanzan gloria;
del esfuerzo el valor nace:
pruébalo aquí.[42] (cursivas nuestras)

Ventura tendrá que probar, a fuerza de su brazo y en el campo de batalla, su esencia monárquica: si vence al sajón será Adolfo, si no le tendrán por el pastor Ventura.

Tras la victoria de Ventura el reino le aclamará como Adolfo y con un '¡Viva!'. Es la identidad que él mismo afirmará a la reina Basilisa: 'Si consiste en mi victoria / ser yo Adolfo, prenda cara, / victorioso Adolfo vuelve / del Sajón, por vuestra causa'.[43] Con el reino libre, Ventura finalmente descubre ante todos su ficción y, como Cincenato, pide que le dejen ir en paz para gozar del sosiego de su tierra. No tiene interés ni en la diadema ni en el trono. Antes bien prefiere la cabaña de pastor. Pero en una nueva vuelta de tuerca, la afirmación de su identidad como pastor coincide con la afirmación de su legitimidad dinástica. En su intento de fuga, el privado Otón halla entre unos papeles de su padre una carta que le había escrito el rey Sigismundo. En ésta el rey instruye a su privado de cómo ha de cuidar de su hijo natural, engendrado en el monte cuando de caza el rey se enamoró de la serrana Virena. Tras leer el papel, Otón confirma que efectivamente él fue quien mató al tirano Adolfo. Pero el reino ya tiene su heredero en Ventura y así lo atestiguan el sello y la firma real. La queja de los aldeanos ante la Reina por tener preso a su alcalde establece el tópico llevado por Lope a las tablas: el rey como el mejor alcalde. Demuestra la falta de ambición del monarca, y su papel de protector del pueblo. En sus primeros actos oficiales, el rey Ventura pedirá la mano de Basilisa, perdonará al asesino de su medio hermano y le dará el ducado de Peñalva; incluso casará al duque de Austria con la viuda Sibila, y le labrará un sepulcro al tirano Adolfo.

El tradicional cierre de la comedia semeja, pese a los varios enredos y al juego sutil de máscaras e identidades, la restitución del orden natural del reino. Pero más allá del cierre perduran los residuos de un reino plagado de traición, asesinatos y mentiras. La comedia comienza tras un regicidio que es a la vez fratricidio, y luego da paso a otro regicidio, justificado esta vez (¡por un asesino privado!) como tiranicidio. Además, el privado Otón intenta encubrir su culpabilidad ante el reino usando los poderes (el sello

---

[42] Tirso de Molina, *Obras dramáticas completas*, vol. III, p. 996b.
[43] Tirso de Molina, *Obras dramáticas completas*, vol. III, p. 1000a.

Imperanti sibi [Que aquel es Rey, que se sujeta a sí
mismo]. *Empresas morales* de Juan de Borja.
Bruselas: Francisco Foppens, 1680

real) que le había otorgado el rey Adolfo. Y por si esto fuera poco, al final
el regicidio privado recibe el perdón real y las mercedes por el sucesor al
trono. Si Ventura, hijo natural de rey y de madre villana, gobierna mejor que
Adolfo, ¿acaso no está el dramaturgo sugiriendo que la educación prepara
mejor para el buen gobierno que incluso la pureza de su sangre? Queda claro
que la comedia desestabiliza en parte el discurso dinástico de la herencia y
de la legitimidad que pretende proyectar la imagen del rey como centro de
un universo ordenado y armonioso. Pero la historia siempre deja sus huellas.
Está plagada con los residuos de la guerra, el asesinato y la traición. ¿Acaso
no se encuentra el origen de la dinastía Trastámara, hacia finales del siglo
XIV, también implicada en un regicidio que a la vez fue fratricidio? En este
sentido, *La ventura con el nombre* es una de las comedias más atrevidas y
sugerentes del fraile mercedario sobre las crisis del Poder.

Los recursos de la sátira contra el Poder

Para Blanca de los Ríos, *Privar contra su gusto* es la más plena revelación
del alcance de la sátira política de Tirso sobre las tablas del corral. Según
postula, el asunto de la comedia tiene un claro precedente en la época: la
'desdeñosa negativa' de Francisco de Quevedo a aceptar los altos cargos que

Felipe IV y el conde-duque de Olivares le ofrecían en 1632.[44] De acuerdo con tal propuesta, el título de la comedia vendría a ser una irónica burla de la obstinada negativa de Quevedo a recibir nuevos cargos y honores de la Corte. Sostiene de los Ríos que la comedia es, además, una entusiasta defensa del duque de Osuna —quien muere en la cárcel en 1624[45]— y un indignado desquite de *El Chitón de las taravillas* (1630) donde Quevedo hace una ardiente e interesada apología en defensa de Felipe IV y su valido. De acuerdo con Blanca de los Ríos, Tirso es víctima de algunas de las referencias satíricas de Quevedo en *El Chitón*, y el fraile le responde del mismo modo a través de la comedia. Va dirigida al Palacio y a los que, como Quevedo, en él privaban y medraban. Blanca de los Ríos asegura que fue a raíz de la publicación de *El Chitón* cuando el rey encareció los servicios, la fidelidad y las calidades de Quevedo, y le otorgó todo tipo de mercedes, honrándole, en mayo de 1632, con el honorífico título de secretario.[46] Doña Blanca ve, pues, tras la figura de don Juan de Cardona, privado del rey Fadrique, a Francisco de Quevedo. En la comedia, el privado se enamora de doña Inés de Aragón, alusión directa, mantiene de los Ríos, al extemporáneo y tardío casamiento del escritor con doña Esperanza de Mendoza, señora de Cetina, pretendida del escritor y miembro de la alta aristocracia aragonesa con quien contrae nupcias en 1634.[47] Dicha lectura influye sobre su datación de la obra: 'el unir en esta obra la privanza por fuerza de Quevedo que data de su elevación a la regia secretaría, 1632, con sus bodas, 1634, fijan entre estas dos fechas el origen de la comedia'.[48]

William E. Wilson asume que la comedia es anterior a 1632, y ofrece la fecha de 1620.[49] De acuerdo con Wilson, la comedia con toda probabilidad se escribe en defensa de don Pedro Girón el Grande, tercer duque de Osuna y virrey de Nápoles, cuando se encuentra en pleno proceso, defendiéndose en Madrid ante las serias acusaciones que proceden del Palacio. Según Wilson, el personaje de don Juan de Cardona es máscara dramática del duque de

---

[44] Quevedo incluso rechazó la embajada de la República de Génova. Véase al respeto Pablo Antonio de Tarsia, 1752 [1663], p. lxiii. El tema de la privanza por fuerza está también presente en *El rigor en la inocencia* de Juan Pérez de Montalbán. El asunto es parecido: un rey favorece a un noble y le hace su privado; al negarse a ejercer tal puesto, el Rey se ofende. Una vez que el Rey ve que el noble tiene nobles intenciones, se reconcilian.

[45] De acuerdo con Blanca de los Ríos, Tirso personifica, en el personaje de don Luis de Moncada, al heroico y maltratado por el poder del prócer.

[46] Según Astrana Marín, 1945, p. 864, n. 4, Quevedo nunca entró al despacho, 'ni quiso hacerse cómplice de la política del Conde-Duque, hasta el extremo de que rechazó la Embajada de Génova para la cual hubo de proponérsela, entre otros altos cargos'.

[47] Véase al respeto, Luis Astrana Marín, 1945, p. 418.

[48] Tirso de Molina, *Obras dramáticas completas*, vol. III, p. 1070.

[49] William E. Wilson, 1943. Ruth Lee Kennedy, 1974, sugiere el período 1621–25 para el origen del drama.

Osuna. Existen entre éstos varios elementos paralelos: la comedia se sitúa en Nápoles; refleja la misma situación histórica vivida durante el virreinato de Osuna, cuando el conde de Anjou disputaba la legitimidad española del reino napolitano, y el que don Juan de Cardona descienda, como Osuna, de sangre real. También ambos fueron acusados de derrochar sus finanzas, aportando de su bolsillo para mejorar el tesoro real. Ambos pierden el favor del rey y, aunque el primero es sólo un privado en la comedia, el Rey le otorga los poderes de un virrey (vv. 464–71). Otra coincidencia señalada por Wilson tiene que ver con una de las acusaciones lanzadas contra Osuna durante el proceso con respecto a la llamada Conjuración de Venecia.[50] Según dicha acusación, el Duque estaba involucrado en una conspiración que pretendía volar el arsenal de armas y saquear el tesoro. La participación de Osuna en dicha conspiración nunca se llegó a comprobar y, de acuerdo con Wilson, Tirso revindica en la comedia, por medio del personaje de don Juan, al duque de Osuna al describir y desbaratar un atentado contra el rey Fadrique. Pedro Muñoz Peña ofrece una tercera alternativa sobre el origen de la comedia: el trágico fin del famoso privado de Felipe III, don Rodrigo Calderón. Postula que el dramaturgo, inspirado por las historias y las fábulas que circulaban sobre los medios que Rodrigo Calderón empleó para engrandecerse, así como sus cohechos escandalosos y su omnímoda preponderancia en los asuntos políticos de aquel reinado, ofrece a través del personaje don Juan de Cardona el modelo del perfecto privado para que los futuros favoritos no padeciesen un fin similar.

Sea cual fuera el motivo que da origen al drama, es indudable que el personaje de don Juan de Cardona se erige como paradigma del perfecto privado. Si aceptamos dicha premisa, la comedia, como bien indica Battista J. Galassi en su edición, se constituye en una clara propuesta didáctica: 'Tirso shows the reaction of don Juan, the perfect *privado*, as he deals with authority and law (King Fadrique), love (the Infanta), friendship (don Luis), and honor (Leonora)'.[51] Muestra con citas textuales cómo a través de los dos niveles de la acción —la romántica y amorosa, que desarrolla el honor de las infantas Leonora y Clavela, y la política en torno a la conspiración contra el rey Fadrique— don Juan de Cardona se erige en privado ejemplar, mostrando las virtudes de fidelidad, humildad, honestidad y sinceridad:

> Unlike don Luis, the Infanta, Clavela, Leonora, and the King himself, who are ruled by their passions in forming an opinion of don Juan, the latter rises above his passions and is able to reason out the situation in which he finds himself and seek a just solution to satisfy all involved. Don Juan realizes that he has been unjustly wronged by everyone. His ability to

---

50 William E. Wilson, 1943, p. 166.
51 Tirso de Molina, *Privar contra su gusto*, ed. Battista J. Galassi, Madrid, 1973, p. 43.

appraise the situation intelligently and his decision to act without malice or revenge show that he is an exemplary person and a model *privado*.[52]

Pero Galassi no especula sobre las consecuencias de tal lectura. Como veremos, al insertarlo dentro de un corpus más amplio, el de las alegorías del Poder, el drama adquiere profundas connotaciones políticas, morales y sociales.

Desde el inicio de la obra, don Juan de Cardona se caracteriza por su falta de ambición, por su total desdén hacia la Corte y por sus juegos con el Poder. Es consecuencia de la crianza de su padre, don Pedro de Cardona, antiguo privado del rey Alfonso, hasta que cayó en desgracia. Éste crió a don Juan y a su hermana, doña Leonor, en la soledad del campo, enseñándoles a desdeñar los fingimientos, los engaños, los artificios, las envidias y los falsos amigos que viven en torno al Palacio. Cuando el rey Fadrique, de caza, se enamora de Leonor, ésta equipara al cazador con el cortesano pues ambos tratan de engañar (vv. 12–20).[53] Tras salvar la vida al Rey, éste promete a don Juan una justa recompensa: la privanza. Así, arguye, podrá restituir en la figura del hijo el cargo que la ceguera de su 'mal informado' padre, el rey Alfonso, injustamente retiró a don Pedro de Cardona: 'Rey seréis en ejercicio, / y yo sólo en nombre rey. / Despachad vos mis consultas, / presidid en mis consejos, / premiad capitanes viejos, / dad cargos, proveed resultas, / gobernad, subid, creced; / que en todo sois el mayor / de Nápoles' (vv. 464–72). A pesar de la resistencia de don Juan en aceptar tal cargo y entrar en palacio, el Rey le otorga toda una serie de nombramientos y de títulos nobiliarios: el marquesado de Mafredonia, el baronato de Castelmar y Monsanto, el condado de Oberisel, el ducado de Capua, el principado de Taranto y el nombramiento de mayordomo mayor, gran canciller y gobernador de Nápoles. Concluye el Rey tajantemente: 'Mi reino está a vuestro arbitrio, / mi voluntad es ya vuestra' (vv. 723–4).

Temeroso ante la posible mutabilidad del Rey, don Juan enumera el ejemplo bíblico de José, virrey de Egipto, y del portugués Álvarez Pereira. Asegura no acordarse de haber visto en todos sus estudios, privado 'por más cuerdo que haya sido, / por menos interesable, / más expediente y activo, / que no haya parado en mal' (vv. 895–8). Si esto es así, afirma, ¿cómo puede asegurarse de que su fortuna no caiga en igual desgracia que sus célebres predecesores? Tal reticencia no hace sino agraviar el empeño del Rey, quien constata que le hará privado por fuerza. Ante tal exigencia, don Juan final-

---

52 Tirso de Molina, *Privar contra su gusto*, ed. Battista J. Galassi, Madrid, 1973, p. 43.

53 Sobre la caza como alegoría amorosa, remitimos a los estudios citados en la nota 30 del capítulo 2. Las referencias textuales a *Privar contra su gusto* provienen de *Obras completas. Cuarta parte de comedias, I*, ed. I.E.T, 1999, pp. 85–194.

mente accede afirmando que estima más el gusto real que su propia vida. Una vez en palacio, muestra las dotes naturales que ha de tener el favorito del Rey. Despacha y otorga mercedes y títulos anulando toda ceremonia. Rechaza el besamanos de un pretendiente, declarando que guarde tal acto para el Rey o su dama. Su ejemplaridad es advertida por los cortesanos. César afirma: 'De vuestra excelencia lleven / cuantos la gracia y merced / gozan de su rey dechados / de donde puedan sacar / liciones de despachar / y ejemplos para privados. / ¿Hay memoria semejante? / ¿Hay agrado más cortés? (vv. 1024–31). Pero las intrigas de palacio, las amenazas desde el exterior, y los conflictos causados por la desenfrenada pasión amorosa de quienes lo rodean, le pondrán a prueba.

Consciente de que 'nunca se llevan bien / razón de estado y amor' (vv. 1101–2), y de que el poder de la privanza es fugaz, don Juan una y otra vez navega el barco del estado en un mar de tormentas. Encerrado por el Rey en un aposento para que éste pueda ejercer de galán, rondar el palacio y definitivamente gozar de Leonor, hermana del privado, don Juan logra escaparse y arrestar a los enemigos del Rey. Pretendían darle muerte en favor de los intereses del conde de Anjou. Tras salvar el estado, le toca salvar el honor de su familia. Disfrazado, puesto que el Rey piensa que sigue encerrado, don Juan se encuentra en la oscuridad con el monarca, y le hace jurar, bajo la máscara de un fantasma, que honrará a Leonor; que compartirá el poder con su valido y que cederá el cargo de mayordomo mayor, hasta ahora en manos del privado don Luis de Moncada. Su discurso versa, a manera de consejo de estado o lección de príncipe, sobre el modo de gobernar. Pide al Rey que olvide a Leonor, pues 'no es de reyes / desdorar ilustres famas' (vv. 2146–7); que reprima la donación de tantas mercedes, ya que ocasiona la envidia entre los cortesanos; que sea consciente de que el privado es inferior al Rey y que, para mantenerle y conservarle en el cargo, le alivie y relieve al menos de la mitad de sus responsabilidades.

La lección también va dirigida hacia otros oyentes: los privados de la época. Cuando don Juan empeña su caudal para pagar la deuda del patrimonio real, declara que la hacienda de los privados bien intencionados debe ser alivio del Rey. Puesto que el Rey es quien les hizo rico, han de seguir el ejemplo de don Juan y curarse en salud: 'Da el rey en engrandecerme / y yo, porque sano viva, / con cura preservativa / me dispongo, antes que enferme. / Aliviad, industria mía, / con esta traza cuidados, / que pienso que los privados / se mueren de apoplejía' (vv. 2847–54). Enfermedad que remite al personaje de Nineucio en *Tanto es lo de más como lo de menos*. Si bien aquél nunca llegó a cambiar de conducta a tiempo —le vale el eterno sufrimiento del infierno—, don Juan de Cardona, privado ejemplar, nunca muestra el interés ni la ambición por el poder. Al final, no desea más que abandonar el puesto que sólo le ha ganado enemigos y volver a su previo retiro. No obstante, el Rey le premia con la mano de la Infanta y éste a su vez se casará con Leonor.

Las dobles bodas son el justo premio a la fidelidad. Aseguran que el favor real no esté simplemente sujeto a los vaivenes de la rueda de la Fortuna.

'para rey me sobre mucho, / para Dios me falta poco': las alegorías bíblicas del Poder

De las cinco comedias bíblicas que se conservan de Tirso, dos nos interesan para nuestro estudio: *La mujer que manda en casa* (1614), que versa sobre la lujuriosa Jezabel y su abúlico marido, el rey Acab, y *Tanto es lo de más como lo de menos*, una fusión de las parábolas evangélicas, conocidas por la del rico 'Epulón' y la del 'Hijo pródigo', que relata el evangelio de san Lucas (15 y 16, 11–32).[54] Teatro de alto espíritu cristiano, con evidente propósito ejemplarizador y catequístico, en ambas comedias el mal está representado por personajes que encarnan pecados o vicios humanos como la envidia, la lujuria, la soberbia o el ansia del poder.

En el prólogo a *Tanto es lo de más como lo de menos*, Blanca de los Ríos postula que Tirso es 'el único espíritu valiente que osó flagelar en público a los más altos poderes y linajes'.[55] Se censura, asegura la ilustre editora, bajo la máscara de Nineucio, al duque de Lerma, puesto que ambos padecían de los mismo vicios: la ambición insaciable, el desmedido acaparamiento de riqueza, el desorden en el comer y el beber, la excesiva opulencia en el vivir y un altanero y arrogante aislamiento.[56] Según de los Ríos, *Tanto es lo de más como lo de menos* se escribe en 1614 y ocasiona un 'no advertido exilio' de Tirso que le obligó a residir por breve tiempo en el monasterio mercedario próximo a Estercuel.[57] Ruth Lee Kennedy, en cambio, sostiene que la tragico-

---

[54] Las otras tres comedias bíblicas son *La mejor espigadera* (1614) sobre la bíblica Ruth, *La venganza de Tamar* y *La vida y muerte de Herodes* (1615). Todas tienen el Antiguo Testamento como fuente común aunque *La vida y muerte de Herodes* sigue la versión *De bello Judearum* de Flavio Josefo. A diferencia de las comedias hagiográficas, que suelen terminar con la muerte feliz y apoteósica del santo y con la subida al Cielo, el final de las comedias bíblicas de Tirso suele ser trágico y no participan del elemento caracterizador de las comedias hagiográficas: el milagro. Sobre las clasificaciones taxonómicas de las comedias religiosas de Tirso véase Escudero Baztán, 2003. Es interesante el testimonio del anónimo autor de los *Diálogos de las comedias* (1620), que propone eliminar las comedias cómicas, pues basan sus argumentos en invenciones que atentan contra la moral y las buenas costumbres. Es preferible cultivar piezas inspiradas en las Sagradas Escrituras pues 'contienen en sí grandes ejemplos'.

[55] Tirso de Molina, *Obras dramáticas completas*, vol. I, p. 925.

[56] El nombre de Nineucio proviene del personaje Nineusis, nombre dado al rico avariento en el auto del jesuita Juan Valencia. Precisamente este autor también escribió un auto sobre el hijo pródigo.

[57] Tirso de Molina, *Obras dramáticas completas*, vol. I, p. 929.

media bíblica fue escrita en 1620 para luego ser retocada dos años después.[58] Coincide con la tesis de J. C. J. Metford, de que *Tanto es lo de más como lo de menos* es, al contrario, una sátira dirigida al conde-duque de Olivares.[59] Años después, y a raíz de los estudios biográficos de Gregorio Marañón y de John H. Elliott sobre la figura de Olivares, Kennedy analiza algunas de las semejanzas y discrepancias entre los caracteres del ficticio avariento, insaciable y endiosado, y el omnipotente ministro de Felipe IV. En esta línea, y a raíz de la lectura de unas seguidillas, especula sobre la posibilidad de que Olivares, como el personaje de la tragicomedia, fuera calvo y corcovado.[60] Pero la relación texto–contexto no es del todo perfecta, reconoce Kennedy, puesto que mientras Olivares fue un personaje muy activo, dinámico, el regalado Nineucio, personaje de esta comedia, pasaba el día yendo 'desde la cama a la mesa y desde la mesa a la cama'.[61]

Pero, ¿por qué esta insistencia en identificar Nineucio con uno de los privados de los Austria menores? Tomadas en su conjunto, las lecturas críticas de Blanca de los Ríos y de Ruth Lee Kennedy demuestran que la figura del rico avariento no hace sino combinar características físicas y morales presentes en Lerma y en Olivares. Dada la imposibilidad de fijar una perfecta relación entre referente y referencia, acaso, ¿no puede aludir a la figura del favorito en términos generales? Si *Tanto es lo de más como lo de menos* se escribe durante la transición del gobierno del duque de Lerma, o después, como postula Kennedy, la parabólica tragicomedia representaría, tras la larga etapa del duque de Lerma, un espejo de príncipes. Avisaría a Felipe IV sobre los peligros que acarrea el sistema de la privanza y aquéllos que la ejercen. Así, tras la máscara de Nineucio no se reconocería ni la figura de Lerma ni la

---

[58] Kennedy, 1980, p. 298, concuerda con las conclusiones de J. López Navío, 1960, quien sostiene que *Tanto es lo de más como lo de menos* se desarrolla a partir del incompleto auto, *Saber guardar su hacienda*, que Tirso dio al autor Juan Acacio. Mientras López Navío piensa que tal desarrollo ocurre en septiembre de 1612, Kennedy postula que tiene lugar tras la llegada de Tirso a Madrid, es decir, hacia 1621–23. Para esta estudiosa, la comedia es una llamada a la caridad en años de sequía y de hambre.

[59] Según Metford, 1959, tras la muerte de Felipe III Tirso se preocupa más de los problemas sociales, y postula una vuelta a los valores cristianos para salvar la nación. Tirso estaría del lado de los moralistas que pretendían convencer al joven rey de cortar la dependencia en sus favoritos, y dedicarse plenamente a la restauración del buen gobierno. De acuerdo con Metford, p. 21, 'the political implication of *Tanto es lo de más como lo de menos* was that Philip IV was entrusting his sacred charge to a man whose ambitions were boundless, whose greed was unlimited and whose disregard of the Christian principles upon which the government of the state should be founded would surely entail disaster'. A raíz del verso satírico sobre el 'poeta corpulento', Metford especula que, tras la muerte de Felipe III, Tirso se vio perjudicado por el nuevo Régimen. Su exilio nacería al dar voz a su resentimiento ante la injusta promoción de hombres de menos valor por parte del Conde-Duque.

[60] Ruth Lee Kennedy, 1980, p. 286.

[61] Ruth Lee Kennedy, 1980, p. 298.

de Olivares específicamente. Más bien vendría a ser un personaje amalgama, un compuesto híbrido, a medio camino entre el que fue privado, Lerma, y el que ya es o será: Olivares. Y es que, tanto el uno como el otro, merced a la posición favorable de que disfrutan, próxima al rey, pudieron enriquecerse a su placer y podrían afirmar, con Nineucio, de manera altanera y displicente, que 'para rey me sobra mucho, / para Dios me falta poco'.[62] De acuerdo con esta lectura, la tragicomedia que, superficialmente, se anuncia con fines catequísticos, ejemplarizadores, adquiere también fines políticos inmediatos, con un destinatario que ya no es el simple vulgo sino el mismísimo rey.

La filosofía del caballero libertino Liberio es la de seguir con la fiesta, los deleites, las galas y los placeres sexuales. En su juvenil desvarío, desperdicia la herencia de su padre (Clemente) en vicios, como el juego y las mujeres, y en regalos. Su desengaño se produce tras perder los bienes en un fuego, y ser por consecuencia ignorado por quienes pasaban por ser sus amigos. Reconoce haber confiado en el deleite y en los bienes otorgados por la Fortuna, cuya variable rueda hace que nada sea firme, estable y duradero. El anuncio de esta pérdida da motivo a una explícita relación entre la inestable fortuna y el inseguro favor del privado, tema frecuente en los dramas sobre el Poder: 'Personas, bestias, hacienda, / colgaduras, cofres, trastos, / todo se ha resuelto en humo, / como favor de privado'.[63] Liberio funciona a manera de espejo, y su lección es clara. La felicidad, simbolizada en la obra por la amada pretendida, Felicia, no se consigue a través de la avaricia, la crueldad o los deleites carnales del incrédulo Nineucio, ni ejerciendo la excesiva caridad de Lázaro. Éste, aunque persigue de manera noble la gloria celestial en la otra vida, dilapida todos sus bienes socorriendo a los necesitados hasta convertirse en mendigo. No, la virtud, la razón de Estado, en palabras de Felicia, se encuentra al sobreponerse a los excesos de las pasiones.[64] El último cuadro es fiel a la Biblia. Es la del castigo y premio divinos. Lázaro, sentado en el regazo de Abraham, en el Paraíso, recibe el premio de su virtuosa vida terrenal. Nineucio, tras una muerte repentina debido a una apoplejía, sufre el tormento infernal.[65] Cuando el damnificado pide a Abraham que envíe a Lázaro a la casa de sus padres para avisar a sus hermanos en la tierra de

---

[62] Tirso de Molina, *Obras dramáticas completas*, vol. I, p. 1107a.

[63] Tirso de Molina, *Obras dramáticas completas*, vol. I, p. 1133.

[64] Sobre el concepto de razón de Estado y sobre su artífice Giovanni Botero (*Della ragion di stato*, 1589) y su influencia sobre los tratadistas españoles del Barroco, véase Fernández Santamaría, 1992.

[65] En *Privar contra su gusto* el modélico privado don Juan de Cardona declara, tras pagar de su bolsillo la deuda real: 'Da el rey en engrandecerme, / y yo, porque sano viva, / con cura preservativa / me dispongo, antes que enferme. / Aliviad, industria mía, / con esta traza cuidados; / que pienso que los privados / *se mueren de apoplejía*' (vv. 2847–54, el énfasis es nuestro). Es ésta otra prueba de que el personaje de Nineucio es, en efecto, figura del privado.

poner freno a sus vicios antes de morir, responde Abraham que ya Moisés
y los profetas han dejado por escrito numerosas amonestaciones y ejemplos
para que dichos personajes cambien de conducta. La intención catequística y
política de la tragicomedia de Tirso se desdobla, a manera de *mise en abîme*,
en la ejemplaridad de los textos sagrados. Lo que muestra una vez más la
función instructiva y pedagógica de la representación escénica con fines políticos. Así, tal drama vendría a ser un reflejo de una obsesión colectiva que
rechaza normas de conducta imperantes y que, simbólicamente, escenifica
las fallas que auguran un declive, político, social y económico.

'Ansí castiga / el justo Cielo tiranos': *La mujer que manda en casa*
Más incisiva y explícita como articulación dramática de las alegorías bíblicas
del poder es la otra comedia de Tirso, *La mujer que manda en casa*. Blanca
de los Ríos sostenía que con *La mujer que manda en casa* Tirso iniciaba la
sátira política contra los potentados de la tierra, transportando a los tiempos
bíblicos, y bajo las máscaras de los monarcas sirios, Acab y Jezabel, la pasividad de Felipe III y la ambición de la reina Margarita.[66] Dicha censura se
fundaba en los conminatorios versos finales de la obra,

>   y escarmiente desde hoy más
>   quien reinare: no permita
>   que su mujer le gobierne,
>   pues destruye honras y vidas

66   Blanca de los Ríos, 1946, vol. I, pp. 107–8, fecha *La mujer que manda en casa* en 1612.
Ruth Lee Kennedy, 1974, fecha la comedia alrededor de los años veinte. Véanse también las
ediciones de Dawn L. Smith, 1984 y 1999. En su edición al drama, Blanca de los Ríos, 1946,
vol. I, p. 299, acude a testimonios de la época sobre la relación entre el abúlico rey y la reina
Margarita para apoyar tal tesis. Especula, además, sobre el posible asesino de ésta a manos de
Rodrigo Calderón, el favorito del omnipotente Lerma: 'Ya recordé a propósito de *La mujer que
manda en casa*, las declaraciones de [Simón] Contarini [embajador de Venecia] acerca de la
ambición de mandar de Doña Margarita y de la abulia de Felipe III, del cual dice que "daba a su
esposa en los negocios más mano que su padre daba a las suyas, de que ha nacido querer parte
en el gobierno"; y Quevedo escribió que la Reina "intentó refrenar los atrevimientos de don
Rodrigo", y escribió también "que la vida de la Reina acabó de abreviada y no de enferma";
palabras escalofriantes como una sentencia de muerte'. Según la editora, la ambición de la reina
y su pugna por el poder con los favoritos del rey (al decir de Quevedo en los *Grandes anales*,
'intentó refrenar los atrevimientos de don Rodrigo Calderón') aparece 'muy visiblemente representada' en otras dos comedias que ella atribuía a Tirso: la *Adversa fortuna de don Álvaro de
Luna*, atribuida hoy día a Mira de Amescua, y *Doña Beatriz de Silva*, obra de Tirso. Añade
además que a través de todas estas obras se advierte que Tirso no era afecto a Doña Margarita
de Austria. Es conocido por todos el desenlace de aquel drama político y palaciego: la muerte
rápida y misteriosa de la reina, el 3 de octubre de 1611, tras haber dado a luz al infante don
Alonso el 22 de septiembre, y en 1621 el proceso y suplicio de don Rodrigo Calderón, acusado
entre otos crímenes, de haber envenenado a la reina.

la mujer que manda en casa,
como este ejemplo lo afirma.[67] (vv. 3107–12)

y en la insistencia del *leitmotiv*: 'del mal que a los reinos viene / por una mujer regidos'. De acuerdo con de los Ríos, el rey Acab vendría a ser, como Felipe III, figura de un *rex inutilis* que se deja dominar por su mujer.

Sin embargo, la crítica posterior ha querido fechar la tragicomedia más tarde, a principios del reinado de Felipe IV.[68] De ser así, Tirso estaría expresando su oposición al nuevo régimen inaugurado por Olivares, imprudencia que en un futuro le llevaría al exilio forzado.[69] De nuevo, sea cual fuere la fecha y los referentes inmediatos de la comedia, *La mujer que manda en casa* pone en escena una grave crisis del poder, aplicable a todo el período que abarca las tres primeras décadas del siglo XVII, puesto que advierte al poderoso de los peligros de la pasión desenfrenada, de no cumplir su deber con el pueblo y de ceder la autoridad a su valido. En este caso, las consecuencias de dichas acciones son nefastas: el abuso del poder real en nombre del interés propio y la perversión total de la justicia. En la atmósfera cargada del corral de comedias dichos hechos resultaban ser obviamente provocativos, tanto en 1612 como en 1623.

Si bien la Jezabel de los textos sagrados es una adoradora implacable del dios Baal, cruel perseguidora de los profetas de Jehová, y una prepotente y despótica reina que transforma al abúlico rey Acab en su títere, *La mujer que manda en casa* va un paso más allá al sugerir que su dominio sobre el monarca es, sobre todo, sexual.[70] Así lo expresa la virtuosa Raquel: 'Tiénele

---

[67] Las referencias textuales a *La mujer que manda en casa* provienen de *Obras completas. Cuarta parte de comedias, I*, ed. I.E.T, 1999, pp. 385–486.

[68] Sobre la datación de *La mujer que manda en casa*, remitimos a la nota 13 de este capítulo.

[69] Véase, por ejemplo, Ruth Lee Kennedy, 1974, p. 355. Más tarde, esta investigadora, 1981, p. 232, asegura que *La mujer que manda en casa* fue escrita en 1623. Para apoyar dicha tesis sugiere que la persecución de los profetas de Yavé a manos de Acab es una alusión a la persecución a principios del reinado de Felipe IV de los ministros del anterior régimen. Dawn L. Smith, 1975 y 1984, sugiere que una cantidad de elementos aluden al juicio y ejecución de Rodrigo Calderón.

[70] La historia de Jezabel se presenta, como se sabe, en los libros tercero y cuarto de Reyes (*Vulgata*), condensada en hechos diseñados en siete de los capítulos de aquellos libros (seis del libro III, capítulos 16, 17, 19, 20, y 21, y uno del libro IV (el 9). Tirso, versado en la Biblia, sigue con fidelidad los episodios narrados. El relato de Jezabel se establece como fuente de ejemplaridad en los siglos XVI y XVII. Además de las consideraciones políticas (la caída de la tiranía, la fugacidad del poder) con fines didácticos para reyes y príncipes, la muerte violenta de Jezabel funcionaba como advertencia contra el pecado de la vanidad. Véase al respecto Nigel Griffin, 1976a y 1976b, V, p. xiii, donde menciona la obra jesuítica *Tragaedia Jezabelis*, escrita y representada en Medina del Campo, con fecha posterior a 1565. El quinto emblema del tercer libro de los *Emblemas morales* (Segovia, 1589) de Horozco y Covarrubias está dedicado a la muerte de Jezabel.

loco y ciego, / rendido el amoroso y torpe fuego / desta mujer lasciva, / que, idólatra, le postra y le cautiva' (vv. 258–61). Figura de mujer prostituida, la Jezabel de Tirso es una licenciosa coronada que, bajo pretexto de religión, desea satisfacer su apetito carnal. Su culto a la divinidad cananea es una especie de fiesta bacanal nocturna, en el bosque, incluyendo sacrificios y orgías. Allí, 'con lasciva indolencia', se mezcla 'el apetito y la insolencia / de todos, de tal modo / que privilegie el vicio sexo todo' (vv. 308–11). De ahí que la imagen legendaria de Circe (vv. 338, 2304) se asocie con Jezabel: los hombres, incluido su marido, hechizados, se convierten en bestias ante ella.[71] El relato bíblico se fusiona con la clásica caracterización al asociarla con la maga e irresistible Circe.

La excepción es Nabot. En el espacio del jardín (nuevo jardín edénico) la Reina actúa como única y suprema soberana ('su reino en mí renunció / Acab', vv. 617–18), mandando cubrirse a Nabot como si fuera un Grande de España. Ignorando las advertencias de su súbdito, que el excesivo rigor y crueldad de la Reina hace temblar al pueblo israelita, y que 'en los reyes la piedad / acrecienta la grandeza' (vv. 670–1), Jezabel le ofrece todo el poder del reino a cambio de renunciar a la ley de Jehová para servir a Baal y dar muerte al rey Acab: 'servidle vos y tendréis / acción que al rey os iguale; / lo que su corona vale / y más que ella, gozaréis. / Frecuentad su culto vos, / que en su bosque y espesura / os aguarda una ventura / que no os dará vuestro dios' (vv. 684–91).[72] Temeroso de perder el favor del Cielo, Nabot se niega a rechazar la ley de Moisés en favor de los placeres carnales y del poder ofrecidos por la Reina. Afirma amar a su mujer Raquel y que, aunque le juzguen aleve, le usurpen el patrimonio o le lapiden a muerte, jamás renunciará a su fe. Piadoso y fiel vasallo, honrará a su rey y a su esposa, declarando que 'ni el interés de un tesoro, / ni el castigo más cruel, / ha de hacer mella en mi honor' (vv. 774–6). Más tarde, y tras rechazar la oferta del Rey por su quinta, Jezabel ve la oportunidad de hacer huella en el honor de Nabot. Le convida a

---

[71] Nabot la iguala a Pasife puesto que, al igual que la madre del minotauro, adora las bestias y, en particular el toro, animal sagrado de Baal. El personaje de Jezabel se asocia también con la imagen de la 'meretrix magna', la prostituta de Babilonia del Apocalipsis: 'la grande ramera, con la cual han fornicado los reyes de la tierra' (Apoc. 178, 1–2) y con el emblema VI de Alciato, 'La fingida religión' (Ficta religio). Sobre tal figura, véanse la Enciclopedia de emblemas españoles ilustrados, pp. 676b–677a, y el estudio de Constance Rose, 1998.

[72] En la pretensión de regicidio, Jezabel desea imitar las acciones de Semíramis: 'Cuando imite / a Semíramis que a Nino / en tres días que la dio / el reino que le pidió / a ser su homicida vino, / en su ejemplo hallaré excusa; / no soy yo de mi hijo amante / como ella, / causa bastante / doy a la llama difusa / que me abrasa' (vv. 755–64). Semíramis, la legendaria fundadora y reina del imperio de Asiria, dio muerte a su marido Nino y usurpó el reino de su hijo Ninías. Notorio fue su valor y destreza en las acciones bélicas, su astucia y doblez política, así como su extrema belleza y pasión desenfrenada. Para una evolución de dicha leyenda, véase la introducción de Gwynne Edwards, 1970, pp. xxiii–xl, a su edición de La hija del aire de Calderón.

comer y sobre tres fuentes de plata hace colocar en cada una un rótulo, una corona envuelta en un cordel, una espada y una toca, y un tercer plato lleno de piedras y de sangriento licor. El simbolismo pretendido por la Reina es evidente: la corona será de Nabot si decide matar a su esposa Raquel ahorcándola. La espada y la toca simbolizan la elección que ha de hacer Nabot: ser ajusticiado por la Reina o quererla como mujer. El tercer plato, lleno de piedras y de sangriento licor, sugiere que Nabot morirá apedreado si ignora la amenaza y no se rinde al amor de la soberana. Pero la constancia de Nabot en ser fiel a Yavé le capacita para otorgar un nuevo significado a estos símbolos arrogantes del poder y de la justicia:

> Espada de su malicia,
> dad al juez supremo cuenta,
> pues, lasciva y torpe, afrenta
> la espada de la justicia.
> Corona, si en su cabello
> servistes de insignia real,
> bajaos y seréis dogal
> con que suspendáis su cuello.
> Cordel, servid de escarmiento
> a los idólatras, vos,
> mientras que a mi rey y a Dios
> confieso, al darme tormento
> que a la muerte me apercibo,
> no a su llama deshonesta;
> y para dar la respuesta
> la vil corona derribo (*Derríbala y la pisa*).
> porque su interés desprecio
> y como infame la piso. (vv. 2215–32)

Apartándose del relato sagrado, la sádica Jezabel de Tirso ordena que Nabot sea lapidado a muerte motivada, no sólo porque éste se negara a ceder su viña a Acab (como asume el Rey), sino para así vengar la resistencia a sus lascivias seducciones.

Significativo es que los ritos hedonistas que practican la Reina y los seguidores de su dios se hagan en la oscuridad de la noche puesto que, en este contexto, la falta de sol ('planeta hermoso / ausente', vv. 305–6) se asocia con la carencia de luz (léase Verdad, Justicia) en el reino. La metáfora heliocéntrica se asocia así con aquel otro planeta 'ausente', el rey Acab, cuya razón ha sido enajenada de la pasión que anuncia el destino del Rey y de su reino.[73] Si bien éste muestra su valor venciendo al enemigo moabita, tras la entrada

---

[73] Durante la comida de los reyes, unos músicos cantan el siguiente estribillo: 'Dos soles tiene Israel / y que se abrase recelo / el del cielo y Jezabel / —¿Cuál es mayor?' (vv. 1210–12, 1230–2).

triunfal en la primera escena, capitula de inmediato ante el capricho de la Reina y el miedo de perder su favor. El regente actúa no como rey sino como ministro de la Reina, haciendo del 'falso' culto sirio, a expensas del 'Dios único y santo' (v. 256), la religión oficial del Estado. Dispuesto a perder el reino con tal de mantener el amor de su esposa, el abúlico monarca ignora los presagios del Cielo: construye un rico templo a Baal; persigue y da muerte a los seguidores de Jehová. Dominado por la seductora Reina, la ausencia simbólica ('la corona de Israel / tiene en mi esposa su esfera', vv. 190–1) de quien ha de representar a Dios sobre la tierra, y de quien ha de cimentar el orden y regir el código de honor, repercute en toda la sociedad. Las prácticas orgiásticas que se hacen en nombre del ídolo de la Reina disuelven todo pudor y jerarquía entre las gentes. Así las describe Nabot:

> allí con lo primero
> que encuentra, desde el noble al jornalero,
> como si fuera bruto,
> paga al deleite escandaloso fruto;
> allí tal vez la dama,
> de ilustre sangre y generosa fama
> con el plebeyo pobre,
> *mezcla de plata y abatido cobre,*
> porque Venus instiga,
> bate moneda amor, de infame liga.
> Consiéntelo el marido
> más sabio, más soberbio y presumido
> sin que en tales desvelos
> quejas se admitan, ni se pidan celos,
> porque en tan torpes modos
> es la mujer allí común de todos.[74]
>
> (vv. 312–27, el énfasis es nuestro)

Carente de voz e ideas propias, la casa del título se extiende, metonímicamente, a todo el reino de Israel. Crea, en palabras del profeta Elías, una nueva Babel (v. 831).

Siguiendo, pues, los consejos de la Reina, el pusilánime Rey ofrece la privanza y grandes mercedes a quien encuentre a Elías, amenazando de muerte a quien vuelva sin el profeta. Su impulso tiránico es promovido por

---

[74] La alusión al vellón en esta denuncia de las prácticas orgiásticas asociadas con el culto de Baal, según Metford, 1959, p. 23, se relaciona con el principio del reinado de Felipe IV. Tirso también relaciona la precaria situación financiera con el decaimiento moral en el célebre discurso del personaje Otón sobre el tiempo presente en *Ventura te dé Dios*: 'Moneda de vellón corre / y reinan Venus y Baco' (vv. 172–3, citado en Tirso de Molina, *Obras dramáticas completas*, vol. I, p. 1529b).

la Reina en la viña de Nabot. Éste se niega a cederle el solar al monarca pues ni su ley (alude al Levítico, v. 1584) ni su limpia sangre (v. 1551) le permite vender el patrimonio que heredará del primogénito. Tal rechazo y la intransigencia del súbdito provoca en el monarca la depresión y el reconocimiento de su impotencia. Si bien califica tal acto de injuria, menosprecio y crimen de lesa majestad, afirmando que 'No es rey, ni este blasón gozar merece, / quien halla resistencia en su apetito' (vv. 2039–40), el inepto Rey no sabe cómo conseguir sus deseos. En un acto real, y a la vez simbólico, deposita su autoridad (le da el anillo con que sella) en Jezabel, quien asegura poder eliminar el obstáculo a su gusto.[75]

Los numerosos avisos del profeta Elías van dirigidos en su mayoría no a la viciosa Jezabel, que no tiene remedio, sino al torpe monarca. Según afirma el mensajero de Jehová, es indigno de ser hombre pues por culpa de su mujer trae la diadema afeminada 'no en la cabeza, en los pies' (v. 821). Si no vuelve a abrazar la ley de Moisés, le avisa Elías, 'nombre y fama adquirirás / del príncipe más cruel' (vv. 836–7). Aunque ya lo tiene, Raquel le equipara al legendario rey Sardanápalo.[76] Pero Acab, una y otra vez, elige ignorar tales advertencias. Ordena a sus soldados perseguir y matar al profeta de Jehová. Conscientes de que las peticiones del poder son injustas, los súbditos vacilan entre obedecer al poder terrenal o a quien asegura proceder en nombre del poder divino (Elías). Tal conflicto es central en el drama; envuelve las relaciones interpersonales entre los déspotas y los vasallos fieles a Jehová.

Además de Nabot quien, como vimos, resiste los avances de la seductora Reina y muere por la causa de Jehová, existen en torno a los tiranos una serie de personajes secundarios cuya función es representar al pueblo y, desde esta perspectiva, denunciar las injusticias del Poder, aunque sin necesariamente resistirlas. Así, por ejemplo, los dos ciudadanos encargados de ejecutar el falso testimonio levantado contra Nabot.[77] Conscientes de que éste es perseguido por Jezabel, por ser 'el más santo' (v. 2256) ciudadano de Israel, ante la elección de obedecer la ley de Jehová y morir ajusticiado por el tiránico Rey,

---

[75]   Dicho motivo está presente también en el relato bíblico del Libro de Ester (3, 10). El rey Jerjes (Asuero) le da el anillo real a Hamán, el supremo dignatario bajo el rey. El valido, por razones de estado, pretenderá el exterminio de los judíos en el reino persa. La masacre es evitada por la intervención de la reina Ester. Ésta, desobedeciendo el decreto que negaba la audiencia del rey, desvela las maquinaciones de Hamán y salva al pueblo hebreo. Jerjes acusará de lesa majestad a su valido tras encontrarle en actitud equívoca ante el diván de la reina. Condenado a muerte, Hamán será ejecutado en la horca que había preparado para Mardoqueo.

[76]   Sobre este rey legendario de Asiria, descendiente de Semíramis y célebre por su vida disoluta, véase la nota 120 del capítulo II.

[77]   El mandato real estipula que todos los bienes de Nabot pasen, tras la ejecución de la sentencia, 'sin admitirle descargos' al acusado, al fisco real. Cuando un ciudadano le pregunta a otro si para estos sucesos habrá testigos falsos, el segundo insinúa que eso en la Corte es cosa común (vv. 2269–72).

o cumplir con el injusto mandato real ('Temo a Dios, mas también temo / a un rey tirano y blasfemo', vv. 2260–1), deciden seguir las órdenes del poder terrenal, concluyendo que Dios, al menos, es clemente (v. 2275).

Raquel, la esposa de Nabot, es pura invención de Tirso. Ausente en los relatos sagrados, se erige en contraposición a la impía y licenciosa Jezabel. Funciona a manera de paradigma del amor conyugal y ejemplo de la devoción religiosa. Tras conocer que Nabot ha sido ajusticiado por ser fiel y justo a Dios, arremete contra los cómplices del Poder que levantaron falso testimonio contra su marido:

> ¡Dejadme, idólatras torpes!
> ¡Soltadme, aleves vecinos
> de la más impía ciudad
> que a bárbaros dio edificios!
> ¡Sacrílegos envidiosos,
> de un rey tirano ministros,
> de una blasfema vasallos,
> de una falsedad testigos,
> de un Abel Caínes fieros,
> de un cordero lobos impíos,
> de un justo perseguidores,
> de un inocente enemigos! (vv. 2381–92)

Deseosa de que sus gritos lleguen hasta el alcázar real y provoquen a los poderosos, Raquel describe un mundo al revés en donde los reyes en vez de guardar el honor de sus súbditos lo usurpan.[78] Reclamando justicia al Cielo, condena a la familia real y a su descendencia, rogando que Jezabel sea precipitada del alcázar y despedazada, miembro por miembro, por unos lebreles, quedando intacta sólo su cabeza como 'recuerdo de delitos' (v. 2542). Al cumplirse dicho castigo, en la tercera jornada, no quedan dudas sobre en qué lado se encuentra el Dios de Moisés (y de Tirso).

---

[78] Abdías, personaje que en la Biblia es mayordomo del rey, es aquí también su privado. Perdida su hacienda y con su vida constantemente en peligro, ampara en dos cuevas a cien profetas de Jehová y les defiende declarando que 'por conservar mi ley / voy contra el gusto del rey' (vv. 1079–1080). Consciente de la tiranía de los reyes, es quien pide que lleven el cuerpo martirizado de Nabot a enterrar como 'ejemplo vivo / del mal que a los reinos viene / por una mujer regidos' (vv. 2560–2). Sobre el *topos* del *mundus inversus*, véase E. R. Curtius, 1976, pp. 143–9. Con referencia al tópico del 'mundo al revés' en España, véase Helen Grant, 1972 y 1973; Juan Antonio Hormigón, pp. 164–6; en Tirso, véase Dawn L. Smith, 1986. Sebastián de Covarrubias y Horozco representa tal tópico en sus *Emblemas morales* (cent. 3, embl. 79, f. 279) cuyo *subscriptio* reza: 'El mundo está trocado, no lo entiendo, / El siervo manda, y el señor le ruega: / El rico llora, el pobre está riendo, / Abaxa el monte, encúbrase la vega: / La liebre tras el galgo va corriendo, / Y el ratón tras el gato. Pero alega / Sur redondo, y que rueda, y como tal / Dudarnos haze aquí, quál va tras quál' (citado en *Enciclopedia de emblemas españoles ilustrados*, pp. 551a–551b).

La segunda jornada se abre con una escena entre pastores que, tras tres años de sequía y de hambre, deciden sacrificar sus bestias para sustentar al pueblo. Si bien el cuadro contiene elementos cómicos, como el amor que siente Coriolín hacia su rucio (recuerda al de Sancho Panza), que no quiere sacrificar, los pastores culpan a los poderosos de su mal estado.[79] Así, en palabras del pastor Dorbán, 'No se enmiendan nuestros reyes, / y así crecen nuestras quejas' (vv. 972–3). La crítica al Poder también es evidente en la invectiva del profeta Elías, tres años perseguido y escondido en el monte Carmelo. Describe la situación moral del país aludiendo, quizás, a la precaria situación económica de la España del XVII:

> Secos los demás están,
> que cual mercader quebrado
> se ha alzado
> el cielo, todo rigores,
> sin pagar acreedores
> con inmensos
> tesoros de agua, que en censos
> cobraban, correspondientes,
> los vivientes,
> montes, prados, lagos, fuentes.
> Pero ya en arenas secas
> ni flores ni frutos nacen,
> porque los pecados hacen
> falidas las hipotecas. (vv. 1375–88)

El contraste entre la lujuriosa Jezabel y la devota Raquel se hace todavía más patente en la manera en que cada una sufre la ausencia de su fallecido marido. La Reina vestida de viuda —aunque de manera llamativa— no cambia de actitud. Niega la compasiva petición de su criada Criselia de sacar a Raquel de la prisión, y amenaza con dar muerte a su sirvienta si insiste en tal súplica. La sádica Reina se regocija por el dolor de la viuda, negándole incluso la muerte pues así, intuye, sufre todavía más. Contemplándose en un espejo mientras se peina, la Reina justifica la muerte de Nabot por el simple hecho de que éste no la quería. En ese instante, oye la voz de una mujer que canta los versos de la canción de la tortolica, cuyo estribillo, 'En la prisión de unos hierros / lloraba la tortolilla / los mal logrados amores /

---

[79] Tras enlistarse este personaje cómico en el ejército, su amada Lisarina le pregunta si sabe ser soldado. Su respuesta es una sátira típica de la época, dirigida a la soldadesca: 'yo sé tocar las baquetas, / comerme un horno de bollos, / hurtar gallinas y pollos, / vender un par de boletas, / echar catorce reniegos, / arrojar treinta "¡por vidas!", / acoger hembras perdidas, / sacar barato en los juegos, / y en batallas y rebatos / cuando se toman conmigo, / sé enseñarle al enemigo / las suelas de mis zapatos' (vv. 2631–50).

de su muerta compañía' (vv. 2871–4) deriva del romance 'Fonte frida, Fonte frida'.[80] Los símbolos y el tema de dicho romance son leídos alegóricamente por la Reina. Descifra así la velada sátira (v. 2914) cantada por el vulgo que la condena. Jezabel viene a ser el águila envidiosa y cruel cuya ansia de venganza dividió a la pareja de los amantes fieles. Pero aun tras conocer la voz del pueblo, la tiránica Reina no se arrepiente. Al contrario, se divierte en su ínfima reputación: 'Tiémbleme el mundo, eso quiero: / venganzas me regocijan, / riguridades me alegran, / severidades me animan' (vv. 2895–8). Tras escuchar algunos versos más, la Reina se enfurece y amenaza al pueblo que la satiriza.

El espejo que maneja entre sus manos representa la conciencia de Jezabel. No sólo refleja la muerte de Nabot sino también a un hombre armado que 'amenaza con la desnuda cuchilla' su 'trágico fin' (vv. 2963–5). Éste, como no, es Jehú, quien se ha rebelado y encamina su ejército hacia la ciudad. Tras averiguar que la mujer que le adula falsamente desde el balcón es la Reina, el general ordena a sus soldados que la derriben de la torre. Dicho tiranicidio es visto por Raquel como el justo castigo divino: '¡Ah, bárbara! Ansí castiga / el justo cielo tiranos, / que si tarda, nunca olvida' (vv. 3082–4).[81] Con la sangre vertida de Jezabel, descuartizada y devorada por los perros, queda la venganza de Raquel satisfecha.[82] Las palabras del nuevo rey dan término a la tragedia:

> Alce Israel la cabeza,
> pues de Jezabel se libra,
> y escarmiente desde hoy más
> quien reinare: no permita
> que su mujer le gobierne,
> pues destruye honras y vidas
> la mujer que manda en casa,
> como este ejemplo lo afirma. (vv. 3105–12)

---

[80] Una versión de este romance aparece en el *Cancionero general* de 1511. Sobre el tema de la tórtola como símbolo de la castidad y de la fidelidad conyugal, véase Marcel Bataillon, 1953.

[81] Arellano, 2001a, p. 83, declara que 'la rebelión del súbdito en Tirso es ilegítima aunque el rey conculque sus obligaciones', y que no existe el tiranicidio en Tirso. Pero tanto aquí, como en *La ventura con el nombre*, al regente se le castiga con la muerte precisamente por incumplir el recto ejercicio del poder.

[82] La imagen de Jezabel siendo despedazada por unos perros a las afueras de la ciudad, la recoge Juan de Horozco y Covarrubias en sus *Emblemas morales* (lib. 3, emb. 5, f. 220r). El observador de tal imagen, según reza el comentario, debe 'con tanto razón sentir y llorar no sin grande admiración y espanto, considerando la desventura de un alma que por sus culpas cayó de la privança y amistad de Dios en la desgracia suya, y en poder de los demonios' (citado en *Enciclopedia de emblemas españoles ilustrados*, p. 643b).

La mujer que manda en casa se asocia con aquellas comedias de privanza donde el rey es dominado por un malvado favorito. Aquí dicho personaje sería representado por Jezabel puesto que el privado Abdías se establece como personaje ejemplar. Pero la comedia también recuerda algunos dramas de Lope (*Las paces de los reyes*) en que el rey se deja llevar por la pasión y la lujuria y, hechizado, se convierte en abúlico. El maniqueísmo que se erige a partir de dicha crisis, entre unos tiranos dispuestos a ofrecer la privanza a quienes sirvan sus intereses, y los modélicos vasallos que denuncian la injusticia tiránica, ofrece lecciones políticas y claramente delinean las crisis del Poder. Al abusar de su autoridad y al no cumplir con su deber de cimentar el orden y regir el código de honor, los poderosos rompen el contrato natural con el pueblo. Tal y como ocurre en *Fuente Ovejuna*, el tiranicidio se justifica por medio del mito y de la historia, medieval en aquélla, bíblica en ésta.

Si bien el Ajab bíblico no era tan malo que no dejara de reconocer la injusticia cometida contra Nabot, ni tan destituido de sentimiento religioso que no esperara obtener de Yavé el perdón, el Acab de Tirso nunca se arrepiente. Su negativa a escuchar al profeta Elías y de seguir los avisos divinos tienen su contrarréplica en la imagen del dramaturgo y del rey. En efecto, las múltiples referencias a la situación social y política de la España de Tirso (la moneda de vellón, los Grandes de España, la privanza, el valimiento, la razón de Estado, las sátiras contra la soldadesca, etc.) remiten al verdadero destinatario de la obra: los potentados de la época. Tirso, como su *alter ego* —el bíblico Elías—, avisa a los monarcas cuando éstos se desvían de su papel: representar a Dios sobre la tierra. Y por sus respectivas censuras, los dos —Tirso y el dramático Elías— serán perseguidos y forzados al exilio.

Si bien la poética de las alegorías bíblicas del Poder atenúa la posible asociación de personajes dramáticos con históricos o con situaciones concretas de su tiempo, tal corpus es la expresión dramática de una época en crisis cuyos ingenios buscan poner freno al desorden que advierten en muchos aspectos de la vida política de esta época. Su variada articulación discursiva se constituye a partir de la configuración de personajes paradigmáticos, tipológicos, que representan, a modo de *exemplum*, el poder digno de imitación. También se lleva a cabo a través de la manipulación teleológica de la acción. Se impone la justicia (terrena o divina) y se condena a un personaje erigido como vicioso o tiránico para ejemplificar, a modo de *exemplum excontrario*, las acciones rechazables. Representan un orden al subvertirlo y al ser consecuentemente castigados. Finalmente, el discurso dramático de estos dramas cuestiona las conductas arbitrarias del Poder al representarlas como una alteración de unos valores afincados en la Fe. El rey y su régimen haría bien en seguir los pasos de los *exempla* bíblicos y de enmendar sus yerros. La lección política es clara: Dios sólo funda y conserva los estados de aquellos príncipes que guardan su santa ley.

Emblema 79 (cent. 3), '[Anda agora el mundo tal, Que] Io no sé
quál va tras quál'. Sebastián de Covarrubias Horozco. *Emblemas
morales* (1610)

La carnavalización del Poder: *La república al revés* y *El burlador de Sevilla*

> el mundo y su gobierno está de modo
> que andando al revés todo
>
> Tirso de Molina, La república al revés

En *La república al revés* la pasión desmesurada del desnaturalizado y cruel
gobernante, Constantino VI Porfirogeneto, provoca el desorden, la subversión
de valores legítimos y la inestabilidad del imperio bizantino.[83] Para Ignacio
Arellano, es éste 'el ejemplo más evidente en la dramaturgia tirsiana de

---

[83] En su preámbulo a *La republica al revés*, Blanca de los Ríos ofrece la posible fecha de
1611. Señala 'el romántico desorden' de su estructura y lee, tras la figura del pastor Tarso, la
auto-representación simbólica del poeta. Describe la excelente delineación del personaje de la
emperatriz Irene como madre y como soberana, 'un verdadero boceto de la inmortal [...] María
de Molina de *La prudencia en la mujer* y aunque entre *La República* [*al revés*] y *La prudencia*
[*en la mujer*] media la distancia que va del ensayo a la obra cumbre, la scmcjanza entre la
Emperatriz Irene y Doña María es visible' (Tirso de Molina, *Obras dramáticas completas*, vol
I, p. 237). La relación entre ambas obras ya fue señalada por E. H. Templin, 1937, quien, en
contraste con Blanca de los Ríos, sostuvo que *La república al revés* es posterior a *La prudencia
en la mujer*. Ruth Lee Kennedy, 1943, piensa que se escribió en época temprana, pero que fue
retocada hacia 1621, cuando Tirso trabajaba en *La prudencia en la mujer*.

modelo de mal gobernante', pues es exactamente la inversión del modelo de príncipe cristiano descrito en los repertorios y tratados auriseculares, y descrito dramáticamente también, como hemos visto, en el *corpus* de Lope y de Tirso.[84] Ignacio Arellano sitúa la comedia en el marco de la comedia seria o drama de moralidad política, modalidad teatral que, con argumento adaptado de la historia o leyenda antigua, presenta 'una serie de doctrinas sobre el modo de gobernar la sociedad, con reflexiones sobre el buen y mal gobernante, o sobre la relación entre el orden del reino y los valores de la recta política'.[85] Concuerda con nuestra tesis al declarar que *La república al revés* se sitúa en paralelo con otras muchas obras de la época que tratan del ideal del príncipe y del *ars gubernandi*, 'preocupaciones sumamente típicas de una época en crisis que busca reorganizar el desorden que advierte en muchos aspectos de la vida individual y social'.[86] De acuerdo con Arellano, esta moralización política por medio de una estructura teatral responde en su mayor parte a estrategias de inversión y de oposición, que rigen todos los niveles del drama. Así, en *La república al revés*, comedia organizada en torno a la inversión del modelo ideal del príncipe, dicha estrategia se aprecia ya desde el título.

El resultado de las acciones es el resumido por el título: la presentación de un mundo al revés.[87] Hasta aquí coincidimos con el análisis de Arellano pues, como ya indicamos en la introducción de nuestro estudio, la diferencia entre nuestras aproximaciones es, sobre todo, metodológica. Radica en una diferente noción de la función de cierre dramático o *closure*.[88] Si bien estamos de acuerdo en que el cierre de la comedia restituye el orden perdido a lo largo del drama, no coincidimos con la valoración moral del mismo. Para Arellano, la conclusión resuelve, en el nivel de la acción, toda tensión o conflicto anterior, y en el nivel estructural, toda contradicción. Otorga a la producción artística una unidad integral y un sentido ético. Arellano aplica, metonímicamente, este concepto a la total producción dramática del Mercedario. El cierre feliz de *La república al revés*, declara, se sitúa en 'la línea usual del optimismo tirsiano, desemboca en la restauración de orden justo'.[89] Tal valoración ética nos parece necesario matizar. Si bien el cierre sí diluye toda tensión, y resuelve pacíficamente los conflictos a nivel de la acción, premiando a los justos y castigando a los culpables, no por eso borra lo

---

84 Arellano, 2001a, p. 81.
85 Arellano, 2001a, p. 77.
86 Arellano, 2001a, p. 77.
87 Sobre tal *topos*, véase la nota 78 de este capítulo.
88 Sobre el concepto de 'cierre de final' que manejamos véase la nota 17 de este capítulo.
89 Arellano, 2001a, p. 77.

ocurrido hasta entonces: el orden restituido nunca es el inicial. Con esta sutil diferencia en mente procedemos al análisis de la comedia.

Comienza la acción con la caída del poder de la soberana madre, Irene, en favor del derecho al trono imperial de su hijo Constantino. La ingratitud misógina de éste y del senado bizantino hacia la emperatriz es irónica, pues ella se había visto obligada, cual 'Semíramis guerrera', a asumir el mando precisamente por la previa ineptitud y abdicación de las obligaciones varoniles de los hombres que, ante la invasión persa, se dedicaron a sus 'femeniles placeres', en lugar de luchar contra el enemigo. Como la reina madre María de Molina, en *La prudencia en la mujer*, Irene aconseja a su hijo, aunque en vano, sobre el buen gobierno, durante el acto de su coronación. Quien posee el poder no es libre de usarlo arbitrariamente; antes bien, está obligado a ejercer su actividad al servicio de Dios y de su pueblo. En esta línea, le exige a Constantino triunfar sobre el 'moro infiel' al entregarle el estoque imperial, símbolo de la recta justicia. Le aconseja que siempre se guíe por la cruz, símbolo de la ley cristiana y de la prudencia, sin dejarse llevar por el interés o la pasión. Pero, como sucede con otras piezas de tono moral o trágico en relación con el tema de la voluble Fortuna, el elemento que predicen los agüeros entra en juego.[90] Tropieza Constantino y se le quiebran el estoque, la corona y el mundo, emblemas de su poder y dominio. La reacción del emperador ante tal infortunio anuncia su propia caída. Desprecia el valor de la señal 'con soberbias razones en las que, inconscientemente, se compara con Lucifer y los gigantes mitológicos que se rebelaron contra el cielo'.[91]

Constantino se rebelará contra las obligaciones políticas y éticas, subvirtiendo los valores legítimos, cristianos, que le exigen su papel múltiple de hijo, marido y emperador. Su desenfrenada pasión por el poder absoluto le conduce por el camino de la crueldad y del sadismo. Este 'hijo desnaturalizado' perseguirá a la madre soberana por miedo del amor que le muestran los soldados griegos, condenándola al destierro y pidiendo su caza como si fuera un jabalí. Su incapacidad de dominar el instinto sexual le impulsa a rechazar a la infanta Carola como esposa, en favor de la criada Lidora. Aunque ésta en un principio rechaza los avances lujuriosos de Constantino, la posibilidad de usurpar el trono imperial da alas a su ambición y se rebela contra su señora. Con el fin de gozar de la villana, el regente hace encarcelar a la infanta, sin

---

[90]   Como bien indica Arellano, 2001a, pp. 87–8, el tema de la fortuna voluble 'se concentra de modo especial en Leoncio, general de Constantino, que encabeza una rebelión y sube al imperio desde su inicial posición subalterna, para volver después a caer. [...] Leoncio sufre los variados embates de la fortuna: de privado a fugitivo condenado a muerte y luego a emperador efímero'. En un sueño agorero, el emperador se ve a los pies de la rueda de la Fortuna (composición que recuerda *La rueda de la Fortuna* de Mira de Amescua). La misma Fortuna aparece como personaje con los ojos vendados y anuncia a Constantino su caída.

[91]   Arellano, 2001a, p. 87.

gozarla, con la intención de devolverla a su padre, el rey de Chipre. Ante
la posibilidad de que el infante Roselio, hermano de Carola, convenza a
su padre de hacerle guerra, Constantino, a modo del rey David, proyecta
su asesinato. Le nombra Capitán general de su ejército con el propósito de
enviarle a la guerra en Egipto, y allí envenenarlo. El rechazo matrimonial
constituye una amenaza a la estabilidad del reino por dos lados. Primero, ya
que significa el abandono e incumplimiento de unas relaciones de amistad
con sus vecinos y, segundo, porque en un futuro cercano podría provocar una
crisis de sucesión al tener un hijo natural.

Al ver Constantino su poder limitado por el senado y por el pueblo griego
(le acusan de tener dos mujeres contra la ley de Dios), el emperador, enfure-
cido, se autodenomina un Comodo y un Nerón, dispuesto a perseguir a quien
se le oponga. Desprecia el consejo del prudente senador Honorato, declarando
su tiranía, 'Yo basto y soy suficiente / para gobernar a Grecia y el senado sólo
ha de obedecer'.[92] Amenaza al senado con vestirlo de mujeres y de ahorcar a
todos en medio de la plaza si no acceden a su voluntad. Todo anda al revés.
El juicio de la jornada tercera es una escena clave en cuanto que simboliza el estado de su gobierno. Sistemáticamente, Constantino promueve la
inmoralidad y la corrupción en el reino: autoriza el robo y establece que
de cuatro años puedan anularse los casamientos. Es la antítesis de quien ha
de imitar a Dios, el sustentador del universo. No ampara el sacramento del
matrimonio y renueva la herejía de los iconoclastas. Pero el problema es aún
más grave. Raíz y cimiento del orden y de la vida pública, el rey justo es el
alma que vivifica y sustenta al reino. Es el espejo en que se miran todos sus
súbditos.[93] Su poder corruptor es, por tanto, extraordinario. Observador de
su gusto como única ley, el abuso y la tiranía de Constantino contaminan la
república con sus malas pasiones. Las acciones de este emperador nefasto
provocan un mundo degradado, corrupto e inmoral, descrito a lo largo de la
comedia a través del tópico del mundo al revés. En ese camino todo se desor-
dena, según evidencian los datos sintomáticos que enlazan la trama. En el
momento en que Andronio, rotas las inhibiciones, decide violar a Irene antes
de matarla, justifica su corrupción individual, provocada precisamente por el
mundo creado por el emperador: 'Mas ¡ay!, que voy a hacer un desatino; /
aunque sea traidor, alma, buen pecho, / que andando como anda el mundo
todo / necedad es andar a lo derecho'[94] y, de nuevo más tarde, insiste: '[r]igor
es inaudito y sin segundo; / mas, por vivir, a hacerle me provoco, / pues en su

---

[92] Tirso de Molina, *Obras dramáticas completas*, vol. I, p. 259b.

[93] Así, por ejemplo, en el emblema 29 de Solórzano Pereira: '*Sceptrorum imitatio potentis-
sima*', o el 13 de Saavedra Fajardo '*Censurae patent*'. Véanse además los capítulos 'Concepto
de la corona' y 'El príncipe como gobernante' de González de Zárate, 1987, en donde se
recogen referencias a estos conceptos en distintos tratadistas de la época.

[94] Tirso de Molina, *Obras dramáticas completas*, vol. I, p. 268a.

ejecución mi vida fundo. / Cuenta la fama, pues, mi intento loco, / que yo sé que dirá después el mundo / que en un reino al revés todo esto es poco'.[95]

Además, Lidora se propone dar muerte a la infanta con el propósito de estar con el emperador. Constantino asciende inconscientemente al amante secreto de Lidora a la privanza del estado, y luego, Leoncio, apoyado en la mala fama y condición de Constantino, usurpa el poder y se establece, momentáneamente, como nuevo emperador, hasta que la rueda de la Fortuna lo destrona. Tal estado de degradación general lo describe Leoncio en su fuga de la corte: 'corre el gusto a rienda suelta, y la pasión ha roto / de la sabia prudencia el freno justo'.[96]

El desarrollo de la trama justifica el que el espectador acepte el punto de vista de Irene como el más fidedigno. Es obvio por lo que dice (por ejemplo, su gran monólogo en el que se une el tema de menosprecio de corte y alabanza de aldea con el topos del mundo al revés)[97] y acontece a nivel de la trama en que ella representa la falta de ambición, la verdad y la justicia. A su vez su hijo realza el vicio sin freno, la mentira, la inmoralidad y la incapacidad de mando. La comedia se cierra con una imagen que viene a ser la opuesta a su apertura. Recuperado el trono, todos aclaman a la emperatriz Irene. La bondad y prudencia que demuestra en sus últimas decisiones establecen un contraste paralelo con los juicios nefastos de Constantino. A la espera de que herede el trono el hijo de Carola, la emperatriz reparte cargos y mercedes, premia a los leales y castiga a los malos, según los merecimientos de cada uno. Además, demuestra ser clemente al no castigar a Leoncio con la muerte, a pesar de la presión ejercida sobre ella por sus soldados. Y, finalmente, su hijo Constantino tampoco es ajusticiado. Su castigo será la ceguera y la prisión, emblemas ambos de su errado ejercicio en el poder.[98] *La repú-*

---

[95] Tirso de Molina, *Obras dramáticas completas*, vol. I, p. 271a. Andronio repetirá la misma idea en su asombro ante la orden de Constantino de matar a Irene. Otros personajes describen este mundo al revés como el senador Honorato, castigado por aconsejar rectamente: 'Por dar consejos padezco. / ¡Ay república al revés!' Como bien señala Ignacio Arellano, 2001a, p. 90, 'uno de los personajes que con más frecuencia se queja de que el mundo esté al revés es precisamente Constantino, que se enfurece cuando el senado le da consejos, o cuando se le oponen a sus decisiones. [...] La perspectiva del emperador —opuesta a la mayoría de los otros personajes— es, obviamente, torcida: lo que él considera su derecho es el verdadero revés para los valores legítimos. [...] Añádase otras modulaciones del motivo en el trueque de vestidos y personalidades de Irene y Tarso: una se disfraza de pastor y el otro de emperatriz'.

[96] Tirso de Molina, *Obras dramáticas completas*, vol. I, p. 268a.

[97] Por su dramatismo y belleza es digno de ser citado: 'Monte soberbio, que entre pardas nubes / de estrellas coronado / imitas a Nembrot y al sol asaltas, / pues hasta el cielo subes, / si a la verdad que allá se fue has mirado / [...] dile que no hay justicia, / que el mundo y su gobierno está de modo / que andando al revés todo / del hijo la madre huye' (citado Tirso de Molina, *Obras dramáticas completas*, vol. I, p. 274a).

[98] Arellano, 2001a, pp. 90–1, señala que parte de la crítica considera algo ambigua la 'crueldad' que muestra Irene al ordenar que saquen los ojos a Constantino, a pesar de las

blica al revés concluye con la boda de Lidora con Leoncio, con el viaje hacia Constantinopla para bautizar al futuro heredero, con la vuelta de Andronio a su antigua privanza y con el premio de los soldados fieles a Irene. El imperio parece por fin alcanzar el sosiego y el orden, cumpliendo la justicia poética, típica de los cierres de comedia.

Obra de autoría discutida, *El burlador de Sevilla* (hacia 1619) es quizás el mejor ejemplo, dentro de la dramaturgia tirsiana, de una dura crítica de los responsables del orden social: el rey y sus privados.[99] Porque don Juan Tenorio, más que causa es efecto de una general degradación social que emana desde los vértices del poder, indulgentes cómplices, valedores y protectores del burlador.[100] La comedia comienza en un aposento del palacio real de Nápoles con la despedida nocturna del burlador de la duquesa Isabela, a quien ha gozado haciéndose pasar por el duque Octavio, galán de la dama. Descubierto el engaño, a los gritos de la deshonrada, llegan el rey de Nápoles y su acompañamiento. Pero el monarca, usando un extraño sentido de prudencia y de justicia, escasamente se preocupa por tal profanación. Antes bien, sospechando que pueda tratarse de gente de calidad, delega las pesquisas al marqués don Pedro Tenorio, embajador de España y tío de don Juan. El Rey le exige prender a los dos en secreto, pues si tiene noticia de quiénes son, no tendrá otro remedio que ajusticiarles en el acto. Mientras, el oculto don Juan, todavía encerrado en el aposento de la burla, declara ser caballero del embajador español y que sólo ante éste se ha de rendir. Sabe que una vez solo ante su tío, podrá de nuevo salirse con la suya. Apartando a la duquesa y a la guarda, don Pedro entra solo a la cámara real donde don Juan se revela y, con falsas muestras de arrepentimiento, pide al marqués que le ajusticie. Pero la ambición e interés de don Pedro es tal que no hace más que recriminar a su sobrino, pese a que es la segunda vez que don Juan se burla de una dama noble. Ya su padre, camarero mayor del rey Alonso de Castilla, le había enviado a Nápoles, precisamente tras burlarse don Juan de

---

súplicas misericordiosas de Carola. Sostiene que hay que tener en cuenta la 'diferencia del nivel dramático e ideológico de las dos mujeres y las obligaciones que afectan a ambas: Carola suplica a título individual por su marido, mientras que Irene, investida de nuevo de la autoridad suprema, debe tomar una decisión política en bien de la comunidad, y no es ya libre de traspasar ciertos límites de la clemencia'. El castigo del impío Constantino es, según Arellano, parte de la restauración del orden. De ser así, tal acto contrastaría con la tiránica acción del rey Nino en *La hija del aire. Primera parte* de Calderón. Movido por los celos que le produce el obstinado deseo de Menón de ver a Semíramis, el monarca, ocultadamente, lo castiga sacándole los ojos. Véase nuestra lectura de tal drama en el capítulo IV del presente estudio.

   99   Sobre la cuestión de su autoría, véase la nota 2 de este capítulo. Las referencias a *El burlador de Sevilla* provienen de la edición de Ignacio Arellano, 1991. Sobre la panorámica textual, complicada con las versiones de *Tan largo me lo fiáis* y *El burlador de Sevilla*, véase X. A. Fernández, 1969–71.

   100   Wardropper, 1973; Varey, 1987c; y Ruiz Ramón, 1978, han examinado este elemento de la obra con gran esmero.

una dama en España. Ahora, su tío paterno repite tal acto de encubrimiento. Tras aconsejarle ir a otro territorio italiano, colabora en su fuga, desplazando la responsabilidad de su castigo al más allá: '¡Castíguete el cielo, amén!' (v. 84).

El cambio de escenario, pues, no se ha traducido en un cambio de procedimiento. Si en el pasado reciente don Juan se vio favorecido por la elevada posición que ejerce su padre en la corte castellana, ahora bajo el amparo de su tío, favorito del rey napolitano, de nuevo elude el castigo. Pero el mendaz embajador español no sólo permite que se escape don Juan sin ser reconocido, sino que miente al Rey. Le asegura que aunque el 'encubierto' se resistió y huyó a la fuga, ya la duquesa Isabela inculpa al duque Octavio, a quien también el embajador ayuda a exiliarse. Incrédulo, la reacción del rey de Nápoles ante tal acusación ('¿Qué dices?', v. 151) prefigura, a modo de eco, las palabras del rey Alfonso de Castilla cuando, hacia el final de la comedia, salen al descubierto todas las burlas de don Juan (vv. 2817, 2832, 2877). Pero el rey napolitano no es menos incompetente que el marqués como justiciero. En su entrevista con la duquesa Isabela, el monarca le hace dos preguntas y las dos veces se niega a escucharla, impidiéndole incluso la palabra. Cuando ésta pide que le vuelva el rostro, el Rey responde que 'es justicia y es razón / castigalla a espaldas vueltas' (vv. 185–6), acción y palabras que simbolizan su errado ejercicio de la justicia.

Más tarde, el barco en el que viajaba don Juan hacia España naufraga, y en las costas de Tarragona vuelve a seducir a una doncella bajo promesa de matrimonio, en este caso, la humilde pescadora Tisbea, para luego abandonarla. Entre esta escena y la del gozo y consiguiente abandono de Tisbea, transcurre la célebre descripción elogiosa de la ciudad de Lisboa que el comendador de Calatrava, don Gonzalo de Ulloa, vuelto de una misión diplomática en Portugal, le describe al rey Alonso de Castilla. La ciudad y su corte se establecen, como ha demostrado Marc Vitse, en un modelo mítico, ideal, al que se contrapone las corrompidas Sevilla y Nápoles.[101] Don Gonzalo describe una gran ciudad cosmopolita, opulenta y mercantil como Sevilla, pero devota, abundante en conventos y monasterios. Tal fervor religioso se transmite desde el Poder. El estimado rey don Juan de Portugal, primo del rey castellano, 'previniendo / treinta naves de armada' (vv. 699–700) parece, según el comendador, preparar el cerco de Ceuta o Tánger. Lisboa, y por extensión Portugal, se establece, pues, como un espacio arquetípico, del recto ejercicio del poder:

> En medio está el valle hermoso
> coronado de tres cuestas,
> que quedara corto Apeles

---

[101] Remitimos a la lectura de Mark Vitse, 1978.

cuando pintarlas quisiera,
porque, mirada de lejos,
parecen piñas de perlas
que están pendientes del cielo,
en cuya grandeza inmensa
se ven diez Romas cifradas
en conventos y en iglesias,
en edificios y calles,
en solares y encomiendas,
en las letras y en las armas,
en la justicia tan recta,
y en una *Misericordia*
que está honrando su ribera,
y pudiera honrar a España
y aun enseñar a tenerla. (vv. 755–72)

Y en el polo opuesto, como venimos señalando, se encuentra Sevilla, lugar al que vuelve don Juan tras abandonar a la burlada Tisbea. Es éste el espacio emblemático de la corrupción política y de la degeneración moral: el espacio del Poder, *latu sensu, carnavalizado*.[102] Todo en Sevilla es encubrimiento, máscara y engaño. En la primera entrevista con Octavio, don Pedro Tenorio, temiendo que el duque quiera desafiar a su hijo, logra convencer al Rey que no lo permita. Cuando el Rey y su valido se dan cuenta de que Octavio todavía ignora quién ha burlado a Isabela en Nápoles, los poderosos le guardan el secreto. Motivado a cada instante por proteger el hijo de su camarero mayor, don Alonso ofrece a Octavio la mano de doña Ana en substitución de Isabela. Actos compensatorios que forzarán al rey a incumplir su palabra dada al comendador de 'honrar' a doña Ana casándola con don Juan

---

[102] El pensador ruso Mijaíl M. Bajtín define el rito del carnaval como la representación de un 'mundo al revés' donde todas las leyes, prohibiciones y limitaciones que determinan el curso y el orden de la vida normal se cancelan. Durante estos días de carnaval, 'se suprimen las jerarquías y las formas de miedo, etiqueta, etc., relacionadas con ellas, es decir, se elimina todo lo determinado por la desigualdad (incluyendo la de las edades) de los hombres' (Bajtín, 1986, p. 172). Al ser aniquiladas todas las distancias entre las personas, el carnaval permite que éstas entren en contacto libre y familiar. 'Los hombres que anteriormente eran divididos en la vida cotidiana por las barreras jerárquicas insalvables, ahora entran en contacto libre y familiar en la plaza del carnaval' (Bajtín 1986, p. 172). Dicho contacto familiar determina toda organización de acciones de masas y la libre gesticulación carnavalesca. 'En el carnaval se elabora, en una forma sensorialmente concreta y vivida entre realidad y juego, un nuevo modo de relaciones entre la gente que se opone a las relaciones jerárquicas y todopoderosas de la vida cotidiana' (Bajtín, 1986, 172). En esta época reina la alegre relatividad de todo estado de orden: 'el comportamiento, el gesto y la palabra se liberan del poder de toda situación jerárquica (estamento, rango, edad, fortuna) que los suele determinar totalmente en la vida normal, volviéndose excéntricos e importunos desde el punto de vista habitual' (Bajtín, 1986, 173).

Tenorio. Ahora el monarca piensa aplacar los ánimos de la víctima napolitana casando a la duquesa Isabela con don Juan. Y el Rey piensa aliviar el enojo del comendador concediéndole el título de mayordomo mayor. El nepotismo, la mentira, la falta de transparencia en las acciones y motivaciones del Poder (Octavio piensa que el Rey le hace un bien y alaba su fama de generoso, v. 1137), y el torcido ejercicio de la justicia (nunca se condenan las acciones del burlador) logran que el honor se comercialice en el reino de Castilla. Y en las calles y prostíbulos de Sevilla, donde el marqués de la Mota y don Juan se regocijan y se burlan, al anochecer, con un sinfín de conocidas rameras y nobles sevillanas.[103] Todo en Sevilla es doble: máscaras, mentiras, carnaval, engaños, encubrimientos, deseo y furia sexual; es decir, todo un sistema jurídico y moral puesto al revés.

Cuando don Juan se encuentra con Octavio, en medio de la noche sevillana, se saludan cordialmente. El duque aún no sabe que don Juan es el burlador. Tenorio le miente sobre la causa de su fugaz huida de Nápoles y, de manera hipócrita, le jura ser fiel amigo y protector de su honor. Traición y mentira se repetirá acto seguido con el marqués de la Mota y su prima doña Ana de Ulloa. Tras conocer por boca del marqués de su correspondido amor con doña Ana, don Juan planifica burlar a la dama quien desesperada tras conocer que su padre la casa contra su voluntad, desea que el marqués la rapte y la posea esa misma noche. La ironía, claro está, es que son precisamente don Juan y sus poderosos cómplices los artífices de todo este truculento desorden. Al encubrir una y otra vez los engaños del burlador, se ha desestabilizado el orden natural y social de tal manera que esta pareja no pueda unirse y gozar del matrimonio. Lo cual no quiere decir que los amantes carezcan de culpabilidad. La corrupción moral se extiende a todos los niveles de la sociedad: desde la duquesa a la pescadora Tisbea.

Pasando por amigo e intermediario del marqués, don Juan tiene noticia de que doña Ana cita al marqués de la Mota para estar con él una vez llegada la noche. En una nueva versión del engaño de Nápoles, don Juan intenta engañar a doña Ana haciéndose pasar por el marqués. Pero esta vez no logra cumplir con su deseo, pues el comendador acude a los gritos de su hija y le desafía. En la riña entablada don Juan lo mata, y como iba disfrazado bajo la capa de Mota aparece al marqués como culpable. El paralelismo de dicha escena con la de Nápoles se refleja también en la breve entrevista que el burlador mantiene con su padre en que el viejo le afea su conducta ante la cínica indiferencia del galán. Al igual que su hermano, el embajador en Nápoles, el padre de Juan desplaza el lugar de castigo a un más allá:

---

[103] Sobre la presencia de la prostitución en Sevilla en el siglo XVII, véase Mary E. Perry, 1978 y 1980, pp. 137–52.

> Traidor, Dios te dé el castigo
> que pide delito igual.
> Mira que, aunque al parecer
> Dios te consiente y aguarda,
> su castigo no se tarda,
> y que su castigo ha de haber
> para los que profanáis
> su nombre; que es juez fuerte
> Dios en la muerte. (vv. 1439–47)

Y de nuevo, le advierte su padre: 'Pues no te vence castigo / con cuanto hago y cuanto digo, / a Dios tu castigo dejo' (vv. 1466–8). Y es que la justicia terrena nunca llegará a otorgar un castigo proporcional a los delitos cometidos por el burlador. El rey de Castilla le destierra a Lebrija, pueblo a un paso de Sevilla, a la espera de que se apacigüe la corte de Nápoles. Don Juan no sólo no cumple dicha sanción, sino que burla a los villanos de Dos Hermanas en el camino. Más tarde, el distraído Rey le hace conde de su lugar de destierro sin que el Burlador la haya pisado jamás. Y aun conociendo algunas de las burlas de don Juan, el rey le recibirá con favor y amor de padre (v. 2664).

La justicia del Rey Alonso es desigual. Mientras elude cualquier medida para condenar a don Juan, no es igual de 'magnánimo' con los demás. Cuando el marqués de la Mota es capturado, acusado de matar al comendador, don Alonso actúa con él del mismo modo que el rey de Nápoles con Isabela. Impide hablar al acusado e impide él mismo la posibilidad de averiguar la verdad. Más aún, el rey castellano pide un juicio rápido para el marqués, para que así, al día siguiente, puedan cortarle la cabeza. La ironía (dramática) es que el verdadero culpable es don Juan. En las audiencias con el duque Octavio, el monarca es igual de inepto y doble. Si en la primera ocasión don Alonso se niega a informar al duque de la verdadera identidad del burlador, en la segunda, cuando ya Octavio conoce que don Juan es el artífice de su deshonra y pide licencia para desafiarle, el monarca no sólo le niega tal posibilidad, sino que amenaza veladamente al duque: '[g]entilhombre de mi cámara / es don Juan, y hechura mía, / y de aqueste tronco rama. / Mirad por él' (vv. 2603–6).[104] Árbol podrido, sin duda, pues siempre influyendo sobre las palabras y acciones del Rey, está el atrevido valido, padre de don Juan. Cuando éste interrumpe al Rey durante la audiencia de Octavio, el duque

---

[104] En este sentido, concordamos con Arellano, 1995a, p. 349, n. 30, quien no acepta la lectura de Varey, 1987c, de que don Alfonso quiere ser justiciero sin conseguirlo por las circunstancias falaces que lo rodean. Como bien indica Arellano, en las perspectivas de la época, la ceguera e inoperancia del rey serían defectos suficiente para tildar al monarca de inútil e injusto. Además, concluye Arellano, el caso es que 'el rey sabe y conoce los hechos principales suficientes para tomar medidas, y no las toma por privilegiar a sus cortesanos'.

le recrimina la soberbia de dicha acción: '¿Quién eres que hablas / en la presencia del rey / de esa suerte?' (vv. 2585–7).

Es quizá en el episodio de la boda interrumpida entre los aldeanos Batricio y Aminta donde manifiesta don Juan, con más crudeza y menos escrúpulos, la abusiva y prepotente actuación del poderoso apoyado por el favor real: 'Si es mi padre / el dueño de la justicia / y es la privanza del rey, / ¿qué temes?' (vv. 1977–80). Fiado en la posición de su familia, don Juan ignora las advertencias de Catalinón, confidente, ayudante y consejero moral, y expulsa al labrador Batricio de su mesa nupcial. Haciendo del código de honor una farsa (respetado por los villanos, vv. 1915–18), el burlador le comunica al novio que Aminta ha sido su amante desde hace tiempo, sustituyéndole así en la cama nupcial. De este modo se establece el motivo de la nobleza espiritual del villano en contraposición a la vileza del poderoso cortesano ('[q]ue el honor se fue al aldea / huyendo de las ciudades', vv. 1921–22 y luego, '[l]a desvergüenza en España / se ha hecho caballería, vv. 1945–46). Pero Aminta, al igual que la orgullosa Tisbea, no es del todo libre de culpa, pues se ciega ante el ascenso social que supondría casarse con don Juan. Éste le había dicho: 'Yo soy noble caballero, / cabeza de la familia / de los Tenorios, antiguos / ganadores de Sevilla. / Mi padre, después del rey, se reverencia y estima, / y en la corte, de sus labios / pende la muerte o la vida' (vv. 2049–56). Tras estas palabras, la villana no tarda en olvidar a Batricio, dejándose seducir con la connivencia de su padre Gaseno y bajo la falsa promesa de matrimonio por parte del Burlador.

Don Juan confunde el *modus operandi* de la justicia divina con la terrena, falible y desorientada. Puesto que la justicia real, supuesto reflejo de la divina, siempre le ha concedido tiempo dado su posición social de privado cortesano y de poderoso señor, don Juan piensa que la justicia divina procederá de la misma forma. Así, cuando el convidado de piedra llama a la puerta de don Juan, y Catalinón, temiendo a que pueda ser la justicia, vacila en abrir, su amo le recrimina tal pusilanimidad, '[s]ea [la justicia], no tengas temor' (vv. 2322). Protegido por la justicia terrena, don Juan renuncia una y otra vez al arrepentimiento, ignorando en múltiples ocasiones los avisos e incitaciones por boca del criado Catalinón al arrepentimiento, relegándolo siempre a un plazo futuro ('tan largo me lo fiáis'). El burlador, pues, será condenado por confiado y cínico. En contraste con la justicia terrena (recuérdense los múltiples '¿qué dices?' de los monarcas) la voluntad divina es impredecible y conocedora de todas las cosas.[105] El castigo es ejemplar y sobrenatural a manos del difunto Gonzalo de Ulloa como agente de la justicia divina. Éste viene de la ultratumba para fulminar a don Juan y así corregir los fallos de

---

[105] Bruce Wardropper, 1973, ve como tema central de la obra la falibilidad de la justicia humana, que provoca la actuación de la justicia divina.

la corrompida justicia humana, agentes del mal, del caos y del desorden social.

Ante el diluvio de quejas de sus vasallos que le piden justicia y que incluso parecen culparle de amparar injustamente a sus caballeros (vv. 2813–16, 2823–6), el desorientado Alonso de Castilla decide por fin castigar los abusos del Burlador, declarando, '¿Hay desvergüenza tan grande? / Prendedle y matadle luego', desengañado '¡Esto mis privados hacen!' (vv. 2847–54). Pero, como sabemos, la justicia terrena llega demasiado tarde, o mejor, nunca. Ya don Juan ha sido arrastrado a los infiernos según narra Catalinón a los presentes. El resto funciona a modo de epílogo: el Rey dispone de unas bodas finales que, como bien indica Arellano, no pueden asimilarse al final tópico, pues no están exentas de ribetes ambiguos.[106] El marqués de la Mota se casará con la honrada Ana con quien el burlador nunca llegó a consumar el acto sexual; el duque Octavio quiere casarse con Isabela, aduciendo que ha quedado viuda (vv. 2887–8), pese a que el matrimonio entre la duquesa y don Juan nunca se celebró. La deshonrada Aminta se casa con Batricio, quien ahora la acepta pese a que antes de ser deshonrada la había repudiado por meras sospechas sobre don Juan. Y la pescadora Tisbea, también infamada, parece casarse con Anfriso.[107]

¿Pero en algún momento de la obra fue posible sanar todas las turbaciones del burlador? Pienso que no, pues ya don Juan se había burlado, como ya indicamos, de una noble castellana antes de su destierro a Nápoles. Al deshonrar a la duquesa Isabela, aun si le hubieran forzado a casarse con ella, permanecería la deshonrada noble de Castilla. La crítica social, pues, se proyecta más allá del orden cronológico establecido sobre las tablas. Y si bien las bodas finales suponen un posible reordenamiento a nivel dramático, no reorganiza el caos social del cual emerge la dislocada lascivia de don Juan, de la duquesa Isabela, de doña Ana y del marqués de la Mota. Además, la deshonra de las casadas, como bien indica Arellano, aun permanece latente.[108] Y la primera víctima castellana, las prostitutas sevillanas y quizá Tisbea, nunca la tendrán. Por último, el castigo divino, ejemplar, no hace sino denunciar la incompetencia y ceguera moral de los poderosos.

Las irreverencias, la profanación del sacramento del matrimonio, los disfraces, las burlas eróticas, los momentos escatológicos a cargo de Catalinón, la mezcla de clases sociales, la pasividad irresponsable y perniciosa del Poder, la nobleza que sólo reside en los grados más bajos de la sociedad ('la desvergüenza se ha hecho caballería') asocian a *El burlador de Sevilla* con el espíritu transgresor de la celebración del carnaval. Si la cultura se funda en el ritual del sacrificio, desplazando la violencia fuera de la sociedad, el

---

[106] Arellano, 2001a, pp. 132–7.
[107] Algunos estudiosos, como Ruiz Ramón, 1978, sólo hablan de una triple boda.
[108] Tirso de Molina, *El burlador de Sevilla*, ed. Ignacio Arellano, 1991, pp. 42–3.

castigo de don Juan, impuesto no desde el poder social, humano, sino desde el divino, a manera de *deus ex machina*, mitiga de manera notable el efecto cohesivo de dicho sacrificio. Al desplazar la agencia de la justicia y del orden a una fuerza externa a la sociedad humana, el final denuncia la irresponsabilidad del poder terreno y articula un mundo en crisis. De este modo, *El burlador de Sevilla* es una bien articulada alegoría, si bien nefasta, de las crisis del Poder en la España de Felipe IV.

4

Calderón: templanza, prudencia y poder

> Nacen con nosotros los afectos, y la razón llega después
> de muchos años, cuando ya los halla apoderados de la
> voluntad, que los reconoce por señores, llevada de una falsa
> apariencia de bien, hasta que la razón, cobrando fuerzas con
> el tiempo y la experiencia, reconoce su imperio, y se opone
> a la tiranía de nuestras inclinaciones y apetitos. En los prín-
> cipes tarda más este reconocimiento, porque con las delicias
> de los palacios son más robustos los afectos.
>
> Diego de Saavedra Fajardo, *Idea de un príncipe político cristiano*

El legado calderoniano es de más de doscientas piezas teatrales (sin contar el
teatro breve: loas, entremeses, jácaras y mojigangas) entre las que se destacan
las comedias, los dramas (históricos, mitológicos, de conversión, de honor)
y los autos sacramentales.[1] La recepción de este vasto corpus dramático ha
sido dispar.[2] Puede resumirse con la más frecuente pregunta que atraviesa,
de una forma u otra, la crítica calderoniana desde las ocho lecciones que
pronunció Menéndez Pelayo ante la Unión Católica de Madrid, con ocasión
del bicentenario de la muerte de Calderón (1881) y que saldrían luego con el
título de *Calderón y su teatro*.[3] Me refiero al debate en torno a la ideología
del dramaturgo y su relación con el Poder que, con motivo del tricentenario
de su muerte, alcanzó la fórmula '¿apóstol y/o hereje?'.[4] Para don Marcelino,
Calderón es símbolo de los ideales y de la gloria de una nación y de una raza.
Le adjudica, tras Sófocles y Shakespeare, el tercer puesto entre los mejores
dramaturgos de la historia literaria de Occidente. Sin embargo, no oculta su

---

[1]   El siguiente repaso del estado actual de los estudios calderonianos está endeudado al
capítulo ('Los caminos de la crítica') que le dedica Arellano, 2001b, pp. 185–201 en *Calderón
y su escuela dramática*; también, en menor medida, a Marc Vitse, 1992, pp. 392–415.

[2]   La crítica calderoniana está marcada por una inmensa floración de estudios en las últimas
décadas. Para un repaso véanse el comentario de LEMSO; y el libro editado por L. García
Lorenzo, 2000, que constituye las actas de un coloquio celebrado en Almagro.

[3]   Véase al respeto B. Wardropper, 1964 y 1982; y, sobre todo, Manuel Durán y Roberto
González Echevarría, 1976, I, pp. 84–93.

[4]   Véase al respeto, *Calderón apóstol y hereje*, 1982.

preferencia por Lope. Entre los grandes defectos que le achaca a Calderón están la falta de verosimilitud y el escaso desarrollo de los personajes, valoraciones que demuestran la herencia de los valores estéticos del siglo XIX, es decir, del realismo. Para la Generación del 98 (Machado y Unamuno, sobre todo) es, precisamente por su calidad de 'símbolo de raza' (Unamuno *dixit*), que Calderón cobra un valor metonímico dentro de la problemática del retraso español ('el problema de España'). Para el Unamuno de *En torno al casticismo* (1895), Calderón representa los ideales de una casta: los valores privilegiados por la Corte y la Iglesia. Para Antonio Machado, y luego para Ortega y Gasset, Calderón es el abanderado de la España ortodoxa, contrarreformista, cuyas fórmulas escolásticas congelaron de manera definitiva el pensamiento liberal.

En la línea de esta lectura casticista están los estudios de José Antonio Maravall y José María Díez Borque, quienes sostienen que la cultura barroca es fundamentalmente la respuesta dada por las élites de la sociedad a la crisis social, política y económica del momento.[5] Para Maravall, la actividad cultural del Barroco es masiva, urbana, conservadora y por consiguiente dirigida desde el Poder. Así, mientras que en Inglaterra y en Francia las fuerzas expansivas que emergen del Renacimiento desembocan en la Ilustración dieciochesca y en la ciencia moderna, la rígida situación social española imposibilitó las posibilidades de un crecimiento intelectual, social, político y económico.[6] Y el teatro español, en tanto actividad urbana y dirigida a las masas, adquiere un papel fundamental como sostén de ese inmovilismo.[7] Surge, como todo lo propio del Barroco, de una manipulación ideológica, cobrando así una dimensión política como brazo propagandístico de la Iglesia, de la monarquía y de la aristocracia:

> Shakespeare o Ben Johnson no representan una cultura que hiciera imposible la revolución industrial. Racine o Molière tal vez contribuyeron a preparar los espíritus para la fase renovadora del colbertismo. Pero de las condiciones en que se produjo el teatro de Lope o el de Calderón y que en sus obras se reflejaron —con no dejar de ser ellos modernos—, no se podría salir, sin embargo, hacia un mundo definitivamente moderno, rompiendo el inmovilismo de la estructura social en que el teatro de uno y otro se apoyaban.[8]

Es esta visión esquemática del teatro (Lope, 'monárquico', y Calderón 'artífice de los autos sacramentales' y proponente del asesinato de la esposa por

---

[5] Véanse a modo de ejemplo J. A. Maravall, 1983 [1975]; y J. M. Díez Borque, 1976.

[6] J. A. Maravall, 1983 [1975], p. 77.

[7] En esta tendencia crítica se sitúan los estudios de Everett W. Hesse, 1950; Alfredo Hermenegildo 1983b; y el de Beatriz Mariscal de Rhett, 1985, sobre *La vida es sueño*.

[8] José Antonio Maravall, 1983, pp. 77–8.

cuestiones de honor en obras como *El médico de su honra*, *A secreto agravio secreta venganza*),[9] la que hemos tratado de matizar a lo largo de esta monografía.

En 1965 aparece *Critical Essays on the Theater of Calderón*, la excelente antología preparada por Bruce Wardropper y, seis años más tarde, la editada en Darmstadt por Hans Flasche.[10] Manuel Durán y Roberto González Echevarría en su antología crítica detallan con precisión el panorama histórico de la crítica calderoniana a través del siglo XIX y XX.[11] Además presentan en español un repertorio antológico de los mejores estudios sobre el dramaturgo. A partir de la conmemoración de dos centenarios: el de su muerte, en 1981, y el de su nacimiento en el 2000, surge una verdadera proliferación de estudios calderonianos. Congresos, volúmenes de homenaje, colecciones críticas, catálogos de investigaciones y ediciones de obras, se acumularon de manera extraordinaria.[12] Sólo entre 1981 y 1991 salieron a luz más de un millar de títulos (artículos, ponencias, contribuciones a homenajes, libros) sobre Calderón.[13] Las actas, como las del tercer centenario de la muerte de Calderón, o las que se han publicado con ocasión del cuarto aniversario de su nacimiento, como las editadas por Aparicio Maydeu, son una continuación de los dos valiosos volúmenes de Manuel Durán y González Echevarría.[14] Notable también es la serie de los estudios titulados *Hacia Calderón*, que viene recogiendo las actas de los coloquios anglo-germanos, impulsados por Alexander A. Parker y Hans Flasche.

También se han puesto en marcha ambiciosos proyectos como la edición crítica de los autos sacramentales llevado a cabo por GRISO (Grupo de Investigación Siglo de Oro de la Universidad de Navarra bajo la dirección de Ignacio Arellano), con la colaboración de la prestigiosa editorial en el panorama calderoniano, Edition Reichenberger, de Kassel. Sin embargo, como bien señala Ruano de la Haza, sólo se ha logrado sacar a luz menos de la tercera parte de la producción dramática de Calderón.[15] Además, según las cuentas de Ruano, en el último cuarto de siglo, de los 74 títulos editados de

---

[9]   El debate moderno sobre los dramas de honor se inició con la lectura de Marcelino Menéndez y Pelayo, 1884, y continúa hasta nuestros días. Críticos como Edward M. Wilson, 1951 y 1952; Bruce W. Wardropper, 1958; Edward Honig, 1972; Alexander A. Parker, 1975a; y Peter N. Dunn, 1965, han demostrado que lejos de presentar el código de honor como ideal de conducta, Calderón intenta demostrar cómo oprime a sus personajes, y cómo es incompatible con las doctrinas cristianas más elementales.

[10]   Véanse respectivamente Bruce W. Wardropper, 1965; y ed. Hans Flasche, 1971.

[11]   Manuel Durán y R. González Echevarría, 1976, 2 vols.

[12]   Ignacio Arellano, 2001b, p. 185.

[13]   Marc Vitse, 1992, p. 392.

[14]   Ver respectivamente *Calderón. Actas ...*, ed., Luciano García Lorenzo, 1983; y J. Aparicio Maydeu, ed., *Estudios sobre Calderón*, 2000.

[15]   José María Ruano de la Haza, 2000.

Calderón, 30 son autos sacramentales, 35 comedias de corral y 9 comedias cortesanas. Así, pues, la cantidad de ediciones críticas debe ser hoy matizada. Como es de esperar, a menudo son las mismas obras las que se editan una y otra vez (*La vida es sueño*, 28 veces), mientras que otras muchas carecen de ediciones modernas solventes, como *La gran Cenobia* o *Amar después de la muerte*. Además, la gran mayoría de estas ediciones son simplemente comerciales, no críticas. Algunas de ellas apenas llevan unas notas preliminares o un breve prólogo. Las notas son básicamente de vocabulario y el texto editado es el que se tiene más a mano (Vera Tassis en las comedias); otras son facsimilares.[16] A estas alturas, lamentablemente, aún no se dispone de una edición completa, asequible y científicamente rigurosa, a la espera de la conclusión del proyecto que, dirigido por Luis Iglesias Feijoo, dará a la luz la obra completa de Calderón, hospiciada por la Fundación José Antonio de Castro (Biblioteca Castro).

La profusión crítica y la diseminación de sus enfoques, sobre todo a partir de la década de los ochenta, establecen una nueva ordenación sintética del universo —ético y estético— de Calderón. La llamada escuela inglesa (los calderonistas de habla inglesa) desarrolló el método temático-estructural. Alexander A. Parker es nombre clave en tal enfoque. Han seguido luego otros valiosos intentos de sintetizar la obra de Calderón. Hildner estudia el conflicto entre la razón y la pasión; Antonio Regalado presenta un ambicioso trabajo que sitúa a Calderón dentro de la modernidad.[17] Su enfoque es básicamente filosófico. Mark Vitse señala que falta todavía una visión sintética, actual, que ordene la rica variedad de numerosos estudios que tratan, entre otros, de la alegoría, de la teología y de su relación con el drama, de la dimensión política o social, de la mitología, de la herejía, etc.[18]

En la actualidad se advierte una tendencia notable a 'superar antiguos tópicos y valoraciones de Calderón como representante de una mentalidad ya caduca, o de una España rígida', ortodoxa.[19] Fue quizá Robert ter Horst, en su ensayo 'A New Literary History of Calderón', quien abrió un nuevo camino en ese sentido.[20] Lee en *El segundo Scipión* un mensaje velado dirigido a Carlos II para que el joven monarca supere la gloria de Carlos I, de la misma forma que Escipión el Africano superó a su padre. La relación de Calderón con el Poder es compleja; establece y desarrolla una hábil dialéctica de atracción y de repulsión proporcional. El retrato del monarca comienza con sus fallas, y el drama se desarrolla en torno a sus tiranías y flaquezas. Al final, éstas se superan 'just as Velázquez depicts a noble and kingly Philip IV

---

[16] Ruano de la Haza, 2000, p. 2.
[17] Ver Hildner, 1982; y Regalado, 1985, respectivamente.
[18] Mark Vitse, 1992, p. 399.
[19] Ignacio Arellano, 2001b, p. 188.
[20] Robert ter Horst, 1982a.

without omitting the great prognathous jaw'.[21] El compromiso de Calderón no es, concluye ter Horst, ni político ni social. Es simplemente un compromiso con los fundamentos de su arte, con las fuentes de su creatividad como dramaturgo. Si bien el Poder se define en paralelo con el Rey, la Religión y la Monarquía, y es el primer impulso en la génesis de la trama, de la misma forma, y con la misma intensidad, lo es también la rebelión: '[t]he process of the play is one that begins with a powerful assertion of orthodoxy which is followed by rebellious counter-assertion. […] Calderón has been done a tremendous disservice by those who have identified him with only the first element in his usual procedure'.[22] La construcción artística a través de la cual percibimos el Poder es, según ter Horst, hostil, conflictiva y enigmática.

Este impulso 'anárquico' de la obra se entreteje de tal manera con los valores institucionales del Poder que conllevan un valor ambiguo, simultáneo, de derrota y de victoria. *El segundo Scipión* comienza con la poderosa afirmación de la ortodoxia del Poder para luego, acto seguido, ser negado con el resultado final del que protagonista y antagonista emergen sin perder sus respectivas identidades ni sus valores antagónicos. Concluye ter Horst que analizar a Calderón únicamente desde el movimiento inicial de su procedimiento artístico, es decir, desde la afirmación de la ortodoxia, es leerlo parcialmente. Supone, además, sacarlo de su contexto histórico:

> Calderón's plays all challenge the Establishment; all take an adverse stance in which they persist until the final ambiguities of victory and defeat. As an artistic formulation in decided contrast to received modes of governing and thinking the play's great function is to defy and to challenge. Our age has consecrated revolution, but Calderón's abhorred it. In that perspective his audacity and originality are increased, and it is a terrible injustice to see him as a pawn of the very institutions which he threatens, artistically if not intellectually. With Calderón conventional thought is orthodox, art heterodox.[23]

En tanto que ter Horst alude a una analogía histórica entre el personaje de Escipión el Africano y el joven Carlos II, e inserta la obra dramática dentro de la tradición didáctica, cuyo destinatario es el rey, su lectura, aunque rebasa nuestros límites cronológicos, se establece como precursora de la nuestra. En este sentido también se sitúan el estudio de Valbuena Briones sobre la última comedia de Calderón, *Hado y divisa*; el libro de Dian Fox sobre los reyes en Calderón (sólo *Saber del mal y del bien*, *La vida es sueño* entrarían en nuestro corpus), y la lectura que hace Susana Hernández Araico de

---

21 Robert ter Horst, 1982a, p. 39.
22 Robert ter Horst, 1982a, p. 39.
23 Robert ter Horst, 1982a, pp. 39–40.

la comedia mitológica, *El hijo del sol, Faetón*, como advertencia política a
Felipe IV o a sus herederos, de acuerdo con la tradición literaria de instruir
al monarca en el arte de reinar.[24] Los estudios de Margaret Greer se limitan
a las comedias mitológicas y están también fuera de los límites cronológicos de nuestro estudio.[25] Del mismo modo el libro de Stephen Rupp, que
dedica la mayor parte de su estudio a los autos, aunque presenta sendos
capítulos sobre *La vida es sueño* y *La cisma de Inglaterra*.[26] Concluye que
representan una defensa de la ideología aristocrática dominante. También
Sebastian Neumeister lee algunos dramas de Calderón, o bien como alegorías religiosas o como estructuras narcisistas, dedicado a la alabanza de la
familia real, y con el propósito de otorgarles un tiempo y un espacio solaz
frente a la difícil realidad política. Cruickshank ve en *Amor, honor y poder*
(1623) alusiones veladas a la precaria relación política entre España e Inglaterra, y Ruiz Ramón lee el Poder en obras como *La cisma de Inglaterra* y
La vida es sueño.[27] El trabajo de Alcalá Zamora y Quiepo de Llano destaca
hábilmente la relación de Calderón con la historia.[28]

Las alegorías bíblicas del Poder: 'tendrá el aire como su monumento' en *Los cabellos de Absalón*

La materia bíblica figura de nuevo en el corpus dramático de las alegorías
del Poder con *Los cabellos de Absalón*, tragedia que representa el desmoronamiento de la casa de David.[29] Según lo narrado en las *Sagradas Escrituras*,
la historia se proyecta más allá de su apertura sobre las tablas. Si en la Biblia
el castigo divino, anunciado por Natán y como consecuencia del adulterio del
rey con Betsabé y el homicidio de Urías, ocurre en cuatro fases (la muerte
del hijo nacido del adulterio, el incesto de Amnón y la violación de Tamar,
la muerte del primogénito a manos de Absalón y la rebelión de Absalón), la

---

[24] Véanse respectivamente A. Valbuena Briones, 2000; Dian Fox, 1986; y Susana Hernández
Araico, 1987.

[25] Margaret Greer, 1988; 1989; y 1991.

[26] Stephen Rupp, 1996.

[27] D. W. Cruickshank, 2000; F. Ruiz Ramón, 1990; 1992b; 1996; 2000, pp. 91–236.

[28] J. Alcalá Zamora y Quiepo de Llano, 2000.

[29] Hilborn, 1938, basado en su arquitectura métrica, sitúa el drama entre los años de 1633 y
1635 y, más concretamente, en 1634. *La venganza de Tamar* de Tirso es el punto de partida del
drama calderoniano, dado que toma íntegramente la jornada segunda cuyo núcleo temático es
la violencia sexual de Amnón, y la réplica vindicativa de su medio hermano Absalón. Aunque
Tirso escribe su obra antes que la de Calderón, en torno a 1620–1624, ambas se publican por la
misma fecha. Para las citas textuales seguimos la excelente edición de *Los cabellos de Absalón*
de E. Rodríguez Cuadros, 1989a. La fuente principal de Calderón en *Los cabellos de Absalón*
es la narración bíblica narrada en 2 Samuel 13.

obra de Calderón comienza con la entrada triunfante del Rey tras vencer a los moabitas, y, con el estado melancólico de Amón debido a su amor prohibido, tabú, por su hermana Tamar.[30] De manera similar, la posibilidad de un final cerrado también queda minado, pues más allá de la muerte de Absalón y de la restitución de David sobre el trono, se proyecta la bíblica historia del reinado de Salomón con sus intrigas, traiciones y muertes.[31]

Los cabellos de Absalón desarrolla una serie de estructuras arquetípicas que Northrop Frye detectó en las tragedias de Shakespeare, y que clasificó en, al menos, tres modalidades: el progresivo deterioro de la armonía familiar a partir de un proceso de transgresiones morales y/o ambiciones (*tragedia de la pasión*), la rebelión del hijo contra el padre (*tragedia del orden*)[32] y, finalmente, la conflagración interior del individuo escindido entre la justicia y la misericordia (*tragedia de la soledad*).[33] La primera modalidad de esta tríada taxonómica se extiende al deber trágico sobre todos los personajes de la obra. La descendencia de David, así como el reducido círculo de criados que la rodea, son víctimas y a su vez agentes de la maldición que el Rey arrastra como consecuencia de un pasado inmoral y pecaminoso. Esta oposición entre la libertad de los personajes (imperio de la razón y del libre albedrío) y la fusión del *fatum* dramático con la predestinación divina (imperio del

---

[30] Felipe B. Pedraza Jiménez, 1983, p. 553, señala que el horror al incesto como tabú resulta históricamente anacrónico, 'pues en el Israel davídico el matrimonio entre hermanos de padre estaba permitido'. Observa, además, que la intención de Calderón no es 'el reflejo puntual de una época histórica'; antes bien, el dramaturgo prescinde de estos datos arqueológicos para centrarse en el desarrollo dramático. E. Rodríguez Cuadros, 1989a, p. 42, prefiere hablar del incesto como recurso más o menos retórico para desarrollar el análisis dramático de una trasgresión totémica. De acuerdo con lo narrado en 2 Samuel 13, 1–13, la misma Tamar antes de verse violada ruega a Amnón que hable con el rey, puesto que 'seguramente no rehusará darme a ti'. Véase además la nota en la edición de Rodríguez Cuadros, 1989a, p. 176. De interés es la cita que ofrece la editora, 1989a, p. 47, n. 57, de Walter Benjamin. En su trabajo sobre los orígenes de la tragedia alemana, Benjamin, 1990 [1928], alentaba la idea del príncipe como el arquetipo del hombre melancólico.

[31] Arguyendo que el desarrollo de la personalidad de Salomón es un tanto incompleto, Rodríguez Cuadros, 1989a, p. 68, establece la hipótesis de que Calderón habría esbozado el proyecto de una segunda parte de la obra donde representaría la agonía final de la Casa de David, las revueltas de Adonías, el asesinato de Joab por Salomón y la venganza de éste en Semey, así como las guerras del reinado salomónico que preludían el cisma (1 Reyes, 1 y 2 y 11).

[32] La fecha más probable de la tragedia (1634) sería el período que, según ha estudiado Alexander A. Parker, 1966, Calderón se prodiga en obras en las que aflora el conflicto entre padre e hijo, unido o no a un proceso de búsqueda de identidad. Algunos críticos, como Ruiz Ramón, 1990, han asociado tal motivo, dado el enfrentamiento entre generaciones, con el mito de Urano o el complejo de Edipo.

[33] Northrop Frye, 1967.

instinto y de la pasión),[34] niega toda posibilidad de caracterizar a personajes como simples tipos construidos a raíz de unos modelos morales, preestablecidos por la tradición.[35] Así, aunque los personajes principales, con la notable ausencia del melancólico Amón, son caracterizados en la apertura de la tragedia por una serie de epítetos positivos (el rey David es el campeón israelita, defensor de Dios y de su ley; Salomón, prudente; Absalón, bellísimo; Adonías, valiente), a medida que se desarrolla la trama son ciegamente arrastrados por pasiones de diferente índole e intensidad. La responsabilidad de la tragedia, pues, es asumida por todos los personajes de la obra.

Como bien afirma Ysla Campbell en su estudio sobre la tragedia, varios personajes se verán dominados por pasiones distintas: Amón por la lujuria, Tamar por la venganza, Absalón por el narcisismo, la ambición y el orgullo (*hybris*), el mismo rey David por la ceguera del amor paterno.[36] Tampoco se libran de esta red los personajes secundarios: Jonadab es cómplice en la violación de Tamar, Absalón muere a manos de Joab, el envidioso Aquitofel demuestra un interés desmesurado y Semey, descendiente de la casa de Saúl, maldice y tira piedras al rey David en el momento en que éste, hundido, huye de Jerusalén ante la amenaza que supone la rebelión de Absalón.

La pasión incestuosa de Amón por su media hermana Tamar desata el hilo argumental de la tragedia. Es la primera en una cadena sucesiva de emociones desenfrenadas. Fluctúa Amón entre el remordimiento por la propia culpa, el deseo de resistir su pasión pecaminosa y el sentirse víctima de un destino inexorable, sujeto y objeto de una pasión que no puede dominar (*hamartia*). Su tragedia, como bien indica Pedraza Jiménez, es precisamente

---

[34] Según Kesen de Quiroga, 2002, p. 267, *Los cabellos de Absalón* sugiere un saber humano limitado que, con frecuencia, induce al engaño, a la pasión o al interés que obnubila y no permite ver claro. Pese a esto, como nota esperanzadora, queda la conciencia de que 'existe una justicia divina y de que en forma condicionada, pero real, el hombre posee libre albedrío, sin lo cual se torna imposible hablar de culpa o de responsabilidad'.

[35] Así, por ejemplo, en la reductiva caracterización que hace Víctor Dixon, 1976, p. 85, del rey David: 'El aspecto esencial del personaje es su piedad y adopta [Calderón], en líneas generales, como Tirso, la interpretación que podemos deducir de un estudio de los exegetas patrísticos y medievales, de los moralistas de la Contrarreforma y de los poetas —los dramaturgos sobre todo— de la época'. Si bien es cierto que en algunos textos de la época el rey David aparece como figura ejemplar, digno de imitación en su conducta de pecador arrepentido —tal es el caso de *David. Poema Heroico* de Jacobo Uziel (Venecia, 1624), *Il Davide Perseguitato* de Virgilio Malvezzi (Venecia, 1634) y *El rey penitente, David arrepentido; David perseguido, alivio de lastimados*, y *El hijo de David más perseguido, Jesucristo señor nuestro* de Cristóbal Lozano – no puede calificarse esta interpretación como única u 'ortodoxa'. Como ya hemos visto en *El castigo sin venganza* y en *Las paces de los reyes* de Lope, tal lectura simplifica en exceso la caracterización ambivalente del rey David en sus cuatro fases: rey pecador, rey arrepentido, rey castigado y rey restaurado. Sobre la figura ambivalente del rey David, remitimos a la nota 23 del capítulo 2 del presente estudio.

[36] Ysla Campbell, 2002, pp. 87–8.

esa clara conciencia de pecado, y la incapacidad sicológica de superar la fuerza avasalladora de sus deseos.[37] Este sentido de la pasión, como una fuerza enajenante, se refuerza asimismo a través del campo semántico de la ceguera, la oscuridad y el encierro.[38] Cuando David vuelve victorioso de Rabatá, pregunta la causa de la conspicua ausencia de su hijo mayor y here-dero. Aquitofel le explica que Amón, invadido por un estado de melancolía y aborrecimiento de sí mismo, vive entre sombras, negándose a ver la luz 'hermosa y soberana' del sol. La metáfora heliocéntrica asocia el significado múltiple de luz, razón y monarca.

Atormentado por la plena conciencia de transgresión, que supone su deseo incestuoso (lo califica como 'imposible' amor, v. 462), Amón por fin se lo confiesa a su valido Jonadab.[39] Éste, a su vez, le incita a pensar en una treta ('industria', v. 588) para obligar a Tamar a volver a su alcoba, luego de que ésta se saliera, asustada, tras el 'fingido' juego de amor.[40] Si bien en un primer instante el heredero de David rechaza la solución sugerida por Jonadab, decla-rando 'Mi media hermana es Tamar', acepta la idea como único recurso para vencer la angustia. Sin embargo, Amón es, en última instancia, quien toma la decisión (vv. 593–6) de cómo proceder, pues Jonadab nunca llega a decirle algo específico. El final de la primera jornada se cierra con la violación y los gritos de Tamar pidiendo auxilio a su padre y a Absalón. Cuando Amón le asegura que no le oirán, pues encubre sus gritos la armonía que tocan las músicos fuera de la habitación, Tamar amenaza con gritar al omnisciente

---

[37] Pedraza Jiménez, 1983, p. 554.

[38] La imaginería de la opresión (*atada, calabozo, alcaide, preso*) sugiere al espectador la sicomaquia atormentada de Amón, que lucha por sepultar el tabú en su inconsciente ('lo más hondo del alma', vv. 278–9). Véase también G. Edwards, 1973, p. 91. Este campo semántico asocia de nuevo *Los cabellos de Absalón* con *Las paces de los reyes* de Lope. Allí, el privado Garcerán alude a la historia bíblica del rey David y Bersabé para advertir al Rey de los peligros de la lujuria.

[39] De interés es la relación que E. Rodríguez Cuadros, 1989a, p. 51, establece entre el género de la tragedia y la dialéctica entre la posibilidad o imposibilidad de verbalizar las pasiones.

[40] Aunque el valido Jonadab incita a Amón a que piense en una estrategia para forzar a Tamar a que vuelva a su cuarto, luego de que ésta se asustara en el fingido juego de amor, el criado nunca llega a sugerirle cómo debe proceder. Es Amón, en última instancia, quien toma la decisión (vv. 593–6). Sobre el personaje de Jonadab y cómo a veces cumple las funciones que se le atribuyen al gracioso de la comedia nueva, véase E. Rodríguez Cuadros, 1989a, pp. 70–2. En su engaño, violación y consiguiente abandono de la amada, Amón se asocia con el arquetipo del galán tiránico (v. 1049) que, disfrazado, goza de una ingenua villana para luego abandonarla. Así en *La fe rompida* de Lope de Vega donde, como vimos en el capítulo 2 de nuestro estudio, el rey Felisardo de Arcadia, tras pronunciar la famosa frase, 'lo que es mi gusto / solamente es justo', goza de la serrana Lucinda. Sobre el odio que provoca la amada en ciertos amantes, una vez consumado el gozo (con alusión al caso de Amnón y Tamar), véase la interesante cita que ofrece en nota a su edición E. Rodríguez Cuadros, 1989a, p. 49, n. 59, de los *Diálogos de Amor*, I, de León Hebreo.

Cielo, que ve y escucha todo. La respuesta de Amón ante tal amenaza ('El
[C]ielo responde tarde', v. 977) se asocia con el 'tan largo me lo fiáis' del
burlador sevillano, Don Juan.

La segunda jornada, la de Tirso, se desplaza hacia la venganza que llevarán
a cabo Tamar y su hermano Absalón. Como bien indica Rodríguez Cuadros,
la crítica más reciente rechaza la hipótesis de Giacoman, de que [Tamar] se
trata de la única figura inocente de toda la historia.[41] Su relación con Absalón
y las palabras que dirige a éste antes de verse injuriada por Amón ('Aunque
su muerte sintiera / me holgara verte en su trono / que, en efecto, tú y yo
hermanos / de padre y de madre somos', vv. 219–22), invita a conjeturar
una conspiración. Y tras la violación, Tamar, en un mismo discurso ante el
Rey y los pretendientes (salvo Amón, claro está), pide al monarca que no
permita a Amón heredar el trono (vv. 1222–9). En el mismo discurso le llega
a decir a Absalón que a los demás hermanos sólo les corresponde la mitad
del deshonor. Hijos de igual madre y padre, sólo a él le pertenece ejecutar la
venganza. Esta lectura de la presunta hipocresía de la joven violada permite
también especular sobre un eslabón de complicidad entre la hija de David
y la pitonisa Teuca, puesto que la consumación del incesto desencadena la
actuación de los demás personajes, cumpliéndose así el ambiguo pronóstico
de esta visionaria.[42]

La violación de Tamar a manos del primogénito y heredero al trono
presenta al rey David, de acuerdo con Ysla Campbell, con la disyuntiva,
en términos políticos y personales, entre cumplir con su función de rey y
aplicar la justicia de razón de Estado; o ser padre y dejarse llevar por sus
sentimientos individuales.[43] Será Tamar la que plantee el eje del conflicto:
'Véncete, Rey, a ti mismo: / la justicia a la pasión / se anteponga' (vv. 1238–
40). La conciencia escindida del Rey se refleja en la sintaxis de los primeros
versos de su monólogo, pronunciado en un aparte ante Amón:

> (No ha de poder la justicia
> aquí más que la afición.
> Soy padre. También soy rey.
> Es mi hijo. Fue agresor.
> Piedad sus ojos me piden,
> la infanta satisfacción.
> Prenderéle en escarmiento

---

[41] Calderón de la Barca, *Los cabellos de Absalón*, ed., Rodríguez Cuadros, 1989a, p. 69.

[42] Al analizar la función de Teuca, Rodríguez Cuadros, 1989a, p. 70, afirma que este personaje cumple una misión profética análoga a la del bíblico profeta Natán. Sostiene la editora que
en su caracterización, Calderón ha fundido las personalidades de la Laureta tirsiana, que sólo
profetiza, y la de la Tekóa bíblica, quien a través de una parábola arranca del rey el perdón para
Absalón.

[43] Ysla Campbell, 2002, p. 91.

deste insulto. Pero no.
Levántase de la cama:
de su pálido color
sus temores conjeturo.
Pero ¿qué es de mi valor?
¿Qué dirá de mi Israel
con tan necia remisión?
Viva la justicia, y muera
el príncipe violador. (vv. 1322–37)

Pero tal justicia en función de su calidad de máximo jerarca del estado (justiciero) nunca llega. La ceguera del amor paterno es tal que pierde toda objeti-
vidad. Al no anteponer la consideración política ante el afecto que tiene hacia
su hijo, el Rey desestabiliza el equilibrio social. Tal acción resulta irónica si
se recuerda que el mismo Rey había impulsado ante su primogénito el triunfo
de la libertad individual sobre las pasiones del instinto: 'aliéntate; imperio
tiene / el hombre sobre sí propio, / y los esfuerzos humanos, / llamado uno,
vienen todos. / No te rindas a ti mismo, / no te avasalles medroso / a tu misma
condición' (vv. 175–81). Cuando luego David opta por perdonar a Amón sin
tan siquiera recriminarle la trasgresión, desoyendo así el reclamo angustioso
de la violada Tamar, quien pide reparación por la afrenta a su honra, colabora
de algún modo en la sucesión de desgracias. Su excesivo amor hacia su hijo
ha impedido a David el obrar como rey justo y prudente. Provoca la ira y
deseo de venganza en Absalón, quien descalifica a su padre en su proceder
como monarca. Le permite, además, justificar tal acción dando rienda suelta
a su latente ambición de reinar:

Mas no importa; que yo elijo
la justa satisfacción;
que a mi padre *la pasión
de amor ciega: pues no ve*,
con su muerte cumpliré
su justicia y [mi] ambición.
*No es bien que reine en el mundo
quien no reina en su apetito*:
en mi dicha y su delito
todo mi derecho fundo.
Si yo soy del Rey segundo,
ya por sus culpas primero,
hablar a mi padre quiero
*y del sueño despertalle
con que ha podido hechizalle
Amor, siempre lisonjero.* (vv. 1374–89, el énfasis es nuestro)

La pasión que ciega y hechiza a un rey (*Las paces de los reyes* de Lope y *El mayor encanto, amor* de Calderón),[44] el monarca dormido (*El último godo*),[45] el apetito como metáfora del desorden espiritual (*Tanto es lo de más como lo de menos* de Tirso), son todos motivos recurrentes en las alegorías del Poder. El uso de la razón para obtener la virtud requiere, según el pensamiento neoestoico, el vencimiento de las pasiones, sean éstas carnales (literal y metafóricamente), o del espíritu. En la comedia nueva (Lope, Tirso y Calderón) estos motivos, en torno al procedimiento erróneo del poderoso, se desdoblan con la propuesta moral: la armonía entre la ética y la política.

La constitución moral del rey David ha confundido las lecturas críticas sobre su figura. Algunos ven en su actitud la respuesta misericordiosa de un arrepentido rey, 'santo'. Lo consideran una figura análoga a la de Cristo por su capacidad inagotable de perdón.[46] Traen a colación los versos pronunciados por el mismo Rey con referencia a su castigo por Yavé: 'Venció en Él a la justicia / la piedad; su imagen soy: / el castigo es mano izquierda, / mano derecha el perdón' (vv. 1350–3).[47] Y mencionan el episodio evangélico del Huerto de los Olivos. En este contexto interpretan que David constituiría un personaje claramente ejemplar.[48] Sin embargo, el israelita había reconocido ya antes su obligación de ajusticiar a Amón: 'Rey me llama la justicia, / padre me llama el amor, / uno obliga y otro impele' (vv. 1266–8). Además, los versos posteriores a éstos ('me perdonó / el justo Juez, *porque dije / un pequé de corazón*', vv. 1347–9, énfasis nuestro) indican una causalidad: el rey David se arrepintió, luego fue perdonado por Yavé. Tal no es el caso de Amón, si bien Rodríguez Cuadros sugiere una posible escena de anagnórisis, es decir, de reconocimiento de su falla.[49] Y es que, si bien reconoce Amnón

---

[44] Según E. Rodríguez Cuadros, 1989a, p. 59, la ciega entrega del Rey hacia sus hijos es, a efectos dramáticos, su radical error moral, su *hamartia* en términos aristotélicos. 'Su condescendencia permite no ya sólo el enfrentamiento de unos personajes con otros, sino que enturbia sensiblemente su visión de la realidad'.

[45] El motivo del rey dormido es lugar común en las letras áureas. Puede referirse a la falta de vigilancia estatal por parte de Felipe III y Felipe IV. Recuerden las frecuentes advertencias de Quevedo al 'rey que duerme'. Ulises queda 'sepultado en blando sueño' (p. 1627a) por los encantos de la hermosa Circe y sus damas de palacio en *El mayor encanto, amor* (1635) de Calderón. Sólo la aparición del espíritu de Aquiles es capaz de despertar el ánimo yaciente del heroico rey de Ítaca. Frederick de Armas, 1986a, considera tal drama un espejo de príncipes cuyo destinatario, Felipe IV, se deleitaba en los placeres sensuales del Retiro.

[46] Helmy Giacoman, 1971, considera que el rey David es inocente y representa, anacrónicamente, la figura ideal del cristiano y del perdón. M. Gordon, 1980, afirma igualmente que la tragedia se produce porque el rey actúa de forma cristiana en un mundo caído, imperfecto.

[47] Creemos con Sloman, 1958; y F. Ruiz Ramón, 1975, que en el diseño del personaje se subraya, como en la fuente bíblica, los errores cometidos por David como origen y raíz de sus desdichas posteriores. Según Gwynne Edwards, 1971, el rey David es culpable por exceso de compasión. Sus sucesivos perdones, asegura, provocan los trágicos sucesos.

[48] Así H. Giacoman, 1971; y V. Dixon, 1976, quien trae a colación una gran cantidad de citas exegéticas, patrísticas, etc. sobre la ejemplaridad de la figura de David.

[49] E. Rodríguez Cuadros, 1989a, p. 65.

su error, esto no le hace alterar su futuro proceder hacia Tamar. Así, tras recibir el perdón de su padre y declarar una presunta promesa de fidelidad ('Yo pagaré amor tan grande / con no ofenderle desde hoy', vv. 1368–9), Amón, en el banquete de Balhasor, y tras mostrar el orgullo propio del cortesano (*hybris*), a modo del Comendador de *Fuente Ovejuna* ('hay honor en villanas?', v. 1698), fuerza a la disfrazada Tamar a descubrirse. Morirá, en el acto, a manos de Absalón, sin arrepentimiento final o sin conciencia de haber obrado mal. Puesto que el príncipe nunca llega a reconocer su error, coincidimos con la lectura de Pedraza Jiménez, quien arguye que 'la benevolencia con que [el rey David] trata a Amón es, desde el punto de vista jurídico y político, una arbitrariedad'.[50]

Sin embargo, no existen personajes simples o planos en *Los cabellos de Absalón*. Pedraza Jiménez señala cómo la participación de Absalón en la venganza de Tamar se origina en un deseo simultáneo de reivindicar el agravio hecho a su hermana, y de eliminar al primogénito para apoderarse del trono de David.[51] Y esta pasión por el poder se clasifica dentro de la segunda modalidad trágica, de acuerdo con el modelo de Frye: la tragedia del orden. Representa, según la perspectiva desarrollada por Marc Vitse, el 'fiasco de la figura paterna' y la apertura a la generación filial, con la sublevación de Absalón y la referencia al próximo reinado de Salomón.[52] Dicho hilo argumental, que Rodríguez Cuadros califica de *trama política*, se establece en torno a la rivalidad fraternal que genera el deseo de heredar el trono de David.[53] En este clima de alta tensión, los personajes secundarios como Semey, Ensay, Aquitofel o Joab adquieren un papel relevante.[54] Y aun antes, si tenemos en cuenta que el dramaturgo reduce el mapa familiar de David a sus hijos y a su hija Tamar, prescindiendo de Abigail, Betsabé o Micol, presentes en el relato bíblico.

Las disputas entre Absalón, Salomón y Adonías sobre los merecimientos de cada uno para gobernar enmarcan la violación (fin de la primera jornada), y el consiguiente rechazo de Amón, de la violada (principio de la segunda).

---

[50] Felipe B. Pedraza Jiménez, 1983, p. 558.

[51] Pedraza Jiménez, 1983. La crítica ha contemplado el conflicto entre Absalón y David desde una óptica psicoanalítica, atendiendo al concepto freudiano de *totemismo* por el que la figura emblemática del padre debe ser anulada. Así en Juan O. Valencia, 1977, p. 43: 'Absalón no mata a su padre, sino que usa a Amón como subrugado de la persona paterna [...]. Absalón parece víctima de su afán de romper el tabú y de devorar simbólicamente a su padre para asumir el poder sobre el clan'.

[52] Ver Mark Vitse, 1983.

[53] E. Rodríguez Cuadros, 1989a, p. 17.

[54] Según Iván Fernández Peláez, 2003, p. 121, Calderón dramatiza en *Los cabellos de Absalón* el dilema de la teoría política española de la época: 'el intento de conciliación de la ley cristiana con la actuación práctica de gobierno'. Surge tal conflicto a partir de dos conceptos de razón de Estado: la cristiana y la puramente 'política', maquiavélica.

La primera discusión surge a raíz de la profecía enigmática a cargo de Teuca; la segunda, cuando Abdías, luego de ser acusado de ambicioso, tilda a Absalón de afeminado y blando.[55] Teuca califica a Semey de 'sacrílego aleve' (v. 762) y a Joab de 'injusto homicida' (v. 764). Recrimina a Aquitofel su consejo y le advierte que por él se desesperará. De Salomón asegura no poder hablar, pues 'no ha de saber el mundo / si tu fin es malo o bueno' (779–80), y de Absalón vaticina que se verá 'en alto por los cabellos' (v. 784). La consiguiente interpretación y debate en torno al oráculo reflejan los deseos latentes de los pretendientes Absalón y Salomón. El primero fundamenta su exégesis en el amor que le expresa el pueblo israelita como consecuencia de su extremada belleza. Cuando el reino se divida tras la muerte de David, razona Absalón, el pueblo israelita que le adora, le aclamará y le elevará al trono por sus rubios cabellos. Éstos adquieren el valor metonímico de su hermosura. Al responderle Salomón, tachando la hermosura de Absalón de 'afeminada', éste le contesta recordándole su bastardía y origen violento: 'No serás tú, por lo menos, / reliquia de dos delitos, / homicidio y adulterio: / hablen Bersabé y Urías, / una incasta y otro muerto' (vv. 838–42). Salomón acusa a su medio hermano de murmurar en contra de su padre y decide retirarse, prudente acción aplaudida por el privado del Rey: el general Joab. En un ambiente de amenazas no tan veladas, Absalón reprocha a éste su excesiva soberbia, acusándole de confiarse en exceso del favor que recibe del Rey. Cuando reine, le dice, quizá se llegue a arrepentirse. Joab, impasible, le responde: 'Entonces haré lo mismo, / y aun quizá entonces tendré / más ocasión para hacerlo' (vv. 864–6). Se planta así la semilla del desenlace final: la muerte del soberbio príncipe a manos del general de David. Aquitofel, que ha presenciado esta escena adquiere, desde este momento, un papel de mayor relevancia en comparación con el que ha tenido hasta el momento. Si bien desde la primera escena se establece como el resentido antagonista de Joab (como consecuencia de que el Rey alabara el servicio bélico del general, ignorándole a él), y como falso consejero (da muestras de ocultarle información), ahora se erige en valido y asesor de Absalón. Representa una razón de estado al estilo de Maquiavelo, es decir, desde la perspectiva pragmática y política, sin consideraciones ético-morales. Ya antes de la violación de Tamar parecen éstos tramar una posible sublevación (vv. 867–72).[56]

La imagen de la comida provee a *Los cabellos de Absalón* de un campo

---

[55] Abdías acusa a Absalón de sólo llevar la espada como adorno, donde la espada adquiere un claro símbolo fálico. En este clima de violencia verbal y política, llegan ambos a echar mano de las espadas.

[56] No entendemos la siguiente caracterización de E. Rodríguez Cuadros: 'Aquitofel tiene la extraña virtud de no ocultar, entre las sombras de la intriga, su instinto por el poder'. Tampoco nos parece útil hablar de la función de Aquitofel en términos de un desdoblamiento de Absalón (1989a, p. 72).

semántico común para referirse al deseo incestuoso de Amón, a la pasión del poder de Absalón y a la debilidad de un rey que abandona su función principal: ser el máximo garante del orden y de la ley. Ya presente en el relato bíblico con referencia al deseo reprimido de Amnón por su herma-nastra, en la tragedia esta red metafórica se asocia con la violación. Antes de ésta, durante ella y ya consumada la violación, los juegos de palabras y el doble sentido con referencia a la comida y a su simbología sexual forman parte de los numerosos diálogos (dentro y fuera de las tablas) entre Amón, Jonadab, Tamar y David.[57] El símbolo se transfiere al monarca David, a su incapacidad de sobreponerse a su amor paterno y a cumplir con su obligación como monarca (v. 1381). Y se extiende a la 'autocoronación' de Absalón, tras encontrar la corona del Rey sobre una fuente (vv. 1394–9). Aparecen tales asociaciones semánticas por última vez en el trágico fin de Amón, cuando en Balhasor éste muere ajusticiado por Absalón. El cuerpo ensangrentado del violador yace sobre la mesa del banquete, y Absalón invita a su hermana a que se nutra de él para así curarse de su deshonra:

> Para ti, hermana, se ha hecho
> el convite: aqueste plato,
> aunque de manjar ingrato,
> nuestro agravio ha satisfecho:
> hágate muy buen provecho.
> Bebe su sangre, Tamar;
> procura en ella lavar
> tu fama hasta aquí manchada.
> Caliente está; tú, vengada,
> fácil la puedes sacar. (vv. 1834–43)

El espacio ritual de este sacrificio sirve, una vez más, para unir los tres ejes de la tragedia: sexo, amor y poder.

A los razonamientos de los traidores Absalón y Aquitofel se opone la 'justa razón de estado', la fusión de ética y religión con política. Si en los discursos filosóficos y políticos de la época era conocida esta corriente por 'tacitismo', en *Los cabellos de Absalón* figura a través de un personaje olvi-dado por la crítica: el viejo soldado Ensay.[58] En contraste con Aquitofel, demuestra éste una admirable actitud desinteresada. Tras negarle el Rey la petición de obtener una plaza en el consejo de guerra, arguyendo que ya se la otorgó a Aquitofel (en un aparte, David reconoce que se la dio a su hijo porque le teme, v. 2177), Ensay, resignado, muestra una admirable actitud

---

[57] Sobre el personaje ambiguo de Jonadab, véase E. Rodríguez Cuadros, 1989a, p. 72.

[58] Sobre esta corriente política y filosófica que, a diferencia de Maquiavelo, trata de conci-liar la tradición cristiana con la finalidad pragmática, véase la nota 47 de la introducción a nuestro estudio.

estoica. Razona que en otra ocasión tendrá lugar el monarca para premiar sus años de servicio. Más tarde, tras ser amenazado de muerte por Absalón si no jura su lealtad a la rebelión, Ensay demuestra su astucia, prometiéndole en el instante su lealtad para luego, acto seguido, avisar al Rey y a su séquito del peligro.

La oposición filosófica entre Aquitofel y Ensay queda patente tras la profanación de las concubinas palaciegas. Expulsado David de Jerusalén, los golpistas se encuentran con la resistencia pasiva de sus aliados quienes están al acecho, temerosos de que Absalón pierda la guerra y luego sea perdonado por su padre, quedando ellos por traidores. Con una mezcla de frialdad racional y de pragmatismo maquiavélico, Aquitofel insinúa al príncipe que debe acostarse con las concubinas de su padre, pues sólo una grave afrenta de honor ('que el alma ofende', v. 2805) podría hacer ver a los vasallos que padre e hijo no se reconciliarán.[59] Como bien indica Pedraza Jiménez, en el desarrollo dramático de Absalón no se encuentran quiebras provocadas por la debilidad o el sentimentalismo excesivo.[60] Rodríguez Cuadros nota que Absalón es un personaje construido sin fisuras de fatalismo o de inseguridad.[61] Es, sostiene la editora de esta tragedia, el único personaje capaz de instrumentalizar sus pasiones y las ajenas. Atiende sin ambages a la pasión del poder. En esta línea, el rito sexual contra el padre sólo sirve fines políticos: conjura el temor que anidaba en el espíritu los corazones de los sublevados. El príncipe, desde su profundo narcisismo, no ejecuta tal profanación con el fin de satisfacer sus anhelos eróticos.

Con Absalón fuera de escena, Ensay reprocha la sádica sugerencia de Aquitofel que defiende su proceder con una pregunta cargada de resonancias maquiavélicas: '¿No sabes cuán pocas veces / la dura razón de Estado / con la religión conviene? / Aquesto a la duración / desta enemistad compete' (vv. 2821–5). Razona que, con la sublevación en contra del Rey, la tiranía de Absalón ya es *de facto*. Ensay, quien concuerda con esta proposición, asegura que no por eso ha de ser el príncipe dos veces tirano cuando es posible ser luego piadoso. La vuelta de Absalón interrumpe el debate. Pregunta la causa de la discusión airada. Ante la acusación de Aquitofel, de que Ensay quiere enmendar las acciones del príncipe, éste se defiende. Así le compite en su calidad de consejero del príncipe, y sólo pretendía advertir a Absalón que el buen monarca, el piadoso y clemente, debe comenzar su reinado ganando el afecto del pueblo, 'que una monarquía fundada / en rigor, no permanece,

---

[59] 'Situados en el terreno bíblico no es necesario meditar un segundo el papel teológico que juega Aquitofel cuando aconseja a Absalón relacionarse con las concubinas de su padre: el personaje es un instrumento de Jehová para que se cumpla al pie de la letra el castigo dado al rey', observa acertadamente Ysla Campbell, 2002, p. 90.

[60] F. Pedraza Jiménez, 1983.

[61] E. Rodríguez Cuadros, 1989a, p. 65.

/ pues el mismo la deshace / que fortalecerla quiere' (vv. 2860–3). Si bien Absalón reconoce que el consejo está en lo cierto, revela que ya es tarde: los soldados han derribado las puertas del palacio y llevan a las damas por las calles y plazas de la ciudad.

La discrepancia entre uno y otro asesor se aprecia de nuevo en los contrastados consejos que ofrecen al príncipe en cómo debe proceder tras la huida del Rey y su séquito. Mientras Aquitofel recomienda perseguir a David por los montes para darle muerte, Ensay (también sigue fiel al Rey, claro está) recomienda al príncipe quedarse en la ciudad para asegurarla mientras él y algunos sublevados van al alcance del monarca. Como premio a su prudente asesoría, Absalón le nombra juez de Israel, cargo que anhelaba el intrigante Aquitofel (v. 2509). Ante las protestas de éste, el príncipe le recrimina su pésimo consejo que le hubiera puesto en peligro de muerte. También le tacha de interesado. Al amenazarle con traicionarle, Absalón le despide dirigiéndose, cual Segismundo, al soldado rebelde: 'advierte / que valerse de un traidor / no es bueno para dos veces' (vv. 2923–5). Viendo que es aborrecido por el rey David y ahora por Absalón, Aquitofel cae en la desesperación. Al ahorcarse se cumple el vaticinio de la pitonisa Teuca: como consecuencia de sus torpes consejos tendrá al aire como monumento (vv. 774–6, 2499–505).

['El error del rey es fatal a los pueblos']. Andrés Mendo,
*Príncipe perfecto y ministros ajustados, documentos políticos,
y morales*, 1662 [1642]

Juan Valencia asegura que 'en su calidad de guardián del pueblo sagrado (clan), David falla'.[62] No queda esto más patente como en su reacción ante la sublevación de su hijo Absalón, una vez vuelto éste de su destierro en Gesur. Si bien en primera instancia el Rey amenaza a su hijo, haciendo referencia a los rumores acerca de su deseo de reinar, una vez inmerso en la guerra civil y en peligro de muerte, David intenta exculpar las erradas acciones del príncipe. Reconoce que la ambición le indujo al delito pero que también es producto de los malos consejos (v. 2981). Advierte a su privado Joab que 'Absalón es hijo mío: / guárdeme su persona / [...] Mírame tú por él' (vv. 3067–672), palabras que recuerdan la no tan sutil amenaza del nepótico rey Alonso de Castilla dirigida al marqués de la Mota, con referencia a don Juan Tenorio en *El burlador de Sevilla* (vv. 2603–6). Pero el fiel privado decide hacer caso omiso de tal petición. Desobedece la orden de respetar la vida del promotor de la guerra civil. Y es que parte de la responsabilidad de la revuelta cae sobre el propio Joab. Éste, por medio de Teuca, medió en la revuelta y en la posterior reconciliación entre David y su hijo. Desconocía las intenciones maquiavélicas de Absalón quien, con 'fingida amistad' (v. 2316), conspiraba contra el Rey.

Clamando por la muerte de su padre y hermanos, a Absalón se le desboca el caballo y queda pendiendo de una encina, colgado por el símbolo de su ambición y poder narcisista: sus rubios cabellos. Si bien Ensay no se atreve a matarlo, Joab traspasa al príncipe con tres lanzas: una por fratricida, otra por fingir amistad con su padre, y la tercera por sublevarse contra el Rey. Justo antes, denuncia, de manera tangencial, en forma de monólogo, la falla trágica del monarca: su incapacidad de sujetar en una misma dirección la justicia (necesidad política) y el amor hacia sus hijos:

> Menos una vida importa,
> aun de un príncipe heredero,
> que la común inquietud
> de lo restante del reino.
> La justa razón de estado
> no se reduce a preceptos
> de amor ...[63] (vv. 3140–6)

---

[62] J. Valencia, 1977, p. 43.

[63] Al respecto comenta Pedraza Jiménez, 1983, p. 558, que 'ni la admirable actitud moral del santo rey, ni su cariño paternal son las mejores reglas para el gobierno'. Es 'un gobernante que abandona sus revoluciones en cuanto el reo es objeto de su afecto, o le recuerda acciones suyas pecaminosas'. Concluye que Calderón, como en tantos otros dramas, no toma una postura ética, absoluta, con respeto al personaje de David, antes bien, 'se limita a mostrarnos el perfil conflictivo de la realidad'. Ysla Campbell, 2002, pp. 91–2, asegura que la actitud de David es incompatible con el buen gobierno. Ve en sus fallas una de tantas que caracterizan al monarca, y a los demás protagonistas de la obra. Son todos incapaces de dominar las pasiones a través

Joab, como bien indica Kesen de Quiroga, viene a ser el instrumento de la justicia divina.[64] Quien se rebela contra el rey y contra el padre merece el castigo. Y así lo entiende la pitonisa Teuca cuando decide seguir la ley de ese poder divino que sabe 'medir premios y castigos' (v. 3197). Se cumple así, con la muerte de Absalón, el vaticinio expresado por la etíope, y que enmarca la tragedia desde sus inicios: 'te ha de ver tu ambición / en alto por los cabellos' (vv. 783–4).

Los cuatro elementos (tierra, aire, fuego y agua) se reducen a tres, cada uno asociado con un personaje de acuerdo con el pecado que le controla y sujeta: Amón y David (tierra); Absalón y Aquitofel (aire) y, posiblemente, de acuerdo con Rodríguez Cuadros, Tamar (fuego), aunque creo más bien que ésta representa la tierra, elemento que, con el agua, se considera pasivo (pensemos en Amón y David) y femenino.[65] El pecado de Amón, como el de su padre, es sexual. En este sentido, las múltiples alusiones al cuerpo de Tamar como comida revisten también un valor irónico. Amón morirá ajusticiado por Absalón, quien le servirá un banquete para que su hermana beba la sangre de la venganza y la restitución del honor. Las piedras que lanza Semey —personaje de la estirpe de Saúl— a David mientras el Rey huye al monte situado a las afueras de Jerusalén, adquieren un valor metonímico. Reflejan el pasado pecaminoso, carnal, del monarca. Arrepentido por la ignominia cometida y consciente del castigo de Yavé, David llama a Semey 'ministro de Dios' (v. 3007) y le perdona, diciendo que apedrearle es justo. Pero David no reconoce su fatal error con respecto a sus hijos. Si bien entiende que ha obrado mal en el pasado (Bersabé, Urías), se considera víctima de unas fuerzas exteriores ('[t]ienes razón; pero maldice el hado, / no a mí, pues que la culpa yo no he sido / sino el hado', vv. 2992–4). Como bien indica Sebastian Neumeister, según la antropología de la época, los afectos, las inclinaciones y los apetitos se concretizan sobre todo en la mujer.[66] Así, la deshonrada Tamar se 'sepultará viva' (v. 3189), víctima del signo (tierra) al que pertenece su violador: el pecado de fornicación. Por su parte, el pecado de Absalón y de su contrincante Aquitofel es del espíritu: la ambición. Como tales representan el aire; de ahí que ambos mueran suspendidos.

¿Y Salomón? Rodríguez Cuadros nota que la crítica ha obviado cualquier comentario sobre este personaje, aduciendo su escasa participación en el

---

del uso de la razón y, con ello, alcanzar la virtud que proponen los estoicos: 'David se pasa la tragedia perdonando violaciones, crímenes y violencia dentro de su propia familia y séquito real. La tragedia es muy ilustrativa socialmente, ya que se desprende del desmoronamiento familiar y con ello de su ética, proporcionándonos una muestra de todo tipo de pasiones: la lujuria, la ira, la venganza, el crimen, la soberbia, la ambición de poder, presentes algunas de ellas en el propio rey, aunque dadas a conocer veladamente'.

[64] Kesen de Quiroga, 2002, p. 266.

[65] E. Rodríguez Cuadros, 1989a, p. 47.

[66] S. Neumeister, 1998.

conflicto, o advirtiendo la ambigua ejemplaridad con que las profecías de Teuca diseñan su futuro reinado.[67] Trae a colación la lectura de Gwynne Edwards, quien postula que Calderón le excluye de la propensión al error que caracteriza a los demás protagonistas con el propósito de dejar fuera de dudas la catadura moral del futuro rey.[68] Esta editora cree notar 'un empeño excesivo por subrayar el exquisito tacto de Salomón, su falta de compromiso por bando alguno, al tiempo que le preocupará extrañamente el regreso de Absalón, manifestando en todo momento un temperamento cauteloso y sibilino'.[69] Asegura, a su vez, que a lo largo de la obra 'se van enfatizando en la apariencia exterior y vestuario del heredero de David los rasgos de un rabinismo militante'.[70] Lo cierto es que si las primeras palabras de Absalón en la obra le evocan la predestinación trágica ('de Felistín al trágico cuchillo', v. 12), las de Salomón (con respecto a su padre) le auguran como el gran triunfador de toda la intriga: 'de laurel coronada la alta frente' (v. 2). De ahí que su elemento más representativo sea el agua, centro de regeneración y de purificación. En esta línea, en un momento del drama, David llega a pedir que guarden el oro, el cetro y la plata para otro momento, pues la construcción del templo no le corresponde a él ya que sus manos están teñidas de sangre idólatra. Le pertenece a su heredero. La indecisa ambigüedad de Salomón también lo asocia con este elemento pasivo y femenino.

El final desastroso despierta en el espectador–lector una profunda compasión por el personaje de David, impotente ante la derrota de la herencia deseada y traspasado de dolor por la muerte de su hijo. La aceptación de dicho castigo como un acto de la voluntad divina, y su reconocimiento de que la sucesión de desgracias que sobrevino a su casa son consecuencia de su pasado pecaminoso, sitúa *Los cabellos de Absalón* en el ámbito de las tragedias 'moratas', según la conocida clasificación de Alonso López Pinciano.[71] Kesen de Quiroga señala acertadamente que en este caso también podríamos aplicar el principio de justicia poética defendido por Alexander A. Parker,

---

[67] E. Rodríguez Cuadros, 1989a, p. 67.
[68] G. Edwards, 1973.
[69] E. Rodríguez Cuadros, 1989a, p. 67.
[70] E. Rodríguez Cuadros, 1989a, p. 68.
[71] En esta línea también la interpreta E. Rodríguez Cuadros: 'toda tragedia no es solamente *política*, sino que también tiene como tema irrenunciable lo *divino*, si entendemos este concepto, claro está, al modo hegeliano, es decir, no en un mero sentido de trascendencia religiosa, sino en el de su realización humana a través de una ley moral. Sólo así podremos aceptar sin objeción la inclusión de *Los cabellos de Absalón* en la llamada *tragedia morata*, no porque cumpla asumir una interpretación literal —y ejemplar— del texto bíblico, considerando el pecado de David como la causa de los hechos trágicos, sino porque dicho pecado no es sino el instrumento providencial de una justicia sancionada por la voluntad divina y que se cumple a través de la humana' (1989a, p. 61).

y propuesto por él para la comedia del Siglo de Oro como una totalidad homogénea.[72]

Los últimos versos que le dirige David ('Salomón, lo que has de hacer / te dirá mi testamento', vv. 3222–3) hacen alusión a 1 Reyes 2, 1–9: el testamento que el Rey, sintiéndose morir, le hace a su hijo. Consciente del desacato que él mismo cometió con la Ley, tal testamento se ubica en la tradición de los *specula principis*. Inculpa a su hijo, sobre todo, fidelidad a Yavé. Dictamina también sobre la conducta del monarca ante los súbditos y la consecuente aplicación de la justicia, que significa, en primera instancia, el respeto a la ley de Dios. Como bien sugiere Sebastian Neumeister, el Poder se sitúa en la amplia esfera que incluye los afectos humanos y la sabiduría divina.[73] No desvela su verdadera sustancia en las luchas maquiavélicas de la competencia política sino en la confrontación con el amor y con Dios.

'las pasiones del alma, / ni las gobierna el poder, / ni la majestad las manda': *La cisma de Inglaterra*

> La providencia que Dios tiene de todas las criaturas, y especialmente de los hombres buenos y reyes fieles […] es el fundamento en que debe estribar el gobierno y confianza del príncipe piadoso, que está colgado de Dios y echado en sus brazos, y reposa en su divina providencia, y para deshacer las marañas de los políticos, que de tal suerte enseñan a gobernar los estados, como si el Señor no tuviese providencia dellos, y el mundo se gobernase acaso o con sola la malicia y astucia humana.
>
> Pedro de Rivadeneira, *Tratado de la religión y virtudes que debe tener el príncipe cristiano*

Las referencias al monarca incapaz de vencerse a sí mismo en pro de la república, que se deja manipular por un ambicioso valido, y cuya inmoralidad provoca el desorden social, arrastrando el reino hacia la guerra civil, están presentes en el drama histórico de *La cisma de Inglaterra* (1627).[74] Situada

---

72 Kesen de Quiroga, 2002, pp. 263–4; y A. A. Parker, 1975b, respectivamente.

73 S. Neumeister, 1998, p. 180.

74 Con respecto al drama histórico, ver el estudio de Paul Hernandi, 1976. No se conoce ningún manuscrito de *La cisma de Inglaterra*. Aparece impresa por primera vez en la *Octava parte de comedias del célebre poeta español Don Pedro Calderón de la Barca*, publicada por Juan de Vera Tassis en 1684. Según Hilborn, 1938, p. 73, la comedia pudo escribirse entre los años 1633 y 1636, dada la 'madurez' de la versificación. De acuerdo con A. A. Parker, 1973, p. 77, quizá se compuso 'después del estallido de la guerra civil inglesa, y quizá incluso

dentro de un contexto político, teológico y social, que pone en evidencia todo un discurso herético, presente ya en su fuente histórica, la acción gira en torno al divorcio de Enrique VIII y la consecuente separación de la Iglesia Anglicana de la Católica.[75] Se fusionan así el plano personal de un monarca con el histórico, legendario y/o mítico de una nación, procedimiento retórico frecuente en el corpus dramático que representan las alegorías del Poder.

El misterioso anuncio del Hado y los errados intentos por parte de los personajes de dar sentido a sus múltiples manifestaciones (el sueño del Rey, la posición de las cartas de Lutero y del Papa, la profecía del ayo Volseo, el pronóstico de Pasquín a Ana Bolena) enmarcan la obra en la órbita del destino. El sueño de Enrique, que va desde la acotación inicial con que se abre la comedia hasta la entrada y consiguiente anuncio de Volseo, de la llegada de unas cartas, cobra un sentido metonímico. Dramatiza, en clave simbólica, y de nuevo a manera de *mise en abîme*, el futuro proceder de los personajes principales: Enrique, Ana Bolena y Tomás Volseo. Así, ya desde la didascalia que indica que el Rey se encuentra dormido, recostado sobre su escritorio, se apunta a la falta de vigilancia personal y estatal por parte de

---

después de la ejecución de Carlos I' de Inglaterra, en 1649. A raíz del hallazgo de unos documentos fiscales pertenecientes al Consejo Real, Shergold y Varey, 1961, pp. 274–7, adelantan su composición antes del 31 de marzo de 1627, fecha en que se pagó a la compañía de Andrés de la Vega por la representación, en Madrid o en el Pardo, de una comedia llamada *La cisma de Ingalatera*. Más tarde, A. A. Parker, 1991, especula que las negociaciones en torno a una posible unión matrimonial entre la infanta María y el príncipe Carlos pueden explicar la decisión de Calderón de componer la comedia antes de 1627. Sobre las tensas relaciones diplomáticas entre España e Inglaterra en los años veinte, y sus analogías históricas con el reinado de Enrique VIII, ver la introducción a la edición de Ann L. Mackenzie, 1990, pp. 2–4. Respecto a las diferentes posiciones de la crítica concernientes a la fecha, es útil la edición de F. Ruiz Ramón, 1981, pp. 60–2.

[75] La fuente histórica utilizada por Calderón es el 'Libro Primero' de la *Historia Eclesiástica del Scisma del Reino de Inglaterra* de Pedro de Rivadeneira. Dedicado a Felipe II, se publica en Madrid en 1588 (partes I y II) y en 1604 (parte III). Según Vicente de la Fuente, 1952, es una de las obras más populares de España durante el siglo XVII. Felipe IV la consideraba como una de sus lecturas favoritas. Véase la 'Autosemblanza de Felipe IV' y el 'Apéndice II' de las *Cartas de Sor María de Jesús Ágreda y de Felipe IV* en edición de Seco Serrano, 1958, p. 232b. Dividida en cuarenta y nueve capítulos, la historia del jesuita Rivadeneira relata, desde una perspectiva maniquea y contrarreformista, la vida y reinado de Enrique VIII en función del tema central: el Cisma. Termina con la enfermedad y muerte del rey, su semblanza, costumbres y una meditación sobre el castigo que recibió de Dios. Rivadeneira se basa en el libro del historiador inglés Nicholas Sander titulado *De origine ac Progressu Schismatis Anglicani*, completado por Edward Rishton y publicado en Colonia, en 1585. Sobre la fuente directa de Calderón, véanse A. A. Parker, 1991; y Cabantous, 1968, p. 44. Las rivalidades entre España e Inglaterra, desarrolladas en un contexto histórico y político, son una referencia en las letras del Siglo de Oro, tanto en poemas épicos como en tragedias. Además de *La cisma de Inglaterra*, tenemos en mente los poemas épicos de Lope de Vega, *La Dragontea* (1598), sobre la piratería de Sir Francis Drake, y *La corona trágica* (1627), sobre la vida y muerte de María Estuardo. Tales obras pueden leerse como una réplica a la llamada *Leyenda Negra*.

Enrique.[76] Tras un breve diálogo entre el dormido Rey y Ana, quien aparece a un lado del escenario como proyección de su sueño, explica Enrique a Volseo cómo quedó dormido escribiendo su defensa de los siete sacramentos y, en concreto, escribiendo a favor del sacramento del matrimonio. Tales escritos eran respuesta a lo que Lutero había promulgado en *De Capitivitate Babylonica Ecclesiae praeludium*.[77] El hecho de que el Rey se dejara llevar por el sueño apunta a su propensión (léase falla) a no controlar los impulsos de la pasión: 'cargada la cabeza, / *entorpecido el ingenio* / de un pesado sueño, apenas / *a su fuerza me rendí*' (vv. 100–3, el énfasis es nuestro).[78] La aparición de la 'imagen bella' (v. 1) de Ana en sueño turba al Rey de tal manera que imagina borrar con la mano izquierda ('siniestra', v. 152) cuanto escribe con la derecha, asociada ésta con 'la doctrina verdadera' (v. 147). Tal acto alude al futuro proceder del monarca y al cambio de su conducta: de docto y sabio defensor de la Iglesia y de su doctrina a hereje y cismático. La cadena de metáforas lumínicas presentan una visión heliocéntrica del mundo y de la monarquía ('sol eclipsado', 'deslucida estrella', 'ofendido sol', 'esplendor borrado'); también la luz, que equivale a la razón enajenada por la pasión y anuncia el destino del Rey y de su reino.[79]

La entrada en escena del cardenal coincide con su consejo al Rey, de no darle mayor importancia al sueño: '[n]o haga la imaginación / de esos discursos empeño, / que las quimeras del sueño / sombras y figuras son' (vv. 129–30). Sin embargo, al recibir las cartas del cardenal, el Rey declara su intención de usarlas a modo de clave para la interpretación del sueño: '[s]i fuera lícito dar / al sueño interpretación, / vieras que las cartas son / lo que acabo de soñar' (vv. 141–4). Otorga un valor moral a las cartas y a las manos con que antes escribía y borraba la respuesta a Lutero, y con que ahora recoge las cartas de Volseo. La carta del Papa León Décimo es, afirma el Rey, como la mano derecha que escribía sobre los sacramentos, símbolo de

---

[76] Con respecto al motivo del monarca que duerme, véase la nota 45 de este capítulo.

[77] Se trata de uno de los tres escritos reformatorios de Martín Lutero, publicado en octubre de 1520.

[78] Para las citas seguimos la edición bilingüe de Kenneth Muir y Ann L. Mackenzie, 1990, que contiene un valioso prólogo y notas. Otra edición útil es la de F. Ruiz Ramón, 1981, pese a que la numeración de versos sea errada. Se pasa del verso 1445 al 1550 (p. 137). La edición de Juan Manuel Escudero Batzán, 2001, pp. 50–94, presenta una detallada relación de testimonios y de variantes de *La cisma de Inglaterra*, incluyendo las ediciones sueltas.

[79] Sobre el uso del símbolo solar en el teatro de Calderón, véase Valbuena Briones, 1977. Jesús Díaz Armas, 2002, pp. 427–45, se concentra en su relación con el príncipe. La imagen del sol eclipsado como símbolo de los desmanes del monarca, con consecuencias negativas para el pueblo que regenta, está presente en el emblema '*Regis error populis exitialis*' ['El error del rey es fatal a los pueblos'] de Andrés Mendo. Ignacio Arellano, 2002, pp. 21–34, relaciona tal símbolo, presente también en *Saber del mal y del bien* (1628) de Calderón, con el emblema 13 ('*censurae patent*') de Saavedra Fajardo. Véase al respecto *Enciclopedia de emblemas españoles ilustrados*, p. 496a.

la recta actitud. Se asocia con la verdadera religión. En contraste, la carta de Lutero hace referencia a la mano siniestra, que trata de 'deslucir y deshacer' (v. 151) la luz de aquélla. Pero al recogerlas de Volseo, las cartas no harán sino reforzar la ominosa premonición del sueño. Volseo trueca 'por error' (v. 183) las cartas de manera que la relación física que el Rey tiene con ellas se invierte involuntariamente. La posición de las cartas con respeto al cuerpo de Enrique (la de Lutero sobre la cabeza, la del Papa a sus pies) señala su futura mudanza moral y política, valor simbólico que el Rey ignora o se niega a interpretar: '¿Qué ha de ser lo que hoy me ha de suceder?' (v. 171). Volseo, quien antes se negó a leer 'las figuras' del sueño, ahora declara que el agüero conlleva un significado positivo: 'tendrás mil gustos hoy' (v. 172). A raíz de esta insinuación, el monarca invierte el valor moral asignado a la posición de las cartas (vv. 185–208).

Esta primera escena ya da muestras de la concurrencia de las fuerzas motrices de la acción. Son interiores (la predisposición del Rey a dejarse llevar por la pasión) y a la vez exteriores (Ana Bolena) al personaje trágico: el Rey. Están de tal modo unidas que resulta imposible trazar una línea nítida entre ambas. En el espacio intermedio se ubica Volseo. Interpreta, invierte y consuela de tal manera que facilita la futura caída del Rey. De acuerdo con su posterior caracterización de ambicioso y vengativo, podemos suponer que el cardenal, al rechazar el sentido amenazador de los signos, actúa de manera interesada. Conduce al monarca hacia una interpretación positiva, pues así favorece su fin: no perder la influencia que ejerce sobre Enrique. Ruiz Ramón ha señalado que la oración disyuntiva con que cierra Volseo su intervención sobre las cartas, 'trocarlas yo por error, / o entenderlas tú al revés' (vv. 183–4) muestra, como en fórmula, el sentido de la relación entre ambos personajes.[80] Las acciones e intenciones erróneas del cardenal serán entendidas al revés por el Rey. En este sentido, el adulador privado se constituye en personaje antagónico de ese buen lector de 'figuras' y de vaticinios: el loco Pasquín.

A éste se le permite denunciar la duplicidad de los actos políticos y morales de los cortesanos, cosa que quizá no se le toleraría al cuerdo. Y es que la corte de Enrique es un mar de engaños donde todos, a excepción de la reina Catalina, participan de la mascarada, del enredo verbal y de la disimulación.[81] No es de extrañar, pues, que sea la Reina, personaje al margen de la intriga y de la falsedad palaciega, quien se lamente de la locura de un hombre que en el pasado fue tan docto. Pero la locura (cuerda) de Pasquín es también máscara obligada por las circunstancias del palacio. Posibilita su

---

[80] Calderón de la Barca, *Los cabellos de Absalón,* ed., Ruiz Ramón, 1981, p. 13.
[81] A.A. Parker, 1973, culpa la poca prudencia de la reina Catalina que provoca su caída. Sin embargo, la Reina, al representar las máximas virtudes de la fe católica, logra despertar en el espectador el efecto de admiración.

actitud denunciadora.[82] Es, como el ciego londinense de su cuento, una voz que ilumina para que vean y para que se vean los demás con la luz de su entendimiento: 'Si no veo la luz yo / la ve el que viene' (vv. 587–8); 'aquesta luz que ves, / si no es para ver yo, es / para que me vean a mí' (vv. 590–592); 'yo con mis locuras / soy ciego, y alumbro a oscuras' (vv. 600–1). El embajador francés, Carlos, denuncia al Rey de ser culpable de la situación actual: '¡Que un rey que es tan singular / se deje lisonjear / de locos y de trujanes!' (vv. 474–6).

El cardenal Volseo, hombre de humilde origen es, como Absalón en *Los cabellos de Absalón*, dominado por la pasión que da sentido a su existencia: la ambición. Ambos personajes tienen como objetivo el ascenso social, político y religioso: la silla papal en Volseo, el trono de David en Absalón. Sin embargo, por contraste, el cardenal reconoce haber sido amparado por la fortuna. En este sentido, Volseo se asocia con sus homólogos pertenecientes al subgénero dramático de las comedias de privanza, sujetos siempre a los vaivenes de la diosa Fortuna y de su rueda.[83] Confiado en su arte de lisonja, que logra sustentar el favor real, no cejará ante ningún obstáculo para conseguir la silla papal que quedará vacante con la muerte de León Décimo. Trama con Francisco I de Francia y con el emperador Carlos V para que éstos apoyen su futura candidatura. A cambio, Volseo les ofrecerá la lealtad de Enrique y del reino inglés.

Pero la cercana posibilidad de acceder al trono, 'sólo falta un escalón' (v. 218), ciega su percepción de la realidad. En contraste con el escepticismo que mostró ante los augurios que Enrique tuvo en el sueño y en las cartas, Volseo está convencido de que se cumplirán *ad pedem litterae* las profecías que le vaticinó un astrólogo, quien será identificado más tarde con el ayo que le crió (vv. 691–3). Éste le recomendó entrar al servicio del Rey como medio para alcanzar 'tan alto lugar', que 'excediese a [su] deseo' (vv. 229–30). Dicha profecía aún está por cumplirse, asegura el cardenal, dado que 'aunque tan alto estoy, / mientras que Papa no soy, / me queda que desear' (vv. 234–6). Tal arrogancia también lo turba a la hora de interpretar la segunda predicción, que una mujer ocasionará su destrucción: 'Si agora los reyes son / los que me dan su poder, / ¿qué funesto fin ofrece / una mujer a mi estado?' (vv.

---

82 Ver sobre esta locura denunciadora, a Márquez Villanueva, 1985–86, pp. 501–28.

83 Pensamos en la *Adversa fortuna de don Álvaro de Luna* (1621–24) de Mira de Amescua o en *Lo que hay que fiar del mundo* (1619) de Lope de Vega. En esta última comedia, el desengañado favorito, el genovés Leandro Espínola, pronunciará un gran monólogo, con ecos neostoicos, sobre el peligro de fiarse en el favor del poderoso. En *Saber del mal y del bien*, Calderón representa los distintos cambios de fortuna que otorga el monarca al alterar sus favores entre sus cortesanos. La emblemática rueda de la Fortuna simboliza tales cambios. Sobre el subgénero dramático de las comedias de privanza, véase la monografía de Raymond MacCurdy, 1978.

239-42). Al creer que esa mujer es la reina Catalina y no Ana Bolena, Volseo se equivoca y labra inconscientemente su propia destrucción.

La oposición entre Volseo y Catalina se establece a partir de su primer encuentro sobre las tablas, cuando el cardenal impide a la Reina entrar en el aposento del Rey. Ante tal restricción, la irritada Reina recrimina al valido públicamente (están presentes la Infanta y Pasquín) con una serie de epítetos despectivos que, dado su vigor, reflejan la poca estima que desde hace tiempo ésta le tiene:

> ¡Loco, necio, vano!
> Por Príncipe soberano
> de la Iglesia os respeto;
> aquesa púrpura santa,
> que, por falso y lisonjero,
> de hijo de un carnicero
> a los cielos os levanta,
> me turba, admira y espanta,
> para que deje de hacer …
> Pero bastará saber,
> ya que Amán os considero,
> que los preceptos de Asuero
> no se entienden con Ester. (vv. 660–72)

La analogía que establece Catalina entre los cortesanos de Enrique y los bíblicos, presentes en la corte del rey Jerjes, no es casual. Según relata el Libro de Ester (3,1–7,10), Hamán, supremo dignatario bajo el rey Jerjes, organizó el exterminio de los judíos en el reino persa por no guardar las leyes del Estado. Sin embargo, la masacre es evitada por la intervención de la reina Ester. Ésta, desobedeciendo el decreto que negaba la audiencia del rey, descubre las maquinaciones de Hamán y salva a su pueblo como ya indicamos con respecto a *La mujer que manda en casa* de Tirso. Jerjes acusará de lesa majestad a su valido tras encontrarle en actitud equívoca ante el diván de la reina. Condenado a muerte, Hamán será ejecutado en la horca que había preparado para Mardoqueo. Pero el paralelismo entre el relato bíblico y *La cisma de Inglaterra* no concluye aquí. El rey bíblico también se caracteriza como un aventurero galán, dado a la intriga palaciega. A su vez la reina Ester, al igual que su homóloga calderoniana, se ve perseguida por el favorito del rey como consecuencia de no renunciar a la fe que practica con devoción. Por último, el drama refleja el motivo presente en el relato bíblico de la prosternación ante el poder terrenal. Mardoqueo, tío de la reina Ester, se niega a inclinarse ante Hamán por ver en tales cortesías un acto de culto, sólo debido a Yavé. En el drama de Calderón, es la piadosa Catalina quien refleja dicha actitud devota. Declara a Ana Bolena que levante la rodilla doblada, pues 'esas ceremonias son / de quien con vana ambición / a lo divino se atreve, /

porque sólo a Dios se debe / tan debida devoción' (vv. 518–22). En el polo opuesto se encuentra la actitud de la misma Bolena ante tales ceremonias. Con gran engreimiento y altivez no admite que nadie le sea superior, y siente como una humillación el tener que doblar la rodilla ante otra mujer o ante el mismo Rey. Su rechazo de tales ceremonias no es por ser como la Reina, sino por su falla moral: por ser soberbia.

Al ver que la piadosa regenta sólo se muestra contraria hacia él, Volseo deduce que ésta debe ser quien, según el astrólogo, provocará su caída. Preocupado únicamente por salvarse y mostrando un total desinterés por el bien de la república, el ambicioso cardenal decide, como respuesta preventiva, perseguir a la Reina. Alexander A. Parker juzga a Catalina culpable de una falta de prudencia política y, en este sentido, responsable de su propia desgracia.[84] Ruiz Ramón discrepa con el estudioso británico y asegura que, lejos de ser un error o una imprudencia, la reacción de la Reina es la primera muestra de los elementos que la caracterizan: la pureza, la autenticidad y la dignidad.[85] Ambas lecturas contienen una miga de verdad. Parker tiene razón en señalar que la implacable recriminación de la Reina inicia, a nivel de la estructura dramática, la hostilidad de Volseo hacia ella. El problema de la lectura de Parker quizá radique en el uso del término 'prudente'. Dicho vocablo estaba cargado en la época de un valor ético y político que, como lectores de la comedia, es difícil ignorar. Si nos atenemos al pensamiento político del siglo XVII, el personaje más prudente de la obra no es otro que la reina Catalina. En efecto, sólo ella está dotada de todas las virtudes que, desde el punto de vista del espectador, la elevan a figura ejemplar: bella, piadosa y compasiva. Más que culpable de un acto de imprudencia, la Reina es víctima de las circunstancias falaces que envuelven el palacio de Enrique. Si es culpable de algo, es de no actuar como los demás personajes; es decir, de manera pragmática, maquiavélica y doble.

El Rey, sin embargo, no está al margen de esta crítica. Enrique, efectivamente, pidió a Volseo que no diera entrada a nadie en su cámara real salvo al propio cardenal (vv. 209–10), mientras escribía su respuesta a las cartas del Papa León Décimo y Lutero. Pese a invertir el sentido de los agüeros, según le sugiere Volseo, Enrique intuye que no anuncian nada bueno (vv. 212, 913–16). Sin embargo, el monarca no hace nada para prevenir los infortunios que se presagian. Al contrario, concede el derecho exclusivo de visita a quien perturba su percepción de la realidad: el lisonjero cardenal. Encerrado en su cámara, Enrique delega las funciones administrativas en Volseo, situación que trastorna la gestión del palacio y expone la nación al peligro que supone la desmesurada ambición del cardenal. Tomás Boleno se lamenta de

---

[84] A. A. Parker, 1973, p. 70.
[85] F. Ruiz Ramón, 2000, p. 119.

la relación entre monarca y privado: 'No sé yo qué encanto ha sido / el que Volseo le ha dado / a un hombre tan celebrado, / tan prudente y advertido, / tan docto y sabio, que bien / leer en escuelas podía / cánones, filosofía, / y teología también' (vv. 266–73). Consciente de que la silla del Papa pronto quedará vacante con la muerte de León Décimo, Volseo intriga para asegurar el apoyo de Carlos V a su futura candidatura. Para lograr dicho propósito, el egoísta privado va aplazando la paz con Francisco I de Francia. Sospecha que una alianza entre Inglaterra y Francia dejaría al emperador aislado, circunstancia que podría hacer peligrar su acceso al trono papal.[86] Con tal objetivo en mente, Volseo impide al embajador francés, Carlos, la audiencia con el Rey. Aquél viene de parte de Francisco para proponer al monarca inglés un matrimonio entre el Príncipe de Orléans y la infanta inglesa. Dicho enlace serviría para consolidar la paz entre las dos naciones y unir la fe en medio de las disensiones religiosas. Pero el matrimonio nunca se llevará a cabo gracias a la flaqueza de Enrique, la soberbia y ambición de Ana Bolena y las maquinaciones de Volseo.

La segunda jornada se abre con el Rey entristecido, enamorado y falto de sosiego tras reconocer a la nueva dama de palacio como aquélla cuya imagen ocupó sus sueños en el primer cuadro: la hermosa Bolena. La pasión que comienza a sentir por Ana desequilibra a Enrique de tal manera que asegura ser incapaz de dominar sus sentimientos, sus acciones y sus palabras. Cuando el loco Pasquín le pregunta la causa de su melancolía, el Rey le contesta que 'las pasiones del alma / ni las gobierna el poder, / ni la majestad las manda' (vv. 930–2). El cuento que a continuación narra el gracioso sobre un filósofo y un soldado apunta, a modo de *exemplum*, a los límites del poder terrenal. Como ser humano, la figura del rey es también susceptible a la pasión. Esta premisa se pondrá a prueba con la llegada de las damas de palacio. Éstas vienen con el propósito de aliviar las penas del Rey, entreteniéndole con versos y fiestas. Pero a Enrique ya sólo le interesa Bolena. De hecho, se muestra contrariado ante su obligación de atender a las demás. Da muestras de ignorar a la reina Catalina, objeto de la mayoría de sus quejas. Dice de ella que nunca le complace, y la tilda de cansada y de prolija en sus discursos. Como bien ha indicado Ruiz Ramón, la palabra que define la esfera afectiva de Enrique es el 'gusto', vocablo reiterado a lo largo del drama, y al que se opone lo justo, cuya encarnación personifica la Reina.[87] Cuando, en

---

[86] El Volseo de Rivadeneira, como el de Calderón, es caracterizado como un ambicioso que busca por todos los medios ser Papa. Hasta aquí la similitud. En Rivadeneira, Volseo comienza a intrigar con Carlos V, pero al nombrar éste Papa a su maestro Adriano, tras la muerte de León X, Volseo, conocedor de las desavenencias conyugales entre el rey y la reina, decide buscar la proximidad con Francisco I, rey de Francia. Aquí comienzan en Rivadeneira los inicios del Cisma.

[87] F. Ruiz Ramón, 2000, p. 122.

un aparte, Enrique revela al cardenal su deseo de hacer bailar a Bolena, el astuto y doble Volseo le aconseja disimular su preferencia, pidiendo primero a otras damas recitar, cantar y bailar. Tal diálogo secreto entre el monarca y su favorito provoca los celos de la Reina, quien les pide una explicación. Les recrimina el hablar casualmente de negocios importantes (así le respondió Enrique) y expulsa a Volseo de la sala. Con el cardenal fuera de escena, Catalina aconseja al Rey se prevea ante la ambición de su valido:

> Justas causas
> me mueven: tengo a Volseo
> por lisonjero, y que entabla
> más su aumento que el provecho
> del reino; que sólo trata
> de subir al sol, midiendo
> la soberbia y la arrogancia.
> Esto es daros más pesar
> que gusto. (vv. 1086–94)

Volseo se asocia así con la imagen de Faetón y de Ícaro, *exempla* de los súbditos temerarios que aspiran a subir demasiado y que se destruyen en el intento; también con las aspiraciones de Ana Bolena. En efecto, desde este momento, el futuro del cardenal irá ligado con el de Bolena. En su presentación ante las damas de palacio, Ana, como Absalón en *Los cabellos de Absalón*, cegada por su ambición, interpreta de manera favorable la profecía de Pasquín: 'ya os considero / con aplauso lisonjero / subir, merecer, privar, / hasta poderos alzar / con todo el imperio inglés, / viniendo a morir después / en el más alto lugar' (vv. 626–32). Ignora el trágico fin que presagia:

> Yo tomo por buen agüero
> aquesta vez su locura;
> pues siendo yo vuestra hechura,
> tanto levantarme espero,
> que en el sol me considero (vv. 633–7)

También hará oídos sordos a los prudentes consejos de su padre: sobreponerse a sus bajos impulsos con la razón y mirarse, a modo de espejo, en la virtud de la reina Catalina.

En el momento de su danza, Ana Bolena ha sido caracterizada como una bellísima sirena, capaz de encantar los sentidos de los hombres. El padre de su amante, Carlos, se niega a casarla con su hijo pues la juzga excesivamente altiva y vana.[88] El propio Carlos reconoce que ella es arrogante y ambiciosa.

---

[88] Calderón reduce el personaje de Carlos a la función de los numerosos amantes que tuvo Bolena según la historia de Rivadeneira.

Prefiere tenerla de amante antes que de esposa. Y peor aún, sospecha que aunque Ana se muestra católica en público, en secreto es luterana. Al bailar ante la corte con cierta soltura y con el cuerpo airoso, Bolena representa la amenaza de una Salomé: el peligro de perder la cabeza.[89] Cumple su ambición acercándose al Rey. El breve diálogo entre estos dos, tras dejarse caer Bolena a los pies de Enrique, asocia la imagen de Ícaro (ambición de Bolena) con la futura herejía del Rey (Sol), envuelta en las frases convencionales del amor cortés:

> Ana: Mejor diré que a tus plantas,
>   pues son esfera divina,
>   me he levantado tan alta,
>   que entre los rayos del sol
>   mis pensamientos se abrasan
>   más remontados.
>
> Rey: No temas,
>   si mis brazos te levantan.
>   Quiera amor que sea, Bolena,
>   *al pecho en que idolatrada*
>   *vives.*   (vv. 1166–75, énfasis nuestro)

Con Volseo ausente, el embajador Carlos obtiene la audiencia con el Rey. Viene, como sabemos, en misión diplomática para asegurar la paz entre Francia e Inglaterra, casando los herederos de ambas coronas. La escueta respuesta de Enrique, 'Yo lo veré más despacio' (v. 1233) frente al razonado discurso del embajador francés, da muestras del comienzo de la enajenación del monarca. Preocupado por otros asuntos (Ana), Enrique dilata la decisión para otro momento. Aunque dicha decisión pueda parecer prudente, sus palabras antes de abandonar la sala revelan un estado de confusión emocional: 'cierto es que con alma muero, / cierto es que vivo sin alma' (vv. 1243–4).

La segunda amonestación pública de la Reina frustra las intenciones de Volseo de aplazar el acercamiento franco-inglés. Al tener noticia de que su acceso al trono papal también se ha malogrado, gracias en parte al apoyo que Carlos V presta a la candidatura de su maestro Adriano, nace en el cardenal el afán de vengarse de Catalina, sobrina del emperador.[90] A partir de este

---

[89] El baile de Bolena, 'la gallarda', está relacionado con el amor y el engaño. Así en *El maestro del danzar* de Lope de Vega, la danza sirve para enlazar al galán y a su dama de tal manera que parezca legitimar su contacto corporal. A diferencia de Rivadeneira, Calderón atenúa considerablemente la caracterización de Ana como un ser completamente entregado a la lujuria. Se centra en su soberbia, su vanidad y ambición.

[90] En su edición de *La cisma de Inglaterra*, Escudero Baztán, 2001, p. 30, nota que en Rivadeneira el papel adjudicado a Volseo es menos relevante. Además, en la historia del jesuita, Volseo, tras fallar en su intento de acceder al trono pontifical, busca el divorcio del rey inglés

momento, Volseo irá moviendo los hilos de las pasiones de Ana (la ambición) y de Enrique (el amor) para llevar a cabo su maquiavélico diseño: castigar a la Reina y asegurar la privanza del Rey. Su primer gesto sirve para encender el deseo latente de Bolena. Llama 'majestad' a la dama, y luego se excusa inmediatamente del *lapsus linguae*. La respuesta de Ana, '¡oyera ese nombre yo … / y costárame la vida!' (vv. 1303–4), revela su anhelo de subirse al trono. Por segunda vez, el doble discurso de Volseo ('que por yerro fue, / o por acierto, pudiera / decirlo en otra ocasión; / pero el peligro me obliga / a callar', vv. 1311–15) sirve para despertar la curiosidad de la dama quien le pide revelar el secreto. Preocupado por el vaticinio del astrólogo, el cardenal hace primero jurar a Ana su futura lealtad. Tras prometer Bolena su fidelidad, Volseo traiciona la confianza del Rey. Informa a Ana de que Enrique es susceptible a cegarse en cuestiones de amor.[91] Y le revela la táctica a seguir si quiere cumplir su aspiración de ser reina: fingir querer al Rey y negarle el favor con falsas muestras de honestidad. Mientras ella asegura a Enrique que sólo se rendirá a su amor como esposa, Volseo urdirá ante los ojos del Rey 'tal engaño, / que brote el alma del pecho' (vv. 1385–6).

Ana, dominada por su ambición de convertirse en reina de Inglaterra, no vacila en abandonar su sentimiento amoroso, si bien bastante ambiguo, hacia Carlos y seducir al Rey quien da muestras de romper con la doctrina católica: 'mi albedrío / a quererte me fuerza, / sin que mi amor me tuerza, / ya no es libre ni es mío' (vv. 1421–4). El rechazo de Ana provoca la desesperación del Rey, cuyo lamento exhibe el poder enajenante y la condición demoníaca de su pasión: 'Todo el infierno junto / no padece en su llanto / pena y tormento tanto / como yo en este punto, / […] me abraso! / […] me quemo! / No es de amor este extremo; / […] Algún demonio ha sido / espíritu que en mí se ha revestido' (vv. 1511–22). Volseo, una vez seguro de que el Rey aceptará el papel que le asigna, le propone la solución que satisfaga su pasión sin corromper su imagen de docto y prudente. Afirmando hablarle por primera vez libremente ('que, por injustas leyes, / no se dicen verdades a los reyes', vv. 1557–8), el cardenal le sugiere reunir el parlamento con el propósito de exponer su conciencia afligida y, con gran sentimiento, revelar su preocupación ante la validez de su matrimonio con Catalina. Una vez apartado de la

---

para conseguir su casamiento con la duquesa de Besansón, hermana del rey de Francia. Al ignorar las verdaderas intenciones del rey, de casarse con Ana Bolena, su plan fracasa. La diferencia en este punto con la comedia calderoniana es notable.

[91] Rivadeneira retrata a un Enrique VIII lleno de defectos, 'dado a pasatiempos y liviandades', 'tan malo y desenfrenado en su vida y gobierno', 'como caballo desbocado y sin freno corría tras todos los vicios y maldades, y principalmente tras la lujuria, avaricia y crueldad'. Arellano, 2002, observa que la imagen del caballo desbocado aparece ampliamente representado en la emblemática de la época con fuerte sentido político y moral. El caballo bien regido con freno y riendas (símbolo de la prudencia) contrasta con el desbocado (símbolo de la ceguera pasional, intelectual y moral).

Reina, continúa Volseo, Enrique quedará libre para unirse con Bolena y poner fin a su sufrimiento. Logrado su objetivo, buscará una forma para que el Papa ordene y consienta tal desenlace.

Si bien el Rey pide más tiempo para reflexionar sobre la unión matrimonial entre los herederos a la corona francesa e inglesa ahora, ante la posible decisión de romper con Roma, el monarca prefiere examinar ligeramente tal acción. Solicita a Volseo que reúna de inmediato el Consejo de Estado, alegando de manera irracional que las 'cosas graves siempre las disculpa / la prisa con que se hacen' (vv. 1615–16). Solo en escena, Enrique revela no haber sido engañado por el falso argumento de Volseo. Antes bien, reconoce que su matrimonio con Catalina fue legítimo. Sin embargo, su amor hacia Bolena le hace alterar toda valoración ética: 'el fuego infernal que está en el pecho / hace que, ciega mi turbada idea, / niegue verdades y mentiras crea' (vv. 1632–4). Obcecado por la pasión que le ciega, el Rey se siente arrastrado por un destino inexorable: '[é]sta fue mi desdicha, ésta mi estrella' (vv. 1672). Solo la anulación de su matrimonio, concluye, le permitiría deshacerse de Catalina, el obstáculo que hasta ahora le ha privado de unirse a Ana.

Ante el parlamento, Enrique muestra sus excelentes dotes de intérprete, muy de acuerdo con el conocido concepto político de la simulación. Tal concepto se debatía por estos hechos a la par con el de la disimulación (*dissimulatio*). El primero implica la falsedad, la doblez y el engaño. Se asocia con la política maquiavélica y con el gobierno del tirano.[92] El segundo implicaba el no revelar los secretos de estado. Se asocia con el buen gobierno y la prudencia. Enrique, pues, ha aprendido el arte de Tomás Volseo y de Ana Bolena: la simulación. Ya el cardenal le había sugerido, en múltiples ocasiones, que enmascara sus sentimientos verdaderos cuando se expresara en público. De hecho, el arte de simular está tan de moda en la corte de Enrique, que el loco/cuerdo Pasquín convierte en profesión el descubrir y revelar tales 'figuras'.

El discurso de Enrique expone los puntos centrales que Volseo le había sugerido: expresar la aflicción de la conciencia sobre la licitud de su matrimonio con la viuda de su hermano, el rey Arturo; insistir sobre su condición de docto y celoso de la recta doctrina católica y, sobre todo, hacer muestras de dolor por la obligada desobediencia al Papa y por separarse de Catalina. Si bien al comienzo de su discurso el Rey indica estar escindido sobre la

---

[92] Maquiavelo asegura que el príncipe no ha de poseer todas las virtudes con tal de poder aparentarlas: 'ma è bene necessario parere di averle. Anzi ardirò di dire questo, che, avendole e osservandole sempre, sono dannose; e parendo di averle, sono utili; come parere pietoso, fedele, umano, intero, religioso, ed essere; ma stare in modo edificato con l'animo, che, bisongnando non essere, tu possa e sappi mutare il contrario'. Curiosamente la disimulación, junto con el cinismo y la crueldad, es el rasgo que caracteriza al personaje dramático del tirano, y cuya fuente hay que retraer hasta Séneca.

legalidad de la dispensa del papa Julio II, termina por afirmar que tal unión
no pudo ser válida. Usurpa a Catalina los símbolos del oficio y del poder,
el cetro y la corona, declarando de manera hipócrita que actúa como 'César
cristiano, / pues a una mujer que adoro / más que a mí, pues a una santa / de
mis estados depongo' (vv. 1762–5). De esta manera Enrique, león de la Iglesia
y defensor de sus sacramentos, borra su unión matrimonial con la piadosa
Catalina, tal y como se había anunciado en el sueño de la primera escena.
Al repudiar a la Reina, Enrique niega la ortodoxia de la fe católica con el
propósito de unirse a Ana, posiblemente ya luterana, aunque en secreto.

A pesar de cubrir con falsa retórica el repudio que siente hacia su esposa:
'yo triste y condolido / de un acto tan lastimoso, / no puedo verte, porque /
tus fortunas siento y lloro' (vv. 1784–7), las últimas palabras de Enrique —'Y
el vasallo que sintiere / mal, advierta temeroso / que le quitará al instante / la
cabeza de los hombros', vv. 1788–91—, sutilmente revelan la verdad de sus
motivos. Ha subvertido los valores católicos de la fidelidad al sacramento del
matrimonio y de la autoridad papal o, lo que es lo mismo, su monarquía ha
degenerado en tiranía. Y así se lo indica la desinteresada Catalina, aludiendo
a la imagen tradicional del gobierno: 'el peregrino en el mar / fin tuviera
lastimoso / si el gobierno de la nave / tiranizara el piloto' (vv. 1852–5).[93] Le
expresa, además, su profundo amor y le advierte sobre el peligro que supone
acatar los falsos argumentos de su discurso: '[l]as cismas y los errores /
con máscaras de piadosos / se introducen; pero luego / se van quitando el
embozo' (vv. 1856–9). Pero Enrique no hace caso. Antes bien, le da la espalda
y la abandona, en acompañamiento de Volseo, sin responderle. Los comentarios espontáneos de los cortesanos aluden a la crueldad del Rey.

El cisma tiene repercusiones a nivel internacional. La posible paz con
Francia a través del matrimonio entre el príncipe francés y la infanta María
queda revocada pues, según el embajador galo, el príncipe no querrá casarse
con la hija de un matrimonio ilegal. La vuelta de Volseo para separar la
unión entre la Reina y su hija, y llevar a ésta junto al Rey permite a Catalina
dirigirle una última sugerencia: aconsejar bien al Rey. Cuando éste niega
ejercer influencia sobre el Rey, la Reina ruega al discreto Tomás Boleno que

---

[93] La imagen tradicional de la nave de estado, que se asocia con los riesgos de la política
(nave) y con la capacidad del piloto de manejar el buque con la razón, la prudencia o la filosofía, ya está presente en Horacio. Es la imagen que emplea Ninías al alabar el juicio prudente
de su ayo, Lisías, en *La hija del aire*, de Calderón: 'Tu prudencia, / en el mar de mi fortuna,
/ piloto ha de ser de aquesta / nave, pues será contigo / serenidad la tormenta' (vv. 1388–92).
También está presente en *Saber del mal y del bien*. Tanto el conde don Pedro de Lara como don
Álvaro de Atayde navegan en el mismo 'mar' de intrigas palaciegas (p. 164b). El emblema 46
de los *Emblemas regiopolíticos* de Solórzano Pereira se dedica a la nave del estado así como
la empresa 36 ('[Ellos le enseñarán] a navegar con cualquier viento') de la *Idea de un príncipe
político cristiano (Empresas políticas)* de Diego de Saavedra Fajardo. Véanse *Enciclopedia de
emblemas españoles ilustrados*, p. 562b; e I. Arellano, 2002, p. 27.

diga al monarca cuánto yerra. Si bien Boleno reconoce el error de Enrique, muestra el terror que le produce la tiranía: 'conozco / la razón; mas no me atrevo / a su espíritu furioso. / Dios os consuele; que así / a riesgo mi vida pongo' (vv. 1941–5). Abandonada de todos, excepto de Margarita Polo, antes de exiliarse la Reina pronuncia un último lamento, que si bien se asocia con el tópico renacentista de menosprecio de corte, se expresa a través de remilgados conceptos, propios del discurso dramático de Calderón:

> ¡Ay, palacio proceloso,
> mar de engaños y desdichas,
> ataúd con paños de oro,
> bóveda donde se guarda
> la majestad vuelta en polvo!
> ¡Ay, entierro para vivos!
> ¡Ay, corte; ay, imperio todo!
> ¡Dios mire por ti! ¡Ay, Enrique!
> ¡El Cielo te abra los ojos! (vv. 1969–77)

Como bien ha notado Ruiz Ramón, la velocidad con que se siguen en la tercera jornada la caída de Volseo, la caída de Ana, la muerte de Catalina y la desolada impotencia de Enrique para cambiar o detener el curso de la acción, sirven para intensificar el sentimiento trágico de la catástrofe con que se cierra el drama.[94] Si bien el enfrentamiento entre Ana Bolena y Tomás Volseo no se presenta en ningún momento en la fuente histórica, en el drama calderoniano determina la caída del cardenal. Cegado por su soberbia y ambición, al tener noticia que Tomás Boleno ha sido elevado a la presidencia del reino (cargo a que aspiraba el cardenal) por intercesión de su hija, Volseo comete el error de abandonar el arte que le ayudó a subir y a triunfar: la simulación. Ignorando los límites de su poder y su nueva inferioridad, *vis à vis* la nueva reina, Volseo la amenaza abiertamente. Piensa poder volver a inventar un nuevo escenario y nuevos papeles para el Rey y para Ana, que de nuevo favorezcan sus intereses. Sin embargo, al no calcular las consecuencias de su desafío, cae en desfavor con Bolena, su hechura, e inicia su caída. De esta manera, Volseo viene a ser víctima de sus propias maquinaciones. La profecía del astrólogo/ayo, la maldición del soldado (vv. 2049–50), así como los vaticinios de Pasquín, se cumplen. Instigado por Bolena, el Rey despoja a Volseo de su riqueza y de su poder. Desesperado, habrá alcanzado el 'alto lugar' que exceda a sus deseos. Al ser desterrado del palacio por el cardenal, Pasquín anuncia la lección: 'A fe, / que todo mando se acaba' (vv. 2260–1).

La desgracia y consiguiente muerte de Catalina despierta la compasión del espectador/lector. Personaje adornado con las máximas virtudes propias de

---

[94] F. Ruiz Ramón, 2000, p. 136.

su época y de su espacio (piedad, fidelidad a la Iglesia, honestidad, caridad, desinterés), a pesar de ser despreciada por el obcecado Rey y de ser perseguida tanta ella como su hija María por la falsa Bolena, Catalina sigue mostrando ser buena cristiana. Nunca busca la venganza. Antes bien, demuestra una inagotable capacidad de perdón. Así, al encontrarse con el desgraciado Volseo, la piadosa y compasiva mujer ofrece a quien fue su verdugo una ayuda material y espiritual. Más aún, su amor y sentido de fidelidad conyugal hacia Enrique no diminuye un ápice a lo largo del drama. Ni siquiera en el momento de su muerte. Al recibir la carta de Enrique, que contiene el veneno de Bolena, declara Catalina de manera irónica su júbilo: '[d]ecidle a Enrique [...] / que hoy aqueste gusto temo / que me ha de costar la vida' (vv. 2444–51). En este sentido, su caída contrasta con la de Bolena y con la del propio Volseo. Éstas pueden interpretarse como instancias de justicia (divina) o como castigos merecidos, ejemplares, acordes con el tipo de tragedia 'morata', y de acuerdo con la definición de López Pinciano. Asimismo pueden verse en estos casos la teoría sobre la justicia poética propuesta por Alexander A. Parker.

El momento en que el Rey por primera vez decide interesarse por su fama es también el de su desengaño. Escondido, asiste al diálogo secreto entre Bolena y su antiguo amante, Carlos. La doble noticia de que Ana no fue doncella al casarse, y que sólo se unió a Enrique por ambición, sirve para romper el hechizo del monarca. A partir de este momento, buscará el medio para reponer los daños por él mismo causados a su reino. Al sentirse engañado por Bolena, Enrique monta en violenta cólera, y manda que sea prendida y decapitada por su propio padre, Tomás Boleno. Anuncia Enrique al prudente presidente del reino: 'Hoy he de ver cómo mides / la piedad con el rigor' (vv. 2591–2). Al tener noticia de la sentencia real, Boleno, en contraste con el tío y padre de don Juan Tenorio en *El burlador de Sevilla*, o el rey David en *Los cabellos de Absalón*, obedece la justicia. Ejecuta el castigo que limpiará su deshonra:

> Aunque pudiera,
> como padre, en fin, rendirme
> a la pasión, no pretendo
> sino que el mundo publique
> que he sido juez, y no padre.
> Libre estoy, quedaré libre.
> Lavaré en mi misma sangre
> las manos. (vv. 2600–7)

Ante su inminente caída, Ana reconoce la futilidad de agarrarse a la gloria transitoria de este mundo:

> Aquí dio fin mi fortuna,
> aquí los sublimes,

aquí las doradas glorias,
aquí las honras insignes.
¡Ay Fortuna, lo que al mundo
sin sazón, sin tiempo diste,
rosadas hojas! ¿Qué importa
que a sus giros ilumine
el sol tus flores si, luego,
airados vientos embisten,
y, hechos cadáver del campo,
tus destroncados matices,
aves sin pluma, en el viento
fueron despojos sutiles? (2626–39)

Arrepentido y humillado, Enrique intenta hacer volver el río a su cauce.
Perseguido por su conciencia, pide que le traigan de nuevo a Catalina, su
'esposa / verdadera' (vv. 2660–1). La noticia de su muerte le agrava su dolo-
rosa conciencia ante la propia culpa como origen de la cadena de infortunios,
ahora irreparables. Ni puede devolver la vida a quien podría perdonarle, ni
puede desviar el curso de la historia de su pueblo.[95] El deseo de arrepentirse
y de congraciarse con Dios le lleva a situar sobre el trono inglés a María,
fruto de su unión con Catalina, prometiendo casarla con el monarca español,
Felipe II.[96]

Si bien la jura de la infanta María supone el gran triunfo de la rama católica de Catalina sobre la herética de Ana, la ambigüedad en torno a tal acto
señala que la historia es y será muy otra.[97] En efecto, el cuerpo acéfalo de
Ana, erigido en pedestal del trono que ocupan Enrique y María, sirve como
memoria y monumento de un pasado imposible de anular. Exhibe, a modo de
metonimia histórica, la cabeza que perdió un rey y un reino al separarse del
Papa (cabeza de la Iglesia) por una mujer. Y es que desde el concepto teocén-
trico y contrarreformista de la monarquía y de la historia, María hereda un
reino en crisis. La incapacidad del rey Enrique para vencer sus impulsos, y de

[95] Ruiz Ramón, 2000, p. 141.
[96] Desde la perspectiva desarrollada por Marc Vitse, 1983, *Los cabellos de Absalón* y *La
cisma de Inglaterra* representan el 'fiasco de la figura paterna' y la apertura a la generación
filial, en un caso con la referencia al próximo reinado de Salomón, y en el otro con la jura de
María como heredera del reino. Al tratarse de reyes, el fracaso de ambas figuras paternas cobra
una dimensión política.
[97] El final de *La cisma de Inglaterra* se desvía completamente de la fuente histórica.
Calderón escamotea al sucesor directo al trono, Eduardo VI. En efecto, la infanta María tuvo
que esperar a que el hijo de Juana Semeira, único heredero varón, muriera a los quince años
para acceder al trono inglés. Hecha después pública la sentencia negativa del Papa Clemente
contra su divorcio, Enrique VIII reunirá las cortes de su reino el 3 de noviembre de 1534,
con nefastas consecuencias: la infanta doña María es desheredada en favor de Isabel, hija de
Bolena.

obrar según requiere su condición de líder político y espiritual de la nación, ha roto el vínculo que unía la monarquía con la función redentora de Dios. La situación de dicha institución es ahora precaria, sujeta a los deseos de sus vasallos. Así lo atestiguan las condiciones requeridas por la nobleza inglesa (el preservar la paz, el tolerar el protestantismo, no devolver las rentas eclesiásticas) antes de confirmar la legitimidad de la Infanta y la consiguiente negativa de María a aceptarlas: 'no quiera / que, por razones de estado, / la ley de Dios se pervierta' (2827–9). Y es que, junto al antagonismo filosófico-teológico entre la razón y la pasión, y entre la libertad y el destino, la otra gran rivalidad conceptual presente en *La cisma de Inglaterra* es la filosófica y la política. Nos referimos, claro está, al enfrentamiento temático entre la razón de Estado fundada en una actuación política libre de consideraciones ético-morales (maquiavélica) y la cristiana y neoestoica.[98] Si bien la primera filosofía es encarnada por Tomás Volseo, Ana Bolena y, hasta cierto punto por el mismo Rey,[99] la segunda tiene como su máximo exponente a la reina Catalina. Así también lo ha visto Stephen Rupp: 'Enrique and Volseo stand out as counterexamples whose personal weaknesses and Machiavellian stratagems are to be avoided, and the Neostoic virtues vested in the queen offer the only ethical alternative to the politics of dissimilation'.[100] Pero, ¿y María, quien representa el futuro del reinado?

En un principio la infanta María parece articular el discurso de su madre ('[l]o que importa es que a la Iglesia / humildes obedezcamos; / y yo, postrado por tierra, / la obedezco, renunciando / cuantas humanas promesas / me ofrezcan, si ha de costarme / negar la ley verdadera', vv. 2851–7), negándose a comprometer los preceptos de la Iglesia para asegurar la fidelidad de los nobles. Sin embargo, a raíz del consejo del monarca, de que calle y disimule (v. 2880) para así asegurarse el trono, alegando que en el futuro podrá ejecutar lo que ella desee, todo parece cambiar. En efecto, el drama se

---

[98]   Alan K. Paterson, 1989, ve en el neoestoicismo y en las virtudes que caracterizan los escritos políticos del filósofo neerlandés Justo Lipsio (la autoridad, la templanza, la constancia, la disciplina interior, y una prudencia enraizada en el pragmatismo) como el recurso ideológico de mayor importancia en la formación de esta doctrina de estado. Lipsio aconseja la prudencia como el principio moral que mejor asegura la estabilidad en la vida civil. Lipsio fue numen intelectual en el régimen administrativo del conde-duque de Olivares. Conocido es el impacto de Lipsio sobre la obra de Quevedo. Dos obras de Lipsio alcanzaron una gran resonancia en Europa: la *De Constantia Libri Duo* y *Politicorum sive Civilis Doctrinae Libri Sex*, y ambas fueron traducidas al español. *Los seys libros de las políticas o doctrina civil de Justo Lipsio* se publicó en Madrid en 1604 (con privilegio de 1599). La *Doctrina civil* instruye al príncipe en el arte de gobernar. El estudio fundamental sobre el pensamiento moral y político de Lipsio es el de Gerhard Oestreich, 1982. Alejandro Ramírez, 1966, recoge la correspondencia que mantuvo Lipsio con los intelectuales españoles, entre 1577 y 1606.

[99]   Aún tras la muerte de Volseo, el rey parece acatar la doblez y la máscara. Hace pensar a su hija y a sus vasallos que mató a Bolena por dar venganza a la muerte de Catalina.

[100]   Stephen Rupp, 1996, p. 102.

cierra con la aceptación de María de la jura ('yo la recibo [...]', v. 2887) para luego, acto seguido, en un aparte, negar las condiciones de dicho trato ('[...] sin ellas', v. 2887). En este sentido, el círculo de engaño y de disimulación no se ha roto. La conciliación y la paz entre ambos bandos, protestantes y católicos, es sólo aparente. Se desliza el futuro que se cierne sobre el reino de María en Inglaterra: divisiones, persecuciones, hogueras y guerra civil. Así lo reconoce el propio Rey '¡Pobre Enrique! / ¡Qué de daños que te esperan!' (vv. 2844–2845).

Tiranía frente a prudencia: *La vida es sueño*

> El judiciario astrólogo, adivino,
> sin juicio juzga, suele alzar figura,
> de lo que a sólo Dios saber convino,
> ascondido a la humana criatura.
> Forzar mi libertad es desatino
> el cielo, con su varia compostura,
> si yo puedo hacerle referencia,
> con el libre albedrío y la prudencia.

Sebastián de Covarrubias Horozco,
Emblemas morales

Como bien ha indicado José María Ruano de la Haza en la introducción a su edición de *La vida es sueño* (1635), 'posee una larga y distinguida tradición de crítica literaria'.[101] Ha sido leída e interpretada principalmente como texto alegórico, religioso, filosófico, político y moral. La crítica moderna continúa fascinada por sus muchos y variados aspectos: la cuestión de sus fuentes, sus resonancias míticas, 'su naturaleza trágica, su lenguaje poético, su siempre polémico final, la psicología de sus personajes, las traducciones, las adaptaciones', etc.[102] Recientemente, la comedia ha sido analizada desde nuevas perspectivas críticas: deconstrucción, feminismo y marxismo, entre otras. Pero, ¿puede leerse la obra como un firme alegato contra la tiranía? Si bien reconocemos que el personaje de Basilio no puede reducirse a una simple figura abstracta de la tiranía, un eje temático principal de la obra es,

---

[101] Calderón de la Barca, *La vida es sueño*, ed., J. M. Ruano de la Haza, 1994, p. 80. Las referencias textuales a *La vida es sueño* provienen de esta ya clásica edición. Según las investigaciones de Ruano de la Haza, 1994, p. 8, la versión original probablemente fue escrita en torno a 1629 y luego, en 1635 o antes, revisada y ampliada.

[102] Calderón de la Barca, *La vida es sueño*, ed., J. M. Ruano de la Haza, 1994, p. 81.

sin duda, la rivalidad que enfrenta a padre e hijo en una perenne disputa por el control y por la supremacía del Poder.[103]

El tópico del hijo repudiado injustamente por el padre transforma a Basilio, el *rex-Basileus*, en *rex-Tiranus*. En la tragedia griega se utilizan indistintamente *basileus* y *tyrannus* para designar en la *polis* la figura que representa el Poder. Ruiz Ramón señala las huellas de un complejo de Uranos, como fundamento mitológico, cuyo impulso es el miedo a perder el poder.[104] Identifica la compleja figura del rey Basilio con los mitos de Zeus, Cronos y Uranos, en el sentido de devorar al hijo heredero. Su condición de sabio a la vez que de poderoso reúne la función prehistórica, mítica, del Poder: sagrada a la vez que social. Al ocuparse en leer los signos celestiales, Basilio se equipara con Urano, dios del cielo. Oculta a Segismundo en una torre, donde la noche 'se engendra dentro', de la misma manera que Urano oculta a Cronos en Tártaro, por temor a que éste lo destrone. Más aún, el acto incestuoso presente en el mito es sugerido por el homónimo Clorilene, nombre de la esposa de Basilio (madre de Segismundo) y de su hermana (madre de Estrella).

Dominado por la vanidad y por el error, Basilio inicia su discurso ante el reino recordando que él ha merecido 'el sobrenombre de docto', añadiendo que 'cuando en mis tablas miro / presentes las novedades / de los venideros siglos, / le gano al tiempo las gracias / de contar lo que yo he dicho' (vv. 619–23). Creyendo que la astrología es una ciencia exacta, Basilio piensa que es capaz de vencer a las estrellas para desviar el transcurso del futuro que augura su derrota y humillación. Coloca esta falsa ciencia por encima de cualquier creencia cristiana, referida al libre albedrío, y priva a su hijo de la libertad y de la identidad que le corresponde por nacimiento y por ley.[105] Al

---

[103] Tal conflicto (el hijo vs. la autoridad paterna) es analizado por Alexander A. Parker, 1966 y 1991, pp. 99–118, en términos de correspondencia biográfica, ya que al parecer Calderón hubo de soportar el rigor autoritario de su padre, don Diego Calderón, cuya inflexibilidad llenó la vida familiar de tensión y tirantez.

[104] F. Ruiz Ramón, 1990, p. 561.

[105] Ya a partir de 1585, el Papa Sixto V había condenado la astrología judiciaria. En *Idea de un príncipe político cristiano representada en cien empresas* (1640), Saavedra Fajardo aconseja al príncipe guiarse por las sabias lecciones que imparte la historia, no la errónea lectura de los astros: 'Por estos aspectos de los tiempos ha de hacer juicio y pronosticar la prudencia de vuestra alteza, no por aquellos de los planetas, que, siendo pocos y de movimiento regulado, no pueden (cuando tuvieran virtud) señalar la inmensa variedad de accidentes que producen los casos y dispone el libre albedrío; ni la especulación y experiencia son bastantes a construir una ciencia segura y cierta de causas tan remotas'. Alciato asocia la ambición del astrólogo con la de Ícaro en el emblema cuyo lema reza: 'De los astrólogos'. Al respecto, véase *Enciclopedia de emblemas españoles ilustrados*, p. 443a–b. En un lúcido ensayo, Roberto González Echevarría, 2003, pone en duda las premisas en que se basaba la asociación del teatro de Calderón con el dogma. Demuestra cómo la estructura de *La vida es sueño* refleja el choque barroco entre la concepción de un universo finito y ordenado con límites precisos, que funcionaba armoniosamente según las normas de la doctrina neotomista, fundamentada por Ptolomeo, y la nueva

negarle su derecho legítimo de heredar el trono, Basilio pasa a ser un traidor de la nación. Anula su principio de autoridad.[106] Dicha violencia se establece en múltiples niveles: estatal, la privación a los ciudadanos de su legítimo heredero; natural —el rey usurpa la libertad a un ser humano—, y social. Constituye ésta la pérdida del honor del príncipe.[107]

Alejado de la Corona por el rechazo paterno, que se origina a partir de

cosmología y epistemología que se desarrollan a principios del siglo XVII. Sugiere que la comedia no está dotada de un argumento rectilíneo, aristotélico. Antes bien, tiene dos finales y vislumbres de otros que pudieran ocurrir más allá del último telón. El primero vendría a ser un simulacro de final. Está dotado de un sentido muy claro de cierre. Ocurre al concluir la jornada segunda con el famoso monólogo de Segismundo. Lo remata una resonante décima que proclama el presunto mensaje de la obra. La tercera jornada viene a ser una repetición a base de reiteraciones, reflejos y duplicaciones de las primeras dos. Su final, el segundo, no es tan definido como el primero. Parece proclamar su propia provisionalidad. Su multiplicidad sugiere la repetición interminable del insondable infinito. Dicha crisis del conocimiento también se demuestra en el plano temático. Si bien el sistema conceptual y metafórico de Calderón parece ser, en la superficie, un reflejo perfectamente fiel y coherente de la antigua ciencia, el universo ptolemaico y aristotélico se revela como caduco en el discurso de Basilio. La sabiduría y capacidad profética de Basilio están sólidamente ancladas en teorías obsoletas y, como tal, se revelan erróneas. Sus poderes de predicción son falsos no sólo debido al libre albedrío del hombre, sino también porque su concepción mecánica del universo no representa cabalmente la dinámica del transcurrir temporal. No es ésta lineal sino repetitiva, con iteraciones infinitas en planos múltiples. Concluye González Echevarría que las complejidades y retorcimientos del drama y de la poesía calderoniana son producto de la no resuelta lucha entre verdades antiguas y nuevas, y de la cada vez mayor distancia entre el discurso del conocimiento científico y el del arte. La incapacidad o negativa por parte de Calderón de ofrecer una solución clara y definitiva al dilema sobre el conocimiento es lo más moderno de su obra.

[106] Las funestas consecuencias de alterar el derecho de sucesión se pueden ver en otros dramas de Calderón, como en *Los cabellos de Absalón*, *Yerros de naturaleza y aciertos de la fortuna*, y *La hija del aire*. En un extenso estudio sobre el tiranicidio en el teatro, A. Robert Lauer, 1987, demuestra que, de acuerdo con los tratadistas de la época, Basilio, al intentar ceder su potestad al duque Astolfo, deja de ser rey. Cualquier defensa de su parte lo convertiría en *tyrannus absque titulo*. Juan de Mariana indica en *De rege et regis institutione* (1599) que aunque el rey fuera absoluto en hacer guerra, administrar justicia, y crear jueces, no podía ser superior a la voluntad de la mayoría del reino, ni establecer o revocar leyes a su gusto, ni alterar la ley de sucesión por su cuenta.

[107] Margaret Greer, 2002, p. 486, señala la correspondencia entre la deshonra de Segismundo y la de Rosaura: 'Los dos protagonistas son igualmente víctimas de una injusticia paterna, cometida por hombres de poder, el rey y su consejero, que no han reconocido la existencia de sus hijos ni su responsabilidad paterna hacia ellos. En el caso de Segismundo la decisión de Basilio tiene graves consecuencias políticas, porque viola la ley de transmisión del poder monárquico. En el de Rosaura, la ofensa contra la honra social se ha repetido, porque Astolfo, duque de Moscovia, atraído por su belleza como lo había sido Clotaldo por la de su madre, olvidando como él la palabra de matrimonio que había dado, ha venido a cortejar el poder en Polonia por medio del matrimonio con su prima Estrella propuesto por Basilio. Los dos son víctimas de injusticias instigadas por las dos fuentes fundamentales de la acción humana, el poder y el deseo'.

un destino fatal que le impone su nacimiento,[108] Segismundo se convierte en quien activamente destituye a su progenitor y genera la violencia.[109] Viejo y caduco, Basilio ignora que, al aislar al príncipe no le ha proveído de una preparación para ser rey. Si bien Clotaldo, su tutor, le enseñó las letras humanas y políticas, dichos temas no pueden conocerse únicamente a través de la observación del mundo natural. La naturaleza no basta para instruir al príncipe sobre el orden y la justicia. Al estar encarcelado y apartado, la educación de Segismundo se basa en conocimientos abstractos. No tiene la experiencia necesaria para aprender y para conocer las leyes que rigen las relaciones sociales. En este sentido, la falta de discreción de Basilio, no un inevitable sino, provoca lo que deseaba prevenir: la situación de desorden en el reino.

Completamente dominado por sus pasiones e ignorando las reglas y fórmulas cortesanas, una vez en palacio, el inexperto Segismundo confunde el poder político con la fuerza física. Aplica el arrogante y violento criterio del tirano en las comedias del poder: 'Nada me parece justo / en siendo contra mi gusto' (vv. 1417–8). Con el duque Astolfo resulta primero altanero, y después agresivo, llegando a enfrentarse con él. Con el criado de Astolfo empieza siendo amenazador y acaba en homicida, ya que llega a arrojarlo por una ventana. Con Rosaura comienza como sorprendido y elocuente admi-

---

[108] Ysla Campbell, 1998, p. 75, declara que 'la interpretación de sueños y presagios, así como del nefasto horóscopo, vaticinan un Segismundo atrevido, cruel e impío; un reino dividido donde privaría la traición y el vicio; la humillación y destitución del rey'.

[109] Roberto González Echevarría, 1985, analiza las amenazas en Calderón partiendo de los versos que Clotaldo dirige a Rosaura y Clarín (vv. 303–8) tras descubrir que éstos conocen el lugar secreto donde está recluido Segismundo. Juzgados por la crítica moderna como un ejemplo del discurso artificioso calderoniano, González Echevarría demuestra que dichos versos son un ejemplo extremo de la compleja relación barroca entre significado y lenguaje. En contraste con la poética moderna, que establece una relación que implica que a más intensidad de sentimientos menos elaboración retórica, la poética barroca se sitúa en la ladera opuesta. En otras palabras, '[r]hetoric increases in direct proportion to feeling in baroque poetry. Feeling is completely external, contained in the language, which unlike modern literature, does not appear as an inadequate medium that reveals only partially the character's inner world. There is no inner world that cannot be externalized in language. All emotion is represented, without leaving a residue in some inaccessible chamber of the soul. This is true when the feeling is love; it is also the case when it is anger or aggression, but then the relationship is more visible and the results are stranger to the modern ear. The swelling up of language is such in these cases, that rhetoric, more obviously than in the case of love, replaces action. Language itself becomes action. In all of the threats quoted here, the promise of physical violence is never fulfilled. No one is ever scattered in the winds. It is the act of vowing to do so that takes place on the stage. The character's feelings are not expressed so much as they are enacted in language; the violence takes place in the tropes themselves. This is evident if we take into account the fact that the action of scattering, of disseminating, threatened in the utterance, is the very same taking place in the trope. To scandalize the air is to shock it, to send waves, to disseminate signs' (188).

rador para terminar como amador lujurioso que trata de violarla. A Clotaldo pretende matarlo por segunda vez, y con el rey Basilio, su padre, se muestra soberbio y vengativo. Sin embargo, dicho cuadro constituye el primer paso en el proceso de educación de Segismundo como hombre y como príncipe. En efecto, una y otra vez es advertido sobre los límites del poder. Cuando quiere matar a Clotaldo la primera vez, éste en un aparte declara: '¡Ay de ti, / qué soberbia vas mostrando, / sin saber que estás soñando!' (vv. 1316–8). Al impedir Clotaldo la violación de Rosaura, a las preguntas de Segismundo, le responde su tutor diciéndole que ha venido 'a decirte que seas / más apacible, si reinar deseas: / y no, por verte ya de todos dueño, / seas crüel, porque quizá es un sueño' (vv. 1676–9). El mismo Basilio también interviene en el proceso educativo que se desarrolla por primera vez en palacio. Al ver que Segismundo se muestra tiránico y agresivo, le dice en forma severa: 'mira bien lo que te advierto: / que seas humilde y blando, / porque quizá estás soñando / aunque ves que estás despierto' (vv. 1528–31). *La vida es sueño* es la dramatización de ese paso de la violencia y la barbarie (la torre), a la discreción y a la prudencia (el palacio). En efecto, Segismundo aprenderá a controlarse. Pero antes, se levantará contra su padre en guerra civil y le vencerá, tal y como habían predicho los astros.

La transformación de Segismundo de fiera a rey prudente es gradual.[110] De hecho, en la jornada tercera le vemos vacilar constantemente entre sus impulsos naturales y su deseo de obrar bien. No obstante, la experiencia del sueño (imagen de la muerte), y la percepción del orden de belleza trascen-

---

[110] A través del análisis de la figura del monstruo, Roberto González Echevarría, 1982 y 1993, demuestra que la obra de Calderón cuestiona algunos de los lugares comunes de la ideología de su época. Dicha figura tiene que ver con problemas de representación, de mimesis. Representa un accidente o una figura cuya apariencia externa está en estado transitorio, en una evolución natural hacia la perfección. La extrañeza, la falta de lógica, la combinación simultánea de opuestos, el énfasis en lo visual, son algunas de sus características en Calderón. En contraste con el poeta renacentista, que aspiraba a copiar los aciertos de la naturaleza y manifestar su armonía perfecta, Calderón fija su atención en los desaciertos de la misma. Dicha monstruosidad se refleja asimismo en el tiempo de la representación de *La vida es sueño*. Es un compuesto y complejo; no lineal o unidimensional sino reversible y pluridimensional. Si bien el final proclama el restablecimiento del orden, al final de la obra hay dos reyes, aunque uno (Basilio) haya sido destronado. El vestuario de los personajes también contradice el orden. Segismundo a pesar de ser coronado rey, sigue vestido de pieles. Y Rosaura, aunque accede a casarse con Astolfo, sigue vestida de mujer, pero con armas de varón. Esta apariencia de los protagonistas no augura estabilidad pues todavía se destaca la entreverada naturaleza de éstos. El carácter visual del monstruo, *contrahecho* de especies y de diverso aspecto, concluye González Echevarría, parece representar el ansia de Calderón por hacer visible un concepto de lo representable que se escapa a la precisión y a la coherencia del discurso lógico y poético. Es esto lo más profundo del barroco calderoniano. Convierte dicha aporía epistemológica en una visión que contiene, sin cancelarlos, apariencias contradictorias, múltiples.

dente han cumplido una función educativa.[111] Le han enseñado que el poder terrenal, como la vida, es limitada, fugaz y transitoria. Y que es prestada por una autoridad mayor: Dios es el garante de la ley eterna y del poder legítimo. El conocimiento de que toda gloria terrena, verdadera o imaginada, es ilusoria, transitoria y mudable, mueve a la práctica de un comportamiento moral: '[m]as, sea verdad o sueño, / obrar bien es lo que importa' (vv. 2423–4). En este sentido, prudencia, moderación y templanza son las mejores salvaguardas, pues el poder es prestado (vv. 2360–7, 2370–1). Dicha lección de control cristiano y estoico es un mensaje que ya hemos visto en *Los cabellos de Absalón* y en *La cisma de Inglaterra*.[112]

La vida es sueño es, pues, en su nivel temático, una comedia del honor perdido y restituido. También es el choque entre dos concepciones de poder: el bárbaro y cruel, propio del héroe antiguo (Basilio), y el cristiano y humanitario. Al reconocer sus límites y anteponer lo eterno sobre lo temporal, Segismundo rompe el ciclo de la tiranía.[113] Hace ver a Basilio en qué ha consistido su error: 'no es cristiana / determinación decir / que no hay reparo en su saña. / Sí hay, que el prudente varón / vitoria del hado alcanza' (vv. 3115–19). Restablece su honor y encuentra la redención secular en la justicia y en la ley. Segismundo rechaza la venganza y perdona a Basilio; condena al soldado que inició la contienda civil y, renunciando al amor de la mujer que ama, restituye el honor de Rosaura casándola con Astolfo, logrando,

---

[111] Hesse asegura que, tras una serie de exámenes, Segismundo emerge como el príncipe cristiano ideal, cuya conducta se basa en el deseo de vivir de manera virtuosa. Rechaza la filosofía maquiavélica por una senequista. Albert E. Sloman, 1965; y Edward M. Wilson, 1965, proponen que Segismundo es convertido por su amor hacia Rosaura. Pring-Mill, 2001, sostiene que Segismundo actúa como hombre racional usando la memoria como la experiencia pasada para controlar sus pasiones. Existen lecturas tergiversadas que sostienen que Segismundo no asume un proceso de conversión. Para un ejemplo de tal lectura, véase A. Homstad, 1989.

[112] Margaret Greer, 2001, p. 69, señala que mantener el control racional sobre los deseos pecaminosos de la carne fue un precepto básico de la moralidad cristiana y de la filosofía barroca del desengaño. En tratados políticos, en libros de emblemas, como las *Empresas políticas* de Saavedra Fajardo, y en tratados filosófico-morales influyentes, como las obras neo-senequistas de Justo Lipsio, se insistía igualmente en la importancia crucial del dominio de uno mismo y de la ejemplaridad moral por parte del monarca. G. A. Davies, 1993, también sostiene que *La vida es sueño* está influida por el pensamiento neoestoico de Justo Lipsio, articulado en *De constantia* y *Politicorum libri sex* (1589).

[113] Rogelio de la Torre, 1983, nota que los tres príncipes (Basilio, Astolfo y Segismundo) actúan injustamente con los demás. Astolfo se ha dejado llevar por sus instintos y le ha quitado el honor a Rosaura. Los tres experimentan el desengaño de sus errores y aprenden que es necesario obrar correctamente. El desengaño final de sus errores produce en Basilio el ejemplo de la muerte. Al momento de fallecer, Clarín le dice: 'mirad que vais a morir / si está de Dios que muráis' (vv. 3094–5), y al repetir esa frase, el Rey acepta el mensaje del moribundo: '¡Qué bien!, ¡ay cielos¡, persuade / nuestro error, nuestra ignorancia, / a mayor conocimiento / este cadáver que habla / por la boca de una herida' (vv. 3098–102). En cuanto al final ambiguo es de notar el sutil ensayo de Roberto González Echevarría, 2003.

de paso, deshacerse de un rival.[114] La cárcel y las cadenas que sujetaban los impulsos violentos de su pasión han sido sustituidos por el control que supone el prudente uso de la razón. Las estrellas, como bien señala el texto, sólo persuaden, no fuerzan el albedrío.

La vida es sueño nos advierte sobre el peligro de la tiranía y el abuso cuando el poder recae en monarcas injustos. La degradación de la autoridad es total en manos de Basilio y por esta razón pierde el derecho a reinar.[115] De esta manera, el drama se dispone a exponer una reflexión sobre la lucha por el poder. Al combatir la violencia social que sofoca la libertad, so pretexto de evitar sus extravíos, la comedia es también una lección política que adoctrina sobre las responsabilidades del Poder. La representación de una figura autoritaria, que no ejerce su función tal y como debe, y que abusa de sus súbditos, con la consecuente rebelión de éstos, expone y representa una verdadera *crisis del Poder*. Situado en el contexto de la España de los Austrias, donde el reino es gobernado por un noble (el conde-duque de Olivares, Clotaldo), mientras que los monarcas se dedican al ocio (el enamoradizo Felipe IV a la caza, Basilio a la astrología), *La vida es sueño* ofrece una clara lectura política: una obvia alegoría, *latu sensu*, del Poder.

Libertad, destino y poder en *La hija del aire. Primera Parte*

La oposición dialéctica, temática y estructural, entre la libertad de los personajes y la fusión del *fatum* dramático, asociado éste con la predestinación divina, se articula en las dos *Partes* de *La hija del aire* con claras repercusiones para la imagen del Poder.[116] Las fuerzas sobrehumanas que sujetan

---

[114] Algunos críticos sostienen que Segismundo inicia un nuevo ciclo de tiranía al castigar de manera hipócrita al soldado que antes le apoyó. H. B. Hall, 1968, p. 200, describe el nuevo orden inaugurado por Segismundo como 'extremely fragile'. A. A. Parker, 1969, p. 124, responde a Hall diciendo que el soldado, al pretender beneficiarse personalmente a través de su participación en la rebelión, se hace susceptible a la censura y al castigo. Es culpable de un acto de lesa majestad. En este sentido, al castigar la traición Segismundo se compromete a someter el Estado al derecho. Sobre la larga tradición de condenar al traidor, véase Heiple, 1973. Sobre el debate en torno a esta figura, véanse S. Lipmann, 1982, pp. 388–9n; C. Soufas, 1989, p. 296n; y, sobre todo, D. McGrady, 1988.

[115] Segismundo hereda a su padre en vida. H. B. Hall, 1968; Edward M. Wilson, 1965; y Alexander A. Parker, 1969 y 1982, sostenían de manera errónea que Basilio es restituido al poder tras ser perdonado. Sobre esta cuestión, véase D. McGrady, 1988, pp. 181–4.

[116] N. D. Shergold y J. E. Varey, 1961, pp. 278, 286, revelaron que las dos partes de *La hija del aire* fueron representadas en Palacio ante el rey Felipe IV en noviembre de 1653 por la compañía de Adrián López. Basado en dicha información, Gwynne Edwards en su edición a la obra, 1970, p. xxiii, situó su composición en los primeros años de la década de 1650. Sin embargo, hoy sabemos que la segunda parte salió a la luz en 1650 y lo más probable es que ambas partes se escribieran en el período 1635–50, tal y como postula William Blue, 1983,

Emblema 97, centuria I ['La prudencia es mayor que el hado'],
Sebastián de Covarrubias Horozco. *Emblemas morales*.
Madrid: Luis Sánchez, 1610

las voluntades de los personajes, así como la incapacidad de los mismos de
dominar sus impulsos más primitivos, de 'vencerse', según el léxico dramático, arrastran la trama hasta cumplirse el destino trágico vaticinado por los
dioses: la degradación total de la figura del monarca. La estructura de la
Primera Parte remite a aquellos dramas que tienen como protagonista principal al ambicioso cortesano, que lo asocian en sus títulos, y cuya fortuna va
íntimamente ligada a las súbitas y inesperadas mudanzas del poderoso. Nos
referimos, claro está, al reducido corpus dramático que versa sobre la ambición y el poder, y que se anuncia con el membrete de *Próspera y adversa
fortuna*.[117] En el caso de la *Primera parte* de *La hija del aire*, dichos vaivenes
se bifurcan a través de dos personajes. En oposición a la 'próspera' estrella de
Semíramis se sitúa la 'adversa' fortuna del general y privado Menón. Dicha

p. 202, n. 60. Constance Rose, 1976, 1983a y 1983b, especula sobre la posible autoría de la
Segunda parte. La atribuye a Antonio Enríquez Gómez (Fernando de Zárate y Castronovo),
teoría que John B. Wooldridge, 1995 y 2001, refuta, basándose en las modalidades literarias de
ambos dramaturgos. Sobre las fuentes literarias e históricas de *La hija del aire*, véase Gwynne
Edwards, 1966. Las citas de texto provienen de la edición de F. Ruiz Ramón, *La hija del aire*,
1987.
    117 Dentro de dicho corpus cabrían, entre otros dramas, *La próspera fortuna de Bernardo
de Cabrera* (atribuido a Lope de Vega y a Mira de Amescua), *La próspera fortuna de don
Álvaro de Luna y adversa de Ruy López Dávalos* (primera parte) y *Adversa fortuna de don
Álvaro de Luna* (*Segunda parte de la próspera fortuna de don Álvaro de Luna*) de Mira de
Amescua.

relación de interdependencia, un personaje asciende de posición social a la par que otro desciende, no debiera sorprender si se tiene en cuenta el otro eje temático-estructural que da vida a la obra: el conflicto arquetípico de las alegorías del Poder, que presenta un triángulo amoroso entre monarca, dama y valido.

Un dualismo conceptual envuelve *La hija del aire* en un marco de fuerzas antagónicas que operan tanto a nivel estructural como a nivel individual en la caracterización e identidad de los personajes. Se establecen éstas a manera de oposiciones binarias —muerte/vida, destino/libertad, descenso/ascenso, guerra/paz—, y se extienden en una extensa gama de motivos: mito-poéticos —Marte/Amor, Diana/Venus—; telúricos —tierra/aire—; emotivo-sensoriales —horrible/dulce, ira/agrado, fiereza/blandura, oscuridad/luz—; y filosóficos —imaginación/experiencia, prisión/libertad, pasión/razón, fortuna/libre albedrío, dioses/hombres. Tal red de poderes antitéticos tiene como emblema la 'desconforme unión / de músicas' (vv. 22–3), marcial y apacible, que envuelve el espacio de los montes de Ascalón con el paso del cortejo real, y que incita a Semíramis a salir de la gruta ('cuna y sepulcro', v. 109) que le sirve de prisión.

Semíramis es también figura compuesta de violentas fuerzas contrarias. Es fruto del encuentro entre una ninfa de Diana y un fiel adorador de Venus, que la viola. Agrupa las características propias de su herencia divina y violenta. Su gallardía, crueldad y gusto por la venganza, la asocian con la severa diosa de la caza y con Venus, la seductora diosa del amor. Su extremada belleza sujeta la voluntad de los hombres. Una consecuencia del 'bastardo / amor' (vv. 831–2) que la engendró fue la lucha entre las diosas. Diana y sus partidarios, las fieras terrestres, lucharon por destruirla, mientras que Venus y las aves protegieron a la desamparada niña cuya madre moriría en el parto. Tras hallarla Tiresias, amamantada por las aves, el oráculo de Venus le exige al sacerdote esconder a Semíramis para así evitar que Diana se vengue de ella, 'haciendo que sea el peligro / más general su hermosura' (vv. 938–9). De ser descubierta por los hombres, advierte el oráculo, se augura una serie de eventos catastróficos, iniciada por la tiranía del rey 'más invicto' (v. 946), que concluirá con la muerte de Semíramis, despeñada 'en fatal precipicio' (v. 948).

En un estudio comparativo de las representaciones dramáticas de la leyenda de Semíramis, Alfredo Hermenegildo asegura que Calderón, a diferencia del capitán Virués, 'lleva al espacio dramático un caso de destrucción del orden en el que no hay responsabilidad de parte de los que dominan la red de poderes'.[118] Sin embargo, si bien es cierto que el drama parece sujetarse a un marco profético que determina el destino de los personajes, no por eso

---

[118] Alfredo Hermenegildo, 1983b, p. 903.

son éstos libres de toda culpabilidad. Más bien, a nuestro juicio, el texto calderoniano ofrece una lectura más compleja y más dinámica, donde las coordenadas de la responsabilidad y, por tanto, del movimiento de la acción, son compartidas igualmente por los dioses, que inclinan las voluntades de los hombres, y por éstos que, cegados por la pasión, deciden ignorar las advertencias del Cielo o de otros hombres. A diferencia de la tragedia clásica, el drama calderoniano subraya, en relación dialéctica con el destino, la libertad de los personajes.

No pocas son las advertencias que decide ignorar el general Menón antes de profanar el espacio tabú que esconde a Semíramis. Tanto el rústico Chato —anticipando ya su función múltiple de tonto, bufón y gracioso de la comedia—, como el gobernador Lisías, son incapaces de alterar el empeño obstinado del osado general.[119] La voz misteriosa que se oye a medida que avanza Menón y sus acompañantes por el laberíntico monte de Ascalón, asocia el sino trágico de Semíramis con la adversa fortuna y con la obcecación del general (vv. 711–14, 718–19). También presagia el accidentado futuro de Menón cuya ceguera moral es preámbulo de la física y literal (vv. 723–4). Una vez ante el recinto sagrado de Venus, Menón menosprecia los avisos del sacerdote Tiresias, así como la decisión de suicidarse éste ante la futilidad de sus intentos por detenerlo, declarando, de manera soberbia: 'Nada me causa pavor. / A romper me determino / las puertas' (vv. 773–5). Los versos pronunciados por el gobernador Lisías, que dan cierre a la primera jornada de *La hija del aire*, resumen de manera poética el valor que conlleva la irresponsable acción de Menón: '¡Plega a Júpiter […] que, gusano humano, no labres tu muerte tú mismo!' (vv. 1012–14). La imagen del ingenioso gusano que labra el capullo en el que se enreda y muere, y cuya seda será aprovechada en el tejido de nobles telas por el rico cortesano, asocia la liberación de Semíramis con la pugna fatídica, fútil, que entablará el privado Menón con el rey Nino por su amor.[120]

El 'horrible' (v. 775) y 'divino' (778) monstruo que encuentra Menón tras romper las puertas del templo tampoco se libra de toda responsabilidad en el

---

[119] En su edición a *La hija del aire*, Ruiz Ramón, 1987, pp. 40–4, analiza algunas de las funciones del gracioso Chato: acompañante, víctima, inversión paródica, testigo, y crítico. Susana Hernández Araico, 1986, dedica un ensayo sobre el gracioso Chato, donde destaca los múltiples papeles sucesivos del personaje: villano, criado, soldado y bufón. Pese a estos dos estudios sobre la figura de Chato, queda pendiente el examen de su valiosa función metateatral que, por lo que sabemos, nadie ha desarrollado con detalle. Sobre la figura del gracioso en la comedia, remitimos a los estudios presentes en el volumen editado por L. García Lorenzo, 2005.

[120] Dicha figura la retoma Juan de Horozco y Covarrubias en su colección de emblemas titulado *Emblemas morales* (lib. 2, emb. 41) que se publica en 1589. Véase al respecto el emblema, 'Gusano de seda, capullo, rama, brazo', recogido en *Enciclopedia de emblemas españoles ilustrados*, p. 382.

desarrollo trágico de los acontecimientos. Si bien es cierto que Semíramis, a diferencia de su homólogo Segismundo en *La vida es sueño*, conoce su identidad, su origen y la causa de su encierro, como bien señala Francisco Ruiz Ramón, también es igualmente cierto que, en contraste con el príncipe de Polonia, esta 'fiera racional' (v. 179) no pasa por un proceso de aprendizaje que la conduzca a la práctica de la virtud de la prudencia.[121] De hecho, la ineptitud de la futura reina de Asiria por controlar sus pasiones es patente a lo largo del drama, si bien reconoce que el recto ejercicio de la razón libera al hombre de la esclavitud de sus instintos: '¿Qué importa que mi ambición / digan que ha de despeñarme / del lugar más superior, / si para vencerla a ella / tengo entendimiento yo?' (vv. 148–52) y que puede vencer el destino más adverso al indicar que 'advertida / voy ya de los hados míos, / sabré vencerlos; pues sé, / aunque sé poco, que impío / el Cielo no avasalló / la elección de nuestro juicio' (vv. 969–74). La ausencia de una 'conversión' similar a la de Segismundo en *La hija del aire* se debe a la diferencia de grado de poder que sujeta a ambos héroes: humano en el caso de Segismundo (Basilio), sobrehumano en el de Semíramis, determinado por la 'voluntad de los dioses' (v. 89). También refleja la voluntad y capacidad del príncipe cristiano de asumir y poner en práctica los postulados de dicha lección, política y moral, a diferencia de Semíramis, si bien ésta muestra que sí es capaz de 'vencerse' cuando se lo propone (vv. 183–94) y asegura tener la intención de hacer lo propio una vez liberada de su prisión: 'voy a ser racional / ya que hasta aquí bruto he sido' (vv. 1005–6)

Las múltiples referencias al vocablo 'Sol', sobre todo previo al encuentro entre Semíramis y el rey Nino (vv. 110–12, 777), remiten a una pluralidad de significantes y significados (el Sol, la Luz, la Razón, etc.), entre los cuales se destaca la metáfora heliocéntrica con referencia al monarca. Tal imagen, como ya hemos visto, es recurrente en la poética de las alegorías del Poder, y se manifiesta con mayor intensidad y frecuencia en la dramaturgia de Calderón.[122] En boca de los músicos que cantan —con función análoga a la del coro griego— ante la comitiva del victorioso y valeroso rey Nino ('[a] tanta admiración, / suspenso queda en su carrera el Sol', vv. 33–4, 71–2), dicha imagen remite, de forma proléptica, al momento en que se iniciará el primer vaticinio fatídico de los dioses: 'en cuanto ilumina el Sol' (v. 136), el 'rey más invicto' se torna en tirano (vv. 946–7). Es ésta la consecuencia nefasta de su afán por lograr la mano de Semíramis.

La transformación del rey Nino se prefigura en su caída del caballo desbocado, asociando a la bestia con el cuerpo y con las pasiones humanas. El caballero despeñado asume las facultades racionales mal regidas.[123] Se anuncia así

---

[121] F. Ruiz Ramón, ed., *La hija del aire*, 1987, p. 14.

[122] Tal es el caso, por ejemplo, de *Los cabellos de Absalón* y *La cisma de Inglaterra*.

[123] Remite dicha imagen al mito de Faetón (Calderón escribió *El hijo del sol, Faetón*) y a

la trayectoria del monarca Nino con un marcado descenso ético y moral. De monarca glorioso, liberal, autónomo y activo —entrena su espíritu guerrero al salir de caza a caballo— pasa a ser sanguíneo, vengativo, dominado por la pasión erótica. El modo de su caída —Semíramis le coloca el garrote de Chato entre las patas del caballo— también cobra un sentido figurativo. Describe, de manera simbólica, el grado de responsabilidad atribuido a los actores involucrados en tal acción y por extensión en la posterior degeneración ético, moral y político, de Nino. Semíramis, mujer hombruna o 'marimacha', según la descripción de Sirene (v. 1720), arrebata el símbolo fálico al cornudo y pusilánime Chato para derribar al Rey.[124] Ambos conllevan, pues, un grado de responsabilidad: el caballo (léanse pasiones) mal regido del monarca tropieza debido al obstáculo colocado por la hermosa Semíramis.[125]

El triángulo amoroso que emerge del conocimiento que tendrá el rey Nino de Semíramis inicia un conflicto emblemático en el *corpus* de las alegorías del Poder: el enfrentamiento entre rey y valido como consecuencia del amor o pasión que ambos sienten por una dama. Con frecuencia, tal asunto introduce, a su vez, una serie de motivos literarios, arquetípicos, propios de tal poética. Entre éstos se encuentran el conflicto ético y político de la figura regia quien ha de decidir si seguir su impulso amoroso o 'vencerse' y abandonar a la dama. Se trata del conflicto dramático que suele articularse en el binomio conceptual que enfrenta 'el gusto' y 'lo justo'. Como autoridad suprema, es el monarca quien mueve los hilos de tal trama. Su decisión métrica causa graves consecuencias para su desenlace y afecta, por tanto, a

los primeros versos de *La vida es sueño* (vv. 1–8). También al emblema 'La temeridad' [*Temeritas*] de Alciato que presenta la imagen de un carro conducido por un carretero incapaz de regir unos caballos alocados. Véase al respecto *Enciclopedia de emblemas españoles ilustrados*, p. 150a.

[124] Sobre el motivo de Semíramis como mujer varonil, véase el estudio de Everett W. Hesse, 1986a. A la reina Cenobia de Palmira también se la caracteriza como 'mujeril belleza / y varonil valentía' en *La gran Cenobia* de Calderón, si bien tal caracterización, al contrario de Semíramis, cobra un valor heroico.

[125] La interpretación de esta escena simbólica —y por extensión metonímica, del drama— contradice la que ofrece Alfredo Hermenegildo, 1983b, de *La hija del aire* y de la comedia en general. Según este estudioso, en *La hija del aire*, '[t]oda la cadena de desórdenes que llevan a la destrucción final de la imagen del rey justo, es causada por una decisión de los dioses'. De este modo, en dicho drama 'no hay responsabilidad de parte de los que dominan la red de poderes' (p. 903). Al introducir unas fuerzas superiores al rey (dioses, fortuna, amor), asegura Hermenegildo, Calderón evita señalar la responsabilidad del monarca, y propaga así, 'el modelo de rey intocable y perfecto que se encuentra en el programa dramático de Lope' (p. 911). La conclusión del crítico concuerda con la lectura ofrecida por José Antonio Maravall y José María Díez Borque: *La hija del aire* forma parte del teatro de propaganda en que 'el rey es considerado como el intocable, el justo, el incapaz de comportamiento desordenador' (p. 900) y 'que reforzó el inmovilismo socio-político de la España de los Austrias' (p. 911).

la clasificación de género: o bien tragedia o bien tragicomedia. La resolución de apoderarse o no de la dama afecta también a la estimación del monarca (tirano o prudente) y, como no, al destino del privado pretendiente cuyas alternancias emotivas, dada su debilidad de posición, suelen articularse con la imagen alcgórica que representa su fortuna mudable: la rueda que gira.[126]

A esta retahíla de tópicos, temas e imágenes, Calderón añade en *La hija del aire* algunas innovaciones que renuevan las características propias de este subgénero dramático. En este sentido, es de destacar, el diálogo metateatral que entablan el rey Nino y el privado Menón sobre el posible desenlace de su conflicto. Al reconocer que su intento de ocultar a la bella Semíramis del Rey ha fracasado, Menón pretende condicionar el comportamiento del monarca, invocando las convenciones de la comedia de enredos como referente:

> No, señor; cansado está
> el mundo de ver en farsas
> la competencia de un Rey,
> de un valido y de una dama.
> Saquemos hoy del antiguo
> estilo aquesta ignorancia,
> y en el empeño primero
> a luz los efectos salgan.
> El fin de esto siempre ha sido,
> después de enredos, marañas,
> sospechas, amores, celos,
> gustos, glorias, quejas, ansias,
> generosamente noble
> vencerse el que hace el Monarca.
> Pues si esto ha de ser después,
> mejor es ahora no haga
> pasos tantas veces vistos. (vv. 2006–22)

Procura el valido imponer una norma y una guía de conducta y evitar así que Nino se apodere de la amada. Éste, consciente de que el acto de arrebatarle la dama de manera brusca podría dañar su fama de justo, emplea de nuevo la imagen teatral para sugerir otra novedad:

---

[126] En algunos dramas, la inevitable caída del privado se asocia, a su vez, con la imagen de la luna con sus variadas fases que, en diferente medida, reflejan la luz del Sol, o sea, la gracia del Rey. Tal analogía (rey = Sol, valido = Luna) la recoge Saavedra Fajardo en la empresa 49 ['Dé a sus ministros prestadas autoridad'] de su *Idea de un príncipe político cristiano*. La imagen dc la luna como figura de la fortuna inconstante está presente en los *Emblemas morales* (cent. 2, emb. 34) de Sebastián de Covarrubias Horozco. Véase tal empresa en *Enciclopedia de emblemas españoles ilustrados*, p. 348a–b. La imagen es frecuente en el teatro sobre todo en aquellos dramas que representan la fulminante caída del privado de don Juan II, el Condestable de Castilla, don Álvaro de Luna (1388–1453). En tales dramas, nótese la asociación entre el apellido 'Luna' y su referente cósmico: la luna.

pues, porque
no diga jamás la fama
que Nino a Menón quitó
su esposa, quiero que haga
la amistad, y no el poder,
una conveniencia extraña;
y es que, esto asentado ahora,
volvamos a la pasada
metáfora. ¿No dijistes
que ésta, verdadera o falsa
tenía una novedad
que era fácil desatarla?
Pues yo quiero que sean dos,
y que en el fin también haya
nuevo estilo. Esto ha de ser,
ya que introducidos se hallan
aquí Rey, dama y valido,
vencerte tú, porque salga
de andar en duelos de amor
la Majestad: desatada
una, otra es, desde hoy,
yo el amarla y tú olvidarla. (vv. 2120–41)

La negativa del privado —ni olvidará a Semíramis, ni fingirá olvidarla—
provoca la ira del poderoso, quien desafía a Menón, '¿No te la puedo quitar?'
(v. 2168). La respuesta del valido ante tal amenaza —'Ya sí, señor; mas repara
/ que ésa es violencia forzosa / y ésta ruindad voluntaria. / En quitármela tú
harás / una tiranía', (vv. 2169–73)— instaura de nuevo el impasse tradicional.
Cual Ícaro (v. 2214), Menón caerá de la privanza pues, según afirma de manera
rotunda el Rey, '[d]onde hay celos no hay privanza' (v. 2225). Ante tal disyuntiva, aparece otro factor que atenúa un tanto la posible tiranía del rey Nino:
el consentimiento de la hábil, calculadora y ambiciosa Semíramis.

Además de su gran afán por ser libre, la gran característica ético-moral que
define al personaje de Semíramis es su pasión por el poder. Con frecuencia
dichos anhelos se entremezclan. Tal sucede en la quinta campestre de Menón
cuando el general, tras librarla de la gruta, la oculta apartada del 'Sol'. En
dicho contexto, las asociaciones semánticas de la imagen solar remiten al
monarca, pero también a la esfera política y social, es decir, a la vida cortesana. Liberada de una prisión (la gruta) para de nuevo encontrarse encerrada
en otra (la quinta de Menón), Semíramis se lamenta del rigor de su fortuna.
Su espíritu altivo, enérgico e independiente, le reclama la experiencia de
vivir libremente, sin obligaciones. Tras salvar la vida al Rey, dichas preten-
siones se amplían y se intensifican. Elogiada su belleza y honrada por Nino
con acompañar en ostentoso cortejo real a la infanta, la 'hija del aire', en

un aparte revelador, descubre una ambición insaciable: 'para llenar mi idea /
mayores triunfos me faltan' (vv. 2104–5).

Para que se cumplan los deseos de Semíramis y de su destino fatídico,
primero ha de librarse de su obligación hacia Menón, su primer liberador
y pretendiente. Una vez en palacio, desvela su reticencia ante el inminente
matrimonio con el privado del Rey: 'me corro / de que haya de ser mi dueño
/ quien es vasallo de otro' (vv. 2419–21). Tal revelación ante la pretendiente
de Menón, la infanta Irene, abre paso a una serie de enredos palaciegos
que tienen como consecuencia el que Semíramis y Menón se vean obli-
gados a actuar por imposición ajena. En el caso de Semíramis, ésta actúa
siguiendo la voluntad de Irene quien, movida por los celos y por su interés
en atraer a Menón, obliga a la dama a fingir ingratitud hacia él. En el caso
de Menón, sigue la voluntad del monarca y finge desprecio hacia su amada.
Las emociones evocadas en dichas escenas son afines a las presentes en los
'pasos' del antiguo estilo (v. 2022); aquéllas que, irónicamente, el monarca
y su valido procuraban evitar: sospechas, celos, amores, quejas, ansias, etc.
Con tal industria pretendía el monarca inclinar la voluntad de Menón para
así no verse obligado a arrebatarle la amada a la fuerza. Así se lo confiesa a
Semíramis tras descubrirse el engaño: 'Semíramis, yo he querido / salvar la
voluntad mía / de especie de tiranía. / A este fin he prevenido / facilitar el
olvido / de Menón, por merecer, sin / ser tirano, ser / dueño de mi voluntad, /
fiando de su amistad / aún más que mi poder' (vv. 2622–31). Sin embargo, al
no seguir las reglas del juego, el valido es culpado de lesa majestad, pierde la
privanza y es condenado a severa prisión. El Rey, de nuevo movido a que sus
acciones no parezcan tiranía, pregunta a Semíramis si todavía desea casarse
con Menón, quien ha perdido el favor real, el honor y todos sus bienes. Ante
tal decisión, la ambiciosa dama reclama a Menón la posibilidad de disfrutar
al fin su vida, tal y como él la disfrutó mientras vivía bajo la protección y
amparo del Rey:

> Si ya tu suerte importuna,
> si ya severo tu hado
> pródigos han disfrutado
> lo mejor de tu fortuna,
> la mía, que hoy de la cuna
> sale a ver la luz del día,
> la luz quiere; que sería
> horror que una a otra destruya;
> y si acabaste la tuya,
> déjame empezar la mía.   (vv. 2752–2761)

Se asocian así, una vez más, el campo semántico del sol (aquí 'luz'), con el
deseo de Semíramis, de autonomía y autoridad. A estas alturas del drama, no

puede considerarse tiránica la actuación de Nino. Junto con la infanta Irene, con Semíramis y con el propio Menón, no ha hecho sino participar en una entramada red de deseos, de ambiciones y de impulsos individuales.

El deterioro ético, moral y político de Nino es gradual. De rey justo y valeroso, lleno de fama y honor, que vela constantemente por la seguridad y la gloria de su pueblo, viene a ser, tras conocer a Semíramis, distraído e irresponsable. La decisión de seguir su impulso amoroso en lugar de 'vencerse', tal y como se lo había requerido Menón (vv. 2142–6), pone en riesgo al reino. Su afán por poseer a Semíramis le preocupa de tal manera que, inconscientemente, eleva a privado a un antiguo enemigo suyo —llega éste a la corte bajo la máscara de Arsidas— en detrimento de su más fiel vasallo y diestro general: Menón. Más aún, la lealtad de quien recibe dicho nombramiento, el rey Lidoro, pende de un hilo: del deseo que éste tiene de enamorar a la hermana del Rey, la infanta Irene. Así, al caerle entre manos una carta destinada a Nino, donde el rey de Batria declara la guerra a Siria en nombre del propio Lidoro, el nuevo valido esconde el contenido por temor a perder el favor real. Más tarde, incluso, el distraído Rey le nombra general de sus tropas. Sin embargo, no es hasta su segundo desafío con Menón, tras encontrarse con éste de noche, en el cuarto de Semíramis, que la degeneración del Rey se manifiesta claramente. Celoso de que Menón tratase de nuevo de ver a la amada, Nino, ocultadamente, lo castiga sacándole los ojos. Los motivos personales (los celos, la venganza, el rencor) obnubilan la razón y suplantan las preocupaciones por el buen gobierno. Dicha manipulación del poder sólo será superada por la tiranía de Semíramis, representada, como veremos, en la *Segunda parte* de *La hija del aire*, si bien ya anunciada al final de esta *Primera parte*, a través de la profecía del poseído Menón (vv. 3287–303), de una serie de señales supranaturales atribuidas a las deidades, y de palabras amenazantes pronunciadas por ella misma: 'si llego a reinar, / que el mundo mi nombre tiemble' (3142–3).

La hija del aire. Segunda parte: por la vía *mediocritas*

La *Segunda parte* de *La hija del aire* dramatiza temas y motivos ya presentes en la *Primera parte*, tales como la ambición desmedida, el riesgo que supone atenerse a la voluble fortuna, los límites del destino y de la libertad, e introduce, a la vez, una nueva serie de estructuras dramáticas que también ofrecen claras lecciones sobre el recto ejercicio del poder. Dicha función didáctica se consigue a través de la representación dramática de dos comportamientos de orden ético y político que, llevados a un grado extremo, acarrean graves consecuencias para los personajes que los encarnan: la tiránica reina Semíramis y el abúlico príncipe Ninías. En torno a éstos se sitúan diversos cortesanos cuya fortuna dispar refleja, asimismo, el grado de cordura y prudencia con que han aceptado y ejecutado sus funciones de asesorar y amparar la figura real, y de velar siempre por el bien del reino.[127] El camino sensato, discreto y del recto juicio es, según aboga el drama, aquél que conduce hacia la práctica de la mesura, de la cautela y de la moderación, es decir, la llamada vía *mediocritas* cuya fórmula clásica reza *in medio stat virtus, quando extrema sunt vitiosa* (en el medio está la virtud cuando los extremos son viciosos).[128]

Al alzarse el telón en esta *Segunda parte* el espectador/lector encuentra a Semíramis vestida de luto y con los cabellos sueltos, ostentosamente atendida y aseada por sus damas de palacio. Con tales actos, acompasados por la dulce armonía de unos músicos, pretende la divina y soberbia regenta menospreciar el avance militar del rey Lidoro de Lidia, cuyas tropas se aproximan a las puertas de Babilonia. El embajador, enmascarado, se presenta ante la Reina como el propio Lidoro para explicar los motivos de tal asalto, estableciendo así el *leitmotiv* de la máscara, del doble y del disfraz que se oculta y se desvela, motivo ya presente en la *Primera Parte* del drama, en la escisión del mismo personaje: el leal Arsidas es el adversario Lidoro. Éste acusa a Semíramis de usurpar el reino a Nino y, tras la muerte repentina y misteriosa del Rey, de apartar del trono a su heredero, el príncipe Niniás. Se la inculpa, incluso, de ser cómplice en la muerte del difunto monarca. A raíz de tales acusaciones, el rey de Lidia llega con su ejército para reclamar sobre el campo de batalla, en detrimento de Semíramis y de su hijo, la Corona que le pertenece como pariente mayor. Para justificar la legitimidad de sus propósitos, Lidoro asegura venir en nombre del fallecido Rey, y ofrece a Semíramis

---

[127]   Para un acercamiento más detallado sobre el papel de la fortuna en *La hija del aire*, remitimos al estudio de Don W. Cruickshank, 2002.

[128]   El concepto de la vía *mediocritas*, senda que huye de los extremos y conduce hacia la virtud, aparece con gran frecuencia en la emblemática de la época. Así en el emblema '*Ne quid nimis*' ['Nada en demasía'] de *Empresas de los Reyes de Castilla y de León* (ms. ca. 1632) de Francisco de Guzmán donde se representa la imagen alegórica de la Templanza, coronada y sosteniendo una balanza, que conduce un carro tirado por cisnes. Viene a ser la imagen contrapuesta del caballo desbocado. Véase al respecto *Enciclopedia de emblemas españoles ilustrados*, pp. 756b–757a. Tal concepto y lema también están presentes en la empresa 41 de la *Idea de un príncipe político cristiano* (Milán, 1642) de Diego de Saavedra Fajardo. Representa la imagen de un campo de mieses derribadas por una lluvia torrencial. El comentario que acompaña tal emblema alude a su lección: '[c]elebrado fue de la antigüedad el mote de esta Empresa. [...] A ella [esta voz] se reduce toda la sciencia de reinar, que huye de las extremidades, y consiste en el medio de las cosas, donde tienen su esfera las virtudes ... A este mote [*Ne quid nimis*] parece que cuadra el cuerpo desta [c]mpresa, [...] Casi todos los príncipes que o se pierden o dan en graves inconvenientes, es por excelso en la ambición, siendo infinito el deseo de adquirir en los hombres, y limitada la posibilidad [...]. Procure, pues, el príncipe mantener el Estado que le dio la sucesión o la elección. Y, si se le presentare alguna ocasión justa de aumentalle, gócela con las cautelas que enseña el caso a la prudencia' (*Enciclopedia de emblemas españoles ilustrados*, p. 528a).

la posibilidad de rendirse. De la misma manera que defendió a Nino cuando vivía, ahora difunto le sirve 'como can leal' (v. 307).

La respuesta de Semíramis ante tales acusaciones es, en un principio, templada. La elabora con razonados argumentos. Menciona su heroico sacrificio y liderazgo en múltiples contiendas bélicas, cuyas victorias incrementaron la gloria de la nación y afianzaron su estabilidad. Remite, asimismo, a diversas obras filantrópicas en el ámbito de la cultura y de la política, todas promovidas por ella. Niega, además, haberle usurpado el reino a Nino y menos el haberle asesinado. Éste, reconoce la Reina, estaba tan dominado por ella que no había necesidad de recurrir a acciones tan nefastas. En cuanto a su hijo Ninías, su marginación es tan sólo provisional, una precaución prudente, 'hasta que, disciplinado / en el militar manejo / de las armas y en las leyes / políticas de gobierno, / capaz esté de reinar' (vv. 439–43). La decisión de apartarlo del trono no es fruto de ambiciones personales, más bien, se funda sobre justas razones de Estado: el interés de salvaguardar el imperio babilónico. Y es que el príncipe, si bien es 'retrato' (v. 407) de su madre en el aspecto físico, es su opuesto en ánimo y temperamento:

> Es Ninías, según me dicen,
> temeroso por extremo,
> cobarde y afeminado;
> porque no hizo sólo un yerro
> Naturaleza en los dos,
> si es que lo es el parecernos,
> sino dos yerros: el uno
> trocarse con su concepto,
> y, el otro, habernos trocado
> tan totalmente el afecto,
> que, yo mujer y él varón,
> yo con valor y él con miedo,
> yo animosa y él cobarde,
> yo con brío, él sin esfuerzo,
> vienen a estar en los dos
> violentado ambos sexos. (vv. 419–34)

Ante la caracterización de Semíramis como mujer varonil, dinámica, ya presente en la *Primera Parte*, se establece ahora, en relación antagónica, la de su doble, su otro: el abúlico y pusilánime príncipe, el 'afeminado' heredero, Ninías.

La oposición de dichas fuerzas, contrarias, si bien en un primer instante se unen para enfrentarse contra el invasor Lidoro, una vez derrotado éste y tras la vuelta de Ninías, dividirá a la Corte en dos facciones: los partidarios de la vanidosa y altiva regenta Semíramis, y los que aseguran que ésta, tirana y además mujer, arrebató el trono del legítimo heredero. Tal discordia fomenta la posibilidad de una guerra fratricida, simbolizada por la virulenta rivalidad entre los hermanos Friso y Licas, generales ambos de mar y tierra, respectivamente. La posición política de cada hermano corresponde con el carácter de cada uno. Así, el impulsivo y mezquino Friso apoya a la iracunda Reina, mientras que el racional y medido Licas es partidario del legítimo heredero. Vienen a ser, pues, al igual que las figuras que adulan, la imagen contrapuesta el uno del otro. Tal desdoblamiento especular se simboliza a través de la oposición que enfrenta la fortuna con la razón, conflicto señalado por el rey Lidoro en el momento de su rendición: 'ninguna / vez se puso la fortuna / de parte de la razón' (vv. 572–4), y luego, al cerrarse la primera jornada, en boca de los propios hermanos. Estos expresan:

> Licas: Pues vamos por dos caminos,
>   tú verás en el fin de ellos …
> Friso: ¿Qué?
> Licas: Que es mejor el mío,
>   pues que lleva la razón
>   de su parte.
> Friso: Ese es delirio.
>   Ten tu razón, yo fortuna,
>   y verás que no te envidio. (vv. 1176–82)

La suerte dispar de cada hermano se liga así con los dramáticos movimientos de acción y de conducta llevados a cabo por el poderoso que respaldan.

Al ver cómo el pueblo, '[d]esagradecido monstruo' (v. 791), según lo califica Semíramis, vitorea la llegada del sucesor, la regenta, envidiosa y deseosa de vengar tal ingratitud decide, contra toda prudencia y de manera repentina, abandonar el mando para guardar estrecha viudez, oculta en una retirada cámara de palacio. El cambio de gobierno altera las previas relaciones políticas y sociales y desplaza a aquéllos que se mostraron reticentes a la hora de apoyar al príncipe. De este modo Friso, quien vaciló a la hora de reconocer al nuevo monarca y apostó erróneamente por que Semíramis se negara a abandonar el trono, pierde su posición favorable en la Corte. Su desgracia supone el premio de Licas, su hermano, nombrado por el heredero, pese a sus protestas, general de tierra y de mar. La fortuna del rey Lidoro de Lidia también se verá notablemente favorecida a raíz de la transición. Condenado por Semíramis a ser tratado como un perro, la imagen que empleó Lidoro para evocar su fidelidad hacia el difunto Nino, Ninías levanta la humillante condena del prisionero y contempla liberarlo, ya que el rey de Lidia favoreció sus intereses al invadir el reino. Ante tal decisión, el experimentado Chato, preocupado por una posible vuelta de Semíramis al poder, y que ésta le vea desatendiendo su función de cuidar al 'perro' Lidoro, solicita ante el recién coronado una orden de dejarlo libre, certificando su cese. El irreflexivo Ninías ignora la modesta petición del bufón, prefiriendo premiarle con cien escudos de renta. Tal acción desmesurada y excesivamente generosa suscita unos versos satíricos del beneficiado gracioso, la conciencia del pueblo, contra la corrupción de la Corte: 'son / las mercedes palaciegas / jubileo, y no se ganan / sin hacer las diligencias' (vv. 1557–60).[129] Del mismo modo, el joven príncipe premia con unas considerables rentas y tributos —de nuevo, en detrimento de Friso—, al soldado que se jacta de haberle apoyado durante su obtención de la Corona.

Si bien tales actos parecen ser obra de un espíritu clemente y liberal, sobre todo si se contrastan con los crueles castigos de Semíramis, el reflexivo y cauteloso Lisías, ayo del joven monarca, ofrece una lectura diferente. Ninías actuó de manera precipitada e irresponsable. Tales decisiones fueron fruto de motivos personales y el monarca no consideró los intereses de la nación. Así, la liberación de Lidoro, sin previa jura de obediencia, amenaza la estabilidad del reino, ya que el rey de Lidia era, hasta ser capturado, enemigo de Siria. Asimismo, el heredero erró al premiar las acciones del rebelde que lo apoyó, pues con tal acto sanciona el delito de sedición. Ninías ignoró, pues, la sabia advertencia que le dedicó el encadenado Lidoro cuando aquél, a las puertas del palacio, se dirigía a ocupar el trono: 'Príncipe invicto, / sirva de algo, observando / cuerdo, atento y advertido / que pasar de extremo a extremo / es de la fortuna oficio' (vv. 1062–6). El hecho de negarse a indultar al castigado Friso cuando éste intenta congraciarse con él (vv. 1409–13), certifica que Ninías actúa impulsado por la venganza. Tal acto acarrea graves consecuencias para el futuro del reino pues el humillado Friso conspirará contra el nuevo monarca. En este sentido, el reinado que se inaugura tras el retiro de Semíramis es tan irresponsable como el que sustituye. Ambos, movidos por intereses propios e impulsos pasionales, tales como la venganza, la pasión erótica, la apatía o la ambición, benefician a un grupo en prejuicio de otro. No han sabido 'vencerse'. Una vez más, se desestabiliza el buen gobierno y prevalecen las crisis del Poder.

La imprudencia del joven monarca es de nuevo representada en varias escenas emblemáticas que auguran su suplantación.[130] Tras ser coronado,

---

[129] En este sentido, tal escena se sitúa en evidente paralelo a la ya analizada en *El rey por semejanza* de Lope. Ahí, recordarán, Altemio le dobla el sueldo a un soldado que participó en una batalla y critica la exagerada cantidad que el monarca anterior había concedido a su truján. Juan Francisco Fernández de Heredia en sus *Trabajos, y afanes de Hércules, floresta de sentencias, y exemplos* ... (1682) le dedica un emblema a la importancia de ajustar los premios al mérito. Se trata de 'La balanza siempre en sus manos, para los premios', que tiene por lema '*In statera praemium et labor*' [Trabajo y recompensa en la balanza]. Véase al respecto la *Enciclopedia de emblemas españoles ilustrados*, p. 691a.

[130] El peligro que supone el gobierno del inexperto e imprudente joven lo representa Sebastián de Covarrubias Horozco en sus *Emblemas morales* (cent. 2, emb. 69). Tiene por lema una frase sacada de Ovidio (*Metamorfosis* 2.191–2): '*Nec frena remittit nec retinere valet* ['Ni suelta las riendas ni es capaz de sujetarlas']. Representa tal emblema la imagen de Faetón,

el 'afeminado' príncipe aplaza y traspasa a su valido, Lisías, el importante compromiso de escuchar las razones por las cuales Lidoro invadió el reino. El príncipe se desatiende de tal importante obligación, de gran relevancia para la seguridad del Estado, bajo falso pretexto de querer cumplir con su deber filial, estatal, de intentar establecer contacto con su madre, la retirada regenta Semíramis. Sin embargo Ninías no lo hará. En su lugar, se involucra en una serie de coqueteos amorosos con una modesta doncella de palacio a quien, a escondidas de sus ministros, promete matrimonio. En contraste con la pretendida Astrea, el inexperto Ninías ignora la gravedad de su nueva posición social: el de monarca. Más tarde, ante la inminente invasión del joven Irán, que viene con el propósito de liberar a su cautivo padre, el rey Lidoro, el pusilánime Ninías propone soltar al antiguo rival de Babilonia para librarse de este modo de la necesidad de hacer frente ante el asedio.

El descuidado gobierno de Ninías queda más patente todavía en la emblemática escena de su destronamiento. Mientras duerme con la cabeza puesta sobre unos papeles que cubren el bufete real —imagen que señala su despreocupación por los deberes del gobierno y su predisposición a entregarse a los sentidos— conjuran los ministros sobre cómo corregir la cobardía del joven monarca, 'defecto, que en él / ha sido natural siempre' (vv. 2256–7).[131]

---

vestido de cochero, conduciendo un coche tirado por dos caballos, mientras una pareja se abraza dentro del coche. La *subscriptio* reza así: 'Al mancebo que no tiene experiencia, / No se le deve cometer gobierno. / Si alcança ingenio, fáltale prudencia, / Y en caso humano, es sugeto tierno: / No basta la teórica, o la ciencia, / Ni leyes de Partida, o del Quaderno, / Si no practica un tiempo, y se exercita, / En qualquiera ocasión se precipita'. El comentario explica el significado del mismo: 'Grandes inconvenientes trae consigo el ocupar en goviernos gente moça, que como poco experimentada y falta de prudencia, hazen mil desatinos … El saber dar rienda, y el recogerla es de muy diestros' (*Enciclopedia de emblemas españoles ilustrados*, p. 334a).

[131] La imagen del monarca que no vela por la seguridad de su trono ni la del reino está presente de manera simbólica en la empresa 45 ('Y sin asegurarse en fe de la majestad') de la *Idea de un príncipe político cristiano*. Representa tal emblema la imagen de un león, figura real, tendido y medio dormido. Tiene por lema en latín, '*Non maiestate securas*' (No está seguro en su majestad). El comentario de Saavedra Fajardo explica el significado que debería el príncipe extraer de tal imagen: 'El león […] fue entre los egipcios símbolo de la vigilancia, como son los que se ponen en los frontispicios y puertas de los templos. Por esto se hizo esculpir Alexandro Magno en las monedas con una piel de león en la cabeza, significando que en él no era menor el cuidado que el valor; pues, cuando convenía no gastar mucho tiempo en el sueño, dormía tendido el brazo fuera de la cama con una bola de plata en la mano … Como el león se reconoce rey de los animales, o duerme poco, o, si duerme, tiene abiertos los ojos. No fía tanto de su imperio ni se asegura tanto de su majestad, que no le parezca necesario fingirse despierto cuando está dormido. Fuerza es que se entreguen los sentidos al reposo. Pero conviene que se piense de los reyes que siempre están velando. Un rey dormido en nada se diferencia de los demás hombres'. Andrés Mendo también le dedica un emblema al sueño del monarca en su *Príncipe perfecto y ministros ajustados, documentos políticos, y morales*. El comentario de Mendo asegura que 'ha de velar el Príncipe' y '[q]ue no dormía el León, Rey de los brutos, fue

Ignoran que, tras la puerta cerrada de la cámara real, la ambiciosa y vengativa Semíramis y sus cómplices se ocupan en deponerlo. La regenta justifica los propósitos de su proyecto, acusando al joven de incumplir con una de sus responsabilidades en tanto monarca, que es el velar por el reino: '[i]nfeliz joven, / tu desdicha te condene / a esta prisión de mortal, / puesto que eres Rey y duermes' (vv. 2298–301). La abulia política del 'afeminado' y enamoradizo Nínias lo asocia con la dejadez de su padre, el difunto rey Nino quien, tras enamorarse de Semíramis, se desatendió de la regencia. Así describe tal situación la regenta: 'cuando Marte dormía / en el regazo de Venus, / velaba yo en cómo hacer / más dilatado el Imperio' (vv. 355–8). Ambas actitudes, pues, la de Nino y la de su hijo Nínias, contrastan con el espíritu viril y guerrero de Semíramis.

Con la vuelta de la tiránica Semíramis al poder, bajo la máscara de su otro *yo*, el coronado Nínias, el reino sufre de nuevo los trastornos impuestos por la figura real. La drástica mutación que supone tal cambio para la fortuna de los súbditos se representa a través de la arquetípica imagen del monarca que despacha los memoriales ante la Corte.[132] Se establece tal escena, pues, en clara oposición, paralela a la que inauguró el reinado de Nínias. Ante el disfrazado monarca se presentan los mismos personajes premiados por su hijo en la segunda jornada. La excesiva liberalidad con que Nínias premió a los enemigos de Semíramis contrasta ahora con el nuevo rigor de los castigos. En este sentido, el soldado que apoyó la ascensión del príncipe heredero, en prejuicio de Semíramis, y que fue galardonado por éste con unas generosas rentas, es ahora sentenciado a muerte como 'escarmiento / de cuantos en Siria hagan / sediciones y alborotos' (vv. 2550–2). Tal acto provoca el asombro de los presentes y da pie a un diálogo harto revelador entre el ministro Lisías y la enmascarada regenta.

> Semíramis: Ayer premié, y hoy castigo;
> que, si ayer una ignorancia
> hice, hoy no he de hacerla;
> diciendo una acción tan rara
> que, de lo que errare hoy,

---

opinión del algunos [*sic*]; que duerme poco, y abiertos los ojos, y que nace con ellos abiertos' (*Enciclopedia de emblemas españoles ilustrados*, p. 690a).

[132] El motivo del monarca que bien en audiencia escucha las peticiones de sus súbditos o que en privado las lee en sus memoriales es recurrente en los dramas que se pueden leer como las alegorías del Poder. Tal es el caso de *El castigo sin venganza* de Lope. El duque de Ferrara, arrepentido como esposo fiel, vuelto de Roma triunfante en la guerra, leerá cuidadosamente las peticiones de sus súbditos. Caso contrario es el que se presenta en la tercera jornada de *La gran Cenobia* de Calderón. Tras una serie de decisiones tomadas sin piedad, el emperador romano Aureliano, sentado sobre el trono, se rinde al sueño. Ignora que a su alrededor sus enemigos conspiran para asesinarlo.

>   sabré enmendarme mañana.
>   Llevadle.
> Lisías: Señor, advierte
>   que de un extremo a otro pasas.
> Semíramis: ¿Cómo he de obrar, si a ti el premio
>   ni el castigo te agrada?
> Lisías: Con el medio. (vv. 2554–64)

La irracional Semíramis no acepta tal sugerencia. Muy al contrario, su amor propio y el deseo de vengarse contra sus enemigos en la Corte la mueven a imponer, sin lograrlo, unas relaciones sentimentales, contrarias a la voluntad de algunos de los cortesanos. Peor aún impulsada por un deseo personal de humillar al hijo de Lidoro sobre el campo de batalla conduce a la nación hacia una guerra innecesaria.

Las consecuencias de esta última imprudencia son nefastas. En cumplimiento de su destino dramático, Semíramis muere despeñada y atravesada por flechas, símbolos respectivamente de su arriesgada ambición y de sus pecados. Tras presenciar la muerte de quien piensan es el monarca Ninías y ver cómo la guerra se pierde, los sirios acuden desesperadamente al palacio para pedir auxilio a la retirada Semíramis. Es, aseguran, la única capaz de salvarlos del infortunio. Pero la imagen del estupefacto y pasivo Ninías con quien se encuentran tras forzar las puertas —'Tiranos, / ¿no basta tenerme preso, / sino también venir hoy / a darme muerte? / […] Vuestro Rey soy: / ¿pues por qué / me quitáis la vida? ¿El Reino / no basta?' (vv. 3346–52)—, anula toda posibilidad de victoria. Queda así el futuro del reino sirio sujeto a la voluntad del invasor. '[P]oderoso Rey' (v. 3365), llama ahora el valido Lisías a Lidoro. Es éste, junto con su hijo Irán, quienes manejan al final del drama las riendas del poder. La generosa resolución de no despojarle el reino a Ninías, no hace, irónicamente, sino agravar aún más la crisis de esta 'confusa Monarquía' (v. 3085), según la califica el heroico Irán. La precipitada decisión de Ninías de perdonar a aquéllos que conspiraron en su contra, y que cierra la obra, se erige en ominoso signo de que Ninías todavía ignora las reglas del buen gobierno. Al pueblo sirio, pues, tan sólo le queda la esperanza de que el experimentado y juicioso consejero Lisías, sepa cómo instruir y guiar al joven monarca por el camino de la prudencia y de la moderación. Es decir, por la vía *mediocritas*, el recto camino, medio, que Semíramis se negó a seguir. En este sentido, puede leerse o representarse *La hija del aire* como un ejemplo escenificado de la relevancia que adquiere la educación del príncipe, propio del reconocido tópico del *speculum principis*. Las crisis del Poder se proyectan una vez más en el espacio exterior de las tablas del corral de comedias: del cortesano.

El análisis de los dramas de Calderón sobre el Poder podría extenderse a otros textos y otras épocas de su dramaturgia. Tal es el caso, por ejemplo, de

La gran Cenobia, El mayor encanto, amor, El médico de su honra, o *Saber del mal y del bien*.[133] Sin grandes diferencias, aunque sí, quizá, con menor intensidad, nos encontraríamos con más de lo mismo, pues en Calderón la reflexión política es inseparable de la consideración moral. Así, por ejemplo, en *Los cabellos de Absalón* en donde la figura bíblica del rey David, arrastrado por un pasado pecaminoso, se ciega ante el amor por sus hijos. Al no asumir de manera recta sus obligaciones, políticas y morales, amenaza la estabilidad del reino. La consiguiente guerra civil iniciada por el ambicioso príncipe Absalón termina con el sacrificio de éste, y con la aceptación por parte del monarca de dicho castigo como un acto de voluntad divina. David reconoce que la secuencia de desgracias que le sobrevinieron son el resultado de sus errores. Dicha lección sirve para el nuevo heredero, Salomón, a quien David aconseja ser, sobre todo, fiel a Yavé.

En *La cisma de Inglaterra* la figura regia refleja, en un principio, el prototipo del príncipe cristiano. Enrique VIII es, en efecto, el autor de numerosos tratados teológicos que contradicen las doctrinas de Martín Lutero. Es, también, el abanderado de la fidelidad conyugal. Pero su amor por Ana Bolena y las intrigas del privado Tomás Volseo harán que el monarca ejemplar degenere en tirano. Si bien la humillante abdicación del Rey en favor de su hija María supone el triunfo de la línea legítima de la católica reina Catalina, la historia inglesa demuestra que el reinado de su hija ('*Bloody Mary*') no será menos tormentoso. En *La vida es sueño* el camino es similar. En su primera visita a palacio, Segismundo sustenta los valores ya mostrados por su padre: el poder arbitrario y tiránico. Sin embargo, la lección del sueño y del amor logra que el príncipe rompa el círculo anunciado por el falso astrólogo. Éste pierde el trono en favor del nuevo monarca, ejemplar y justiciero. Si bien *La hija del aire* también dramatiza la figura del monstruo, vestido de pieles y sepultado, el desenlace del mismo, tras ser liberado, es muy desigual a *La vida es sueño*. Semíramis, a diferencia de Segismundo, jamás logra controlar sus impulsos y su mandato degenera en tiranía. El modelo de gobierno que representa su hijo en la *Segunda Parte*, el imprudente Ninías, es igualmente perjudicial para la nación. Su inexperiencia y desidia ante las obligaciones de su puesto, provocan la inestabilidad política y social. La situación en que se encuentra el reino sirio, como consecuencia de las malas gestiones de Semíramis y Ninías, es tremendamente precaria. Ambos poderosos han sido incapaces de controlar sus pasiones y de seguir el camino medio de la virtud. En suma, todos estos dramas postulan —al igual que los tratados políticos, los libros de emblemas y los tratados filosófico-morales

---

[133] Sobre los tres primeros dramas y su relación con el Poder, véanse respectivamente los estudios de Ángel Valbuena Briones, 1975; S. Hernández Araico, 1994; y Dian Fox, 1982; A. Irvine Watson, 1963, analiza el dinámico rol del rey don Pedro, cruel o justiciero, en *El médico de su honra*.

de la época— el autodominio y el respeto a la fe como portadores del buen gobierno y de la conservación de los estados. Lo contrario amenaza su estabilidad y conlleva su degeneración. Situada la acción en una época distinta (bíblica, romana, medieval), o en un país lejano (Asiria, Babilonia, Inglaterra, la Polonia mítica), todos estos dramas son portadores de unas lecciones relevante para los poderosos de la época.

Ya Luis Alfonso de Carballo, en el *Cisne de Apolo* (1602), aludía a la tradición bíblica y poética de usar 'figuras, semejanzas y comparaciones' para transmitir verdades y 'enseñar las cosas altas'.[134] Tal proposición retórica funcionaba a su vez para 'huir el odio y aborrecimiento, que como no hay ninguno que naturalmente no le pese de que le digan sus vicios, y faltas, usaron de representarnoslas en otras personas para que viendo las ajenas costumbres, cayésemos en cuenta de las nuestras'.[135] Dicha estrategia retórica caracteriza todo discurso alegórico que trata de ocultar y enmascarar la hermenéutica de una censura. Y caracteriza la poética de Calderón, según nos advierte Ruiz Ramón, quien comenta la anécdota de los tres pintores citada en la primera jornada de *Darlo todo y no dar nada*.[136] Siguiendo la exégesis de Melchora Romanos, ante la necesidad de enviar el retrato de Alejandro a su futura esposa Rojana, su consejero Efestión se adelanta y le pide a tres famosos pintores griegos, Timantes, Zeuxis y Apeles, que se lo hagan.[137] La dificultad de tal tarea estriba en que el emperador tiene un defecto en el rostro. Cada uno de los artistas le entrega su versión y el primero, Timantes, es rechazado con estas duras palabras por cuanto evita reproducir la imperfección:

> Infame ejemplo
> da ese retrato a que nadie
> diga a su rey sus defectos;
> pues ¿cómo podrá enmendarlos,
> si nunca llega a saberlos?

El siguiente en fracasar es Zeuxis. Se preocupa en destacar excesivamente el defecto y por lo mismo merece su reprobación:

> Tampoco aqueste ejemplar
> quede al mundo de que necio
> nadie le diga en su cara
> a su rey sus sentimientos;
> que si especia de traición

---

134 Luis Alfonso de Carballo, *Cisne de Apolo*, ed. Alberto Porqueras Mayo, 1958, 1:117.
135 Luis Alfonso de Carballo, *Cisne de Apolo*, 1:118.
136 Ruiz Ramón, 1997, pp. 24–5.
137 Romanos, 2002, p. 795.

el callarlos es, no es menos
especie de desacato
decírselos descubiertos.

Finalmente el que triunfa es el pintor Apeles quien retrata al emperador de medio perfil. Así, sin ocultar la imperfección, logra que pase desapercibido por lo que se hace merecedor del siguiente elogio de Alejandro:

Buen camino habéis hallado
de *hablar y callar discreto*,
pues sin que el defecto vea,
estoy mirando el defecto,
cuando el dejarlo debajo
me avisa de que lo tengo,
con tal decoro, que no
pueda, ofendido el respeto,
con lo libre del oírlo,
quitar lo útil de saberlo. (el énfasis es nuestro)

Por boca del propio Alejandro, Calderón trata el modo de enfrentarse a la figura del Poder y representar sus defectos:

Y para que quede al mundo
este político ejemplo
de que *ha de buscarse modo*
de hablar a un rey, con tal tiento,
que ni disuene la voz,
ni lisonjee el silencio;
nadie sino Apeles pueda
retratarme desde hoy, siendo
pintor de cámara mío. (el énfasis es nuestro)

Dicha opinión del emperador, asegura Ruiz Ramón, se erige en conseja didáctica para todo dramaturgo de la época.[138] Ha de crear un sistema de comunicación en el que la ambigüedad ('hablar y callar discreto') se convierta en estrategia textual para representar lo institucionalmente difícil de representar o lo irrepresentable. Tal es el discurso poético y dramático de las alegorías del Poder.

---

[138] Ruiz Ramón, 1997, p. 98.

5

'Que en el rayo dentro de la nube se decía todo': conclusión

> Fue otra razón el procurar huir el odio y aborrecimiento, que como no hay ninguno que naturalmente no le pese de que le digan sus vicios, y faltas, [los poetas] usaron de representárnoslas en otras personas para que viendo las ajenas costumbres, cayésemos en cuenta de las nuestras.
>
> Luis Alfonso Carballo, *Cisne de Apolo*

Las alegorías del Poder presentan, como dramas de moralidad política, una serie de reflexiones sobre el buen y mal gobernante, o sobre la relación entre el orden del reino y los valores de la recta política. Con argumentos adaptados de la historia (clásica, bíblica, europea, española), de la leyenda antigua, e incluso de la misma literatura, tal subgénero dramático se sitúa en paralelo con otros muchos productos culturales de la época que versan sobre el ideal del príncipe y sobre el *ars gubernandi*. Son múltiples las circunstancias históricas y culturales que confluyen en su elaboración y consiguiente representación.

La instrucción y formación del príncipe con el objetivo de que tuviera un adecuado conocimiento de sus obligaciones había originado, desde tiempos atrás, y en diversos espacios, los géneros de los *specula principis* y el *de regimine principum*. Participan en dicha tradición santo Tomás de Aquino, don Juan Manuel, el marqués de Santillana, Erasmo de Rotterdam y Nicolás Maquiavelo. En el siglo XVI, *El príncipe* había alcanzado un extraordinario prestigio en toda Europa, a pesar de que en él se valoraban los resultados por encima de las exigencias éticas. En España la tradición continúa con notorias variantes en los últimos años del XVI y la primera mitad del siglo XVII. Destacan en un principio obras dedicadas a contrarrestar las doctrinas de Maquiavelo como el *Tratado de la religión y virtudes que debe tener el príncipe cristiano para gobernar y conservar sus Estados, contra lo que Nicolás Maquiavelo y los políticos de este tiempo enseñan* (1595) de Pedro de Rivadeneira, o la obra del jesuita Juan de Mariana, *De rege et regis institutione libri res* (1599). La proliferación de dicho género coincide en parte con la muerte de Felipe II, en septiembre de 1598, lo que posibilita la aparición de numerosos proyectos para una mejora en la gobernación de la Monarquía. Las críticas contra los privados del fallecido monarca iban acompañadas de referencias y de respuestas ante los crecientes males del imperio: quiebra de la hacienda, corrupción entre los ministros, decaimiento de la justicia. En este sentido se sitúan las obras de Juan Márquez, *El Gobernador cristiano. Deducido de las vidas de Moisés y Josué, príncipes del pueblo de Dios* (1612), y la de Juan de Santa María, *Tratado de república y política cristiana para reyes y príncipe, y para los que en el gobierno tienen sus veces* (1615). También en la España de Felipe III los arbitristas consideraban ineludibles e inaplazables el acometer reformas que atajaran el declive político, social y económico.

Tal tradición continúa durante el valimiento del conde-duque de Olivares: Francisco de Quevedo, *Política de Dios y gobierno de Cristo Nuestro Señor* (1626), Claudio Clemente, *El maquiavelismo degollado por la cristiana sabiduría de España y Austria* (1637), Diego Saavedra Fajardo, *Introducción a la política y razón de Estado del rey Católico don Fernando*; *Locuras de Europa*; *Idea de un príncipe político cristiano representada en cien empresas* (1640) y Baltasar Gracián, *El político don Fernando el Católico* (1646). Suelen adscribirse algunos de estos autores a la corriente denominada 'tacitismo'. Pero dicha etapa gubernamental también constituye una de las épocas fuertes de agitación satírica. Las *Cartas* de los Jesuitas, los *Avisos* de José de Pellicer, las *Historias* de Matías de Novoa apuntan a una circulación densísima de pasquines contra el régimen, de su recepción y de su éxito. Se ha documentado la represión de voces como la de Francisco de Quevedo.

Estas inquietudes no son ajenas al teatro. De hecho, teatro y política siempre han ido juntos o muy próximos. De ahí que, con frecuencia, escritores desde Aristóteles a Rousseau, a Brecht, a Sartre, se hayan ocupado de escribir o bien comedias políticas o bien sobre el tema de la política en el teatro. Si bien la tragedia clásica ofrece como argumento la caída de reyes, príncipes y nobles, debido a las fallas que los conducen hacia un destino inevitable, el drama en la época cristiana subraya su libertad de conducta y de proceder. En este sentido, el argumento con frecuencia señala al poderoso como artífice de unas nefastas actuaciones que desembocan en catástrofe. En el siglo XVI, la Compañía de Jesús reconoce el valor pedagógico y moral de la representación dramática. Tal intención ejemplarizante se observa a su vez en los dramaturgos seculares, como en Cristóbal de Virués, que sigue los modelos de la comedia (especialmente de Terencio y Plauto), y de la tragedia clásica (Séneca en concreto).

Los dramaturgos del Siglo de Oro, basados en la definición de Cicerón —la comedia como espejo de la vida— y en la utilidad de la historia como medio de instrucción, son conscientes de que la mimesis dramática combina los objetivos ya fijados por Horacio: enseñar deleitando (*prodesse et delectare*). Tal orientación didáctica del género dramático, asociado con una temática legendaria, bíblica o histórica, maestra de los tiempos, servía de vehículo para la educación del pueblo y del príncipe. Es ésta la respuesta teatral al padre Mariana y a cuantos participaron en la encendida polémica que, desde fines del XVI, se planteó sobre la honestidad y la licitud de las representacioncs teatrales.

Lope de Vega asienta las modalidades retóricas y poéticas de este *corpus* dramático y del *modus operandi* de su enunciación al expresar en el *Arte nuevo de hacer comedias*: 'En la parte satírica no sea / claro ni descubierto' (vv. 341–2), y 'pique siempre sin odio' (v. 345). Advierte sobre los peligros de la provocación directa. Podría ocasionar la prohibición del espectáculo teatral tal y como aconteció en la Grecia y Roma de la Antigüedad. Además, ya Felipe II había mostrado su contrariedad al ver la figura regia representada sobre las tablas (vv. 160–4). La época posterior a la muerte de este monarca se caracteriza, al igual que en la de Cicerón, por una extrema inestabilidad económica, política y social. Coincide históricamente con el momento de la creación y formación de la comedia nueva. Como consecuencia se formula una estrategia textual para representar lo institucionalmente difícil de representar o lo irrepresentable: un sistema de comunicación en el que toda crítica o reflexión sociopolítica se articula de manera analógica, indirecta y ambigua.

Sirva como ejemplo de tal discurso, de la retórica del 'decir sin decir' —parafraseando el célebre lema de Bances Candamo— la empresa 34, *Nondum erumpit* ['Todavía no irrumpe'], que Francisco Gómez de la Reguera dedica a Felipe IV en sus *Empresas de los Reyes de Castilla y León* (ms. ca. 1632).

Según el comentario del propio Gómez de la Reguera, es Lope el artífice de tal empresa, así como del desconocido soneto que, a modo de *subscriptio*, lo acompaña:

> Mientras que rompe del oscuro velo
> la débil cárcel, mientras oprimido,
> alma ya de una nube, es detenido
> el rayo en sombras con prisión de hielo.
> Cuando parece que piadoso el suelo
> se niega, en su piedad aún temido
> desde el pintado pájaro en su nido
> al monte que obelisco asalta el cielo.
> Alienta, pues, en tu florida esfera
> en ocio el brío con la débil caña,
> que rayo al mundo tu valor le espera.
> Será a tu nombre la mayor hazaña
> que tema más quien te considera,
> blanda estrella de amor, iris de España.

Representa la imagen pictórica del emblema la figura de un alado rayo jupi-

['Todavía no irrumpe'] de Lope de Vega
Carpio. En *Empresas de los Reyes de
Castilla y León* (ca. 1632) de Francisco
Gómez de la Reguera

terino que, bajo una corona real y sobre un paisaje en sombras, resplandece
en el interior de una oscura nube. Junto con el soneto, se simboliza en este
emblema, asegura la glosa de Gómez de la Reguera, el 'poder', 'la viveza', la
'actividad' del 'real espíritu' de Felipe IV, 'y que hasta entonces, que el año de
mil seiscientos veinte y nueve, su Majestad no había salido a facción militar,
pareciéndole [a Lope] que en el rayo dentro de la nube se decía todo, pues
en sí mismo encierra la actividad y el poder, que sola la ejecución faltaba,
pues aún no había roto la nube que le retenía'.[1] Se presenta, pues, tal unión
de texto e imagen (*ut pictura poesis*) a modo de doble cara de Jano.

Por una parte el marco iconográfico, literal y descriptivo, así como el
libro que lo incluye, proyectan una lectura encomiástica. La fuerza y valor de
Felipe IV es, a modo de rayo, temido por la tierra. Así lo declaran los versos
del soneto: 'desde el pintado pájaro en su nido / al monte que obelisco asalta

---

[1] *Enciclopedia de emblemas españoles ilustrados*, p. 680a–b. En 1629, Felipe IV tiene
veinte y cuatro años de edad y lleva ocho gobernando. Tal fecha, como establecimos en la introducción, coincide con la guerra de sucesión en Mantua y es cuando se manifiesta abiertamente
una profunda inseguridad política, social y económica.

el cielo' (vv. 7–8). Por otra parte, tal vigor, asociado con el rayo de Júpiter, se articula —valga la redundancia— como una potencia *in potentia*, todavía no convertida en acto, encubierta, a la espera de una futura proyección ('detenido / el rayo en sombras', vv. 3–4). En este sentido, caracterizan al soneto una serie de metáforas e imágenes que connotan la oscuridad ('oscuro velo', 'nube', 'en sombras'), el encierro y el estatismo ('débil cárcel', 'oprimido', 'detenido', 'prisión de hielo', 'se niega', 'en ocio') en que se encuentra el espíritu activo y guerrero del soberano ('rayo'). Su presencia, oculto en el cielo, supone simultáneamente su ausencia de la tierra, su lejanía y su esencia casi etérea, intangible: 'alma ya de una nube' (v. 3).

Concluye el soneto con una petición dirigida al monarca. Se le solicita que durante tal ausencia ('en ocio', v. 10) se esfuerce por aumentar la resolución y firmeza de sus propósitos así como la capacidad por alcanzarlos. De esta manera, asegura la voz poética, cuando finalmente se decida a llevarlos a cabo, su fama y la de sus gestas serán todavía mayores y sus enemigos, que le consideran ahora 'blanda estrella de amor, iris de España' (v. 14), le temerán. Leído tal texto, a la par con un amplio *corpus* de textos dramáticos, a partir del concepto de las crisis del Poder, se revela una sutil censura de las fallas que auguran el declive inminente. Tal es el discurso poético de las alegorías del Poder.

En el teatro, Lope da figura a unos personajes emblemáticos, tipológicos, que representan, a modo de *exemplum*, el Poder ideal. La potestad regia se configura en términos de una monarquía absoluta; no reflejan la realidad histórica de su época. Actúan en función de valores míticos. Son ejemplos de la justicia, paladines de la unidad patria, garantes del orden, personificaciones del Estado, voces divinas en la tierra, fuentes de la ley, padres de sus súbditos, etc. Tal proceso mitificador también se lleva a cabo a través de la manipulación teleológica de la acción. Un poderoso impone la justicia y condena a un personaje que se erige a modo de *exemplum ex-contrario* para ejemplificar las acciones dignas de imitación y de rechazo. Éstos representan un orden al subvertirlo y al ser consecuentemente castigados (justicia poética). Tal es el caso de dramas como *Fuente Ovejuna*, *Peribáñez o el Comendador de Ocaña*, *El mejor alcalde el rey* o *El rey don Pedro en Madrid y el Infanzón de Illescas*. En Lope, el discurso dramático cuestiona las conductas arbitrarias del Poder. El cuerpo pasional de la mujer y el amor como fuerza desestabilizadora del estado son *leitmotiv* en este sentido. Dicho motivo cobra una dimensión política ya en el ciclo legendario sobre 'la pérdida de España'. Lope recoge las historias ejemplares de Alfonso VIII y la judía Raquel en *Las paces de los reyes*, y la del conde Rodrigo y la bella Cava en *El último godo*. Representa el pecaminoso proceder del monarca y la alteración de unos valores afincados en un pasado glorioso, militante y heroico. En este sentido, la decadencia hispana se explicaría en la dramaturgia lopesca como una seria desviación de los valores constituidos durante los siglos de la Reconquista, y que permitieron a España formarse como un Estado moderno.

Lope establece, pues, una serie de modalidades dramáticas tales como los *specula principis* o *de regimine principum*; o como los dramas que desarrollan la relación inestable, precaria, entre el poderoso y su privado; los que enfrentan al poderoso ejemplar con la figura antagónica del tirano, y que se cierran con la final victoria del primero sobre el segundo y, finalmente, los dramas que representan el desgobierno del poderoso. Asume éste una grave amenaza para el bien público y para la integridad de la nación. El hecho de que *El castigo sin venganza* se representara sólo una vez, y que Lope aluda a ciertas 'causas', sin especificarlas, que prohibieron una segunda representación, dan motivo a que la crítica especule sobre una posible censura. En contraste con la imagen de un Lope monárquico, cuyas figuras regias son siempre intocables, se sitúa el regicidio dramatizado en *El príncipe despeñado*.

Con Tirso de Molina aparece en el corpus dramático que presentan las alegorías del Poder la clara intención doctrinaria y catequística. En Lope la referencia bíblica se limita a establecerse como uno de los múltiples subtextos. Tal es el caso de la historia bíblica del rey David en *El castigo sin venganza*, o *Las paces de los reyes*. Con Tirso, sin embargo, la referencia bíblica se erige en fuente directa del argumento. Así, por ejemplo, en *La mujer que manda en casa*, sobre la despótica Jezabel y el abúlico rey Acab, y también en *Tanto es lo de más como lo de menos*, una fusión dramática de las parábolas evangélicas conocidas por el rico 'Epulón' y el 'Hijo pródigo'. Situados en los tiempos bíblicos, ambos dramas representan una grave crisis del Poder. Advierten al poderoso de los peligros de la pasión desenfrenada, y de no cumplir su deber con el pueblo y con Dios. Y cuando el poder terreno falla en su obligación de mantener la justicia y el orden, interviene el divino por medio de un emisario: el profeta Elías en *La mujer que manda en casa*, y el comendador don Gonzalo de Ulloa en *El burlador de Sevilla*.

Tirso también continúa, si bien con algunas variantes, las modalidades ya asentadas por Lope. En *La prudencia en la mujer*, representa al regente modelo en la figura histórica de doña María de Molina. Encarna ésta todas las virtudes que ha de poseer el buen monarca, y ofrece una magnífica lección a su hijo, el príncipe, de teoría y práctica sobre el *ars gubernandi*. En *Privar contra su gusto* ofrece un modelo de privado perfecto. Se asocia este drama con los tratados políticos de la época que examinan el rol del privado, y con la obra dramática de Quevedo, en concreto, con *Cómo ha de ser el privado* (1626). En *La república al revés*, el cruel gobernante provoca el desorden, la subversión de valores legítimos y la inestabilidad del imperio. Se establece así en ejemplo *ex-contrario* del poder legítimo. La oposición conceptual entre el tirano y el monarca ejemplar es el motivo central de *La ventura con el nombre*. Si bien en esta obra la legitimidad del tiranicidio es ambigua, en *La mujer que manda en casa* es claramente justificada. Dicho drama se asocia así con la famosa doctrina del padre Mariana. Por otra parte, el hecho de que el Mercedario fuera desterrado de la Corte en 1625 por escribir 'comedias profanas y de malos incentivos', ha motivado a una parte de la crítica a inquirir sobre las posibles alusiones satíricas dirigidas al Poder en varias de sus obras dramáticas.

El debate en torno a la ideología de Calderón, y su relación con el Poder bajo la fórmula '¿apostol y/o hereje?', sigue todavía vigente. Para una parte de la crítica (Generación del 98, Ortega y Gasset, José Antonio Maravall, Díez Borque, *et alii*) su dramaturgia representa los valores privilegiados por la Corte y por la Iglesia del Antiguo Régimen. Tales lecturas están determinadas por una visión progresista de la historia y sujetas a un metarrelato de emancipación demócrata, liberal y secular. Calderón pasa a ser el abanderado de la España ortodoxa, contrarreformista, cuyas fórmulas escolásticas congelaron de manera definitiva el pensamiento liberal. Pero si situamos los dramas de Calderón en su época, y los hacemos dialogar con otros textos contemporáneos, la imagen conformista de Calderón queda un tanto alterada.

En las alegorías del Poder de Calderón, la reflexión política es inseparable de la indagación teológica y moral. Las virtudes que mejor aseguran el autodominio (el temor de Dios, la templaza, la constancia, la disciplina interior y la prudencia), cuando son ejercidas por el poderoso que asume rectamente sus obligaciones políticas y morales, aseguran la estabilidad de la república. Tal premisa organiza las coordenadas de comedias como *Los cabellos de Absalón*, *La cisma de Inglaterra*, *La vida es sueño* y las dos partes de *La hija del aire*. En este sentido, la dramaturgia calderoniana se asocia con los escritos políticos de santo Tomás de Aquino y del filósofo neerlandés Justo Lipsio, figura destacada durante el régimen administrativo del conde-duque de Olivares. Y se asocia a su vez con los teóricos políticos del Barroco que respondían a los escritos de Maquiavelo. Sostenía la llamada 'escuela idealista' que las consideraciones morales y jurídicas de la religión cristiana no debían subordinarse a la formación y práctica de la doctrina del Estado.

La repetición de temas, motivos y estructuras a lo largo de tal corpus abogan por su unidad como conjunto y por su definición dentro del subgénero dramático, abogado por Ignacio Arellano: del drama de moralidad política. Recurrente en dichos textos es la figura bíblica del rey David, figura arquetípica del rey pecador y arrepentido. Si bien en Lope la historia trágica y a la vez ejemplar del rey de los israelitas aparece tan sólo como alusión o subtexto literario (*El príncipe despeñado*, *Las paces de los reyes*, *Peribáñez y el Comendador de Ocaña*, *El castigo sin venganza*), en Tirso y en Calderón se establece como eje principal del drama: *La venganza de Tamar* y *Los cabellos de Absalón*. Tal historia se asocia, a su vez, con el discurso alegórico del rey como buen pastor (*La fe rompida*, *Fuente Ovejuna*, *La quinta* de Florencia (*El primer Médicis*), *Peribáñez y el Comendador de Ocaña*). A través de una serie de motivos que se repiten, —los reconocidos arquetipos clásicos y bíblicos, la caza y el cazador, la representación del reino divino por el humano, y el castigo justo y ejemplar— revela una de las funciones del poderoso: amparar a los débiles y ajusticiar a los tiranos.

También vinculada a veces con la historia bíblica del rey David se sitúa el arquetípico conflicto, ético y político, que surge del triángulo amoroso que enfrenta a rey, dama y vasallo. El monarca se bate entre seguir su 'gusto' o actuar según lo considerado 'justo' (*La fe rompida* de Lope, *La república al revés* de Tirso, *La cisma de Inglaterra* y *La vida es sueño* de Calderón). Con frecuencia tal pugna amorosa enfrenta al monarca con su valido (*El poder en el discreto* de Lope y *La hija del aire. Primera parte* de Calderón). Consciente de ser partícipe en tal tradición, Calderón alude a ella, como ya vimos, en unos versos metateatrales de *La hija del aire. Primera parte*. La variedad de dramas en torno a la figura del privado, sujeto siempre a los caprichos del monarca y a su mudable fortuna, con sus múltiples símbolos (rueda, luna, mar, etc.), constituye un corpus en sí. Las referencias al monarca incapaz de dominar sus instintos, de 'vencerse' en pro de su reino, aparecen en dramas como *Las paces de los reyes* de Lope, *La mujer que manda en casa* de Tirso y *La cisma de Inglaterra* y *La hija del aire* de Calderón. En la obra de este último tal conflicto suele articularse bajo el binomio pasión/razón. El comportamiento injusto e irracional del poderoso con frecuencia amenaza la integridad de la nación (*La inocente sangre*) —*Los Carvajales*— de Lope de Vega y *La hija del aire. Parte segunda* de Calderón.

También abunde en tal corpus el uso de la metáfora heliocéntrica con referencia al monarca: el Rey es 'Sol'. En dramas como *El rey don Pedro en Madrid y el Infanzón de Illescas* de Lope o *La mujer que manda en casa* de Tirso, tal imagen simboliza el poder absoluto del monarca: rey sólo hay uno. En Calderón remite a su vez a otros significados, tales como la luz o la razón, y se asocia con una serie de imágenes que remiten a la oscuridad (sombra, eclipse, nube, etc.), es decir, a los pecados del individuo. Así, por ejemplo, en *Los cabellos de Absalón* y *La cisma de Inglaterra*.

La oposición conceptual entre diversas formas de gobernar también es trama recurrente en las alegorías del Poder. Puede articularse en el enfrentamiento entre el monarca y un gobernador local. Pero a veces es el resultado de una desconocida sustitución o de una identidad enmascarada (*El rey por semejanza* de Lope, *La ventura con el nombre* de Tirso y *La hija del aire. Segunda parte* de Calderón). El contraste entre los dos comportamientos (cruel o justiciero) que, con frecuencia, emerge de tal situación puede ejemplificarse con el emblemático motivo del monarca que escucha, considera y juzga en audiencia las peticiones de sus súbditos (*El rey por semejanza*, *La república al revés*, *El burlador de Sevilla*, *La hija del aire. Segunda parte*), o que en privado las lee en sus memoriales (*El castigo sin venganza*). Sus decisiones son reflejo, a manera de sinécdoque, de un comportamiento ético y político.

Margaret Greer especula sobre las posibles condiciones artísticas y políticas en España, que permitieron a Calderón airear sus preocupaciones sobre la conducta política.[2] Sugiere que su adhesión al modelo ideológico oficial como autor de autos sacramentales, representados durante la celebración de la fiesta de *Corpus Christi*, logró que la Corte le concediera cierta libertad de expresión o privilegio —no oficial— en su dramaturgia y que dicha labor propagandística permitió que sus comedias no fueran juzgadas de manera desfavorable o negativa por el Poder. Sin embargo, como hemos visto a lo largo de nuestro estudio, dicha censura o juicio negativo se mantienen siempre en un plano alegórico, *latu sensu*. Las alusiones nunca son obvias ni directas; más bien oblicuas, reflejas. Al situar la acción en una época lejana, o en un país distinto, la poética de las alegorías del Poder atenúa la posible asociación de personajes dramáticos con históricos o con situaciones concretas de su tiempo. Sin embargo, al erigir unos valores como absolutos, y luego representar el consiguiente abandono de éstos por parte de una figura regia o por parte de los validos (*La vida es sueño*, *La cisma de Inglaterra*), la dramaturgia calderoniana ofrece claras lecciones políticas para los potentados de la época. Dios sólo funda y conserva los estados de aquellos príncipes que guardan su santa ley y respetan la fe católica.

Tal corpus, pues, es la expresión dramática de una época en crisis cuyos ingenios buscan poner freno al desorden que advierten en muchos aspectos de la vida española de esta época. Como tal, el concepto de alegorías del Poder podría extenderse, *mutatis mutandis*, a otros dramaturgos de la época (al Quevedo de *Cómo ha de ser el privado*, a Guillén de Castro, Mira de Amescua, Bances Candamo), a otros géneros literarios (lírica, novela, pintura, emblemática, cine), o a otras tradiciones dramáticas —Shakespeare, Brecht, Sartre—, y hasta a otras épocas históricas y artísticas (Valle Inclán, Kafka, Orwell, Luis Martín Santos). Cabe al discreto lector la tarea de descifrar y de desvelar los múltiples niveles de significación que produce tal manipulación de máscaras.

---

[2] Margaret Greer, 1991.

BIBLIOGRAFÍA CONSULTADA

AA. VV: *The David Myth in Western Literature*, West Lafayette, Purdue University Press, 1980

AA. VV: *El canon literario*, ed. Enric Sullà, Madrid, Arco/Libros, 1998

Abel, Lionel, *Metatheatre, A New View of Dramatic Form*, Nueva York, Hill and Wang, 1963

Abellán, José Luis, *Historia crítica del pensamiento español. La Edad de Oro (siglo XVI)*, Madrid, Espasa Calpe, 1991 [1979], 3 vols

—— *Del Barroco a la Ilustración (siglos XVII y XVIII)*, Madrid, Espasa Calpe, 1989

Ac.: Obras de Lope de Vega, ed. Marcelino Menéndez Pelayo, Madrid, Academia Española, Sucesores de Rivadeneyra, 1890–1913, 15 vols

Ac. N.: Obras de Lope de Vega. Obras dramáticas, ed. E. Cotarelo y Mori, Real Academia Española (nueva edición), Madrid, Tipografía de la Revista de Archivos, Bibliotecas y Museos, 1916–1930, 13 vols

Agrait, Gustavo, *El 'beatus ille' en la poesía lírica del siglo de oro*, San Juan, Puerto Rico, Editorial Universitaria (Universidad de Puerto Rico), 1971

Alcalá-Zamora, José, 'Despotismo, libertad política y rebelión popular en el pensamiento calderoniano', *Cuadernos de Investigación Histórica*, 2, 1978, pp. 39–113

—— 'Mitos y política en la España del joven Calderón', en F. Ruiz Ramón y C. Oliva, eds, *El mito en el teatro clásico español*, Madrid, Taurus, 1988, pp. 123–140

—— 'La reflexión política en el itinerario del teatro calderoniano', discurso leído en el acto de recepción en la Real Academia de la Historia, Madrid, 1989

—— y Quiepo de Llano, *Estudios calderonianos*, Madrid, Real Academia de la Historia, 2000

—— y Quiepo de Llano, '*La vida es sueño* como análisis del poder', *Ínsula*, núms 644–5, 2000, pp. 8–10

Aldea Vaquero, Quintín, *España y Europa en el siglo XVII. Correspondencia de Saavedra Fajardo*, Madrid, Consejo Superior de Investigaciones Científicas, Centro de Estudios Históricos, Departamento Enrique Flórez, 1986

Álvar, Manuel, 'Reelaboración y creación en *El castigo sin venganza*', en Ricardo Doménech, ed., *El castigo sin venganza y el teatro de Lope de Vega*, Madrid, 1987, pp. 207–22

Amado, M. T., 'El pensamiento historiográfico español bajo los Austrias', *Rivista di storia della storiografia moderna*, 15, 1–2, 1994, pp. 59–93

Amezcua, José, 'Hacia el centro, espacio e ideología en la *Comedia nueva*', en

Espectáculo, texto y fiesta. Trabajos del Coloquio sobre Juan Ruiz de Alarcón y el teatro de su tiempo, México, Universidad Autónoma Metropolitana-Iztapalapa, 1990, pp. 159–72

—— *Lectura ideológica de Calderón, 'El médico de su honra'*, México, Universidad Nacional Autónoma de México, 1991

—— 'Teatro y poder en la obra de Calderón de la Barca', *Crítica Hispánica*, 16, 1, 1994, pp. 85–101

Aníbal, Claude E., 'The Historical Elements of Lope de Vega's *Fuente Ovejuna*', *Publications of Modern Language Association*, 49, 1934, pp. 657–718

Antón Martínez, Beatriz, *El tacitismo en el siglo XVII en España. El proceso de receptio*, Valladolid, Universidad de Valladolid, 1992

Aparicio Maydeu, Javier, ed., *Estudios sobre Calderón*, Madrid, Istmo, 2000

Arellano, Ignacio, ed., *El burlador de Sevilla*, Madrid, Espasa Calpe (Colección Austral), 1991

—— 'La máquina del poder en el teatro de Tirso de Molina', *Crítica hispánica*, 16,1, 1994, pp. 59–84

—— *Historia del teatro español del siglo XVII*, Madrid, Cátedra (Crítica y estudios literarios), 1995a

—— y B. Oteiza, M. C. Pinillos y M. Zugasti, eds, *Tirso de Molina, del siglo de Oro al siglo XX*, Madrid, Revista Estudios, 1995b

—— *Convención y recepción. Estudios sobre el teatro del Siglo de Oro*, Madrid, Gredos (Biblioteca Románica Hispánica), 1999

—— 'Anotar el teatro de Tirso', *Varia lección de Tirso de Molina*, en I. Arellano y B. Oteiza, eds, Madrid y Pamplona, Instituto de Estudios Tirsianos, 2000, pp. 9–29

—— *Arquitecturas del ingenio. Estudios sobre el teatro Tirso de Molina*, Universidad de Navarra y Orden Mercedaria, Instituto de Estudios Tirsianos, 2001a

—— *Calderón y su escuela dramática*, Madrid, Ediciones del Laberinto (Arcadia de las letras), 6, 2001b

—— 'Aspectos emblemáticos en los dramas de poder y de ambición de Calderón', en Ignacio Arellano, ed., *Calderón 2000. Homenaje a Kurt Reichenberger en su 80 cumpleaños. Actas del Congreso Internacional. IV Centenario del nacimiento de Calderón, Universidad de Navarra, septiembre, 2000*, vol. II, Kassel, Edition Reichenberger, 2002, pp. 21–34

—— 'Vítor el fraile de la Merced', *Ínsula*, núm. 681, 2003, p. 2

—— '*El burlador de Sevilla*', *Ínsula*, núm. 681, 2003, pp. 27–8

—— *El escenario cósmico. Estudio sobre la comedia de Calderón*, Kassel, Universidad de Navarra / Editorial Iberoamericana (Biblioteca Áurea, 44), 2006

Ariza Canales, Manuel, 'Metáforas del poder, iconografía de la política cristiana en Erasmo y Quevedo', en Sagrario López Poza, ed., *Literatura emblemática hispánica. Actas del I Simposio Internacional*, La Coruña, Universidad da Coruña, 1996, pp. 293–302

Aston, Trevor H., ed., *Crisis in Europe, 1560–1660. Essays from Past and Present*, introd. de Christopher Hill, Londres, Routledge & Kegan Paul, 1975 [1965]

Astrana Marín, Luis, *La vida turbulenta de Quevedo*, Madrid, Editorial 'Gran Capitán', 1945

Atienza, Belén, 'La [Re]conquista de un valido, Lope de Vega, el duque de Lerma, y los godos', *Anuario Lope de Vega*, 6, 2000, pp. 39–49

Aubrun, Charles V., 'Le Don Juan de Tirso de Molina, essai d'interprétation', *Bulletin Hispanique*, 59, 1957, pp. 26–71

Auerbach, Erich, 'Figura', trad. Ralph Manheim, en *Scenes from the Drama of European Literature*, Gloucester, Massachusetts, Peter Smith, 1973 [1939], pp. 11–76

—— *Mimesis: The Representation of Reality in Western Literature*, trad. Willard Trask, Princeton, Princeton University Press, 1974

—— *Scenes from the Drama of European Literature*, Minneapolis, University of Minnesota Press, 1984

Austin, J., *How to Do Things With Words,* Londres y Oxford, Oxford University Press, 1962

Autoridades: Diccionario de la lengua castellana, Madrid, Real Academia Española, 1726–39, 6 vols; reimpr. facsimilar, Madrid, Gredos, 1964, 3 vols

Avilés Fernández, Miguel, y Siro Villas Tinoco, Carmen María Cremades Griñán, *Historia de España. La crisis del siglo XVII bajo los últimos Austrias (1598–1700)*, Madrid, Gredos, 1988

Badío, *Familiaria in Terentium Praenotamenta por Publii Terenti Aphi ... Comedia* Roma, Claudio Mani y Stephanus Balan, 1502, fol. a VI, v.º

Bajtín, Mijaíl. *Problemas de la poética de Dostoevski*, trad. Tatiana Bubnova, México, Fondo de Cultura Económica, 1986

Bances Candamo, F., *Theatro de los theatros de los pasados y presentes siglos*, ed. D. W. Moir, Londres, Tamesis Books, 1970

Barney, Stephen A., *Allegories of History, Allegories of Love*, Hamden, Connecticut, Archon Books, 1979

Barthes, Roland, *Sade, Fourier, Loyola*, Paris, Seuil, 1971

Bataillon, Marcel, 'La tortolica de *Fontefrida* y del *Cántico espiritual*', *Nueva Revista de Filología Hispánica*, 7, 1953, pp. 291–306

Benigno, F., *L'ombra del Re: ministri e lotta politica nella Spagna del Seicento,* Venezia, Marsilio, 1992

Benjamin, Walter, *Ursprung des deutschen Trauerspiels*, trad. *El origen del drama barroco alemán*, Madrid, Taurus, 1990 [1928]

Bennassar, Bartolomé, *Un Siècle d'Or espagnol*, París, Laffront, 1982, trad. Pablo Bordonava, *La España del Siglo de Oro*, Barcelona, Crítica, 1983

Bershas, Henry, 'Lope de Vega and the Post of Royal Chronicler', *Hispanic Review*, 31, 1963, pp. 109–17

Biblia: Sangrada Biblia, trad. Elonio Nácar Fuster y Alberto Colunga, Madrid, Atlas (Biblioteca de Autores Cristianos), 1944, 32ª ed., 1973

Blecua, Alberto, ed., *Peribáñez, Fuente Ovejuna*, Madrid, Alianza (El libro de bolsillo, 845), [1981] 1988

Blecua, José Manuel, ed., Lope de Vega, *Obras poéticas*, Barcelona, Planeta, 1989

Bleznick, Donald W., 'Spanish Reactions to Machiavelli in the Sixteenth and

Seventeenth Centuries', *Journal of the History of Ideas*, 19, 1958, pp. 542–50

Bloom, Harold, *The Western Canon: The Books and School of the Ages*, Nueva York, Harcourt & Brace, 1994; trad. Damián Alou, *El canon occidental*, Barcelona, Anagrama, 1995

Bloomfield, Morton W., ed., *Allegory, Myth and Symbol*, Cambridge, Massachusetts, Harvard University Press, 1981

Blue, William R., *The Development of Imagery in Calderón's Comedias*, York, South Carolina, Spanish Literature Publications, 1983

—— *The Development of Imagery in Calderón's Comedias*, York, South Carolina, Spanish Literature Publications, 1987

—— 'The Politics of Lope de Vega's *Fuenteovejuna*', *Hispanic Review*, 59, 3, 1991, pp. 295–315

—— *Spanish Comedy and Historical Contexts in the 1620s*, University Park, Pennsylvania, Pennsylvania State University Press, 1996

Bodino, Juan (Jean Bodin), *Les Six Livres de la République*, eds Christiane Frémont, Marie-Dominique Couzinet, Henri Rochais, París, Fayard, 1986

Bonet, A., 'La fiesta barroca como práctica del poder', *Diwan*, 5–6, 1979, pp. 53–85

Borja, Juan de, *Empresas morales de Juan de Borja*, Valencia, Ajuntament, 1998

Botero, Giovanni, *Della ragion di Stato*, Venecia, 1589

Bover, José María, 'El símil del Buen Pastor (Jn 10, 1–18)', *Estudios Bíblicos*, 14, 1955, pp. 297–308

Braden, Gordon, *Renaissance Tragedy and the Senecan Tradition*, New Haven, Yale University Press, 1985

Brito Díaz, Carlos, '"Odore enecat suo", Lope de Vega y los emblemas', en Sagrario López Poza, ed., *Literatura emblemática hispánica, Actas del I Simposio Internacional*, Universidade da Coruña, 1996, pp. 355–77

Brody, Edwin C., 'Poland in Calderón's *Life is a Dream*: Poetic Illusion or Historical Reality', *The Polish Review*, 14, 1963, pp. 21–62

Brown, Jonathan, y J. H. Elliott, *Un palacio para el Rey: el Buen Retiro y la corte de Felipe IV*, Madrid, Revista de Occidente-Alianza Editorial, 1981

Brown, R., *Bibliografía de las comedias históricas, tradicionales y legendarias de Lope de Vega*, México, Academia (State University of Iowa Studies in Spanish Language and Literature), 1958

Burton, Diertre, *Dialogue and Discourse: A Sociolinguistic Approach to Modern Drama, Dialogue and Naturally Occurring Conversation*, Londres, Routledge & Kegan Paul, 1980

Busquets, Loreto, '*La vida es sueño*, o l'apologia della monarchia cristiana', *Strumenti Critici*, 10, 1, 77, 1995, pp. 29–64

Cabantous, Max, 'Le Schisme d'Angleterre vu par Calderón', *Les Langues Néo-Latines*, 62, 1968, pp. 43–58

Cabrera, Emilio y Andrés Amorós, *Fuenteovejuna. La violencia antiseñorial en el siglo XV*, Barcelona, Crítica, 1991

Calderón. Actas del Congreso Internacional sobre Calderón y el teatro español del Siglo de Oro, ed. Luciano García Lorenzo, Madrid, Consejo Superior de Investigaciones Científicas, 1983, vol. I

Calderón apóstol y hereje, México, Universidad Nacional Autónoma de México, 1982

Calderón de la Barca, Pedro, *Amor, honor y poder*, ed. y prólogo Ángel Valbuena Briones, *Obras completas. Comedias*, Madrid, Aguilar, 1956, vol. I

—— *El mayor encanto amor*, ed. y prólogo Ángel Valbuena Briones, vol. I, *Obras completas. Dramas*, Madrid, Aguilar, 1959

—— *La cisma de Ingalaterra*, ed. F. Ruiz Ramón, Madrid, Castalia, 1981

—— *La cisma de Ingalaterra*, ed. Juan Manuel Escudero Batzán, Kassel, Edition Reichenberger, 2001

—— *La gran Cenobia. Obras completas*, ed. y prólogo Ángel Valbuena Briones, *Obras completas. Dramas*, Madrid, Aguilar, 1960, vol. I

—— *La hija del aire*, ed. Gwynne Edwards, Londres, Tamesis Books, 1970

—— *La hija del aire*, ed. Francisco Ruiz Ramón, Madrid, Cátedra, 1987

—— *La vida es sueño*, ed. José María Ruano de la Haza, Madrid, Clásicos Castalia, 1994

—— *Los cabellos de Absalón*, ed. Evangelina Rodríguez Cuadros, Madrid, Espasa Calpe, 1989

—— *Saber del mal y del bien. Primera parte de comedias*, ed. facsímil de D. W. Cruickshank y J. E. Varey, Londres, Gregg International y Tamesis Books, 1973, vol. 3

—— *The Schism in England (La cisma de Inglaterra)*, ed. y trad. Kenneth Muir y Ann L. Mackenzie, Warminster, Inglaterra, Aris & Phillips, 1990

Calderón de la Barca, ed. Hans Flasche, Darmstadt, Wissenschaftliche Buchgesellschaft, 1971

Calvo, Florencia, 'Teatro y emblemática: Favila y los modelos de gobernantes en el teatro histórico de Lope de Vega', en Melchora Romanos, Florencia Calvo y Ximena González, eds., *Estudios de teatro español y novohispano*, Buenos Aires, Universidad de Buenos Aires-AITENSO, 2005, pp. 139–52

Cambridge Companion to Shakespeare's History Plays, ed. Michael Hattaway, Cambridge, Cambridge University Press, 2001

Cambridge History of Literary Criticism, ed. G. A. Kennedy, Cambridge y Nueva York, Cambridge University Press, 1989, vol. 1

Campa, Pedro F., *Emblemata Hispanica. An Annotated Bibliography of Spanish Emblem Literature to the Year 1700*, Durham y Londres, Duke University Press, 1990

Campbell, Ysla, 'Maquiavelismo y tacitismo en *La vida es sueño*', en Ysla Campbell, ed., *El escritor y la esuna VI. Estructuras teatrales de la comedia*. Actas del VI Congreso de la Asociación International de Teatro Español y Novohispanon de los Siglos de Oro (Ciudad Juárez, 5–8 marzo de 1997), Ciudad Juárez, Universidad Autónoma de Ciudad Juárez, 1998, pp. 75–83

—— 'No es bien que reine en el mundo quien no reina en su apetito ...', en Ignacio Arellano, ed., *Calderón 2000, Homenaje a Kurt Reichenberger en su 80 cumpleaños, Actas del Congreso Internacional, IV Centenario del nacimiento de Calderón*, Kassel, Edition Reichenberger, 2002, vol. 2, pp. 85–92

—— 'Absalón: ¿un personaje maquiavélico anticristiano?', en Melchora Romanos, Florencia Calvo y Ximena González, eds, *Estudios de teatro español y novohispano*, Buenos Aires, Universidad de Buenos Aires-AITENSO, 2005, pp. 285–91

Carballo, Luis Alfonso de, *Cisne de Apolo*, ed. Alberto Porqueras Mayo, Madrid, Consejo Superior de Investigaciones Científicas, 1958

Carreño, Antonio, ' "La sangre / muere en las venas heladas": *El castigo sin venganza* de Lope de Vega', en A. Robert Lauer y Henry W. Sullivan, eds, *Hispanic Essays in Honor of Frank P. Casa*, Nueva York, Peter Lang, 1997, pp. 84–101

—— 'The Poetics of Closure in Calderón's Plays', en Manuel Delgado Morales, ed., *The Calderonian Stage: Body and Soul*, Lewisburg, Bucknell University Press, 1997, pp. 25–44

Carreño-Rodríguez, Antonio, 'Subversión e historia: Lope de Vega y los dilemas del poder', *Ínsula*, 696, 2004, pp. 2–4

—— 'Privanza e integridad nacional: Lope de Vega y las crisis del poder', *RILCE*, 21, 2, 2005, pp. 205–25

—— 'Alegoría, discurso político y la nueva comedia: Lope de Vega', *Bulletin of the Comediantes*, 58, 2, 2006, pp. 323–39

Cartas de Sor María de Jesús Ágreda y de Felipe IV, en Seco Serrano, ed., *Epistolario español*, Madrid, Atlas (Biblioteca de Autores Españoles, 108–9), 1958

Carter, Robin, '*Fuente Ovejuna* and Tyranny: Some Problems of Linking Drama with Political Theory', *Forum for Modern Language Studies*, 13, 4, 1977, pp. 313–35

Casalduero, Joaquín, '*Fuenteovejuna*', *Revista de Filología Hispánica*, 4, 1943, pp. 21–44

—— *Contribución al estudio del tema de don Juan en el teatro español*, Madrid, Porrúa Turanzas, 1975

—— '*El burlador de Sevilla*, sentido y forma', en *Teoría y realidad en el teatro español del siglo XVII*, Roma, Instituto Español de Cultura, 1981, pp. 215–24

Cascardi, Anthony J., *The Limits of Illusion. A Critical Study of Calderón*, Cambridge, Cambridge University Press, 1984

—— *Ideologies of History in the Spanish Golden Age*, University Park, Pennsylvania, Pennsylvania State University Press, 1997

'Castigos e documentos del rey don Sancho', en Pascual de Gayangos, ed., *Escritores en prosa anteriores al siglo XV, Madrid*, Madrid, Rivadeneyra (Biblioteca de Autores Españoles, 51), 1860, pp. 79–228

Castro, Américo. 'Algunas observaciones acerca del concepto del honor en los siglos XVI y XVII', *Revista de Filología Española*, 3, 1916, pp. 1–50 y 357–86

—— *De la edad conflictiva. Crisis de la cultura española en el siglo XVII*, 4ª ed., Madrid, Taurus, 1976 [1951]

—— y Hugo A. Rennert, *Vida de Lope de Vega (1562–1635)*, Salamanca, Anaya, 1968

Cepeda Adán, José, *Del Antiguo al Nuevo Régimen. Estudios en Homenaje al Profesor Cepeda Adán*, Granada, Universidad de Granada, 1986

Certeau, Michel de, *Écriture de l'histoire*, París, Gallimard, 1975

Cervantes, Miguel de, *Don Quijote de la Mancha*, ed. Francisco Rico, Barcelona, Crítica, 1998

—— *Los trabajos de Persiles y Sigismunda*, ed. Carlos Romero Muñoz, Madrid, Cátedra, 1997

Chartier, René, 'Espacio social e imaginario social, los intelectuales frustrados del siglo XVII', en *El mundo como representación*, Barcelona, Gedisa, 1992, pp. 165–81

Chauchadis Claude, *Honneur, morale et société dans l'Espagne de Philippe II*, París, Centre National de la Recherche Sociale, 1984

Checa Cremades, Fernando, *Carlos V y la imagen del poder en el Renacimiento*, Madrid, El Viso, 1999

Chevalier, Maxime, *Quevedo y su tiempo*, Barcelona, Crítica, 1992

Cilveti, Ángel L., 'Teología dramatizada y teología dramática en los autos de Calderón', *Boletín de la Biblioteca de Menéndez Pelayo*, 65, 1989, pp. 139–77

Claramonte, Andrés de, *La estrella de Sevilla*, ed. Alfredo Rodríguez López-Vázquez, Madrid, Cátedra, 1991

Clinescu, Matei, *Cinco caras de la modernidad. Modernismo, Vanguardia, Decadencia, Kitsch, Postmodernismo*, Madrid, Tecnos, 1991

Cohen, Walter, *Drama of a Nation. Public Theater in Renaissance England and Spain*, Ithaca y Londres, Cornell University Press, 1985

Colmeiro, Manuel, *Discurso de los políticos y arbitristas españoles de los siglos XVI y XVII y su influencia en el gobernación del estado*, Madrid, Gabriel Alhambra, 1857

Connor, Catherine, 'Hacia una teoría sociocultural del espectador aurisecular', en Bárbara Mujica y Anita Stoll, eds, *El texto puesto en escena: estudios sobre la comedia del Siglo de Oro en honor a Everett W. Hesse*, Londres, Tamesis, 2000, pp. 3–13

Corominas, Joan y José Antonio Pascual, *Diccionario crítico etimológico castellano e hispánico,* Madrid, Gredos, 1980–91, 6 vols

Cotarelo y Mori, Emilio, ed., *Comedias de Tirso de Molina*, Madrid, Bailly-Baillière, (Nueva Biblioteca de Autores Españoles, 4, 9), 1906–07, 2 vols

Correa, Gustavo, 'El doble aspecto de la honra en el teatro del siglo XVII', *Hispanic Review*, 26, 1958, pp. 99–107

Correa Calderón, Evaristo, *Registro de arbitristas economistas y reformadores españoles (1500–1936)*, Madrid, Fundación Universitaria Española, 1981

Covarrubias Horozco, Sebastián de, *Tesoro de la lengua castellana o española*, ed. Martín de Riquer, Barcelona, Horta, 2ª ed., Madrid, Turner, 1979 [1943]

—— *Emblemas morales*, ed. facsímil de la de Madrid, Luis Sánchez, 1610, introd. Carmen Bravo Villasante, Madrid, Fundación Universitaria Española, 1981

Critical Essays on the Theatre of Calderón, ed. Bruce W. Wardropper, Nueva York, NewYork University Press, 1965,

Crosby, James O., ed., Francisco de Quevedo, *Política de Dios, gobierno de Cristo y tiranía de Satanás*, Madrid y Urbana, Castalia y University of Illinois Press, 1966

Cruickshank, D. W. 'The Second Part of *La hija del aire*', *Bulletin of Hispanic Studies*, 62, 1984, pp. 286–94

—— 'Calderón's *Amor, honor y poder* and the Prince of Wales, 1623', *Bulletin of Hispanic Studies*, 77, 2000, pp. 75–99

—— 'The Significance of Fortuna in Calderón's *La hija del aire*': 'Never Ending Adventure', en *Studies in Medieval and Early Modern Spanish Literature in Honor of Peter N. Dunn*, Newark, Delaware, Juan de la Cuesta, 2002, pp. 351–76

Curtius, Ernst Robert, *Europäische Literatur und latenisches Mittelalter*, Berna, Francke; trad. Margit Frenk y Antonio Alatorre, *Literatura europea y Edad Media latina*, México, Fondo de Cultura Económica, 1976, 2 vols

Damiani, Bruno, *Moralidad y didactismo en el Siglo de Oro (1492–1615)*, Madrid, Orígenes, 1987

Darst, David H., 'Teorías de la comedia en el Siglo de Oro español', *Boletín de la Biblioteca Menéndez Pelayo*, 62, 1986, pp. 17–36

—— 'Tirso de Molina's Idea of *tragedia*', *Bulletin of the Comediantes*, 40, 1988, pp. 41–52

Davies, G. A., 'Poland, Politics, and *La vida es sueño*', *Bulletin of Hispanic Studies*, 70, 1993, pp. 147–63

Davies, R. Trevor, *La decadencia española, 1621–1700*, Barcelona, Labor, 1972

De Armas, Frederick A., *The Return of Astrea: An Astral-Imperial Myth in Calderón*, Lexington, University Press of Kentucky, 1986a

—— 'The Apocalyptic Vision of *La vida es sueño*, Calderón and Edward Fitzgerald', *Comparative Literature Studies*, 23, 1986b, pp. 119–40

—— 'Icons of Saturn, Astrologer-Kings in Calderón's *Comedias*', *Forum for Modern Language Studies*, 23, 2, 1987, pp. 117–30

—— ed., *The Prince in the Tower: Perceptions of 'La vida es sueño'*, Lewisburg, Bucknell University Press, 1993

—— 'Segismundo/Philip IV. The Politics of Astrology in *La vida es sueño*', *Bulletin of the Comediantes*, 53, 1, 2001, pp. 83–100

—— et al., *Critical Perspectives on Calderón de la Barca*, Lincoln, University of Nebraska, 1982

de la Fuerk, Vicerk, ed. '*Obras escogidas* del Padre Pedro Ribadeneira', Madrid, Biblioteca de Autores Españoles, vol. 60, 1952

de la Torre, Rogelio A., 'El tratamiento del soberano en *La vida es sueño*', en Luciano García Lorenzo, ed., *Calderón. Actas del Congreso Internacional sobre Calderón y el teatro español del Siglo de Oro*, Madrid, Consejo Superior de Investigaciones Científicas, 1983, vol. 1, pp. 649–60

de los Ríos, Blanca, ed. *Tirso de Molina. Obras dramáticas completas*, Madrid, Aguilar, 1946–52 (I, 1946, II, 1962, III, 1958), 3 vols

de Man, Paul, *Allegories of Reading. Figural Language in Rousseau, Nietzsche, Rilke, and Proust*, New Haven, Yale University Press, 1979

Deleito y Piñuela, José, *El declinar de la monarquía española*, Madrid, Espasa Calpe, 1955
—— *La mala vida en la España de Felipe IV*, Madrid, Espasa Calpe, Madrid, Alianza Editorial, 1987 [1959]
—— *El rey se divierte*, Madrid, Alianza, 1988
Dentler, Robert A. y Kai T. Erikson, 'The Functions of Deviance in Groups', *Social Problems*, 7, 1959, pp. 98–107
Díaz Armas, Jesús, 'El sol como metáfora del príncipe', en Ignacio Arellano, ed., *Calderón 2000. Homenaje a Kurt Reichenberger en su 80 cumpleaños*, Kassel, Edition Reichenberger, 2002, vol. I, pp. 427–45
Díez Borque, José María, *Sociología de la comedia española del siglo XVII*, Madrid, Cátedra, 1976
—— 'La comedia de Lope como propaganda política y militar', *Cuadernos Hispanoamericanos*, núms. 322–3, 1977, pp. 150–67
—— *Sociedad y teatro en la España de Lope de Vega*, Barcelona, Bosch, 1978
—— ed., *Teatro y fiesta en el barroco. España e Iberoamérica*, Barcelona, Serbal, 1986
—— 'Algunas calas provisionales en la poesía de sátira y transgresión religiosa en el Barroco español', en Giovanna Calabrò, ed., *Identità e metamorfosi del Barroco Ispanico*, Nápoles, Guida Editori, 1987, pp. 43–64
—— 'Mecanismos de construcción y recepción de la comedia española del siglo XVII, con un ejemplo de Lope de Vega', *Cuadernos de Teatro Clásico*, 1, 1988a, pp. 61–81
—— 'Órbitas de teatralidad y géneros fronterizos en la dramaturgia del XVII', *Criticón*, 42, 1988b, pp. 103–24
—— *El teatro español en el siglo XVII*, Madrid, Taurus, 1988c
—— ed., Lope de Vega, *El castigo sin venganza*, Madrid, Espasa Calpe (Clásicos Castellanos, Nueva Serie), 1988d
Dixon, Víctor, 'El santo rey David y *Los cabellos de Absalón*', en Hans Flasche, ed., *Hacia Calderón. Tercer Coloquio Anglogermano*, Berlín y Nueva York, 1976, pp. 84–98
—— 'Prediction and its Dramatic Function in *Los cabellos de Absalón*', *Bulletin of Hispanic Studies*, 61, 3, 1984, pp. 304–16
Doménech, Fernando y Juan Antonio Hormigón, *A la sombra de las luces*, Madrid, Publicaciones de la Asociación de Directores de Escena de España, 1993
Domínguez Ortiz, Antonio, *Crisis y decadencia de la España de los Austrias*, Barcelona, Ariel, 1984
—— *Instituciones y sociedad en la España de los Austrias*, Barcelona, Ariel, 1985
—— ' La historiografía', en *Historia de la literatura española*, Madrid, Cátedra, 1990, vol. I, pp. 527–34
Dowling, John C., *El pensamiento político-filosófico de Saavedra Fajardo. Posturas del siglo XVII ante la decadencia y conservación de monarquías*, Taos, Nueva México, 1957

Dunn, Peter N., 'Honour and Christian Background in Calderón', *Bulletin of Hispanic Studies*, 37, 1960, 75–105

Durán, Manuel y R. González Echevarría, *Calderón y la crítica. Historia y antología*, Madrid, Gredos, 1976, 2 vols

Ebersole, Alva E., 'Examen del problema de la moneda de vellón a través de algunos documentos del siglo XVII', *Homenaje a Rodríguez-Moñino*, Madrid, Castalia, 1966, pp. 155–65

Edwards, Gwynne, 'Calderón's *La hija del aire* in the Light of His Sources', *Bulletin of Hispanic Studies*, 43, 1966, pp. 177–96

—— 'Calderón's *Los cabellos de Absalón*. A Reappraisal', *Bulletin of Hispanic Studies*, 48, 1971, pp. 218–38

—— 'Introduction', en *Los cabellos de Absalón*, ed. Nueva York, Pergamon Press, 1973

—— *The Prison and the Labyrinth: Studies in Calderonian Tragedy*, Cardiff, University of Wales Press, 1978

—— ed., Calderón de la Barca, *La hija del aire*, Londres, Tamesis Books, 1970

Egginton, William, 'Psychoanalysis and the Comedia, Skepticism and the Paternal Function in *La vida es sueño*', *Bulletin of the Comediantes*, 52, 1, 2000, pp. 97–122

Egido, Aurora, ed., *La escenografía del teatro barroco*, Salamanca, Universidad de Salamanca y Universidad Menéndez Pelayo, 1989

—— *El gran teatro de Calderón. Personajes, Temas, Escenografía*, Kassel, Edition Reichenberger, 1995

El Saffar, Ruth, 'Way Stations in the Errancy of the Word. A Study of Calderón's *La vida es sueño*', *Renaissance Drama*, 17, 1986, pp. 83–100

Elam Keir, *The Semiotics of Theatre and Drama*, Londres y Nueva York, Methuen, 1980

Elizalde, Ignacio, 'El problema social en dos obras dramáticas de Calderón', *Letras de Deusto*, 11, 22, 1981, pp. 85–99

Elliott, John H. y José F. de la Peña, *Memoriales y cartas del Conde Duque de Olivares*, Madrid, Alfaguara, 1978, 2 vols

—— 'Quevedo and the Count-Duke of Olivares', en James Iffland, ed., *Quevedo in Perspective*, Newark, Juan de la Cuesta, 1982a, pp. 227–50

—— ed., *Poder y sociedad en la España de los Austrias*, trad. Xavier Gil Pujol, Barcelona, Crítica, 1982b

—— *Richelieu and Olivares*, Cambridge, Cambridge University Press, 1984

—— 'Power and Propaganda in the Spain of Philip IV', en Sean Wilentz, ed., *Rites of Power, Symbolism, Ritual and Politics since the Middle Ages*, Filadelfia, Pennsylvania, University of Pennsylvania Press, 1985a

—— 'Poder y propaganda en la España de Felipe IV', en *Homenaje a José Antonio Maravall*, Madrid, Centro de Investigaciones Sociológicas, 1985b, vol. II, pp. 15–42

—— *The Count Duke of Olivares, The Statesman in an Age of Decline*, New Haven y Londres, Yale University Press, 1986

—— *Spain and its World, 1500–1700: Selected Essays*, New Haven, Yale University Press, 1989

—— *España y su mundo, 1500–1700*, Madrid, Alianza Editorial, 1990a
—— *La España del Conde Duque de Olivares*, Valladolid, Universidad de Valladolid, 1990b
—— *Imperial Spain, 1469–1716*, Nueva York, Penguin, 1990c [1963]
—— *Lengua e imperio en la España de Felipe IV*, Salamanca, Ediciones Universidad, 1994
Enciclopedia de emblemas españoles ilustrados, eds. Antonio Bernat Vistarini y John T, Cull, Madrid, Akal, 1999
Escudero Baztán, Lara, 'La comedia hagiográfica de Tirso de Molina', *Ínsula* 671, 2003, pp. 20–3
Evans, Peter, 'The Roots of Desire in *El burlador de Sevilla'*, *Forum for Modern Language Studies*, 22, 1986, pp. 232–47
Exum, Frances, *The Metamorphosis of Lope de Vega's King Pedro*, Madrid, Playor, 1974
Farrel, Ronald A., *Deviance and Social Control*, Glenview, Illinois, Scott, Foresman, 1982
Fernández, Jaime, 'El honor según la contraposición "noble-villano" en el teatro de Lope de Vega', *Bulletin of the Faculty of Foreign Languages and Studies*, 19, 1985, pp. 143–72
Fernández, X. A., 'En torno al texto de *El burlador de Sevilla y convidado de piedra'*, *Segismundo*, 9–14, 1969–71, pp. 7–417
—— *Las comedias de Tirso de Molina. Estudios y métodos de crítica textual*, Kassel, Reichenberger, 1991, 3 vols
Fernández Albadalejo, Pablo, *Fragmentos de monarquía*, Madrid, Alianza Editorial, 1992
Fernández Álvarez, Manuel, *La sociedad española en el Siglo de Oro*, Madrid, Gredos, 1989
Fernández Peláez, Iván, 'La razón de estado en *Los cabellos de Absalón'*, *Bulletin of the Comediantes*, 55, 1, 2003, pp. 109–27
Fernández Santamaría, J. A., *Razón de estado y política en el pensamiento español del Barroco.* Madrid, Centro de Estudios Constitucionales, 1992
Feros, Antonio, 'Clientismo y poder monárquico en la España de los siglos XVI y XVII', *Relaciones. Estudios de Historia y Sociedad*, 73, 1998, pp. 17–49
—— *Kingship and Favoritism in the Spain of Philip III, 1598–1621,* Cambridge, Cambridge University Press, 2000
Ferrer, Teresa, *Nobleza y espectáculo (1535–1622). Estudio y documentos*, Valencia, Universidad de Valencia, 1993
Fineman, Joel, 'The Structure of Allegorical Desire', en Stephen Greenblatt, ed., *Allegory and Representation*, Baltimore y Londres, Johns Hopkins University Press, 1981, pp. 26–60
Fiore, Robert L., *Drama and Ethos: Natural-Law Ethics in Spanish Golden Age Theater*, Lexington, University of Kentucky Press, 1975
—— '*Fuenteovejuna*: Philosophical Views on the State and Revolution', *Hispanic Essays in Honor of Frank P. Casa*, eds. A. Robert Lauer y Henry W. Sullivan, Nueva York, Peter Lang, 1997, pp. 103–111
Fischer, Susan L., 'The Psychological Stages of Feminine Development in *La*

hija del aire: A Jungian Point of View', *Bulletin of the Comediantes*, 34, 1982, pp. 137–58

—— 'Calderón's *Los cabellos de Absalón* and the Semiotics of Performance', *Bulletin of the Comediantes*, 39, 2, 1987, pp. 225–42

Flasche, Hans, ed., *Calderón de la Barca*, Darmstadt, Wissenschaftliche Buchgesellschaft, 1971

—— 'Perspectivas de la locura en los graciosos de Calderón (*La aurora en Copacabana*)', *Nueva Revista de Filología Hispánica*, 34, 1985–1986, pp. 631–53

—— 'El tema del arrepentimiento en Calderón', *Iberomania*, 23, 1986, pp. 174–84

—— ed. *Hacia Calderón. Octavo Coloquio anglogermano, Bochum, 1987*, Stuttgart, Franz Steiner, 1988

Fletcher, Angus, *Allegory: The Theory of a Symbolic Mode*, Ithaca, Cornell University Press, 1964

Florit Durán, Francisco. *Tirso de Molina ante la comedia nueva*, Madrid, Revista *Estudios*, 1986

Forastieri-Braschi, Eduardo, 'Semíramis y la desintegración de un arquetipo: *La hija del aire* de Calderón', *Confluencia. Revista Hispánica de Cultura y Literatura*, 6, 1, 1990, pp. 31–38

Fox, Dian, '*El médico de su honra*: Political Considerations', *Hispania*, 65, 1, 1982, pp. 28–38

—— *Kings in Calderón: A Study in Characterization and Political Theory*, Londres, Tamesis, 1986

—— 'Kingship and Community in *La vida es sueño*', *Bulletin of Hispanic Studies*, 58, 1981, pp. 217–28

Frenk, Margit, 'Claves metafóricas de *El castigo sin venganza*', *Filología*, 20, 1985, pp. 147–55

Froldi, R., *Lope de Vega y la formación de la comedia*, Salamanca, Anaya, 1968,

Frye, Northrop, *Anatomy of Criticism. Four Essays,* Princeton, Princeton University Press, 1957

—— *Fools of Time: Studies in Shakespearean Tragedy*, Toronto y Londres, University of Toronto, 1967

—— 'Allegory', en Alex Preminger, ed., *Princeton Encyclopedia of Poetry and Poetics*, enlarged edition, Princeton, Princeton University Press, [1974] 1993, pp. 31b–36b

Galino Carrillo, María Ángeles, ed., *Los tratados sobre educación de príncipes (siglos XVI y XVII)*, Madrid, Consejo Superior de Investigaciones Científicas, 1948

García Lorenzo, Luciano, ed., *Calderón. Actas del 'Congreso Internacional sobre Calderón y el teatro español del Siglo de Oro'*, Madrid, Consejo Superior de Investigaciones Científicas, 1983, 3 vols

—— ed., *El personaje dramático. Ponencias y debates de las VII Jornadas de teatro clásico español*, Madrid, Taurus, 1985

—— ed., *Los géneros menores en el teatro del Siglo de Oro*, Madrid, Ministerio de Cultura, 1988

—— y John E. Varey, eds, *Teatros y vida teatral en el Siglo de Oro a través de las fuentes documentales*, Londres, Tamesis Books, 1991

—— ed., *El estado actual de los estudios calderonianos*, Kassel, Reichenberger, 2000

—— ed., *La construcción de un personaje: el gracioso*, Madrid, Editorial Fundamentos, 2005

García Santo-Tomás, Enrique, 'Más allá del "Fénix": de la estética receptiva a una poética cultural', *Ínsula*, núm. 658, 2001, pp. 26–8

—— ed., Lope de Vega, *El arte nuevo de hacer comedias en este tiempo*, Madrid, Cátedra, 2006

Gay, Clifford, *The Transformations of Allegory*, Londres, Routledge & Kegan Paul, 1974

Geertz, Clifford, 'Centers, Kings, and Charisma: Reflections on the Symbolics of Power', en Sean Wilentz, ed., *Rites of Power: Symbolism, Ritual, and Politics Since the Middle Ages*, Filadelfia, University of Pennsylvania Press, 1985, pp. 13–38

Gerli, Michael E., 'The Hunt of Love: The Literalization of a Metaphor in *Fuente Ovejuna*', *Neophilologus*, 63, 1979, pp. 54–8

Giacoman, Helmy F., 'Estudio interpretativo', en su edición a *Los cabellos de Absalón*, *Estudios de Hispanófila*, Chapel Hill, NC, University of North Carolina, Department of Romance Languages, 1968a

—— 'En torno a *Los cabellos de Absalón* de Pedro Calderón de la Barca', *Romanische Forschungen*, 80, 1968b, pp. 343–53

—— 'El rey David en *Los cabellos de Absalón* de Calderón', *Bulletin of the Comediantes*, 23, 2, 1971, pp. 39–43

Gijón Zapata, Esmeralda, 'Concepto del honor y de la mujer en Tirso de Molina', en *Tirso de Molina. Ensayos sobre la biografía y la obra del Padre Maestre Fray Gabriel Téllez*, Madrid, Estudios, 1949, pp. 480–655

Gilman, Stephen, 'An Introduction to the Ideology of the Baroque in Spain', *Symposium*, 1, 1, 1946, pp. 82–107

—— 'Lope, dramaturgo de la historia', en M. Criado de Val, ed., *Lope de Vega y los orígenes del teatro español. Actas del I Congreso Internacional sobre Lope de Vega*, Madrid, Edi-6, 1981, pp. 19–26

Girard, René, *Violence and the Sacred*, trad. Patrick Gregory, Baltimore y Londres, Johns Hopkins University Press, 1977

Glaser, Edward, 'Tirso de Molina's *La mujer que manda en casa*', *Annali dell'Istituto Universitario Orientale* (Sezione Romanza), II, 1960, pp. 25–42

Godzich, Wlad y Nicholas Spadaccini, eds, *Literature Among Discourses: The Spanish Golden Age*, Minneapolis, University of Minnesota Press, 1986

Gómez Moriana, Antonio, *Derecho de resistencia y tiranicidio*, Santiago de Compostela, Porto, 1968

González, Gabriel, *Drama y teología en el Siglo de Oro*, Salamanca, Universidad Pontificia, 1987

González de Amezúa, A., 'Un enigma descifrado. El raptor de la hija de Lope de Vega', *Boletín de la Real Academia Española*, 21, 1934, pp. 357–404; 521–62

González de Zárate, José María, *Emblemas regiopolíticas de Juan Solórzano*, Madrid, Tuero, 1987

González Echevarría, Roberto, 'El monstruo es una especie y otra: *La vida es sueño*, III, 2, 725', *Co-Textes* (Université Paul Valéry, Montpellier), 3, 1982, pp. 27–58

——— 'Threats in the Theater of Calderón: *La vida es sueño*, I, 303–308', en Peter Brooks, Shoshana Feldman y J. Hillis Miller, eds, *The Lesson of Paul de Man*, *Yale French Studies*, 69, 1985, pp. 180–91

——— 'Calderón's *La vida es sueño*, Mixed-(Up) Monsters', en *Celestina's Brood*, *Continuities of the Baroque in Spanish and Latin American Literatures*, Durham, North Carolina, Duke University Press, 1993, pp. 81–127

——— 'Los dos finales de *La vida es sueño*. Una lectura cervantina', en Francisco La Rubia-Prado, ed., *Literatura y pensamiento en España. Estudios en honor a Ciriaco Morón Arroyo*, Newark, Juan de la Cuesta, 2003, pp. 55–75

González García, José María, *Metáforas del poder*, Madrid, Alianza, 1998

González Palencia, Ángel, 'Quevedo, Tirso y las comedias ante la Junta de Reformación', *Boletín de la Real Academia Española*, 25, 1946, pp. 43–84

Gordon, M., 'Calderón's *Los cabellos de Absalón*: The Tragedy of a Christian King', *Neophilologus*, 64, 1980, pp. 390–401

Gracián, Baltasar, *Agudeza y arte de ingenio*, ed. Evaristo Correa Calderón, Madrid, Castalia, 1969, 2 vols

Gradon, Pamela, 'The Allegorical Picture', en *Form and Style in Early English Literature*, Londres, 1971, pp. 32–92

Grant, Helen, *Hispanic Studies in Honour of Joseph Manson*, ed. Dorothy M. Atkinson y Anthony H. Clarke, Oxford, Dolphin Books, 1972, pp. 119–37

——— 'The World Upside-down', en R. O. Jones, ed., *Studies in Spanish Literature of the Golden Age*, Londres, Tamesis, 1973, pp. 103–35

Greenblatt, Stephen, ed., *Allegory and Representation*, Baltimore, Johns Hopkins University Press, 1981

——— *Shakespearean Negotiations: The Circulation of Social Energy in Renaissance England*, Berkeley, University of California Press, 1988

Greer, Margaret Rich, 'The Play of Power: Calderón's *Fieras Afemina Amor* and *La estatua de Prometeo*', *Hispanic Review*, 56, 3, 1988, pp. 319–41

——— 'Art and Power in the Spectacle Plays of Calderón de la Barca', *Publications of the Modern Language Association*, 104, 3, 1989, pp. 329–39

——— *The Play of Power: Mythological Court Dramas of Calderón de la Barca*, Princeton, Princeton University Press, 1991

——— '*Imágenes de la caza, cazadores y cazados en la obra calderoniana*', en Manfred Tietz, ed., *Texto e imagen en Calderón. Undécimo Coloquio Anglogermano sobre Calderón*, Stuttgart, Franz Steiner, 1998, pp. 109–22

——— 'El poder del deseo y el deseo del poder', en Manfred Tietz, ed., *Deseo, sexualidad y afectos en la obra de Calderón. Duodécimo Coloquio Anglogermano sobre Calderón*, Stuttgart, Franz Steiner Verlag, 2001, pp. 61–71

——— 'Matrimonios de justicia y poder. *La vida es sueño*, comedia y auto', en Ignacio Arellano, ed., *Calderón 2000. Homenaje a Kurt Reichenberger en su 80 cumpleaños*, Kassel, Edition Reichenberger, 2002, vol. II, pp. 483–94

Griffin, Nigel, *Two Jesuit Ahab Dramas*, Exeter, University Press, 1976a
—— *Jesuit School Drama: A Checklist of Critical Literature*, Londres, Grant and Cutler, 1976b
Guevara, fray Antonio de, *Menosprecio de corte y alabanza de aldea*, ed. Matías Martínez Burgos, Madrid, Espasa-Calpe, 1968
Gutiérrez Nieto, Juan Ignacio, 'El pensamiento político y social de los arbitristas', en *El siglo del* Quijote *(1580–1680): Religion, filosofía, ciencia*, Madrid: Espasa Calpe, 1986, pp. 235–354
Hacia Calderón. Coloquio Anglogermano, ed. Hans Flasche, Berlín, Walter de Gruyter, 1970
Halkhoree, P., *Social and Literary Satire in the comedias of Tirso de Molina*, ed. J. Ruano de la Haza y H. Sullivan, Ottawa, Ottawa Hispanic Studies, 1989
Hall, H. B., 'Segismundo and the Rebel Soldier', *Bulletin of Hispanic Studies*, 45, 1968, pp. 189–200
Hamilton, Earl J., 'The Decline of Spain', *Economic History Review*, 8, 1938, pp. 168–79
Hanson, R. P. C., *Allegory and Event: A Study of the Sources and Significance of Origen's Interpretation of Scripture*, Londres, SCM, 1959
Hare, David, *The History Plays*, Londres y Boston, Faber and Faber, 1984
Harmon, Philippe, 'Clausules', *Poétique*, 6, 1975, pp. 495–526
Hartzenbusch, J. E. ed., *Teatro escogido de fray Gabriel Téllez*, Madrid, Yenes, 1839–42
—— ed., *Comedias escogidas de fray Gabriel Téllez*, Madrid, Rivadeneyra, 1848
Hazard, Paul, *La crise de la conscience européenne, 1680–1715*, París, Boivin, 1935, 3 vols
Heathcote, A. A., '*Peribáñez* and *El alcalde de Zalamea*: Similarities and Differences', *Vida Hispánica* 25, 3, 1977, pp. 21–30
Heiple, Daniel L., 'The Tradition Behind the Punishment of the Rebel Soldier in *La vida es sueño*', *Bulletin of Hispanic Studies*, 50, 1973, pp. 1–17
Hermenegildo, Alfredo, 'Fray Luis de León y su visión de la figura del rey', *Letras de Deusto*, 13, 1983a, pp. 169–77
—— 'La responsabilidad del tirano: Virués y Calderón frente a la leyenda de Semíramis', en Luciano García Lorenzo, ed., *Calderón. Actas del Congreso Internacional sobre Calderón y el teatro español del Siglo de Oro*, Madrid, Consejo Superior de Investigaciones Científicas, 1983b, vo. II, pp. 897–911
Hernández Araico, Susana, 'El gracioso en *La hija del aire*', *Hispania*, 69, 3, 1986, pp. 476–82
—— 'Mitos, simbolismo y estructura en *Apolo y Climene* y *El hijo del sol, Faetón*', *Bulletin of Hispanic Studies*, 64, 1987, pp. 77–85
—— 'Official Genesis and Political Subversion of *El mayor encanto amor*', en Charles Ganelin y Howard Mancing, eds, *The Golden Age Comedia: Text, Theory, and Performance*, West Lafayette, Indiana, Purdue University Press, 1994, pp. 119–36
—— 'Teatralización de estatismo, poder y pasión en *Cómo ha de ser el privado* de Quevedo', *Hispania*, 82, 3, 1999, pp. 461–71

Hernandi, Paul, 'Representing the Past: A Note on Narrative Historiography and Historical Drama', *History and Theory*, 15, 1976, pp. 45–57

Herrero, Javier, 'The New Monarchy: A Structural Reinterpretation of *Fuente Ovejuna*', *Revista Hispánica Moderna*, 36, 1970–71, pp. 137–85

Herrnstein Smith, Barbara, *Poetic Closure: A Study of How Poems End*, Chicago, Chicago University Press, 1968

Hesse, Everett W., 'Courtly Allusion in the Plays of Calderón', *Publications of Modern Language Association*, 65, 4, 1950, pp. 531–49

—— 'Calderón's Concept of the Perfect Prince in *La vida es sueño*', en Bruce W. Wardropper, ed., *Critical Essays on the Theatre of Calderón*, Nueva York, New York University Press, 1965, pp. 114–33

—— *Calderón de la Barca*, Nueva York, Twayne, 1967

—— 'A New Generation of Calderón Critics, 1981', en *Calderón de la Barca at the Tercentenary: Comparative Views*, eds Wendell M. Aycock y Sydney P. Cravens, Lubbock, Texas, Texas Tech University Press, 1982, pp. 13–28

—— 'La regeneración de Segismundo', en Victorio Agüero y Nathaniel B. Smith, eds, *Josep María Solà-Solé. Homage, Homenaje, Homenatge (Miscelánea de estudios de amigos y discípulos)*, Barcelona, Puvill Libros, 1984, II, pp. 65–75

—— *The Comedia and Points of View*, Potomac, Maryland, Scripta Humanistica, 1984

—— 'The Sadist in *La hija del aire*', *Proceedings of the Fifth Annual Golden Age Spanish Drama Symposium*, El Paso, University of Texas, 1985, pp. 3–9

—— 'Calderón's Semíramis: Myth of the Phalic Woman', *Bulletin of the Comediantes*, 38, 1986a, pp. 209–18

—— *Ironía y tragedia en Calderón*, Potomac, Maryland, Scripta Humanistica, 1986b

—— 'Theme and Symbol in Calderón's *La hija del aire*', *Bulletin of the Comediantes*, 44, 1, 1992, pp. 31–43

Hilborn, Harry W., *A Chronology of the Plays of Don Pedro Calderón de la Barca*, Toronto, University of Toronto Press, 1938

Hildner, David Jonathan, *Reason and the Passions in the Comedias of Calderón*, Ámsterdam/Filadelfia, John Benjamins Publishing, 1982

Hillach, Ansgar, 'Calderón antimaquiavélico', *Iberoromania*, 14, 1981, pp. 87–97

Hillgarth, J. N., 'Spanish Historiography and Iberian Reality', *History and Theory*, 24, 1985, pp. 24–43

—— *The Mirror of Spain, 1500–1700: The Formation of a Myth*, Ann Arbor, University of Michigan Press, 2000

Hillis Miller, Joseph, 'The Problematic of Narrative Ending', *Nineteenth-Century Fiction (A Special Edition: Narrative Endings)*, 1, 33, 1985, pp. 43–57

Hobsbawm, Eric, *La crisis del siglo XVII*, Madrid, Siglo XXI, 1988 [1954]

Holzinger, Walter, 'Imagistic Patterns and Techniques in Calderón's *Los cabellos de Absalón* and Its Indebtedness to Tirso's *La venganza de Tamar*', *Neophiloqus*, 62, 1978, pp. 234–9

Homstad, Alice, 'Segismundo: The Perfect Machiavellian Prince', *Bulletin of the Comediantes*, 41, 1989, pp. 127–39

Honig, Edwin, *Calderón and the Seizures of Honor*, Cambridge, Massachusetts, Harvard University Press, 1972

Hormigón, Juan Antonio, 'Los mitos en el espejo cóncavo: transgresiones de la norma en el personaje del rey', en *El mito en el teatro clásico español*, coord. Francisco Ruiz Ramón y César Oliva, Madrid, Taurus, 1988, pp. 158–81

Hume, Martin, *The Court of Philip IV: Spain in Decadence*, Londres, Nueva York, Putnam's Sons, 1907

Irvine Watson, A., 'Peter the Cruel or Peter the Just?: A Reappraisal of the Role Played by King Peter in Calderón's *El médico de su honra*', *Romanistisches Jahrbuch*, 14, 1963, pp. 322–46

Isidoro de Sevilla, *Etimologiae*, ed. bilingüe preparada por José Oroz Reta y Manuel A. Marcos Casquero, Madrid, Biblioteca de Autores Cristianos, 1983, 2 vols

Jakobson, Roman, *Lingüística y Poética*, trad. Ana María Gutiérrez-Carrillo, Madrid, Cátedra, 1981

Joucla-Ruau, André, *Le Tacitisme de Saavedra Fajardo*, París, Éditions Hispaniques, 1977

Jover Zamora, José María, *Carlos V y los españoles*, Madrid, Ediciones Rialp, 1963

Juan Manuel, don, *El conde Lucanor*, ed. Guillermo Serés, Barcelona, Crítica (Biblioteca Clásica, 6), 1994

Kagan, Richard L., *Lucrecia's Dreams: Politics and Prophecy in Sixteenth-Century Spain*, Berkeley, University of California Press, 1990, pp. 75–85

—— 'Politics, Prophecy, and the Inquisition in Late Sixteenth-Century Spain', en M. E. Perry y A. J. Cruz, eds, *Cultural Encounters: The Impact of the Inquisition in Spain and the New World*, Berkeley, University of California Press, 1991, pp. 105–24

—— 'Philip II, History, and the *Cronistas del rey*', en F. Chueca Goitia *et al.*, eds, *Philippus II Rex*, Madrid, Lunwerg Editores, 1998, pp. 19–29

Kamen, Henry, 'The Decline of Spain: A Historical Myth?', *Past and Present*, 81, 1978, pp. 24–50

Kennedy, Ruth Lee, 'On the Date of Five Plays by Tirso de Molina', *Hispanic Review*, 10, 1942, pp. 183–214

—— 'Studies for the Chronology of Tirso's Theatre', *Hispanic Review*, 11, 1943, pp. 17-46

—— '*La prudencia en la mujer* and the Ambient that Brought it Forth', *Publications of Modern Language Association*, 63, 1948, pp. 1131–90

—— '*La prudencia en la mujer* y el ambiente que la produjo', *Tirso de Molina. Ensayos sobre la biografía y obra del padre fray Gabriel Téllez*, Madrid, Estudios, 1949, pp. 224–93

—— 'Literary and Political Satire in Tirso's *La fingida Arcadia*', en *The Renaissance Reconsidered*', Northampton, MASS., Smith College Studies in History, 44, 1964, pp. 91–110

—— *Studies in Tirso, I: The Dramatist and His Competitors, 1620–26*, Chapel

Hill, University of North Carolina (Department of Romance Languages, I, 59)
y International Book Service, Portland, Oregon, 1974
—— 'Has Tirso Satirized the Conde Duque de Olivares in Nineucio of *Tanto es
lo de más como lo de menos*', en J. R. Jones, ed., *Medieval, Renaissance and
Folklore Studies in Honor of J. E. Keller*, Newark, Juan de la Cuesta, 1980,
pp. 281–301
—— 'La perspectiva política de Tirso en *Privar contra su gusto* de 1621 y la de
sus comedias políticas posteriores', *Estudios*, 132–5, 1981, pp. 199–238
—— *Estudios sobre Tirso, I. El dramaturgo y sus competidores, 1620–1626*,
Madrid: Revista de Estudios, 1983
Kermode, Frank, *The Sense of an Ending: Studies in the Theory of Fiction*, Nueva
York, Oxford University Press, 1967
Kesen de Quiroga, Nelly, 'La construcción del personaje trágico en dos dramas
de Calderón, *La cisma de Ingalaterra* y *Los cabellos de Absalón*', *Calderón
2000. Homenaje a Kurt Reichenberger en su 80 cumpleaños,* Kassel, Edition
Reichenberger, 2002, vol. II, pp. 259–68
Kirschner, Teresa J., *El protagonista colectivo en Fuenteovejuna*, Salamanca,
Universidad de Salamanca, 1979
—— 'Evolución de la crítica de *Fuenteovejuna*, de Lope de Vega, en el siglo
XX', en Antonio Sánchez Romeralo, ed., *Lope de Vega, El teatro, II*, Madrid,
Taurus (El escritor y la crítica), 1989, pp. 77–97
Küpper, Joachim, '*La cisma de Inglaterra* y la concepción calderoniana de la
historia', en Hans Flasche, ed., *Hacia Calderón. Octavo Coloquio Anglogermano*, Stuttgart, Franz Steiner Verlab Wiesbaden GMBH, 1988, pp. 183–201
Kurtz, Barbara E., 'Joining Forces, Allegory/History in the *autos sacramentales*
of Pedro Calderón de la Barca', en *Varia Hispanica. Homenaje a A. Porqueras
Mayo*, Kassel, Reichenberger, 1989, pp. 137–45
—— *The Play of Allegory in the Autos Sacramentales of Pedro Calderón de la
Barca*, Washington DC, The Catholic University of America Press, 1991
Larson, Donald R., *The Honor Plays of Lope de Vega*, Cambridge, Massachusetts, Harvard University Press, 1977
Lauer, A. Robert, *Tyrannicide and Drama*, Stuttgart, Franz Steiner, 1987
—— 'La imagen del rey tirano en el teatro calderoniano', en Hans Flasche, ed.,
Hacia Calderón. Octavo Coloquio Anglogermano, Stuttgart, Franz Steiner
Verlag (Archivum Calderonianum 5), 1988, pp. 65–76
—— 'El rey Basilio y el discurso del poder', *Hacia Calderón. Décimo Coloquio Anglogermano, Passau 1993*, Stuttgart, Franz Steiner Verlag, 1994, pp.
253–65
—— 'El leal traidor de *La vida es sueño* de Calderón', *Bulletin of Hispanic
Studies*, 77, 2000, pp. 133–44
Lázaro Carreter, Fernando, 'Funciones de la figura del donaire en el teatro de
Lope', en Ricardo Doménech, ed., *'El castigo sin venganza' y el teatro de
Lope de Vega*, Madrid, Cátedra/Teatro Español, 1987, pp. 31–48
LEMSO, '*Los estudios sobre Calderón en los últimos catorce años* (1981–1994)
o historia de un explosión crítica', *Anthropos*, extra 1, pp. 182–7

Lewalski, Barbara Kiefer, *Renaissance Genres: Essays on Theory, History and Interpretation*, Cambridge, Massachusetts, Harvard University Press, 1986

Lida de Malkiel, María Rosa, 'Lope de Vega y los judíos', *Bulletin Hispanique*, 75, 1973, pp. 73–113

Lindenberger, Herbert S., *Historical Drama. The Relation of Literature and Reality*, Chicago, University of Chicago Press, 1975

Lipmann, Stephen H., 'Segismundo's Fear at the End of *La vida es sueño*', *Modern Language Notes*, 97, 1982, pp. 380–90

Lisón Tolosana, Carmelo, *La imagen del rey. Monarquía, realeza y poder ritual en la Casa de los Austrias*, Madrid, Espasa-Calpe, 1991

Loftis, John C., *Renaissance Drama in England and Spain: Topical Allusion and History Plays*, Princeton, Princeton University Press, 1987

Lomax, Derek W., *Las órdenes militares en la península ibérica durante la Edad Media*, Salamanca, Universidad Pontificia, 1976

Lomba y Pedraja, José R., 'El Rey don Pedro en el teatro', en Juan Valera, ed., *Homenaje a Menéndez y Pelayo*, vol. II, Madrid, Victoriano Suárez, 1899, pp. 257–339

López, fr. A., 'La Sagrada Biblia en las obras de Tirso', en *Tirso de Molina. Ensayos sobre la biografía y la obra del padre maestro Fray Gabriel Téllez*, Madrid, Estudios, 1949, pp. 381–414

López Estrada, Francisco, 'Rebeldía y castigo del avisado don Juan', *Anales de la Universidad hispalense*, 12, 1951, pp. 109–31

López Navío, J., 'Una comedia de Tirso que no está perdida', *Estudios*, 16, 1960, pp. 331–47

López Pinciano, A., *Philosophia antigua poética*, ed. A Carballo Picazo, Madrid, Consejo Superior de Investigaciones Científicas, 1973, 3 vols

López Poza, Sagrario, ed. *Literatura emblemática hispánica. Actas del I Simposio Internacional*, La Coruña, Universidad da Coruña, 1996

—— ed., Diego de Saavedra Fajardo, *Empresas políticas*, Madrid, Cátedra, 1999

—— 'El disimulo como virtud política en los tratados emblemáticos españoles de educación de príncipes', *Estudios sobre emblemática española. Trabajos del grupo de investigación 'Literatura Emblemática Hispánica'*, Ferrol, Universidade da Coruña), Sociedad de Cultura Valle Inclán (Colección SIELAE), 2000a, pp. 221–233

—— ed., *Estudios sobre literatura emblemática española, Trabajos del grupo de investigación 'Literatura Emblemática Hispánica'*, Ferrol, Universidade da Coruña), Sociedad de Cultura Valle Inclán (Colección SIELAE), 2000b

Lublinskaya, Aleksandra, D., *La crisis del siglo XVII y la sociedad del absolutismo*, Barcelona, Crítica, 1979

Lukács, Georg, 'Alegoría y símbolo', *Estética*, 4, Barcelona, Grijalbo, 1967, pp. 423–74

Lynch, John, *Spain Under the Habsburgs, I, Empire and Absolutism, 1516–1598; II, Spain and America, 1598–1700*, Oxford, Blackwell, 1981

—— *The Hispanic World in Crisis and Change, 1598–1700*, Oxford, Blackwell, 1992

MacCurdy, Raymond R., 'La tragédie néo-sénéquienne en Espagne au XVIIe siècle, et particulièrement le thème du tyran', en Jean Jacquot, ed., *Les Tragédies de Sénèque et le Théâtre de la Renaissance*, París, Centre National de la Recherche Sociale, 1964, pp. 72–85

—— ed., Tirso de Molina, *El burlador de Sevilla* y *La prudencia en la mujer*, Nueva York, Laurel Language Library, 1965

—— 'Notes on the Fatal Curse in Golden Age Drama', *Kentucky Review Quarterly*, 21, 1974, pp. 330–2

—— *The Comedia de Privanza: Tragic Fall, Don Álvaro de Luna and Other Favorites in Spanish Golden Age Drama*, Chapel Hill, North Carolina Studies in the Romance Languages and Literatures, 1978

—— 'Peribáñez, El príncipe despeñado y la historia de Lucrecia. La cuestión de fuentes', *Josep María Solà-Solé. Homage, homenaje, homenatge*, Barcelona, Puvill Libros, 1984, 2 vols, vol. II, pp. 103–7

Mackenzie, Ann L., ed., *The Schism in England (La cisma de Inglaterra)*, ed. y trad. Kenneth Muir y Ann L. Mackenzie, Warminster, Inglaterra, Aris & Phillips, 1990

—— 'Some Comments upon Two Recent Critical Editions of *El castigo sin venganza*', *Bulletin of Hispanic Studies*, 67, 1991, pp. 503–6

—— 'Calderón and His Theatre: Major Concerns in his Current Studies', *Bulletin of the Comediantes*, 77, 2000, pp. 49–74

Macqueen, John, *Allegory*, Londres, Methuen, 1970

Maeztu, Ramiro de, *Don Quijote, Don Juan y la Celestina*, Madrid, Espasa Calpe, 1945

Maldonado de Guevara, Francisco, 'Emblemática y política. La obra de Saavedra Fajardo', *Revista de Estudios políticos*, 23, 1949, pp. 15–79

Maquiavelo, Nicolás, *Il principe e altri scritti*, ed. Vittorio de Caprariis, Bari, 1962

—— *El príncipe*, ed. y trad. Francisco Javier Alcántara, Barcelona, Planeta, 1983

Maravall, José Antonio, 'Saavedra Fajardo, moral acomodaticia y carácter conflictivo de la libertad', en *Estudios de historia del pensamiento español. Serie tercera. Siglo XVII*, Madrid, Ediciones Cultura Hispánica, 1975, pp. 161–96

—— *Poder, honor y élites en el siglo XVII*, Madrid, Siglo XXI, 1979

—— *La cultura del barroco,* 3ª ed. Barcelona, Ariel, 1983

—— *Estudios de historia del pensamiento español*, Madrid, Ediciones Cultura Hispánica, 1983–84

—— 'From the Renaissance to the Baroque: The Diphasic Schema of a Social Crisis', en *Literature Among Discourses: The Spanish Golden Age*, eds, Wlad Godzich y Nicholas Spadaccini, Minneapolis, University of Minnesota Press, 1986a, pp. 3–40

—— 'Teatro, fiesta e ideología en el Barroco', en José M. Díez Borque, ed., *Teatro y fiesta en el Barroco. España e Iberoamérica*, Barcelona, Ediciones de Serbal, 1986b, pp. 71–96

—— *Antiguos y modernos. La idea de progreso en el desarrollo inicial de una sociedad,* Madrid, Sociedad de Estudios y Publicaciones; 2ª ed., Alianza Editorial, 1986c [1966]

—— *Teatro y literatura en la sociedad barroca,* Barcelona, Editorial Crítica, 1990a [1972]

—— 'Una interpretación histórico-social del teatro barroco', *Cuadernos Hispanoamericanos,* 235, 1969, pp. 74–108, reimp. en *Teatro y literatura en la sociedad barroca,* Madrid, Seminario y Ediciones, 1972, 79–145; 2ª ed., corregida y aumentada, Barcelona, Crítica, 1990b

—— *Teoría del estado en España en el siglo XVII,* 21ª ed. Madrid, Centro de Estudios Constitucionales, 1997 [1944]

Marcus, Leah S., 'Renaissance/Early Modern Studies', *Redrawing the Boundaries,* eds Stephen Greenblatt y Giles Gunn, Nueva York, Modern Language Association, 1992, pp. 41–63

—— *Unediting the Renaissance: Shakespeare, Marlowe, Milton,* Londres y Nueva York, Routledge, 1996

Mariana, Juan de, *De rege et regis institutione,* Toledo, 1599, trad. E. Barriobero y Hernán, *Del rey y de la institución real,* Madrid, Co. Iberoamericana de Publicaciones, 1930

—— *Obras del Padre Juan de Mariana,* Madrid, Atlas (Biblioteca de Autores Españoles, 31), 1950

Mariscal, George, 'Calderón and Shakespeare: The Subject of Henry VIII', *Bulletin of the Comediantes,* 39, 2, 1987, pp. 189–213

Mariscal de Rhett, Beatriz, '*La vida es sueño*: Soluciones calderonianas a la crisis política e ideológica del siglo XVII', *Bulletin of the Comediantes,* 37, 2, 1985, pp. 181–90

Márquez Villanueva, Francisco, 'Literatura bufonesca o del "loco"', *Nueva Revista de Filología Hispánica,* 34, 1985–86, pp. 501–28

—— 'La voluntad de leyenda de Miguel de Luna', en *El problema morisco (desde las otras laderas),* Madrid, Libertarias, 1991, pp. 45–98

—— 'Trasfondos de la profecía del Tajo', en V. García de la Concha y J. San José Lara, eds, *Fray Luis de León. Historia, humanismo y letras,* Salamanca, Universidad de Salamanca, 1996, pp. 423–40

Maurel, Serge, *L'univers dramatique de Tirso de Molina,* Poitiers, Université de Poitiers, 1971

Mayberry, Nancy K., 'More on the Role of David in Calderón's *Los cabellos de Absalón*', *Revista de Estudios Hispánicos,* 14, 1, 1980, pp. 43–50

McCrary, W. C., 'Theater and History: *El rey don Pedro en Madrid*', *Crítica Hispánica,* 1, 1979, pp. 145–67

McGaha, Michael D., ed., *Approaches to the Theater of Calderón,* Washington DC, University Press of America, 1982

—— 'The Authorship and Interpretation of the Second Part of *La hija del aire*', en Barbara Mujica, ed., *Texto y espectáculo,* Lanham, University Press of America, 1989, pp. 137–48

McGrady, Donald, 'Calderón's Rebel Soldier and Poetic Justice Reconsidered', *Bulletin of Hispanic Studies,* 62, 2, 1985, pp. 181–4

—— 'Who Rules at the End of *La vida es sueño*?', *Forum for Modern Language Studies*, 24, 1, 1988, pp. 53–7

McKendrick, Melveena, 'Language and Silence in *El castigo sin venganza*', *Bulletin of the Comediantes*, 35, 1983, pp. 79–95

—— *Playing the King: Lope de Vega and the Limits of Conformity*, Londres, Tamesis, 2000

Mee, Charles L., *History Plays*, Baltimore, Johns Hopkins University Press, 1998

Mendo, Andrés, *Príncipe perfecto y ministros ajustados, documentos políticos, y morales*, León de Francia, Horacio Boissat & George Remeus, 1662 [1642]

Menéndez Pelayo, Marcelino, *Calderón y su teatro. Conferencias dadas en el Círculo de la Unión Católica*, 3ª ed., Madrid, Imprenta de A. Pérez Dubrull, 1884 [1881]

—— *Antología de poetas líricos castellanos*, Madrid, Consejo Superior de Investigaciones Científicas, 1944–45, 10 vols

—— 'Observaciones preliminares', en *Obras de Lope de Vega. Crónicas y leyendas dramáticas de España*, Madrid, Atlas, 1966

Menéndez Pidal, Ramón, *Floresta de leyendas heroicas españolas. Rodrigo, el último godo*, Madrid, La Lectura, 1925–27, 3 vols

Merrick, C. A., 'Clotaldo's role in *La vida es sueño*', *Bulletin of Hispanic Studies*, 50, 1973, pp. 256–69

Metford, J. C. J., 'Tirso de Molina and the Conde-Duque de Olivares', *Bulletin of Hispanic Studies*, 36, 1959, pp. 15–27

Miller, D. A., *Narrative and Its Discontents: Problems of Closure in the Traditional Novel*, Princeton, Princeton University Press, 1981

Molina, Tirso de, *Cigarrales de Toledo*, ed. L. Vázquez, Madrid, Castalia, 1996

—— *Comedias de Tirso de Molina*, ed. Emilio Cotarelo y Mori, Madrid, Bailly-Baillière (Nueva Biblioteca de Autores Españoles, 4, 9), 1906–7

—— *Comedias escogidas de fray Gabriel Téllez*, ed. J. E. Hartzenbusch, Madrid (Biblioteca de Autores Españoles, 5), Rivadeneyra, 1848

—— *El burlador de Sevilla* y *La prudencia en la mujer*, ed. Raymond R. MacCurdy, Nueva York, Laurel Language Library, 1965

—— *El burlador de Sevilla*, ed. Ignacio Arellano, Madrid, Espasa Calpe (Colección Austral), 1991

—— *La mujer que manda en casa*, ed., Dawn L. Smith, Londres, Tamesis Texts, 1984c

—— *La mujer que manda en casa*, ed. Dawn L. Smith, en *Obras completas. Cuarta parte de comedias*, I, ed. del IET, dirigida por I. Arellano, Madrid y Pamplona, Instituto de Estudios Tirsianos, 1999

—— *La prudencia en la mujer*, ed. Alice Huntington Bushee and Lorna Lavery Stafford, México Distrito Federal, México City College Press, 1948

—— *La república al revés*, en *Obras dramáticas completas*, ed. B. de los Ríos, Madrid, Aguilar (impreso por Gráficas Halar), 1946, vol. I

—— *La ventura con el nombre*, en *Obras dramáticas completas*, ed. B. de los Ríos, Madrid, Aguilar, 1958, vol. III

—— *Privar contra su gusto*, ed. M. Romanos, en *Obras completas. Cuarta parte de comedias*, I, ed. del IET, dirigida por I. Arellano, Madrid y Pamplona, Instituto de Estudios Tirsianos, 1999

—— *Tanto es lo de más como lo de menos*, en *Obras dramáticas completas*, ed. B. de los Ríos, Madrid, Aguilar, (impreso por Gráficas Halar), 1946, vol. I

—— *Teatro escogido de fray Gabriel Téllez*, ed. J. E. Hartzenbusch, Madrid, Yenes, 1839–42

—— *Obras completas. Cuarta parte de comedias*, I, ed. del IET, dirigida por I. Arellano, Madrid y Pamplono, Instituto de Estudios Tirsianos, 1999

—— *Obras completas de Tirso de Molina*, ed. Pilar Paloma e Isabel Prieto, Madrid, Turner (Biblioteca Castro), 1994–97, 3 vols

—— *Obras dramáticas completas*, Madrid, Aguilar, 1946–52 (I, 1946, II, 1962, III, 1958), 3 vols

—— *Obras de Tirso de Molina*, ed., María del Pilar Palomo Vázquez, Madrid, Atlas (Biblioteca de Autores Españoles, 236–42), 1970–71

Montero, D., 'Las cinco partes de comedias de Tirso de Molina en la Biblioteca Nacional de Madrid', *Voz y Letra*, 8, 1, 1997, pp. 37–51

Morby, Edwin S., 'Some Observations on *tragedia* and *tragicomedia* in Lope', *Hispanic Review*, 11, 1943, pp. 182–209

Morier, Henri, *Dictionnaire de Poétique et de Rhétorique*, París, Presses Universitaires de France, 1961; 4ª ed. 1989

Morley, S. Griswold, Courtney Bruerton, y Richard W. Tayler, *Los nombres de personajes en las comedias de Lope de Vega*, Berkeley y Los Ángeles, University of California Press, 1961, 2 vols

Morley, S. Griswold, Courtney Bruerton, *The Chronology of Lope de Vega's 'Comedias'*, Nueva York, Modern Language Association, 1940, trad. *Cronología de Lope de Vega*, Madrid, Gredos, 1968

Morón Arroyo, Ciriaco, *Calderón. Pensamiento y teatro*, Santander, Sociedad Menéndez Pelayo, 1982

Morrow, Carolyn, 'Género y cuerpo político en *La cisma de Inglaterra* y *La hija del aire*', en Melchora Romanos, Florencia Calvo y Ximena González, eds, *Estudios de teatro español y novohispano*, Buenos Aires: Universidad de Buenos Aires-AITENSO, 2005, pp. 379–86

Mousnier, Roland, *Les XVIᵉ et XVIIᵉ siècles. Les progrès de la civilisation européenne et le déclin de l'orient (1492–1715)*, París, Presses Universitaires de France, 1954

Mujica, Barbara, 'Golden Age / Early Modern Theater: *Comedia* Studies at the End of the Century', *Hispania*, 82, 1999, pp. 397–406

Mundi Pedret, Francisco, ed., *Estudios sobre Calderón y el teatro del Siglo de Oro. Homenaje a Kurt y Roswitha Reichenberger*, Barcelona, Promociones y Publicaciones Universitarias, 1989

Murillo Ferrol, Francisco, *Saavedra Fajardo y la política del Barroco*. Madrid, Centro de Estudios Constitucionales, 1989 [1957]

Murrin, Michael, *The Veil of Allegory: Some Notes Toward a Theory of Allegorical Rhetoric in the Renaissance*, Chicago, University of Chicago Press, 1969

Navarro González, Alberto, *Calderón de la Barca: de lo trágico a lo grotesco*, Kassel, Reichenberger, Universidad de Salamanca, 1984

—— ed., *Estudios sobre Calderón (Actas del Coloquio Calderoniano)*, Salamanca, Universidad de Salamanca, 1988

Neumeister, Sebastian, 'La fiesta mitológica en su contexto histórico', en H.
Flasche, ed., *Hacia Calderón. Tercer Coloquio anglogermano*, Londres, 1973;
Nueva York, Walter de Bruyter, 1976, pp. 156–70

—— 'Escenografía cortesana y orden estético-político del mundo', en Aurora
Egido, ed., *La escenografía del teatro barroco*, Salamanca, Universidad de
Salamanca y Universidad Menéndez Pelayo, 1989, pp. 141–59

—— 'Decadencia y modernidad de la emblemática. Diego de Saavedra Fajardo,
Idea de un príncipe cristiano (1640)', en Sagrario López Poza, ed., *Literatura emblemática hispánica*, La Coruña, Universidade da Coruña, 1996, pp.
203–19

—— 'Amor y poder en el teatro de Calderón', en Manfred Tietz, ed., *Texto
e imagen en Calderón. Undécimo Coloquio Anglogermano sobre Calderón*,
Stuttgart, Franz Steiner Verlag, 1998, vol. VIII, pp. 171–80

Nichols, Stephen G., 'The New Medievalism: Tradition and Discontinuity in
Medieval Culture', en Marina S. Brownlee, Kevin Brownlee y Stephen G.
Nichols, eds, *The New Medievalism*, Baltimore, Johns Hopkins University
Press, 1991, pp. 1–26

Nietzsche, Friedrich, *El origen de la tragedia*, 7ª ed., Madrid, Espasa Calpe,
1980

Novo, Yolanda, 'Rasgos escenográficos y reconstrucción escénica de *La gran
Cenobia* (1636)', en *Teatro calderoniano sobre el tablado. Calderón y la
puesta en escena a través de los siglos. XIII Coloquio anglogermano sobre
Calderón, Florencia, 10–14 de julio de 2002*, Stuttgart, Franz Steiner Verlag
(Archivum Calderonianum 10), 2003, pp. 359–90

O'Connor, Patricia K., '*La venganza de Tamar* de Tirso y *Los cabellos de Absalón*
de Calderón. Análisis comparativo', en *Calderón. Actas del I Congreso sobre
Calderón y el Teatro Español del Siglo de Oro*, Madrid, Consejo Superior de
Investigaciones Científicas, 1983, vol. III, pp. 1309–17

Oestreich, Gerhard, *Neostoicism and the Early Modern Age*, Cambridge,
Cambridge University Press, 1982

Oleza, Juan, 'El nacimiento de la comedia, estado de la cuestión', en Jean Canna-
vagio, ed., *La comedia*, Madrid, Casa de Velázquez, 1995, pp. 181–226

—— 'Estudio preliminar', en Donald McGrady, ed., *Peribáñez y el Comendador
de Ocaña*, Barcelona, Crítica, 1997, pp. ix–lv

Oostendorp, E., 'La estructura de la tragedia calderoniana', *Criticón*, 23, 1983,
pp. 177–94

Orobitg, C., 'Le prince melancolique dans la comedia', en J. P. Étienvre, ed.,
Littérature et Politique en Espagne aux siécles d'or, París, Klincksieck, 1998,
pp. 169–83

Orozco Díaz, Emilio, 'Sobre la teatralización y comunicación de masas en el
Barroco. La visualización espacial de la poesía', en *Homenaje a José Manuel
Blecua*, Madrid, Gredos, 1983, pp. 497–512

—— 'Sobre el Barroco, expresión de una estructura histórica. Los determinantes sociopolíticos y religiosos', en *Homenaje a Antonio Domínguez Ortiz*, Madrid, Ministerio de Educación y Ciencia, 1984, pp. 105–76

Ortega y Gasset, J., *Esquema de las crisis*, Madrid, Revista de Occidente, 1942

Ostlund, DeLys, *Re-creation of History in the Fernando and Isabel Plays of Lope de Vega*, Nueva York, Peter Lang, 1997

Osuna, Rafael, *Sociopoética de la dramaturgia*, Madrid, Editorial Orígenes, 1991

Oteiza, Blanca, '¿Conocemos los textos verdaderos de Tirso de Molina?', en *Varia lección de Tirso de Molina. Actas del VIII Seminario del Centro para la Edición de Clásicos Españoles*, eds. I. Arellano y B. Oteiza, Madrid y Pamplona, Instituto de Estudios Tirsianos 2000, pp. 99–128

——— 'Tirso en el siglo XXI. Estado actual de los estudios tirsianos', *Ínsula*, núm. 681, 2003, pp. 3–5

Pagden, Anthony, *Spanish Imperialism and the Political Imagination. Studies in European and Spanish-American Social and Political Theory, 1513–1830*, New Haven, Yale University Press, 1990

——— *Lords of All the World. Ideologies of Empire in Spain, Britain, and France, c. 1500–1800*, New Haven, Yale University Press, 1995

Paloma Vázquez, María del Pilar, ed., *Obras de Tirso de Molina*, Madrid, Atlas (Biblioteca de Autores Españoles, 236–242), 1970–71

——— 'La creación dramática de Tirso de Molina', *Estudios tirsistas*, Málaga, Universidad, 1999a, pp. 13–89

Parker, Alexander A., 'The Approach to the Spanish Drama of the Golden Age', *Tulane Drama Review*, 4, 1959, pp. 42–59

——— 'Metáfora y símbolo en la interpretación de Calderón', en *Actas del Primer Congreso Internacional de Hispanistas*, eds. F. Pierce y C. A. Jones, Oxford, 1964

——— 'The Father–Son Conflict in the Drama of Calderón', *Forum for Modern Language Studies*, 2, 2, 1966, pp. 99–113

——— 'Calderón's Rebel Soldier and Poetic Justice', *Bulletin of Hispanic Studies*, 46, 1969, pp. 120–7

——— 'Henry VIII in Shakespeare and Calderón: An appreciation of *La cisma de Ingalaterra*', *Modern Language Review*, 43, 1948, pp. 327–57; publicado también en John E. Varey, ed., *Critical Studies of Calderón's Comedias*, en Pedro Calderón de la Barca, *Comedias*, Londres, Gregg International and Tamesis Books, 1973, vol. XIX, pp. 47–77

——— '*El médico de su honra* as Tragedy', *Hispanófila*, 2, 1975a, pp. 3–23

——— 'Aproximación al drama español del Siglo de Oro', en Manuel Durán y Roberto González Echevarría, eds, *Calderón y la crítica*, Madrid, Gredos, 1975b [1957], vol. I, pp. 329–57

——— 'Segismundo's Tower, A Calderonian Myth', *Bulletin of Hispanic Studies*, 49, 1982, pp. 247–56

——— 'La religión y el estado: *La cisma de Ingalaterra*', en *La imaginación y el arte de Calderón*, Madrid, Cátedra, 1991, pp. 305–348

Parker, Geoffrey, *The Grand Strategy of Philip II*, New Haven, Yale University Press, 1998

—— y Lesley M. Smith, eds, *The General Crisis of the Seventeenth Century*, Londres y Boston, Routledge & Kegan Paul, 1978

Parker, Patricia y David Quint, eds, *Literary Theory/Renaissance Texts*, Baltimore, Johns Hopkins University Press, 1986

Parr, James A., 'Tragedia y comedia en el siglo XVII español. Antiguos y Modernos', en J. M. Ruano de la Haza, ed., *El mundo del teatro español en su Siglo de Oro. Ensayos dedicados a John E. Varey*, Ottawa, Dovehouse, 1989, pp. 151–60

Paterson, Alan K. G., 'Justo Lipsio en el teatro de Calderón', en J. M. Ruano de la Haza, ed., *El mundo del teatro español en su Siglo de Oro. Ensayos dedicados a John E. Varey*, Ottawa Hispanic Studies, 1989, pp. 275–91

—— 'Stages of History and History on Stage: On Lope de Vega and Historical Drama', en *Spanish Theatre, Studies in Honour of Victor F. Dixon*, eds. Kenneth Adams, Ciaran Cosgrove y James Whiston, Londres, Tamesis, 2001, pp. 147–56

Pedraza Jiménez, Felipe B., 'Sexo, poder y relaciones afectivas en *Los cabellos de Absalón*', en *Calderón. Actas del I Congreso sobre el Calderón y el Teatro Español del Siglo de Oro*. Madrid, Consejo Superior de Investigaciones Científicas, 1983, vol. I, pp. 549–60

—— *Calderón. Vida y teatro*, Madrid, Alianza, 2000

Pellicer de Tovar, José, 'Idea de la comedia de Castilla. Preceptos del teatro de España y arte del estilo moderno cómico', en *Perceptiva dramática española del Renacimiento y el Barroco*, eds. Federico Sánchez Escribano y Alberto Porqueras Mayo, Madrid, Gredos, 1965, pp. 217–27

Peña Echevarría, Javier, *et al.*, eds, *La razón de Estado en España. Siglos XVI–XVII*, Madrid, Tecnos, 1998

Pérez, Joseph, 'La crisis del siglo XVII', *Edad de Oro*, 1, 1982, pp. 35–42

Pérez Bustamante, C., *Felipe III. Semblanza de un monarca y perfiles de una privanza*, Madrid, Real Academia de la Historia, 1950

Pérez de Moya, Juan, *Philosophia secreta*, I, ed. E. Gómez de Barquero, Madrid, Compañía Iberoamericana de Publicaciones, 1928

Peristiany, J. G., *et al.*, *El concepto de honor en la sociedad mediterránea*, Barcelona, Labor, 1968

Perry, Mary Elizabeth, ' "Lost Women" in Early Modern Seville: The Politics of Prostitution', *Feminist Studies*, 4, 1978, pp. 195–214

—— *Crime and Society in Early Modern Seville*, Hanover, University Press of New England, 1980

Peters, Edward, *The Shadow King*, New Haven y Londres, Yale University Press, 1970

Peyton, Myron A., 'The *retrato* as Motif and Device in Lope de Vega', *Romance Notes*, 3, 1961–62, pp. 51–7

Pinto, Virgilio, 'Pensamiento, vida intelectual y censura en la España de los siglos XVI y XVII', *Edad de Oro*, 7, 1988, pp. 181–92

Pitt-Rivers J., *Antropología del honor o política de los sexos*, Barcelona, Crítica, 1979

—— y Peristiany, J. C., eds., *Honor y gracia*, Madrid, Alianza, 1992

Prades, Juana de José, *Teoría de los personajes de la comedia nueva*, Madrid, Consejo Superior de Investigaciones Científicas, 1963

Pring-Mill, Robert D. F., 'Introduction', en *Lope de Vega, Five Plays*, ed. y trad. Jill Booty, Nueva York, 1961, vii–xlvi

—— 'Calderón de la Barca y la fuerza ejemplar de lo poetizado', en *Hacia Calderón*, eds. H. Flasche y P. Juan i Tours, Wiesbaden, Franz Steiner Verlag, (Archivum Calderonianum, 2), 1983, pp. 1–15

—— *Calderón. Estructura y ejemplaridad*, ed. Nigel Griffin, Londres, Tamesis, 2001

Puigdomènech, H., *Maquiavelo en España. Presencia de sus obras en los siglos XVI y XVII*, Madrid, Fundación Universitaria Española, 1988

Quevedo, Francisco de, *Obras completas en prosa*, ed., Alfonso Rey, Madrid, Editorial Castalia (Nueva Biblioteca de Erudición y Crítica, 24), 2003, 2 vols

Quilligan, Maureen, *The Language of Allegory: Defining the Genre*, Ithaca y Londres, Cornell University Press, 1979

Quintero, María Cristina, 'Gender, Tyranny and the Performance of Power in *La hija del aire*', *Bulletin of the Comediantes*, 20, 1968, pp. 155–78

—— 'Political Intentionality and Dramatic Convention in the "Teatro Palaciego" of Francisco Bances Candamo', *Revista de Estudios Hispánicos*, 20, 3, 1986, pp. 37–53

—— "Monarchy and the Limits of Exemplarity in the "Teatro Palaciego" of Francisco Bances Candamo', *Hispanic Review*, 3, 1998, 309–29

Quintiliano, *Institutio Oratoria*, trad. H. E. Butler, Londres, Heinemann, 1920–22, 4 vols

Ramírez, Alejandro, ed., *Epistolario de Justo Lipsio y los españoles (1577–1606)*, Madrid/St. Louis, Missouri, Castalia/Washington University Press, 1966

Rank, Otto, 'The Incest of Amon and Tamar', *Tulane Drama Review*, 7, 1962, pp. 38–43

Redondo, Augustin, ed., 'Le jeu de l'énigme dans l'Espagne du XVIe siècle et au début du XVIIe siècle, aspect ludique et subversion', en *Les jeux de la Renaissance*, París, Publications de la Sorbonne, 1982, pp. 445–58

—— *Les discours des groupes dominés (domaine Ibérique et Latino-Américain)*, París, Publications de la Sorbonne, 1986

—— ed., *Le corps dans la société espagnole des XVIe et XVIIe siècles*, París, Publications de la Sorbonne, 1990

Regalado, Antonio, *Calderón. Los orígenes de la modernidad en la España del Siglo de Oro*, Barcelona, Destino, 1995, 2 vols

Rennert, Hugo Albert, *The Spanish Stage in the Time of Lope de Vega*, Nueva York, Dover, 1963

—— *Life of Lope de Vega*, Filadelfia, Campion, 1904, trad. y adiciones de Américo Castro, *Vida de Lope de Vega (1562–1635)*, Salamanca, Anaya, 1968

Ribbans, Geoffrey W., 'The Meaning and Structure of Lope's *Fuenteovejuna*', *Bulletin of Hispanic Studies*, 31, 1954, pp. 150–70

Rico, Francisco, *El pequeño mundo del hombre*, Madrid, Alianza Editorial, 1986

Rico Verdú, José, 'Sobre algunos problemas planteados por la teoría de los géneros literarios del Renacimiento', *Edad de Oro*, 6, 1985, pp. 157–178

—— 'El problema de la libertad humana en el teatro calderoniano', *Boletín Millares Carlo* 4, 1985, pp. 215–83

Rivadeneira, Pedro de, *Tratado de la religión y virtudes que debe tener el príncipe cristiano para gobernar y conservar sus estados, contra lo que Nicolás Maquiavelo y los políticos deste tiempo enseñan*, ed. Vicente de la Fuente, Madrid, M. Rivadeneira (Biblioteca de Autores Españoles, 60), 1953 [1868]

—— *Obras escogidas*, ed. Vicente de la Fuente, Madrid, (Biblioteca de Autores Españoles, 60), Atlas, 1952

Rivers, Elias L., 'Lope and Cervantes Once More', *Kentucky Romance Quarterly*, 14, 1967, pp. 112–19

Roas, David, 'Lope y la manipulación de la historia. Realidad, leyenda e invención en la *Comedia de Bamba*', *Anuario Lope de Vega*, 1, 1995, pp. 189–208

Roaten, D. H. y F. Sánchez Escribano, *Wölfflin's Principles in Spanish Drama, 1500–1700*, Nueva York, Hispanic Institute in the United States, 1952, pp. 94–132

Robles Pazos, J., 'Sobre la fecha de *Fuente Ovejuna*', *Modern Languages Notes*, 50, 1935, pp. 179–82

Rodríguez Cuadros, Evangelina, ed., Calderón de la Barca. *Los cabellos de Absalón*, Madrid, Espasa Calpe, 1989a

—— 'El incesto y el protagonismo femenino en el espacio de la tragedia, literatura, retórica y escena', en *Estudios sobre Calderón y el teatro de la Edad de Oro*, Barcelona, Publicaciones y Promociones Universitarias, 1989b, pp. 369–91

Rodríguez de la Flor, Fernando, *Atenas castellana. Ensayos sobre cultura simbólica y fiestas en la Salamanca del Antiguo Régimen*, Salamanca, Junta de Castilla y León, 1989

—— *Teatro de la memoria. Siete ensayos sobre mnemotecnia española de los siglos XVII y XVIII*, Valladolid, Junta de Castilla y León, Consejería de Educación y Cultura, 1996

—— 'Mundus est fabula. La lectura político-moral de la naturaleza en la literatura simbólica ilustrada del Siglo de Oro', en *La península metafísica. Arte, literatura y pensamiento en la España de la Contrarreforma*, Madrid, Biblioteca Nueva, 1999, pp. 59–74

—— *Barroco. Representación e ideología en el mundo hispánico, 1580–1680*, Madrid, Cátedra (Crítica y estudios literarios), 2002

Rodríguez López-Vázquez, Alfredo, 'La significación política del incesto en el teatro de Calderón', *Les mentalités dans la péninsule Ibérique et Amérique Latine aux XVIième et XVIIième siècles. Histoire et problématique. Actes du XIIIᵉ Congrès de la Societé des Hispanistes Français de l'Enseignement Supérieur*, Tours, Publications de l'Université de Tours (Série 'Études Hispaniques', 1), 1978

—— 'La venganza de Tamar, colaboración entre Tirso y Calderón', *Revista Cauce*, vol. N.d., 5, 1982, pp. 73–85

—— *Andrés de Claramonte y El burlador de Sevilla*, Kassel, Reichenberger, 1987a

—— 'Aportaciones críticas a la autoría del *Burlador de Sevilla*', *Criticón*, 1987b, pp. 5–44

—— y Luis Vázquez Fernández, '*El Burlador de Sevilla*, ¿Tirso o Claramonte?', en Aurora Egido, ed., *Historia y crítica de la literatura española. Siglos de Oro, Barroco. Primer Suplemento*, Barcelona, Editorial Crítica, 1992, pp. 460–70

Rojas Zorrilla, Francisco. *Lucrecia y Tarquino*, ed. Raymond R. MacCurdy, Albuquerque, Nueva México, New Mexico University Press, 1963

Rollinson, Philip B., *Classical Theories of Allegory and Christian Culture*, Pittsburgh, Duquesne University Press; Londres, Harvester Press, 1981

Romancero, ed. de Paloma Díaz-Mas, Barcelona, Crítica, 1994

Romancero general, ed. Agustín Durán, Madrid, Rivadeneyra (Biblioteca de Autores Españoles, 10, 16), [1851], reimpr. Madrid, Atlas, 1945

Romanos, Melchora, 'Alejandro Magno y la ejemplaridad de la historia en el teatro de Calderón', en Ignacio Arellano, ed., *Calderón 2000. Homenaje a Kurt Reichenberger en su 80 cumpleaños. Actas del Congreso Internacional, IV Centenario del nacimiento de Calderón*, Kassel, Editions Reichenberger, 2002, vol. I, pp. 789–801

—— 'Los espacios del poder en el teatro de Tirso de Molina', en Melchora Romanos, Florencia Calvo y Ximena González, eds, *Estudios de teatro español y novohispano*', Buenos Aires, Universidad de Buenos Aires-AITENSO, 2005, pp. 257–67

Rosaldo, Jr, Renato, 'Lope as Poet of History, History and Ritual in *El testimonio vengado*', en Alva V. Ebersole, ed., *Perspectivas de la comedia*, Valencia, Estudios de Hispanófila, 1978, pp. 9–32

Rose, Constance H., 'Who Wrote the Segunda Parte of *La hija del aire?*', *Revue Belge de Philologie et d'Histoire*, 54, 1976, pp. 797–822

—— '¿Quién escribió la *Segunda parte* de *La hija del aire?* ¿Calderón o Enríquez Gómez?', en L. García Lorenzo, ed., *Calderón. Actas del Congreso Internacional sobre Calderón y el teatro español del Siglo de Oro*, Madrid, Consejo Superior de Investigaciones Científicas, 1983a, vol. I, pp. 603–15

—— 'Again on the Authorship of the Segunda Parte of *La hija del aire*', *Bulletin of Hispanic Studies*, 60, 3, 1983b, pp. 247–48

—— 'La presencia emblemática de Ana Bolena en *La cisma de Inglaterra*', en Manfred Tietz, ed., *Texto e imagen en Calderón. Undécimo Coloquio Anglogermano sobre Calderón*, Stuttgart, Franz Steiner, 1998, pp. 217–26

Rozas, Juan Manuel, *Significado y doctrina del 'Arte nuevo' de Lope de Vega*, Madrid, Sociedad General Española de Librería, 1976

—— *Estudios sobre Lope de Vega*, ed. Jesús Cañas Murillo, Madrid, Editorial Cátedra, 1990

Ruano de la Haza, J. M., 'Hacia una nueva definición de la tragedia calderoniana', *Bulletin of the Comediantes*, 35, 1983, pp. 165–80

—— 'Malicia campesina y la ambigüedad esencial de *Peribáñez y el Comendador de Ocaña* de Lope', *Hispanófila*, 84, 1985, pp. 21–30

—— 'Más sobre la "tragedia mixta" calderoniana', *Bulletin of the Comediantes*, 37, 1985, pp. 263–6

—— 'La puesta en escena de *La mujer que manda en casa*', *Revista Canadiense de Esudios Hispánicos*, 10, 1986, pp. 235–46

—— ed., *El mundo del teatro español en su Siglo de Oro. Ensayos dedicados a John Varey*, Ottawa, Dovehouse, 1989

—— ed., Pedro Calderón de la Barca, *La vida es sueño*, Madrid, Clásicos Castalia, 1994

—— 'Ediciones y manuscritos del teatro calderoniano', en Luciano García Lorenzo, ed., *Estado actual de los estudios calderonianos*, Kassel, Edition Reichenberger, 2000, pp. 1–34

Ruiz Ramón, Francisco, 'En torno al sentido trágico de *Los cabellos de Absalón*', *Segismundo*, 11, 21–2, 1975, pp. 155–70

—— 'Don Juan y la sociedad de *El burlador de Sevilla*', *Estudios de teatro español clásico y contemporáneo*, Madrid, Cátedra–Fundación Juan March, 1978, pp. 71–96

—— ed., Calderón de la Barca, *La cisma de Ingalaterra*, Madrid, Castalia, 1981

—— 'Personaje y mito en el teatro clásico español', en Luciano García Lorenzo, ed., *El personaje dramático*, Madrid, Taurus, 1985, pp. 281–93

—— ed., Calderón de la Barca, *La hija del aire*, Madrid, Cátedra, 1987

—— y César Oliva, *El mito en el teatro clásico español*, Madrid, Taurus, 1988

—— 'El mito de Uranos en *La vida es sueño*', en *Teatro del Siglo de Oro. Homenaje a Alberto Navarro González*, Kassel, Reichenberger, 1990, pp. 547–62

—— 'El palacio de Basilio o el espacio de la descomunicación', en *Actas del X Congreso de la Asociación Internacional de Hispanistas*, Barcelona, Promociones y Publicaciones Universitarias, 1992a, vol. II, pp. 1077–84

—— 'Mitos del poder, *La vida es sueño*'. En torno al teatro del Siglo de Oro. *Actas de las Jornadas VII y VIII celebrados en Almería*, Almería, Instituto de Estudios Almerienses de la Diputación de Almería, 1992b, pp. 61–80

—— 'Basilio/Segismundo. El enfrentamiento en palacio', en Mercedes Vidal Tibbits, ed., *Studies in Honor of Gilberto Paolini*, Newark, Delaware, Juan de la Cuesta, 1996, pp. 109–14

—— *Paradigmas del teatro clásico español*, Madrid, Cátedra (Crítica y estudios literarios), 1997

—— 'Segismundo en palacio: Reflejos en el espejo', en Manfred Tietz, ed., *Texto e imagen en Calderón. Undécimo Coloquio Anglogermano sobre Calderón*, Stuttgart, Franz Steiner, 1998, pp. 227–39

—— *Calderón, nuestro contemporáneo. El escenario imaginario. Ensayo sinóptico*. Madrid, Castalia, 2000

Rull, Enrique, 'Hacia la delimitación de una teoría político-teológica en el teatro de Calderón', en L. García Lorenzo, ed., *Calderón. Actas del Congreso Internacional sobre Calderón y el teatro español del Siglo de Oro*, Madrid, Consejo Superior de Investigaciones Científicas, 1983, pp. 759–67

Rupp, Stephen, *Allegories of Kingship. Calderón and the Anti-Machiavellian*

Tradition, University Park, Pennsylvania, Pennsylvania State University Press, 1996

Saavedra Fajardo, Diego de, *Empresas políticas*, ed. Sagrario López Poza, Madrid, Cátedra, 1999

Sage, Jack W., 'Music as an *Instrumentum regni* in Spanish Seventeenth Century Drama', *Bulletin of Hispanic Studies*, 61, 1984, pp. 384–90

Salomon, Noël, *Recherches sur le thème paysan dans la 'Comedia' au temps de Lope de Vega*, Burdeos, Institut d'Études Ibériques et Ibéro-Américaines, 1965, trad. Beatriz Chenot, *Lo villano en el teatro del Siglo de Oro*, Madrid, Castalia, 1985

Sánchez Pérez, Aquilino, *La literatura emblemática española (siglos XVI y XVII)*, Madrid, Sociedad General Española de Librería, 1977

Sánchez Romeralo, Antonio, ed., *Lope de Vega. El teatro, vol. II*, ed. Antonio Sánchez Romeralo, Madrid, Taurus (El escritor y la crítica), 1989

—— '*El villano en su rincón*: lección política', en Antonio Sánchez Romeralo, ed., *Lope de Vega. El teatro*, 1989b, vol. II, 299–319

Santillana, Marqués de, *Poesías completas*, ed. Manuel Durán, Madrid, Castalia, 1975, 2 vols

Schärer, Maya., 'El gracioso en Tirso de Molina: fidelidad y autonomía', *Cuadernos Hispanoamericanos*, 324, 1977, pp. 419–39

Schinasi, Michael, 'The History and Ideology of Calderón's Reception in Mid-Nineteenth-Century Spain', *Segismundo*, 19, 41–2, 1985, pp. 127–49

Searle, J., *Speech Acts*, Londres y Nueva York, Cambridge University Press, 1969

Segura Ortega, Manuel, *La filosofía jurídica y política en las 'empresas' de Saavedra Fajardo*, Murcia, Academia Alfonso X El Sabio, 1984

Serrano, Carlos, 'Métaphore et idéologie sur le tyran de *Fuenteovejuna* de Lope de Vega (notes)', *Les Langues Neolatines*, 199, 4, 1971, pp. 31–53

Serrano, Seco, ed., *Cartas de Sor María de Jesús Ágreda y de Felipe IV*, en *Epistolario español*, Madrid, Atlas (Biblioteca de Autores Españoles, 108–9), 1958

Shergold, N. D., *Genealogía, origen y noticias de los comediantes de España*, Londres, Tamesis, 1985

—— y J. E. Varey, 'Some Early Dates', *Bulletin of Hispanic Studies*, 38, 1961, pp. 274–86

—— y J. E. Varey, *Representaciones palaciegas, 1603–1699. Estudio y documentos*, Londres, Tamesis, 1982

Sieber, Harry, 'Politics and Patronage in the Court of Philip IV: *La mayor desgracia de Carlos V y jornada de Argel*', en *Silva. Studia philologica in honorem Isaías Lerner*, Madrid, Castalia, 2001, pp. 651–8

Silverman, Joseph H., 'Lope de Vega's Last Years and His Final Play', *Texas Quarterly*, 6, 1, 1963, pp. 174–87

—— y Samuel G. Armistead, *En torno al romancero sefardí. Hispanismo y balcanismo de la tradición judeo-española*, Madrid, Seminario Menéndez Pidal, 1982

Simón Díaz, José, 'El mecenazgo en la España de los Austrias', en *Le livre dans l'Europe de la Renaissance. Actes du XXVIIIᵉ Colloque International d'Études Humanistes de Tours*, eds. Pierre Aquilon y Henry-Jean Marín, Nantes, Promodis, 1988, pp. 112–21

Sirias, Silvio, 'En torno al tema de la misericordia en *Los cabellos de Absalón*', *Bulletin of the Comediantes*, 39, 2, 1987, pp. 259–71

Sito-Alba, Manuel, *Análisis de semiótica teatral*, Madrid, Universidad Nacional de Educación a Distancia, 1987

Sloman, Albert E., *The Dramatic Craftsmanship of Calderón: His Use of Earlier Plays*, Oxford, The Dolphin Book Co., 1958

—— 'The Structure of Calderón's *La vida es sueño*', en Bruce W. Wardropper, ed., *Critical Essays on the Theatre of Calderón*', Nueva York, New York University Press, 1965, pp. 90–100

Smith, Dawn L., ed., Tirso de Molina, *La mujer que manda en casa*, Londres, Tamesis Books, 1984

—— 'Women and Men in a World Turned Upside Down: An Approach to Three Plays by Tirso', *Revista Canadiense de Estudios Hispánicos*, 10, 1986, pp. 247–60

Smith, Paul Julian, *Writing in the Margin: Spanish Literature of the Golden Age*, Oxford, Clarendon Press, 1988; trad. *Escrito al margen. Literatura española del Siglo de Oro*, Madrid, Castalia, 1995

Social Deviance, ed. Ronald A. Farrel y Victoria Lynn Swigert, Filadelfia/Nueva York/Toronto, J. B. Lippincott, 1975

Soufas, Christopher C., y Teresa Scott Soufas, '*La vida es sueño* and Post-Modern Sensibilities: Towards a New Method of Analysis and Interpretation', en Dian Fox, ed., *Studies in Honor of Bruce W. Wardropper*, Newark, Delaware, Juan de la Cuesta, 1989, pp. 291–303

Souiller, Didier, *La dialectique de l'ordre et de l'anarchie dans les oeuvres de Shakespeare et de Calderón*, Nueva York y Berna, Peter Lang, 1985

Spang, Kurt, ed., *El drama histórico: Teoría y comentarios*, Pamplona, Eunsa, Ediciones Universidad de Navarra, 1998

Spitzer, Leo, 'Soy quien soy', *Nueva Revista de Filología Hispánica*, 1, 1947, pp. 113–27

—— 'A Central Theme and its Structural Equivalent in Lope's *Fuenteovejuna*', *Hispanic Review*, 23, 1955, pp. 274–92

Stern, Charlotte, 'Lope de Vega Propagandist?', *Bulletin of the Comediantes*, 34, 1, 1982, pp. 1–36

Stradling, R. A., *Europe and the Decline of Spain: A Study of the Spanish System, 1580–1720*, Londres, George Allen & Unwin, 1981

Stroud, Matthew D., *Fatal Union: A Pluralistic Approach to the Spanish Wife-Murder Comedias*, Londres y Toronto, Bucknell University Press, 1990

—— 'The Lesson of Calderón's *La cisma de Inglaterra*', en A. Robert Lauer y Henry W. Sullivan, eds, *Hispanic Essays in Honor of Frank P. Casa*, Nueva York, Peter Lang, 1997, pp. 253–63

Strubel, Armand, '"Allegoria in factis" et "allegoria in verbis"', *Poétique*, 23, 1975, pp. 342–57

Tate, R. B., *Ensayos sobre la historiografía peninsular del siglo XV*, Madrid, Gredos, 1970

Templin, E. H., 'Another Instance of Tirso's Self-Plagiarism', *Hispanic Review*, 5, 1937, pp. 176–80

ter Horst, Robert, 'A New Literary History of Don Pedro Calderón', en Michael D. McGaha, ed., *Approaches to the Theater of Calderón*, Washington DC, University of America Press, 1982a, pp. 33–52

—— *Calderón: The Secular Plays*, Lexington, University of Kentucky, 1982b

Thompson, Stith, *Motif-Index of Folk Literature*, Bloomington, University of Indiana [1932–36], 2ª ed., 1955–58, 6 vols

Tomás y Valiente, Francisco, *Los validos en la monarquía española del siglo XVII: estudio institucional*, Madrid, Siglo XXI, 1982

Torgovnick, Marianna, *Closure in the Novel*, Princeton, Princeton University Press, 1983

Toro, Alfonso de, 'Aproximaciones semiótica-estructurales para una definición de los términos *tragoedia, comoedia y tragicomedia. El drama de honor y su sistema, Gestos*, 1, 1986, pp. 53–72 y; 2, 1986, pp. 39–56

Trambaioli, M., 'Las "empresas" dramáticas calderonianas de tema mitológico sobre la educación del perfecto príncipe cristiano', en *Actes du Congrès Internacional. Théâtre, Musique et Arts dans les Cours Européennes de la Renaissance et du Baroque*, Varsovie, Éditions de l'Université de Varsovie–Faculté des Lettres Modernes, 1997, pp. 269–86

Trevor-Roper, Hugh R., *Princes and Artists: Patronage and Ideology at Four Habsburg Courts, 1517–1633*, Londres, Thames & Hudson, 1976

—— *The Crisis of the Seventeenth Century: Religion, the Reformation, and Social Change*, Nueva York, Harper & Row, 1968

Trubiano, Mario F., *Libertad, gracia y destino en el teatro de Tirso de Molina*, Madrid, Alcalá, 1985

Umpierre, G., *Songs in the Plays of Lope de Vega: A Study of their Dramatic Function*, Londres, Tamesis Books, 1975

Valbuena Briones, Ángel Julián, 'El simbolismo en el teatro de Calderón: La caída del caballo', *Romanische Forschungen*, 74, 1962, pp. 60–76

—— *Perspectiva crítica de los dramas de Calderón*, Madrid, Rialp, 1965

—— 'El tema de la fortuna en *La gran Cenobia*', *Quaderni Ibero Americani*, núms. 45, 46, 1975, pp. 217–23

—— *Calderón y la comedia nueva*, Madrid, Espasa Calpe, 1977,

—— 'The Role of the King and his Courtier in the Theatre of the XVII Century', Bruno Damiani, ed., *Renaissance and Golden Age Essays in Honor of D. W. McPheeters*, Potomac, Maryland, Scripta Humanistica, 1986, pp. 222–33

—— 'La biografía de Pedro Calderón de la Barca: una vocación para el teatro', *Anthropos*, 1, 1997, pp. 25–30

—— 'La fiesta palaciega del 3 de marzo de 1680', *Bulletin of Spanish Studies*, 77, 1, 2000, pp. 341–56

Valencia, Juan O., *Pathos y tabú en el teatro bíblico del Siglo de Oro*, Madrid, Ediciones y Distribuciones Isla, 1977

Varey, John E., 'Kings and Judges: Lope de Vega's *El mejor alcalde el rey*', en

J. Redmon, ed., *Themes in Drama*, Cambridge, Cambridge University Press, 1979

—— 'The Audience and the Play at Court Spectacles: The Role of the King', *Bulletin of Hispanic Studies*, 61, 1984a, pp. 399–406

—— 'A Further Note on the Actor/Audience Relationship in Spanish Court Plays of the Seventeenth Century', en *Arts du spectacle et histoire des idées. Recueil offert en hommage à Jean Jacquot*, Tours, Centres d'Études Supérieurs de la Renaissance, 1984b, pp. 177–82

—— 'El teatro palaciego y las crisis económicas del siglo XVII', en *Homenaje a José Antonio Maravall*, Madrid, Centro de Investigaciones Sociológicas, 1985, vol. III, pp. 441–51

—— 'La campagne dans le théâtre espagnol au XVIIᵉ siècle', en Jean Jacquot, ed., *Dramaturgie et société*, París, Centre National de la Recherche Scientifique, 1968, trad. Esther Berzosa, 'El campo en el teatro español del siglo XVII', *Cosmovisión y escenografía. El teatro español en el Siglo de Oro*, Madrid, Castalia, 1987a, pp. 37–69

—— *Cosmovisión y escenografía. El teatro en el Siglo de Oro*, Madrid, Castalia, 1987b

—— 'Crítica social en *El burlador de Sevilla*', en *Cosmovisión y escenografía: El teatro en el Siglo de Oro*. Madrid, Castalia, 1987c [1977], pp. 135–55

—— 'El influjo de la puesta en escena del teatro palaciego en la de los corrales de comedias', *Diálogos Hispánicos de Amsterdam*, 8, 1989, pp. 715–29

Vázquez Fernández, Luis, 'Biografía de Tirso de Molina (1579–1648): estado actual de la cuestión', *Ínsula*, 681, 2003, pp. 7–10

—— y Alfredo Rodríguez López-Vázquez, '*El Burlador de Sevilla*, ¿Tirso o Claramonte?', en Aurora Egido, ed., *Historia y crítica de la literatura española. Siglos de Oro, Barroco. 3/1, Primer Suplemento*, Barcelona, Crítica, 1992, pp. 460–70

Vázquez García, Francisco y Andrés Moreno Mengíbar, 'Documentos sobre el prostíbulo municipal de Sevilla, Siglos XVI–XIX', *Revista de Filología*, 7/8, 1988–89, pp. 325–79

—— *Poder y prostitución en Sevilla*, Sevilla, Universidad de Sevilla, 1995

—— 'Poderes y prostitución en España (siglos XIV–XVII). El caso de Sevilla', *Criticón*, 69, 1997, pp. 33–49

Vattimo, Gianni, *Il soggetto e la maschera. Nietzsche e il problema della liberazione*, Milán, Bompiani, 1974

Vega Carpio, Lope Félix de, *Duque de Viseo*, Ac., X

—— *El arte nuevo de hacer comedias en este tiempo*, ed. Enrique García Santo-Tomás, Madrid, Cátedra, 2006

—— *El castigo sin venganza*, ed. José María Díez Borque, Madrid, Espasa Calpe (Clásicos Castellanos, Nueva Serie), 1988

—— *El castigo sin venganza*, ed. Antonio Carreño, Madrid, Cátedra, 1990

—— *El mejor alcalde, el Rey*, ed. Frank P. Casa y Berislav Primorac, Madrid, Cátedra, 1993

—— *El mejor mozo de España*, Ac., X

—— *El perro del hortelano, El castigo sin venganza*, ed. A. David Kossoff, Madrid, Editorial Castalia, 1968, 4ª ed., 1987

—— *El poder en el discreto*, Ac. N., II

—— *El príncipe despeñado* (*El despeñado*), Ac., VIII

—— *El príncipe perfecto*, Ac., X

—— *El premio de la hermosura*, Ac., XIII

—— *El rey don Pedro en Madrid y el Infanzón de Illescas*, Ac., IX

—— *El rey por semejanza*, Ac. N., II

—— *El servir con mala estrella*, Ac., XIV

—— *El tirano castigado*, Ac., IX

—— *El último godo* (*El postrer godo de España*), Ac., VII

—— *Fuenteovejuna*, ed. Maria Grazia Profeti, Madrid, Cupsa, 1978

—— *Fuenteovejuna*, ed. Donald McGrady, Barcelona, Crítica, 1993

—— *La campana de Aragón*, Ac., VIII

—— *La corona merecida*, Ac., VIII

—— *La corona merecida*, ed. José F. Montesinos, Madrid, Centro de Estudios Hispánicos, 1923

—— *La Dorotea*, ed. Edwin S. Morby, Madrid, Editorial Castalia, 2ª ed., 1968

—— *La fe rompida*, Ac. N., V

—— *La fortuna merecida*, Ac., IX

—— *La inocente sangre* (*Los Carvajales*), Ac., IX

—— *La mayor virtud de un rey*, Ac. N., XII

—— *La quinta de Florencia* (*El primer Médicis*), Ac., XV

—— *La varona castellana*, Ac., VIII

—— *Las paces de los reyes*, Ac., VIII

—— *Lo que hay que fiar del mundo*, Ac. N., VII

—— *Lope de Vega: Five Plays*, ed. y trad., Jill Booty, Nueva York, 1961

—— *Obras completas. Poesía*, ed. Antonio Carreño, Madrid, Biblioteca Castro, 2003–5, 6 vols

—— *Obras poéticas*, ed. J. M. Blecua, Barcelona, Planeta, 1989

—— *Peribáñez, Fuente Ovejuna*, ed., Alberto Blecua, Madrid, Alianza (El libro de bolsillo, 845), 1988 [1981]

—— *Peribáñez y el Comendador de Ocaña*, ed. Donald McGrady, Barcelona, Crítica, 1997

—— *Porfiando vence amor*, Ac. N., XIII

—— *Vida y muerte de Rey Bamba*, Ac., VII

Vilar, J., *Literatura y economía. La figura satírica del arbitrista en el Siglo de Oro*, Madrid, Revista de Occidente (Selecta 48), 1973

Vindel Pérez, Ingrid, 'Política y Teodicea. Una disertación de *La cisma de Inglaterra*', en Ignacio Arellano, ed., *Calderón 2000. Homenaje a Kurt Reichenberger en su 80 cumpleaños*, Kassel, Edition Reichenberger, 2002, vol. II, pp. 383–96

Viquiera, J. M., 'La lusofilia de Tirso de Molina', *Biblos*, 36, 1960, pp. 265–489

Vitse, Marc, 'La descripción de Lisboa en el *Burlador de Sevilla*', *Criticón*, 2, 1978, pp. 21–41

—— 'Notas sobre la tragedia áurea', *Criticón*, 23, 1983, pp. 15–26

—— 'Burla e ideología en los entremeses', en L. García Lorenzo, ed., *Los géneros menores en el teatro del Siglo de Oro*, Madrid, Ministerio de Cultura, 1988, pp. 163–76

— *Éléments pour une théorie du théâtre espagnol du XVIIᵉ siècle,* Toulouse, France, Ibérie Recherche, Université de Toulouse-Le Mirail, Presses Universitaires du Mirail ; 2ª ed., Toulouse, 1990

—— 'Calderón', en Aurora Egido, ed., *Historia y crítica de la literatura española. Siglos de Oro. Barroco. 3/1, Primer Suplemento*, Barcelona, Crítica, 1992, pp. 392–415

Vossler, Karl, *Lope de Vega und sein Zeitalter*, Munich, C. H. Beck, 1932; trad. Ramón Gómez de la Serna, *Lope de Vega y su tiempo*, Madrid, Revista de Occidente, 1941

Wade, Gerald E., 'Tirso´s *Privar contra su gusto*', *Kentucky Romance Quarterly*, 17, 1970, pp. 93–107

—— 'The Character of Don Juan of *El burlador de Sevilla*', en *Hispanic Studies in Honor of Nicholson B. Adams*, Chapel Hill, University of North Carolina, 1966, pp. 167–78

—— 'Para una comprensión del tema de don Juan y *El burlador*', *Revista de Archivos, Bibliotecas y Museos*, 77, 1974, pp. 665–708

—— 'The Comedia's Plurality of Words: Some Observations', *Hispania*, 65, 1982, pp. 334–45

Wardropper, Bruce W., '*Fuente Ovejuna*: el *gusto* and lo *justo*', *Studies in Philology*, 53, 2, 1956, pp. 159–71

—— '*El burlador de Sevilla*: A tragedy of Errors', *Philadelphia Quarterly*, 36, 1957, pp. 61–71

—— 'Poetry and Drama in Calderón's *El médico de su honra*', *Romanic Review*, 59, 1958, pp. 3–11

—— 'Menéndez y Pelayo on Calderón', *Criticism*, 7, 1964, pp. 363–72

—— ed., *Critical Essays on the Theater of Calderón*, Nueva York, 1965

—— 'El tema central del *Burlador de Sevilla*', *Segismundo*, 17–18, 1973, pp. 9–16

—— 'The Standing of Calderón in the Twentieth Century', en M. D. McGaha, ed., *Approaches to the Theater of Calderón*, Washington, University Press of America, 1982, pp. 1–16

—— 'Las comedias religiosas de Calderón', en L. García Lorenzo, ed., *Calderón. Actas del 'Congreso Internacional sobre Calderón y el teatro español del Siglo de Oro'*, Madrid, Consejo Superior de Investigaciones Científicas, 1983, pp. 185–98

—— 'Civilización y barbarie en *El castigo sin venganza*', en *El castigo sin venganza y el teatro de Lope de Vega*, ed. Ricardo Doménech, Madrid, 1987, pp. 193–205

Weiner, Jack, 'Lope de Vega, un puesto de cronista y *La hermosa Ester* (1610–1621)', en *Actas del VIII Congreso de la Asociación Internacional de Hispanistas*, eds. A. David Kossoff *et alii*, Madrid, Istmo, 1986, vol. II, pp. 723–30

Weisbach, Werner, *Barroco. Arte de la contrarreforma*, trad. Enrique Lafuente Ferrari, Madrid, Espasa-Calpe, 1948

Wéllek, René, y Austin Warren, 'Image, Metaphor, Symbol, Myth', *Theory of Literature*, Nueva York, Harcourt, Brace & World, 1956, pp. 186–212

Whitman, Jon, *Allegory*, Cambridge, Harvard University Press, 1987

Williams, Patrick, *Europe and the Decline of Spain: A Study of the Spanish System, 1580–1720*, Londres, Allen & Unwin, 1981

Wilson, E. M., 'The Four Elements in the Imagery of Calderón', *Modern Language Review*, 31, 1936, pp. 34–47

—— 'La discreción de Don Lope de Almeida', *Clavileño*, 2, 9, 1951, pp. 1–10

—— 'Gerald Brenan's Calderón', *Bulletin of the Comediantes*, 4, 1952, pp. 6–8

—— 'On *La vida es sueño*', en Bruce W. Wardropper, ed., *Critical Essays on the Theatre of Calderón*, Nueva York, New York University Press, 1965, pp. 63–89

Wilson, William E., 'Tirso's *Privar contra su gusto*: A Defense of the Duke of Osuna', *Modern Language Quarterly*, 4, 1943, p. 161

Wölfflin, Heinrich, *Conceptos fundamentales de la historia del arte*, Madrid, Espasa Calpe, 1952

Wooldridge, John B., 'The Segunda parte of *La hija del aire* Is Calderón's', *Bulletin of the Comediantes*, 47, 1, 1995, pp. 73–94

—— 'Quintilla Usage in Antonio Enríquez Gómez: More Evidence against His Authorship of the Second Part of '*La Hija del Aire*', *Modern Language Review*, 96, 3, 2001, pp. 707–14

Wright, Elizabeth R. *Pilgrimage to Patronage: Lope de Vega and the Court of Philip III, 1598–1621*, Lewisberg, Bucknell University Press, 2001

Yates, Frances A., *Astraea: The Imperial Theme in the Sixteenth Century*, Londres, 1975

Ynduráin, Domingo, '*La vida es sueño*. Doctrina y mito', *Segismundo*, 19, 41–2, 1985, pp. 96–126

—— '*El alcalde de Zalamea*. Historia, ideología y literatura', *Edad de Oro*, 5, 1986, pp. 299–311

—— '*El castigo sin venganza* como género literario', en Ricardo Doménech, ed., *El castigo sin venganza y el teatro de Lope de Vega*, Madrid, 1987, pp. 141–61

Young, Richard A., *La figura del rey y la institución real en la comedia lopesca*, Madrd, José Porrúa Turanzas, 1979

Zahareas, Anthony N., 'The Sense of an Ending in *La vida es sueño*: The Historical Function of a Metaphor in Calderón', en A. Robert Lauer y Henry W. Sullivan, eds., *Hispanic Essays in Honor of Frank P. Casa*, Nueva York, Peter Lang, 1997, pp. 264–77

Zamora Vicente, A., 'Portugal en el teatro de Tirso de Molina', *Biblos*, 24, 1948, pp. 1–41

Ziomek, Henryk, 'Historic and Dramatic Influences in Calderón's *Life is a Dream*', *The Polish Review*, 20, 1, 1975, pp. 111–28

Zugasti, Miguel, 'El drama histórico de Tirso de Molina', *Ínsula*, 681, 2003, pp. 23–6

ÍNDICE DE NOTAS